检察机关实施
新刑事诉讼法问题研究

JIANCHA JIGUAN SHISHI
XIN XINGSHI SUSONGFA WENTI YANJIU

主编 ◉ 邓思清

中国检察出版社

图书在版编目（CIP）数据

检察机关实施新刑事诉讼法问题研究/邓思清主编．—北京：中国检察出版社，2013.8

ISBN 978 -7 -5102 -0955 -0

Ⅰ.①检… Ⅱ.①邓… Ⅲ.①刑法诉讼法 - 法律适用 - 研究 - 中国

Ⅳ.D925.205

中国版本图书馆 CIP 数据核字（2013）第 176017 号

检察机关实施新刑事诉讼法问题研究

邓思清 主编

出版发行：中国检察出版社

社　　址：北京市石景山区香山南路 111 号（100144）

网　　址：中国检察出版社（www.zgjccbs.com）

电　　话：(010)68650028(编辑) 68650015(发行) 68650029(邮购)

经　　销：新华书店

印　　刷：河北省三河市燕山印刷有限公司

开　　本：720 mm×960 mm 16 开

印　　张：23.25 印张

字　　数：363 千字

版　　次：2013 年 8 月第一版　　2013 年 8 月第一次印刷

书　　号：ISBN 978 -7 -5102 -0955 -0

定　　价：56.00 元

前　言

为了促进检察人员全面理解、准确适用新刑事诉讼法，并配合人民检察院刑事诉讼规则的修改工作，我们组织开展了“新刑事诉讼法培训，促进我国人权保护”课题研究，以有效发挥理论研究的作用，推进新法的正确实施，促进刑事法治建设，提高刑事司法中的人权保障水平。

本课题的研究得到丹麦人权研究中心的资助。在丹麦项目官员 Bjarne Andreasen 和 Tiziana Tota 的帮助下，课题研究进展十分顺利，取得了丰硕的成果。在培训方面，我们组织了四期大型培训活动，即 2012 年 7 月 30 日至 8 月 19 日，在国家检察官学院举行了三期新刑事诉讼法培训班，培训全国检察官 580 余名；2012 年 11 月 28 日至 12 月 1 日，在国家检察官学院广东分院举行了一期人民检察院刑事诉讼规则培训班，培训全国检察官 350 余名，取得了良好的培训效果。

在完善司法解释建议方面，我们开展了《人民检察院刑事诉讼规则》中非法证据排除、简易程序两章的修改研究工作。在丹麦人权研究中心 Lone Lindholt 教授、Paul Dalton 教授的大力支持和帮助下，课题组成员经过认真研究，拟定了两个建议稿，即《非法证据排除规则立法建议稿》和《简易程序立法建议稿》。这两个建议稿提交最高人民检察院有关部门后，大部分内容被《人民检察院刑事诉讼规则》所采纳，为规则的修改做出了应有的贡献。

在调研成果方面，为了完成新刑事诉讼法的培训和人民检察院刑事诉讼规则的修改研究工作，课题组成员进行了广泛的调研、召开了专家座谈会，并对刑事诉讼的有关问题进行了深入研究，撰写并发表了许多论文。我们将上述活动的成果编辑成书，以飨读者。这些成果都具有较高的学术研究水平和较强的应用性，对我国立法、司法以及法学教育和研究，都具有重要的参考价值。因为篇幅所限，我们在编辑过程中对部分论文作了一些删减和修改，请作者谅解。同时，由于时间仓促，我们在选择和编辑过程中的疏漏之处在所难免，恳请读者批评指正。

本课题主要组成人员有：王守安、谢鹏程、邓思清、刘方、季美君等。

本课题的圆满完成得到了丹麦人权研究中心的项目官员和专家、检察系统有关领导和业务骨干、专家学者的大力支持和帮助，我们对此表示衷心的谢意！同时，本文集的出版得到中国检察出版社的鼎力支持，第一编辑室马力珍主任对本书付出了许多辛劳，在此表示衷心的感谢！

王守安

2013 年 6 月

目　　录

Contents

第一部分

调　研　报　告

关于赴湖南、安徽两省进行“贯彻实施非法证据排除规则”情况的调研报告

检察理论研究所调研组*

为了配合高检院《人民检察院刑事诉讼规则》的修改，切实保障新《刑事诉讼法》能够在司法实践中得到有效贯彻实施，进一步提高我国司法文明水平，促进司法公正的实现，根据课题组的安排，2012年8月30日至9月5日、9月10日至15日，我们分别对湖南、安徽两省部分检察机关自实施“两个证据规定”以来关于非法证据排除规则实施情况进行了实地调研。现将调研情况作如下归纳概括。

一、贯彻“两个证据规定”以来的基本情况

2010年6月24日，最高人民法院、最高人民检察院、公安部、国家安全部、司法部联合制定的《关于办理死刑案件审查判断证据若干问题的规定》和《关于办理刑事案件排除非法证据若干问题的规定》（以下简称“两个证据规定”）下发后，各级检察机关办案部门认真贯彻执行，切实地把刑事政策与司法实践结合起来，积极地在打击犯罪与保障人权之间寻找最佳平衡点，努力实现检察工作的法律效果与社会效果的统一。通过履行法律监督职责，在保障社会稳定和推动法治发展的各个层面发挥了重要作用。特别是在学习、贯彻、理解、实践“两高

* 调研组成员：单民、刘方、蔡巍。

三部”《关于办理刑事案件排除非法证据若干问题的规定》的过程中，广大检察干警积极探索、深入思考、解放思想、突破习惯，在新制度下树立新思维、新观念，在新环境中培育新能力，为实现立法目标，逐步完善制度规范提供了实践基础。具体表现在以下几个方面：

一是对非法证据排除规则的基本内容有了初步了解。对非法证据应当加以排除，在世界许多法治国家早已不是什么新鲜事情了。但在我国，长期以来强调实体公正的理念在人们心目中已经根深蒂固，难以动摇，这势必影响到司法工作人员对非法证据排除规则基本属性和内容的理解。“两个证据规定”下发后，湖南、安徽两省各级检察机关认真组织学习和理解，并开始在实践中探索和运用，逐步认识到非法证据排除规则的基本属性和特点：它不仅仅在于证据本身的瑕疵性、虚假性，更重要的是证据来源的非法性和取证手段的非正当性。很多检察人员已经认识到，证据本身的真实性并不代表作为刑事诉讼证据的合法性；证据的合法性与非法性的判断标准之一，就是该证据收集的程序和方法是否合法。通过树立正确认识，促使司法人员的观念能够有效地从1996年刑事诉讼法规定的“禁止非法获取证据”的特定概念，向新刑事诉讼法所规定的非法证据排除规则内容的转变。

二是在更新观念方面有了新的突破。观念是人们受长期习惯因素的影响所沉淀下来的一种固定的行为内在思维形式，观念的更新往往需要通过对旧的习惯思维模式的彻底否定来实现。客观地说，改革开放30多年来的司法实践表明，执法和司法的社会效果与法律效果、程序正义与实体正义、打击犯罪与保障人权这几对矛盾主体所产生的作用，在我国法治发展的进程中总是此消彼长，在不断的矛盾运动中寻求平衡。而非法证据排除规则的真正贯彻实施，很可能打破这种平衡，给打击犯罪、实体正义和法律的社会效果带来一定的冲击。工作在第一线的检察官，特别是基层检察机关工作人员最有感触。他们既感觉到非法证据排除规则实施之初可能对职务犯罪查处所产生的负面影响，同时也认识到了非法证据排除的重要性和必要性。为了突破传统观念的束缚，湖南省郴州市检察机关可谓是春江水暖鸭先知。他们从开始实施“两个证据规定”到学习贯彻修改后的刑事诉讼法，自始至终把转变执法观念放在首位，以正确的观念来保证司法解释的实施，提出了树立切实排除观念、全程排除观念和程序排除观念的指导原则。

三是奠定了贯彻落实非法证据排除规则的良好基础。通过两年多来的司法实践，非法证据排除问题在安徽、湖南等地多数检察机关得到了重视。如湖南省检察机关在总结“两个证据规定”贯彻实施经验的基础上，专题研究非法证据排除问题，并将郴州市作为非法证据排除工作的试点单位。两年多来，该试点院通过集中封闭学习、专家逐条解读、实务专题培训、组织庭审观摩及典型经验交流等多种形式，把非法证据排除规则与办案工作相结合，先后查处了“9·22”、“12·6”、“8·24”等一系列涉及非法证据排除的案件。该院在理论探索和实践总结的基础上，制定并在全州检察机关实施了《公诉案件审查和出庭公诉排除非法证据的若干规定（试行）》。在对非法证据的识别、确认、排除及保障方面进行了细化，不仅保证了执法过程中有章可循，而且大大提高了办案人员发现、分析、筛选、甄别、核实证据的能力。安徽省郎溪县人民检察院开展了在审查逮捕环节设置非法证据排除程序，将程序的启动前置于审前逮捕环节，使非法证据出现在起诉阶段和庭审阶段的概率大大减少。

四是逐步拓展了寻求司法公正的新路径。司法公正由程序公正和实体公正两个部分构成，二者之间具有密不可分的因果关系。实体公正以其具体的结果来彰显法律的公正，但公正的结果需要通过一系列的法律程序来完成，于是程序公正为促成结果公正的实现应运而生。程序公正是维护并实现实体公正的必要条件，没有程序公正也就谈不上实体公正。我国司法实践中长期以来养成的重实体、轻程序的观念，把追求司法公正的目光完全聚焦到法院的最后判决上，只看结果不管程序，这是酿成司法过程中大量冤假错案的主要原因。在社会法治不断发展的今天，程序公正观念的崛起将逐步改变传统的公正观念，把人们单纯追求结果公正带往了注重程序公正和实体公正双重目标的发展方向，而且关注的焦点更加集中于程序方面。湖南省永新县检察机关在办理一起故意伤害案的公诉过程中，对侦查机关移送证据材料的多处疑点进行了审查后，认为其中的部分录音材料、证人证言和鉴定结论属于非法证据，予以排除。尽管该案最终在侦查机关对有关物证、书证进行补正说明后法院仍然作了有罪判决，但该案在公诉程序排除非法证据的做法，对于维护司法公正所起到的特殊作用却是值得提倡的。

二、非法证据产生的基本成因及其对非法证据排除所产生的影响

由于非法证据排除规则对于我国刑事诉讼来说是一个舶来之物，在刑事司法领域全面推行非法证据排除原则可谓是一个全新的尝试。如果我们对过去所一直强调的重证据、不轻信口供、严禁刑讯逼供等规定进行审视就会发现，这种对证据真实性的要求实际上是片面的，它并没有体现出非法证据排除规则中的关键含义，即证据的“非法”属性和对证据“排除”的程序。所谓对证据“非法”属性的认定，就是既要关注证据的实体问题，也要注重证据来源的程序问题；所谓对证据“排除”的程序，就是要从形式上强调证据的合法性，不能用证据的实质真实来取代程序真实。关于这些问题，我们在调研过程中发现，很多检察机关特别是基层检察机关对此仍然存在一些模糊看法。有少数的同志还坚持认为，只要犯罪证据确凿，原则上还是可以定罪的，至于程序中的问题则主要是工作上的问题。也有的同志认为，贯彻非法证据排除规则的初衷是好的，但要真正做到是很困难的，根本问题在于强化人权保障就可能放松打击犯罪，二者难以有效兼顾。还有很多司法工作人员认为，严格贯彻非法证据排除原则，不仅是他们，甚至包括普通民众在心理上也是难以接受的，因为对“犯罪分子”本来是不应当姑息迁就的。这些传统执法观念上、认识上存在的各种问题，加上司法实践中所存在的各种功利主义倾向，成为非法证据产生的原始温床，同时也成为非法证据排除的最大障碍。

非法证据的产生及其影响非法证据排除的原因很多，但大致可以分为主观因素和客观因素两个方面。主观因素主要是认识、理念上的问题；客观因素主要是来自社会层面的政治体制、法律制度、经济制度和宗教意识影响下的社会实践中存在的问题。这两个方面因素是相互交织或者互为犄角。从我们调查得来的情况看，在我国贯彻非法证据排除规则，主观因素和客观因素的影响都是存在的。客观因素多于主观因素，但产生阻力的真正源头却往往是来自主观因素。

（一）主观方面原因

在主观方面，主要有以下几个原因：一是对国家的刑罚权及打击犯罪存在片面的认识，认为国家惩罚犯罪的目的就是要不折不扣地将犯罪分子绳之以法，只要能够使犯罪分子落入法网，无论采取什么样的方法和手段都是应当的。产生这种思想的本来愿望是好的，因为使国家利益和社会整体利益不遭受非法侵害，追求社会正义和执法公正的基本理念并没有错。但是，好的愿望常常会产生不良后果，这与新中国建设时期所出现的“左”倾思潮影响不无关系。二是缺乏人权保障意识。尊重和保障人权不仅是现代法治社会发展的基本价值取向，同时也是我国现阶段构建社会主义和谐社会的客观需要。但是，中国传统社会重视对社会利益和国家利益的维护，忽略对公民个人权利和利益的保障，致使一些国家工作人员在行政和司法活动中只考虑国家利益，不关心公民权利，轻视执法、司法活动中的人权保障问题。把刑讯逼供、非法取证行为看作是一般工作问题而不是执法原则问题。三是法治观念淡漠。我国执法、司法领域的长期行政化管理模式，使得执法、司法人员在观念上更多地相信通过人的主观能动性来解决问题，而不是依靠规范执法来进行刑事诉讼。把人的主观能动作用与严格执法分离起来，没有正确处理二者之间的辩证关系。反映在证据运用方面，最突出的就是强调实体公正而忽视程序公正。四是对非法证据排除规则的内在功能存在模糊的认识。例如，我们在调查中发现，某检察机关虽然对一些明显的、影响定罪量刑的非法证据进行了排除，但这些案件最终都毫无例外地被法院做了有罪判决，而且这些非法证据的排除对于法院的判决结果并没有产生根本性的影响。这与美国等国家关于非法证据排除的原则是完全不同的，而且也与我国引进非法证据排除规则的目标是背离的。五是具有严重的功利主义执法观。出于行政化管理的需要，各级检察机关都设立了考核考评制度。办案人员的升迁、报酬、奖励都与工作业绩挂钩，这本来没有什么不好。但问题是，各地一般都规定工作业绩的好坏与办理案件的数量和质量相联系。追求案件的数量要求检察人员多办案；追求案件的质量要求检察环节不要出现错案。而决定错案的一个核心问题是案件是否最终会被法院判决有罪，如果没有被法院判决有罪，该案在侦查、起诉环节就成了错案。这是一个客观问题也是一个现实问题。在这样的背景下，关注事实真实而忽略法律真实就成为可能。六是有罪推定的思想仍然主导着刑事诉讼活动，特别是侦查活动。绝大部分侦查人员在立案调查过程中，映象中都是把犯罪嫌疑人作为犯罪分子看待，很少去考虑他们是否存在冤屈。当然，无罪现象在进入检察环节的大多数案件中存在的概率是比较小的，问题是办案人员在观念上不应当事先产生这种认识，否则，冤假错案就难以避免。

（二）客观方面原因

在客观方面，我国的社会管理体制和经济体制也深刻地影响到非法证据排除规则的贯彻实施。以下几个方面都在不同程度上影响着非法证据排除规则的贯彻实施：一是我国执法、司法活动中权力运行模式的影响。在我国，执法、司法的权力运行模式是从行政权运行模式中分离出来的，尽管经过改革开放以来若干年的改造和完善，但在管理方面，权力的高度集中统一和片面讲求高效率，仍然深刻地影响到执法、司法活动。权力的过度集中统一，在某种程度了侵蚀了司法权所应有的相对独立性。特别是在内部管理中，检察官的相对独立性难以得到真正体现，办案人员在排除非法证据中的主观能动性也受到限制。讲求高效率则把办案人员引向了追求功利主义的轨道，排除证据的非法性必然会影响到办案效率，单纯地追求效率明显不利于非法证据排除规则的贯彻实施。二是中国现行司法体制严重制约着非法证据排除规则的实施。在非法证据排除规则起源的西方国家，刑事执法、司法活动以审判为中心，无论是立案、侦查、起诉，都是围绕法院是否作出有罪判决来进行。所以，法院在非法证据排除中处于决定性位置。在我国，司法权由法院和检察院共同行使，公、检、法三机关在刑事诉讼中分工负责、互相配合、互相制约，司法权在刑事诉讼中没有优越的地位。我们在调研中发现，目前各地党委和政府对公安机关的倚重程度要高于检、法两家，这从维护社会稳定的角度看是正确的。但问题是，公安机关是侦查机关，刑事诉讼证据主要来源于侦查活动，这对于非法证据排除以及检察机关的侦查监督活动都会产生一些不利的影响。三是国家维护社会稳定和打击犯罪刑事政策的影响。国家的刑事政策和法律在维护国家根本利益的原则问题上是一致的。但是我们在调查中发现，很多地方政府在贯彻国家政策和法律时总是倾向于临时性的政策，把打击犯罪、维护社会秩序作为工作重点，而法制建设和人权保障问题常常停留在口号上。有的地方领导甚至还认为，为了维护社会稳定，处理个别人的问题过了头也是正常的。在这种片面强调打击犯罪的刑事高压政策思想支配下，非法证据排除规则很难以找到生存的空间。四是社会公众痛恨犯罪的舆论压力。中国人的正义感主要是建立在社会大众普遍认识基础之上的，在善与恶之间历来有一条明显的鸿沟：对好人应当呵护，对坏人就应当惩罚。用这种观念来衡量刑事诉讼活动，司法机关的价值取向只能是惩罚犯罪，保护人民，不应当对犯罪分子有丝毫的心慈手软。如果适用新刑事诉讼法把侦查机关采用非法手段收集的证据予以排除，而这些证据所证明的犯罪事实又本来是客观存在的。这样，人民群众就会对司法机关产生一种不信任的感觉，认为是司法机关纵容了犯罪。有的检察人员在交谈时就这样说：如果我们严格按照非法证据排除规则处理案件，有的犯罪嫌疑人就可能被放掉，这不仅使我们自己心里感到不安，人民群众还会认为我们是在包庇犯罪分子。看来，这方面的压力也是不可忽视的。五是刑事错案赔偿制度的影响。建立刑事错案赔偿制度的主要目的有两个：一是从保障人权出发，维护公民合法权利，给遭受错误追诉的犯罪嫌疑人、被告人予以补偿；二是通过责任追究制度，限制执法、司法权的滥用。后者对非法证据排除规则适用所产生的影响是较大的。当案件进入审查起诉或者审判阶段后，应当采取强制措施的犯罪嫌疑人或者被告人均已经采取了。在我国，严厉强制措施的广泛适用，导致绝大部分犯罪嫌疑人、被告人都被羁押，如果一旦出现错案，这些人多数都享有要求刑事赔偿的权利。而非法证据排除的真正适用又恰恰发生在审查起诉或者审判阶段，如果一旦严格贯彻非法证据排除原则，在无法获取新证据来进行证明的情况下，被告人就可能由法院判决无罪，检察机关就成了当然的刑事赔偿主体。加上大多数检察机关都是将刑事赔偿问题与办案责任制挂钩，刑事赔偿的出现也就意味着具体办案人员个人责任的被追究。这是导致非法证据排除规则难以有效实施和严格贯彻的基本成因之一。其具体表现形式是，我们在调查中发现，绝大多数案件中的主要犯罪证据因属于非法取证而被排除后，被告人最终依然被法院定罪判决，这说明非法证据的排除并没有对刑事追诉产生实质性的影响。

三、非法证据在检察实践中的主要表现形式及其发现途径

（一）非法证据的主要表现形式

对非法证据这一概念的理解，诉讼法学界并没有形成一个统一的概念，这也必然导致司法实践中对非法证据的范围产生一些模糊的认识。从检察实践来看，非法证据主要是指通过违法手段和方法所获得的证据。按照联合国《禁止酷刑公约》中的解释，非法取证是指以酷刑、残忍及其他不人道的方式取得的被告人或第三人的口供或者情报。在美国，非法证据包括非法言词证据和非法实物证据。"两个证据规定"中的非法证据，是指采用刑讯逼供或者威胁、引诱、欺骗等非法方法取得的证人证言、被害人陈述和被告人的供述。而修改后的《刑事诉讼法》第54条在"两个证据规定"的基础上，增加了非法实物证据，即违法收集的可能严重影响司法公正的物证、书证，在不能进行补正或者合理解释的情况下，也属于非法证据，应当予以排除。根据我国刑事诉讼法对非法证据范围的界定，非法证据在检察实践中有以下一些表现形式：

1. 采用刑讯逼供或者变相刑讯逼供和其他威胁、利诱手段所获取的犯罪嫌疑人、被告人口供。通过刑讯逼供所获取的犯罪嫌疑人、被告人口供，是非法证据中最明显、最直接，也是最主要的一种形式。在人权保障的呼声日渐高涨，刑事诉讼机制不断完善以及检察机关法律监督职能不断强化的背景下，侦查过程中的刑讯逼供问题开始得到了扭转，但违法获取犯罪嫌疑人、被告人口供的问题并没有完全解决，采用变相刑讯逼供和其他非法手段获取言词证据的现象在一些地方还是比较严重的。

2. 不严格依照法律规定的讯问程序进行讯问。讯问中违反法定程序的现象比较普遍，有的侦查人员认为讯问程序不合法是小节问题，常常被忽视。这方面的违法现象包括：（1）讯问地点违法。如有的侦查机关以指认现场为由，将犯罪嫌疑人提出看守所进行讯问。（2）讯问记录不合法。例如，有的侦查笔录中没有犯罪嫌疑人的亲笔签字，或者补正的地方没有犯罪嫌疑人的签字。（3）讯问主体不合法。例如，法律明确规定讯问犯罪嫌疑人时侦查人员不得少于2人，

但在侦查机关移送的卷宗中，有的讯问笔录中只出现一名侦查人员的名字，或者是非侦查人员的名字。

3. 实物证据获取方式违法。按照我国法律规定，物证、书证等实物证据虽然进行补正和说明后可以继续作为证据使用，但这往往给审查起诉和公诉工作带来很多意想不到的麻烦，造成庭审公诉时的极大被动。其主要表现形式是：(1) 检查、勘验、搜查过程中形成的书证不符合法律要求，如有的搜查笔录上除了当事人外没有其他在场见证人的签字。(2) 生物样本提取程序不合法，如有的侦查人员在制作的指纹信息、采集血液、尿液等生物样本时，没有制作相关的提取笔录。(3) 相关法律文件缺失，这种现象有的是由于工作中的疏忽大意引起的，也有的是证据意识不强所引起的。例如，有的地方侦查机关在移送起诉的案卷中，对犯罪嫌疑人进行传唤、拘传、拘留、逮捕、提审、搜查过程中应当具有的法律文书缺失，影响到有关证据材料的合法性问题。

4. 询问证人、被害人违反法律有关规定。主要有以下几种表现形式：(1) 询问地点不合法，刑事诉讼法并没有规定询问证人、被害人的地点由侦查人员随意指定地点，但侦查过程中有的侦查人员却偏偏要求证人或者被害人到法律规定的地点以外的其他地点去进行询问。(2) 询问方式不合法。法律规定询问证人、被害人应当单独进行，我们理解是除了侦查人员以外不应当有其他人在场。而这一条被有的侦查人员理解为证人与证人之间的单独。所以，有的侦查人员在询问证人、被害人时，也允许被调查人以外的其他人在场。(3) 询问主体不合法，主要表现为两种情况：一是由一人进行询问，尽管刑事诉讼法没有对此作出明确规定，但有关司法解释早已有规定，询问证人、被害人应当由侦查人员两人进行；二是由非侦查人员进行，有的地方侦查机关在人手紧张的情况下，由侦查人员以外的其他人员去询问，如有的地方检察机关在询问被害人时由法警进行。

（二）非法证据的发现方法

发现非法证据是排除非法证据的首要一步，只有尽早地发现非法证据，才可能减少对于证明犯罪的不利影响。很多检察人员通过实践中的不断摸索，逐步建立起一套可行的非法证据发现机制。主要包括以下几个方面：

1. 在侦查阶段，敦促检察机关自侦部门严格执法，加强对非法取证行为的自查自纠。检察机关主要负责人和部门负责人都以身作则，对非法证据排除负全权责任；定期或不定期地对侦查过程中的讯问犯罪嫌疑人、询问证人等工作进行检查；对重大案件的认定材料和主要证据进行认真审查，发现问题，及时提醒和纠正。

2. 在审查逮捕、审查起诉和公诉阶段，实行检察机关各内设机构之间的工作对接机制。具体做法是：一是加强公诉部门与侦查监督部门协作，通过查阅侦查监督部门在审查批准逮捕阶段的讯问记录、听取侦查监督部门核实公安机关侦查工作情况的有关意见、分析研究侦查监督部门要求侦查机关补充证据的意见等，介入非法证据的发现途径。二是加强侦查监督部门、公诉部门与控告申诉部门的沟通，及时了解犯罪嫌疑人、被告人及其辩护律师对侦查机关非法取证提出的控告申诉意见，从中挖掘非法证据的来源。三是通过监所检察部门加强与看守所的合作，通过该部门的日常监督活动，有效掌握监管场所动态，了解被监管人反映的情况，及时掌握并获取非法证据的重要信息。

3. 具体方法。根据湖南省郴州市北湖区人民检察院的经验，他们发现非法证据的具体方法主要从以下两个方面入手：一是看证据的来源是否合法，其中包括：是否属于采取刑讯逼供或者其他暴力、威胁、利诱等非法方法获取的犯罪嫌疑人、被告人口供；是否属于采用违法手段获取的证人证言；物证、书证的取得是否违法了法律规定的正当程序。二是看取得证据的程序是否合法，其中包括：获取证据所采用的强制措施是否合法；录音录像、讯问和询问记录是否真实可靠；勘验、检查笔录和鉴定意见是否符合法律要求的手续和程序；法律文书的手续是否完备等。

四、贯彻实施非法证据排除规则存在的具体问题及解决办法

（一）执法、司法过程中存在的问题及解决办法

很多同志认为，运用非法证据排除规则在实践中存在“三难”：一是界定难，即难以准确判断什么样的证据属于非法证据，以及哪些情况下取得的证据应

当归属于非法证据。二是证明难，主要表现在对一些被怀疑为采取刑讯逼供获取非法证据行为的确认和证实方面。例如，对于犯罪嫌疑人控告某侦查人员实施刑讯逼供的事实，在全程同步录音录像中找不到这个场面，而犯罪嫌疑人坚持说的确有刑讯逼供的事实存在。要查清这一事实，唯一只有通过询问办理案件的侦查人员才能解决，而希望侦查人员如实陈述自己实施了刑讯逼供行为几乎是不可能的。这是司法实践中普遍存在的问题。三是排除难，主要是排除的压力比较大，包括来自领导机关、侦查机关和社会舆论方面的压力。这“三难”基本上可以概括来自法律层面和司法实践两个方面的问题。在调查过程中，我们收集到大量反映基层检察机关在贯彻非法证据排除规则中所遇到的问题，现将其归纳如下：

1. 刑讯逼供的概念和具体内容不明确，不利于司法实践中界定非法证据。新刑事诉讼法虽然明确规定了采用刑讯逼供等非法手段取得的犯罪嫌疑人、被告人供述不能作为定案的根据，但究竟什么样的审讯措施和手段构成“刑讯逼供”，法律没有明确其具体范围和尺度，通常都是依照学理上的解释来界定，而学理上的解释往往弹性较大，不利于严格执法时参考。比如，运用侦查谋略进行讯问与采用变相刑讯逼供之间到底用什么样的标准来衡量，历来没有一个明确的判断标准，由此也成为判断刑讯逼供与合法讯问的一个难题。尽管有的司法解释对此作了一些粗略的规定，但对于实践中鉴别非法证据来说只能是杯水车薪。因此，有关司法解释应当对刑讯逼供的含义以及询问证人、被害人时的所谓暴力、威胁等非法方法，作出更为具体、详尽的解释。

刑讯逼供的概念不明确使得检察机关难以对侦查机关的似是而非的行为作出正确判断。而公安机关由于维护社会稳定的压力大、工作任务重，取证过程中的不规范甚至违法现象时有发生。如果一概加以排除或者不断地要求补正、解释，会引起侦查机关的反感，造成侦、检两家关系紧张，又反过来使检察机关处于较为尴尬的境地。

2. 对物证、书证的补正和说明感觉到无章可循。新刑事诉讼法规定的非法证据排除规则大致可以分为绝对排除和相对排除两个方面。绝对排除主要是指采用违法方法获取的言词证据；相对排除则是指采用违法方法收集的实物证据。非法言词证据的排除毫无条件可讲，只要认定准确就可以完全予以排除。而实物证据则是在严重影响司法公正，不能进行补正和合理解释的情况下才予以排除。新刑事诉讼法仅仅笼统地规定了要对这类违法取得的证据进行补正或作出合理解释，但应当作出什么样的补正和合理解释，以及补正和解释应当达到什么样的程度也没有做进一步的规定。比如，侦查过程中采用非法搜查得来的书证，审查起诉时要求侦查机关进行补正，侦查机关仅仅补办了搜查手续，是不是依法补正？有的侦查机关如果草率补正或说明，是否就能纠正原证据的违法性？也有的检察机关还建议，对于瑕疵证据，应当明确规定以补正为原则，排除为例外，这样可以防止当事人滥用非法证据排除的动议权。还有的人建议对于证据的补正可以参考补充侦查程序以两次补正为限，对经两次补正仍然达不到证据要求的，应当予以排除。

3. 没有建立非法证据排除的固定程序。在国外，如美国，非法证据排除是法律明确规定的审前必经程序，未经非法证据排除程序筛选过的证据（仅指启动非法证据排除程序的案件）一律不得进入审判阶段。当然，那也只是指那些启动非法证据排除规则的案件而言。在我国，非法证据的排除不像西方国家那样仅仅局限在审判阶段，在侦查阶段、审查起诉和公诉阶段也可以排除。但修改后的刑事诉讼法只是规定对非法证据要予以排除，并没有对这一程序作出具体规定。尽管目前法院方面已经对建立非法证据排除规则的审前程序提出动议，即使这一制度建立，也只能是案件进入审判阶段后才会进行。在审查逮捕、审查起诉阶段应当采用什么样的程序来排除，没有明确的依据。有的同志建议，从整个刑事诉讼层面针对非法证据排除规定一个基本程序。

4. 缺少检察机关审查非法证据的期限。非法证据的出现可以说是刑事诉讼中的偶然性事件，对非法证据进行排除必然要增加一定的诉讼期间，因为发现非法证据后需要一定的时间来进行调查，这虽然不是所有的案件都必经的程序，而一旦出现非法证据问题，其重新进行调查的过程不是在短时间内能够完成的。有的检察机关通过实验发现，涉及非法证据需要排除进行调查补正的时间，大致需要 3—20 天时间。有的地方检察院建议，可以参照精神病鉴定的期间规定，赋予检察机关调查核实非法证据的一定期限，该期限不计入一般审查起诉或审理期限。

5. 没有规定恶意申请非法证据排除的法律后果。排除非法证据要消耗较大的司法资源，如果随意启动这一程序，将使那些根本不存在非法证据问题的案件也一并启动非法证据排除程序，这将给司法机关带来很多不必要的麻烦，法律应当对此做出一定限制。在国外，非法证据排除规则虽然可以适用于所有刑事案件，但真正启动非法证据排除程序的只是少数案件，不仅法律具有各种限制性规定，法院在启动程序时也必须进行严格审查。我国刚刚开始实施非法证据排除规则，法律规定的程序和司法实践经验都很欠缺。有的地方检察机关针对这一问题提出一些权宜之计，建议参照羁押表现纳入量刑的试点经验，将最终被认定为恶意翻供的，给予从重处罚。同时，对无中生有制造虚假事实攻击或诬陷侦查、公诉人员的，应当依法追究其法律责任。以此来限制非法证据排除提起权的滥用。

6. 没有明确违法侦查的法律责任，这里当然要分清善意行为与恶意行为的界限。但无论是善意行为还是恶意行为，法律上都必须规定一定的责任和义务。没有尽到责任和义务的侦查人员就应当承担相应的法律后果。目前司法实践中仍然存在着大量严重违法但尚不构成犯罪的非法取证行为，法律规制也鞭长莫及。有的同志建议参照渎职行为调查的惩处规则，对违法侦查予以相应的惩戒。

针对上问题，有的检察机关从排除非法证据的实际工作出发，建议侧重从五个环节开展非法证据排除工作：一是从源头上对非法证据采取预控措施。具体做法是自侦部门力争改变过去依赖口供的套路，侧重从收集物证、书证和其他涉案信息上下功夫，从源头上杜绝非法证据产生的可能性。例如，郴州市人民检察院2011年办理的7起零口供案件，就是在严格贯彻非法证据排除原则的前提下进行的。二是从识别非法证据方面下工夫。一些检察机关注重从审查案卷材料、用好讯问程序、加强对关键证据的核实以及强化内部各部门之间的合作入手，为及时发现和纠正非法取证行为提供信息和资料。三是认真搞好对非法证据的核实工作。核实的具体方法主要是采用审核案卷材料、了解侦查活动、查看录音录像资料、听取辩护律师意见、查阅监管信息等多种方法，从中核实证据的可采性。四是加强对非法证据的补强措施。对于那些具有客观证明力的物证、书证，虽然其真实性不可抹杀，但取证程序不合法，就采用补强措施来进行完善。在不可补正的情况下，则通过详细的说明和解释来加以补充，使证据既能够达到完全证明犯罪的证明力，又不受“非法”困扰。并且一律严格按照要求做好证据的转换工作。五是把好对非法证据的权衡关。很多检察机关都采取在分析、权衡证据非法与否的过程中，妥善地做好对证据非法性的认定、补强和排除的有机统一，不轻易采用不利于证明犯罪的绝对的做法。

（二）工作机制上存在的问题及解决办法

非法证据排除规则的全面应用很可能给侦查和起诉工作带来许多意想不到的冲击。我们从调查了解的情况中归纳出以下几点，并以此来说明检察环节贯彻非法证据排除规则在工作机制上可能存在的一些问题。

1. 司法能力方面的制约。非法证据排除规则的实施，主要是从保障人权和约束司法权的双向角度来发挥其功能和作用的。严格实施非法证据排除规则，在实施之初的一定时期内，必然会给执法、司法工作造成一定影响和冲击。很多检察机关已经意识到这些问题，并感觉到自身的执法、司法能力难以真正应接。其中主要有两个方面的因素：一是受案多人少矛盾的制约。大多数基层检察机关本来办案人员就十分有限，按照过去常规处理案件就已经十分紧张了，如果再加上严格地实行非法证据排除，将使这种矛盾变得更加突出。例如，湖南省永新县检察院公诉处的在编人员只有 5 人，能够独立办案的人员只有 3 人，而目前已经受理各类刑事案件 206 件 409 人。在人力精力方面都无暇应接。二是干警自身排除能力方面的欠缺，主要表现在观念上不能一时转变，以及应用能力方面不能完全适应。

2. 司法装备方面的制约。司法装备方面的制约主要表现在一些相对贫困地区的检察机关。其制约的因素主要是：一是技术装备难以保障。在很多基层检察机关，技术装备仍然十分落后，难以适应办理日渐增多的新型化犯罪案件的需要。在新刑事诉讼法实施后，技术侦查的使用要求增加更加新型的设备，排除非法证据所产生的要求与落后技术装备之间的矛盾会更加突出。二是排除非法证据所需要的额外调查费用难以得到落实。对于需要排除的非法证据，进行调查补正的工作可能主要集中在检察机关，而这些费用目前并没有纳入财政拨款的考虑范围。额外增加的调查工作量和费用开支，将会大大摊薄原有的经费开支，从而影响到整个检察工作。

3. 行政化司法工作体制的影响。现代非法证据排除规则首先产生于美国，而美国的非法证据排除规则是建立在以司法权为轴心的基础之上。无论是美国还是大陆法系的德国、法国，对非法证据的判定和审查都是通过司法权运作来完成的，非法证据的最终裁决权主要在于法院，法院依照法律规定的特定排除程序来断定对非法证据的取舍。我国刑事诉讼法规定的非法证据排除规则并没有仿照这一点，而是在刑事诉讼的侦查、起诉和审判阶段均可以排除。在我国，传统的行政化倾向并没有完全从司法领域消失，以审批为主要形式的办案模式不仅会使非法证据排除问题复杂化，而且会产生很多不必要的审查环节，可能把那些本来没有资格提起非法证据排除的一些案件也纳入非法证据范围采用排除程序。这就可能给检察工作徒增许多麻烦。

4. 内部考核制度的制约。目前各级检察机关内部都建立内部工作责任考核制度，其中包括错案责任追究制度。这一制度建立的初衷是好的，对于做好检察工作来说也是必要的。但是，错案责任追究制度与非法证据排除规则之间却具有十分突出的矛盾。当案件进入审查起诉阶段，如果犯罪嫌疑人已经羁押，一旦出现错案被判定为无罪，检察机关就可能与侦查机关一道承担刑事赔偿责任。这对非法证据产生的直接影响是，如果将一些涉及对犯罪嫌疑人、被告人定罪量刑起决定作用的证据适用非法证据排除规则予以排除掉，犯罪分子就难以定罪，案件就可能变为一桩“错案”。而作为办理案件的检察人员是绝对不愿意自行充当错案责任的担当者和赔偿人的。所以，即使一些案件在取证程序上违法，只要认为这些证据是客观真实的，同时也认为犯罪嫌疑人或被告人确实构成了犯罪，在实体正义观念的支配下，也可能采取将就的态度而不严格按照非法证据排除规则予以排除。非法证据排除规则在这里就可能变形走样。

关于赴四川、甘肃两省开展“简易程序改革及非法证据排除问题”调研情况的报告

检察理论研究所调研组*

为了保证新刑事诉讼法的贯彻执行，为高检院刑事诉讼规则修改提供实践依据，根据理论所统一部署，2012 年 9 月 3 日至 9 月 7 日，我们赴四川、甘肃两省开展简易程序改革及非法证据排除问题专项调研。其间，调研小组按照我所下发的《关于就“简易程序改革及非法证据排除问题”调研的通知》的要求，围绕通知中的调研内容，先后在成都、乐山、兰州和敦煌等地召开了座谈会，听取汇报，问询情况，剖析问题，听取建议，顺利完成了此次调研任务。现将调研情况总结如下：

一、基本情况

（一）简易程序改革基本情况

1. 四川省成都市简易程序改革基本情况

近年来，成都市检察机关按照高检院和省院的工作部署，坚持“依法、公正、高效、便捷”的工作指导方针，就简易审案件办理工作进行了一系列有益的探索。自 2011 年 10 月起，在全国率先开展并实现了“简易审”案件公诉人全面

* 调研组成员：邓思清、季美君、陈磊。

出庭工作，截至2012年6月底，全市20个基层院共派员出庭“简易审”案件4982件6120人，通过出庭支持公诉，依法提出抗诉1件、提出检察建议13件（均已得到法院采纳），量刑建议采纳率达到了94.1%，其中已判决的4735件案件中，有罪判决率为100%，被告人上诉率0.72%，既保证了案件办理的依法公正，又实现了办案程序的高效便捷。成都市检察机关开展“简易审”案件出庭工作积累了丰富经验，取得了一定成效：

（1）探索建立“简易审”规范化程序。为了确保“简易审”案件办理工作的顺利开展，成都市检察机关先后与公安机关、法院联合会签、制定了《关于规范适用简易程序审理公诉案件的试行意见》、《简易程序案件审查报告模板（试行）》、《公诉部门简易程序案件出庭指引（试行）》等一系列指导性文件，对“简易审”案件的启动程序、公诉人出庭履职的基本原则、方式、庭审程序的简要设计等内容均作出了原则性的规定，确保了简易审案件办理工作有章可循。

（2）创新“三集中”、“三简化”工作机制。所谓“三集中”，是指对简易程序公诉案件尽量采用公安机关相对集中移送、检察院专人审查并相对集中起诉、法院相对集中开庭审判的方式进行，使公检法在办案流程上实现了集约化，全程提速，既缩短了办案周期，也节约了司法资源。所谓“三简化”，一是指在简易程序的启动、开庭通知及送达、告知权利、听取意见等环节大量采用口头通知等便捷形式，以简化法律文书。二是制作格式化的审查报告模板供承办人员填写，简化审查报告的制作。三是要求公诉人出庭时在庭审的各个环节进行适当的简化，以提高庭审效率。据统计，目前成都市检察机关出庭公诉时的庭审时间普遍在10—15分钟。

（3）多方保障诉讼当事人的权益。为了保障诉讼当事人权利，成都市人民检察院与市法院会签的《试行意见》以及《关于规范适用简易程序审理公诉案件的试行意见》中，均明确规定了人民法院、人民检察院应当保障被告人的程序选择权和被害人的知情权，即司法机关拟对案件适用简易程序的，必须事先告知并向被告人确认。同时，还规定对侵害人身权利案件中的被害人及其诉讼代理人，应当通过便捷方式告知其适用简易程序审理的决定和法律后果，并听取其意见。

（4）优化资源配置，加强队伍建设。一是加强人员配备。为了保障公诉办案质量，成都市两级检察院在分配、遴选工作人员时，重点向公诉部门倾斜，目前已新增人员84人，同时，有11个基层院公诉部门配备了协助工作人员33人。二是建立公诉人出庭激励机制。三是建立保障公诉人出庭履职安全工作机制。

2. 甘肃省简易程序改革基本情况

2009年至2011年，甘肃省公诉部门共起诉案件31979件，年平均10660件，其中适用简易程序案件9527件，平均每年3176件。简易程序案件平均占审查起诉案件的29.79%。2012年1月至6月，甘肃省公诉部门共起诉案件5897件，其中适用简易程序案件1646件，占起诉案件总数的27.91%。

甘肃省适用简易程序审理的公诉案件，基本上实行不开庭审理的方式，本次刑事诉讼法的修改，将会使甘肃省检察机关面临新的挑战。甘肃省检察机关高度重视，采取了一系列有益的举措积极应对简易程序的改革：（1）颁发相关规范性文件，明确要求适用简易程序案件公诉人必须出庭。（2）进一步明确简易程序的适用范围，严格执行简易程序的审批手续。（3）积极探索出庭方法，简化工作程序的内容，提高公诉效率。（4）与法院召开联席会，就简易程序适用的若干问题统一检法两家的意见。（5）探索集中出庭公诉方式，积极开展简易程序出庭公诉的试点工作。

（二）非法证据排除问题基本情况

1. 四川省成都市非法证据排除问题基本情况

总体而言，目前成都市检察机关进行非法证据排除的情况较少，典型的非法证据仅占1%；大部分是瑕疵证据，占40%左右。从司法实践看，通行的做法是将不完全符合证据三性的证据材料视为“瑕疵证据”，比如讯问笔录中只有一名侦查人员签名，现勘笔录没有见证人签字等。对此类证据，检察机关多是要求侦查机关办案人员对该类瑕疵证据进行补正或者作出解释，公安机关一般都是以工作情况说明的方式予以解释、说明。只要侦查机关对上述瑕疵证据进行了补正，且其解释合理，公诉人、法官结合全案其他证据综合判断后，认为可以认定其真实合法性的，一般都没有予以排除，而予以采信。

2. 甘肃省非法证据排除问题基本情况

2010 年 7 月至 2012 年 7 月，经对甘肃省办案量居前六位的检察院统计（全省 17 个市州分院，该 6 个检察院办案量占全省办案量的 65%），在审查起诉环节和审判过程中，检察机关发现案件存在非法取证问题的案件 146 件，在审查起诉及庭审过程中启动非法证据审查程序的案件 8 件，适用规则排除非法证据的案件 1 件，该案因法院启用非法证据排除程序被判决无罪。

二、存在问题

（一）适用简易程序案件出庭公诉存在的主要问题

1. 工作量的增加导致人员力量分配问题。简易程序公诉案件一律出庭支持公诉，在案多人少的基层检察院，无论是在案件审查起诉、出庭准备还是出庭公诉上，都会增加相应的工作量。基层检察院公诉部门存在办案人员少、办案车辆少，多媒体示证、远程讯问、案件传输、信息化运用不强，办案经费短缺、公诉一线保障不到位等实际困难，影响了简易程序公诉案件的出庭工作。

2. 刑事附带民事诉讼影响案件适用简易程序。在交通肇事和故意伤害（轻伤）案件中表现得较为突出，这些案件如果被害方提起附带民事诉讼，一是影响审理期限，刑事部分能在 20 天内结案，但民事部分往往无法在 20 天内处理好；二是对被告人刑罚轻重的影响，民事赔偿是对被告人判处刑罚的一个酌定量刑情节，因此，法院注重对民事部分的调解和履行，这都需要时间来保障，与简易程序的审理期限发生冲突。

3. 量刑建议在刑种的适用上不好把握。适用简易程序审理的案件多为可能判处三年以下有期徒刑、拘役、管制、单处罚金的公诉案件，在实际开展量刑建议工作中，对量刑幅度较易掌握，但对部分轻微刑事案件在选择适用有期徒刑、拘役、管制、单处罚金的刑种上不好把握，检、法两家容易发生分歧。

4. 直诉案件多，如何保证被告人准时参加诉讼是个难题。目前适用简易程序审理的直诉案件多，而直诉案件在开庭时间上不能保证，可能出现被告人无法按时到庭参加诉讼的情况，这样，其效率将得不到保障，特别是对出庭的公诉人影响较大。

（二）非法证据排除规则适用中存在的主要问题

1. 非法证据排除规则适用率低，存在举证难的问题。统计数据显示，实践中检察机关和审判机关决定启动非法证据排除程序的案件非常少，程序启动后被认定为非法证据而依法予以排除的案件更少。就辩方而言，犯罪嫌疑人、被告人处于明显弱势的地位，由于普通刑事案件讯问过程中同步录音录像制度、律师在场制度均未设立，事实上处于一种举证不能的状态，无法提供相应的证据证明存在非法取证的情况；就控方而言，侦查人员讯问犯罪嫌疑人和询问被害人、证人时，很难做到全程录音录像，而且通常也不允许讯问、询问时有其他人在场，检察人员只提前介入少部分刑事案件且一般不参与讯问、询问工作，这就导致侦查人员、检察人员很难用有力的证据证明自己没有非法取证，更难以用证据证明自身取证行为是合法的。

2. 对一些特殊证据在排除上存在模糊认识。从司法实践看，检察机关主要对以下证据是否排除存在模糊认识：一是对非法证据衍生的证据是否应排除有不同认识。即所谓的“毒树之果”是否排除，由于法律没有明确规定，导致司法实践中对该类证据是否排除，存在明确的分歧。二是对秘密侦查获取证据如何排除有不同认识。由于秘密侦查所收集的证据往往涉及不宜公开的秘密，如何进行审查和排除，也存在较大认识分歧。三是对诱惑侦查获取证据如何排除有不同认识。由于诱惑侦查中是否存在诱导犯罪的问题，实践中难以判断，也难以有证据予以证明，因而是否排除也存在不同认识。

3. 被告人提出非法证据排除申请存在滥用现象。根据修改后的刑事诉讼法规定，申请排除非法证据是犯罪嫌疑人、被告人的一项诉讼权利，该项诉讼权利在任何诉讼阶段都可以行使，因而在司法实践中，犯罪嫌疑人不仅在侦查阶段、审查起诉阶段，可能提出排除非法证据的申请，在审判阶段，被告人在一审乃至二审程序中都有权提出非法证据排除申请，且法律对犯罪嫌疑人、被告人申请排除非法证据的次数没有限制。在司法实践中，不少犯罪嫌疑人、被告人都以遭受刑讯逼供等违法取证为由提出非法证据排除申请，甚至不惜编造侦查部门及其工作人员刑讯逼供等非法取证的事实、情节等，企图利用排除规则混淆视听，达到排除合法证据逃避罪责的目的。

4. 检察机关公诉部门承担证明取证合法性的机制不健全。目前，在侦查中心主义机制下，检察机关公诉部门介入知悉侦查活动的渠道不畅、机制不健全，其往往仅通过事后审查、书面阅卷的方式来评判刑事侦查活动是否合法。即使在审查起诉过程中获悉了侦查部门违法取证的线索，其启动法律监督调查往往因事过境迁、场景变换、证据灭失、关键证据毁坏、犯罪嫌疑人无法有效提供非法取证的线索或证据材料，从而难以全面客观收集、固定侦查部门违法取证的证据材料，而侦查人员出庭证明自己没有刑讯逼供的证言，其客观性和证明力不强，无法有效证实侦查取证行为的合法性。

5. 公安机关、检察机关的考核机制目标与非法证据排除规则的要求不完全适应。公安机关传统的考核机制以破案数、逮捕数以及移送审查起诉的数量为评查依据，这种考核机制刺激了非法取证行为；检察机关对批准逮捕的案件考核指标要求尽量起诉，对存疑不起诉、绝对不起诉、撤回起诉和无罪判决案件有着严格的限制，这些考核目标促使公安司法机关在对待证据出现问题的态度会与非法证据排除的要求相左。

三、工作建议

（一）适用简易程序案件出庭公诉的工作建议

1. 加强对公诉部门的投入和支持。针对公诉部门案多人少的实际情况，各地检察机关应当加强公诉办案力量，吸引青年检察人才充实到办案一线，考虑适当招录聘任一些书记员或速录员，解决案多人少的矛盾，从而一定程度上缓解公诉部门检察官的办案压力。同时，各地检察机关应当加强硬件基础投入，完善多媒体示证、增加办案车辆；加强对公诉人员的高层次职业培训，提高公诉人的公诉能力和办案水平。此外，各地检察机关还应当落实公诉人出庭补贴的有关规定，提高公诉人待遇，保障出庭工作的顺利进行。

2. 指派专人审查可能适用简易程序审理的案件，实行相对集中起诉、相对集中审理的机制，以节约诉讼资源，提高诉讼效率。各地检察机关应当加强与同级侦查机关、审判机关的联系，互相通报办理简易程序公诉案件的情况，共同解决普遍性的问题。检法两院可以针对各自人员紧缺的问题，可以争取就检察机关集中起诉、法院集中审理、同批案件安排同一主审法官、出庭告知、庭审模式等工作问题作出细化规定，以确实提高诉讼效率，确保出庭工作的顺利开展。

3. 妥善处理简易程序与附带民事诉讼的关系。从各地经验看，为了解决附带民事诉讼影响刑事部分处理效率的问题，各地检察机关探索了一些经验。具体来说，解决刑事附带民事诉讼影响案件适用简易程序问题的主要办法，是在侦查、起诉环节和庭审前加强调解工作，促成双方就民事部分庭前调解结案；抑或实行简易程序附带民事诉讼案件的适当民刑分离，以避免民事部分的审理对刑事部分的审理造成过分迟延。

4. 将简易程序案件贯穿整个刑事诉讼环节。修改后的刑事诉讼法只对庭审程序的简化作出了明确规定，但对侦查阶段和审查起诉阶段以及庭前、庭后程序的简化未作出明确规定。因此，为了提高整个简易程序案件的处理效率，各地检察机关探索了一些有益的做法，即对轻微的刑事案件，在侦查阶段和审查起诉环节包括出庭准备工作，都作了相应的简化，有的地方检察机关还与公安机关、法院联合签发规范性文件，对此作出了明确要求，这样就可以更好地减轻公诉人的负担，提高诉讼效率。

（二）非法证据排除规则适用的工作建议

1. 树立正确的非法证据排除观念。为了切实解决非法证据排除规则实施中的观念问题，从各地反映的情况分析，我们认为，要有效贯彻执行法律有关非法证据排除规则的规定，各地检察机关应当树立以下正确的观念：一是切实树立坚决排除的观念。二是树立全程排除观念。三是树立程序排除观念。

2. 加强证据审查、强化法律监督。一是严格审查把关，坚决排除非法证据。二是依法适时介入，有效引导取证。针对重大、敏感案件，检察机关应当及时介入侦查，参与现场勘查和案件讨论，提出侦查建议，引导侦查机关全面、客观收集证据，为批捕、起诉工作顺利开展打下坚实基础。三是加强侦查监督，及时纠正违法侦查行为。检察机关应当加大对侦查机关刑讯逼供、暴力取证、违法采取强制措施等侦查违法行为的监督力度，对侦查机关未履行法定告知义务、讯（询）问笔录存在瑕疵等轻微违法行为，以口头或书面等方式予以纠正。四是做好证据合法性的证明工作，确保依法指控犯罪。

3. 健全机制、创新举措，确保办案质量。从各地检察机关的探索情况来看，为了切实解决实践中非法证据排除的问题，确实提高我国的司法文明程度和水平，在刑事诉讼中，公安机关、检察机关和法院应当密切合作，积极健全或者创建以下工作机制或者新举措：一是强化探索侦查人员出庭作证制度。二是建立排除非法证据控辩意见交流机制。三是建立庭前交流信息机制。

4. 建立防止刑讯逼供的法律制度体系。从目前法律规定和各地的做法看，要有效防止实践中的刑讯逼供现象，可以建立以下防止刑讯逼供的法律制度体系：一要进一步规范讯问的地点和场所，促进羁押场所独立化，从制度上对侦查部门办案行为进行制约，预防刑讯逼供等非法取证行为发生；二要探索建立讯问时第三方监督讯问的制度；三要逐步建立普通刑事案件讯问全程同步录音录像制度；四要建立健全更加严格全面的犯罪嫌疑人出入看守所健康检查制度。

5. 重视庭审工作，建立非法证据排除程序的应对机制。为了切实提高非法证据排除程序的效率，特别是法院在庭审过程中排除非法证据的效率，我们建议从以下几方面加强措施或者开展有关工作：一是要加强庭前对有关证据的审核工作；二要细致部署庭审的有关策略；三要充分利用证人、侦查人员出庭及全程录音录像等综合手段，以有效应对庭审阶段突发的非法证据排除问题。

6. 加大对犯罪嫌疑人、被告人说谎行为的惩戒力度。为了减少不必要的非法证据排除的启动程序，提高诉讼效率，维护司法程序的权威性，可以对犯罪嫌疑人、被告人说谎行为进行必要的处罚或者惩戒，即对于编造谎言诬称侦查人员对其刑讯逼供等滥用非法证据排除规则的犯罪嫌疑人、被告人，可以视情节是否严重给予其必要的处罚或者惩戒，比如可以将其行为作为加重处罚的情节，或者让其承担有关的身体检查等费用。

第二部分

《人民检察院刑事诉讼规则》研究

刑事诉讼规则（证据和简易程序）修改研讨会纪要

（2012 年 9 月 22 日）

2012 年 9 月 22 日，最高人民检察院检察理论研究所在北京举行了《刑事诉讼规则修改》研讨会。会议邀请了 15 位检察业务专家，另有课题组成员 6 人，参会人员共 21 人。参会各位专家提出了许多宝贵意见，现将主要建议和意见总结如下：

一、关于非法证据排除问题

关于非法证据的排除条件，有专家认为："对于非法证据，除了刑讯逼供外，还应当对'其他非法方法'作出界定，建议将'其他非法方法'界定为'其他违法程度和对当事人的强迫程度与刑讯逼供或者暴力、威胁相当，迫使其违背意愿供述的方法'。"有的专家则认为："为了有效防止司法实践中的变相刑讯逼供行为，应当将其包括在'其他非法方法'之中，即建议将实践中的一些变相的刑讯逼供和精神折磨手段获取口供方法明确化，主要包括对犯罪嫌疑人采用饿（长时间不给吃饭）、烤（强光照射）、冻（在严寒气温下在室外穿单薄衣服冷冻）、晒（高温下暴晒）、熬（体罚或疲劳审讯）等非法手段。"有的专家还提出："对于刑诉法规定的实物证据排除条件中的'可能严重影响司法公正'应当作出明确解释，建议解释为：可能严重影响司法公正是指收集物证、书证不符合法定程序的行为明显违法或者情节严重，严重限制或者剥夺了当事人的权利。”

关于对非法取证的调查，有专家认为：“应当对人民检察院调查非法取证的情况作出明确规定，比如‘人民检察院认为讯问活动可能存在刑讯逼供等非法取证行为的；犯罪嫌疑人或者辩护人提出供述是非法取得的，并提供了相关的材料或者明确的线索的；发现犯罪嫌疑人身上有明显伤痕的等。’”有专家认为：“人民检察院接到对侦查人员非法取证行为的报案、控告、举报的，可以进行调查；如果上一级人民检察院接到对侦查人员以非法方法收集证据的报案、控告、举报的，可以直接进行调查，也可以交由下级人民检察院进行调查。”

关于对非法证据的调查主体，有专家认为：“对非法证据的调查核实主体应当在人民检察院内部作出明确的规定，建议非法证据的调查核实，侦查阶段由侦查监督部门负责；审查起诉、审判阶段由公诉部门负责。必要时，可以要求渎职侵权检察部门和纪检监察部门派员参加。”因为“对自侦案件侦查人员刑讯逼供等违法行为的查处，由侦监部门或者公诉部门会同本院纪检部门联合进行，以便做到诉讼规则和检察机关检察人员纪律处分条例有效衔接，保证对违法的侦查人员及时进行处理。”

关于要求公安机关说明情况，有专家认为：“人民检察院认为存在以非法方法收集证据情形的，可以书面要求侦查机关对证据悼念的合法性进行说明。说明应当盖有单位公章，同时侦查人员应当签名或者盖章。”“对于人民检察院自行侦查的案件，侦查监督部门或者公诉部门认为存在以非法方法收集证据情形的，可以书面或口头要求侦查部门对证据收集的合法性进行说明。侦查部门提供的说明应当盖有公章并有二名以上侦查人员签名或者盖章。”

关于调查核实告知的问题，有专家认为：“为了保证被调查人及其所在单位的知情权，人民检察院对非法取证行为进行调查核实时，应当告知被调查人及其所在机关或者单位，同时，应当将调查核实的结果及时告知被调查人及其所在单位。”

关于排除非法证据后对案件的处理，有专家提出：“人民检察院依法排除非法证据后，如果其他证据不能证明犯罪嫌疑人实施犯罪行为的，应当作出不批准逮捕或者不逮捕的决定，已经移送审查起诉的，可以将案件退回侦查机关补充侦查或者作出不起诉决定。”有的专家认为：“对于人民检察院自行侦查的案件，依法排除非法证据后，如果其他证据不能证明犯罪嫌疑人实施犯罪的，不得作为报请上一级人民检察院决定逮捕，已经移送审查起诉的，应当撤回案件，进行补充侦查或者作出不起诉决定。”

关于其他问题，有专家提出：“为了发挥讯问录音录像资料的作用，建议当被告人及其辩护人提出庭前供述是非法取得的，并提供了相关材料或者线索的，人民检察院应当将讯问录音录像资料连同案卷材料一并移送人民法院。”有的专家提出：“当讯问犯罪嫌疑人的笔录与讯问录音录像存在不一致时，应当以讯问录音录像的记载内容为准。”

二、关于简易程序问题

关于适用简易程序的条件，有专家提出：“应当对刑诉法规定的简易程序适用条件作出明确解释，即对‘犯罪嫌疑人承认自己所犯罪行，对指控的犯罪事实没有异议的’条件，应当解释为‘犯罪嫌疑人对指控的犯罪事实和指控的罪名均无异议’；对‘犯罪嫌疑人对适用简易程序没有异议的’条件，应当解释为‘犯罪嫌疑人对人民检察院提出适用简易程序明确表示同意’。”有的专家则认为：“为了扩大简易程序的适用，应当对刑诉法规定的简易程序适用条件进行较宽解释，建议将‘犯罪嫌疑人承认自己所犯罪行，对指控的犯罪事实没有异议的’条件解释为‘犯罪嫌疑人对指控的犯罪事实无异议’；将‘犯罪嫌疑人对适用简易程序没有异议的’条件解释为‘对人民检察院提出适用简易程序没有明确反对’。”

关于犯罪嫌疑人同意适用简易程序的确认，有专家提出：“为了有效保护犯罪嫌疑人的诉讼权利，对于犯罪嫌疑人同意适用简易程序应当予以确认。即人民检察院拟建议适用简易程序的，应当在讯问犯罪嫌疑人时，确认其是否承认自己所犯罪行，并且应当确认其是否同意适用简易程序。”

关于人民检察院决定简易程序的主体，有专家提出：“为了保证简易程序的正确适用，人民检察院应当严格审查程序，即办案人员认为可以建议适用简易程序的，应当在审查报告中提出适用简易程序的意见，报主管检察长批准，必要时报经检察委员会决定。”有的专家则认为：“为了提高适用简易程序的效率，可以将适用简易程序的建议决定权交由主诉检察官行使，以发挥主诉检察官的作用。”

关于适用简易程序案件的移送，有专家认为：“为了提高简易程序的效率，可以推广实践中的‘三个集中’办案模式，即对于适用简易程序的案件，公安机关应当集中向人民检察院移送审查起诉、人民检察院应当集中向人民法院起诉、人民法院应当集中进行审理。”有的专家则认为：“对于适用简易程序案件的移送，应当灵活掌握，对于案件多的地区，可以实行集中移送、起诉或者审理，但对于案件少的地区，则可以按正常程序进行。”

关于简易程序的出庭问题，有专家认为：“为了保证法庭审理的严肃性，对于适用简易程序审理的案件，人民检察院应当派员出席法庭，并应当配备书记员担任记录。”也有的专家认为：“为了适应当前司法实践中案多人少的实际情况，对于适用简易程序审理的案件，人民检察院应当派一名检察官出席法庭，但可以不配备书记员担任记录。”还有的专家认为：“由于新刑诉法扩大了简易程序的适用范围，无期徒刑以下刑罚的案件都可以适用简易程序审理，因而为了保证案件质量并兼顾效率，可以分别不同案件采取不同的出庭方式，建议可以规定‘对于适用简易程序的公诉案件，人民检察院应当指派检察员或者经检察长批准代行检察员职务的助理检察员一人至数人出席法庭，支持公诉，可以配备书记员担任记录’。”

关于简易程序的起诉书宣读问题，有专家提出：“由于适用简易程序的案件被告人已承认犯罪，为了提高效率，公诉人在法庭上可以不再宣读起诉书，直接进入法庭调查和辩论阶段。”有的专家则认为：“为了体现法庭审理的严肃性，公诉人在法庭上应当宣读起诉书，但可以简化，概括地宣读指控被告人的犯罪行为及罪名。”

关于简易程序的法庭调查与法庭辩论，有专家提出：“对于人民法院适用简易程序审理的公诉案件，公诉人出席简易程序法庭时，根据被告人认罪的情况，可以建议法庭不再进行法庭调查。在被告人承认自己所犯罪行的情况下，公诉人提出量刑建议后，可以主要针对量刑问题开展法庭辩论。”有的专家则认为：“针对简易程序被告人认罪的情况，公诉人在法庭上可以简化法庭调查和法庭辩论，如果被告人对指控的罪行、罪名及量刑建议没有异议的，可以省略法庭调查和法庭辩论；如果对犯罪行为的某些情节有不同意见，可以只针对该情况进行法庭调查和辩论；如果对量刑建议有不同意见的，可以只针对量刑问题进行法庭辩论。”

关于简易程序转普通程序问题，有专家提出：“在简易程序审理过程中，如果公诉人发现不宜适用简易程序审理的，应当建议法庭转为普通程序审理；如果被告人不同意适用简易程序的，也可以要求法庭按照普通程序进行审理；如果法庭发现不应当适用简易程序审理的，也可以转为普通程序审理。”也有的专家认为：“只要被告人认罪，公诉人建议法庭将简易程序转为普通程序时要经被告人同意，转变程序时也应当征得其同意。”还有的专家提出：“为了保证公诉的质量，在法庭决定将简易程序转为普通程序审理的，人民检察院认为必要的，可以撤回起诉，重新进行审查起诉，审查起诉的期限应当重新计算。”

（邓思清整理）

《人民检察院刑事诉讼规则（证据和简易程序)》建议稿

第一章 证 据

第一条 人民检察院在立案侦查、审查逮捕、审查起诉等办案活动中认定案件事实，应当以证据为根据。

公诉案件中被告人有罪的举证责任由人民检察院承担。人民检察院在提起公诉指控犯罪时，应当提出确实、充分的证据，并运用证据加以证明。

人民检察院提起公诉，应当遵循客观公正原则，对被告人有罪、罪重、罪轻的证据都应当向人民法院提出。

第二条 人民检察院审查认定证据，应当结合案件的具体情况，从证据与待证事实的关联程度、各个证据之间的联系、是否依照法定程序收集等方面进行综合审查判断。

第三条 人民检察院侦查终结或者提起公诉的案件，证据应当确实、充分。证据确实、充分，应当符合以下条件：

（一）定罪量刑的事实都有证据证明；

（二）据以定案的证据均经法定程序查证属实；

（三）综合全案证据，对所认定事实已排除合理怀疑。

第四条 行政机关在行政执法和查办案件过程中收集的物证、书证、视听资料、电子数据等实物证据材料，应当以该机关的名义移送，经人民检察院审查符合法定要求的，可以作为证据使用。

行政机关在行政执法和查办案件过程中收集的鉴定意见、勘验检查笔录，经人民检察院审查符合法定要求的，可以作为证据使用。

人民检察院办理直接受理立案侦查的案件，对于行政机关在行政执法和查办案件过程中收集的涉案人员的供述或者相关人员的证言、陈述，应当重新收集；确有证据证实涉案人员或者相关人员已经（因路途遥远）死亡、失踪或者丧失作证能力，无法重新收集，但供述、证言或者陈述的来源、收集程序合法，并有其他证据相印证，经人民检察院审查符合法定要求的，可以作为证据使用。

根据法律、法规赋予的职责，负责查处行政违法、违纪案件的组织属于本条规定的行政机关。

第五条 对采用刑讯逼供等非法方法收集的犯罪嫌疑人供述和采用暴力、威胁等非法方法收集的证人证言、被害人陈述，应当依法排除，不得作为报请逮捕、批准或者决定逮捕、移送审查起诉以及提起公诉的依据。

刑讯逼供，是指使用肉刑或者变相使用肉刑，使犯罪嫌疑人在肉体或者精神上遭受剧烈疼痛或者痛苦以逼取供述的行为。

其他非法方法，是指违法程度和对当事人（犯罪嫌疑人）的强迫程度与刑讯逼供或者暴力、威胁相当而迫使其违背意愿供述或者陈述的方法。

第六条 侦查机关收集物证、书证不符合法定程序，可能严重影响司法公正的，人民检察院应当及时要求侦查机关补正或者作出书面解释；不能补正或者无法作出合理解释的，对该证据应当予以排除。

对于侦查机关的补正或者解释，人民检察院应当予以审查。经侦查机关补正或者作出合理解释的物证、书证，可以作为批准或者决定逮捕、提起公诉的依据。

不符合法定程序，是指不符合法律对于取证主体、取证手续、取证方法的规定；可能严重影响司法公正，是指收集物证、书证不符合法定程序的行为明显违法或者情节严重，可能对司法机关办理案件的公正性造成严重损害；补正，是指对取证程序上的非实质性瑕疵进行补救；合理解释，是指对取证程序的瑕疵作出符合常理及逻辑的解释。

第七条 人民检察院经审查发现存在刑事诉讼法第五十四条规定的非法取证行为，依法对该证据予以排除后，其他证据不能证明犯罪嫌疑人实施犯罪行为的，应当不批准或者决定逮捕，已经移送审查起诉的，可以将案件退回侦查机关补充侦查，必要时可以自行调查取证或者作出不起诉决定。

第八条 在侦查、审查起诉和审判阶段，人民检察院发现侦查人员以非法方法收集证据的，应当报经检察长批准，及时进行调查核实。

当事人及其辩护人、诉讼代理人报案、控告、举报侦查人员采用刑讯逼供等非法方法收集证据并提供涉嫌非法取证的人员、时间、地点、方式和内容等材料或者线索的，人民检察院应当受理并进行审查，对于需要调查核实的（对于根据现有材料无法证明证据收集合法性的），应当报经检察长批准，及时进行调查核实。

上一级人民检察院接到对检察人员（侦查人员）采用刑讯逼供等非法方法收集证据的报案、控告、举报的，可以直接进行调查核实，也可以交由下级人民检察院调查核实。交由下级人民检察院调查核实的，下级人民检察院应当及时将调查结果报告上一级人民检察院。

第九条 人民检察院决定对非法取证行为进行调查核实的，应当及时将决定调查的原因等情况告知被调查人所在机关或者单位。同时，应当将调查核实的结果及时告知被调查人及其所在机关或者单位。

第十条 对于非法证据的调查核实，在侦查阶段由侦查监督部门负责；在审查起诉、审判阶段由公诉部门负责。必要时，渎职侵权检察部门或者纪检监察部门可以派员参加。

第十一条 人民检察院可以采取以下方式对非法取证行为进行调查核实：

（一）讯问犯罪嫌疑人；

（二）询问办案人员；

（三）询问在场人员及证人；

（四）听取辩护律师意见；

（五）调取讯问笔录、讯问录音录像；

（六）调取、查询犯罪嫌疑人出入看守所的身体检查记录及相关材料；

（七）进行伤情、病情检查或者鉴定；

（八）其他调查核实方式。

第十二条 人民检察院调查完毕后，应当制作调查报告，根据查明的情况提出处理意见，报请检察长决定后依法处理。

办案人员在审查逮捕、审查起诉中经调查核实依法排除非法证据的，应当在调查报告中予以说明。被排除的非法证据应当随案移送。

人民检察院经审查后，对于确有以非法方法收集证据情形，尚未构成犯罪的，应当依法向被调查人所在机关提出纠正意见。对于需要补正或者作出合理解释的，应当提出明确要求。认为非法取证行为构成犯罪需要追究刑事责任的，应当依法移送有关部门立案侦查。

第十三条 人民检察院认为存在以非法方法收集证据情形的，可以书面要求侦查机关对证据收集的合法性进行说明。说明应当加盖单位公章，并由侦查人员签名。

人民检察院直接受理立案侦查的案件，侦查监督部门或者公诉部门认为存在以非法方法收集证据情形的，可以书面或者口头要求侦查部门对证据收集的合法性进行说明。说明应当加盖公章，并由二名以上侦查人员签名。

第十四条 对于公安机关立案侦查的案件，存在下列情形之一的，人民检察院在审查逮捕、审查起诉和审判阶段，可以调取公安机关讯问犯罪嫌疑人的录音录像，对证据收集的合法性以及犯罪嫌疑人、被告人供述的真实性进行审查：

（一）认为讯问活动可能存在刑讯逼供等非法取证行为的；

（二）犯罪嫌疑人、被告人或者辩护人提出犯罪嫌疑人、被告人供述系非法取得，并提供相关线索或者材料的；

（三）犯罪嫌疑人、被告人对讯问活动合法性提出异议或者翻供，并提供相关线索或者材料的；

（四）案情重大、疑难、复杂的。

人民检察院直接受理立案侦查的案件，侦查部门移送审查逮捕、审查起诉时，应当将讯问录音录像连同案卷材料一并移送审查。

第十五条 对于提起公诉的案件，被告人及其辩护人提出审前供述系非法取得，并提供相关线索或者材料的，人民检察院可以将讯问录音录像的复制件连同案卷材料一并移送人民法院。

第十六条 在法庭审理过程中，被告人或者辩护人对讯问活动合法性提出异议的，公诉人可以要求被告人及其辩护人提供相关线索或者材料。必要时，公诉人可以提请法庭当庭播放相关时段的讯问录音录像，对有关异议或者事实进行质证。

需要播放的讯问录音录像中涉及国家秘密、商业秘密、个人隐私或者含有其他不宜公开的内容的，公诉人应当建议在法庭组成人员、公诉人、侦查人员、被告人及其辩护人范围内播放。因涉及国家秘密、商业秘密、个人隐私或者其他犯罪线索等内容，人民检察院对讯问录音录像的相关内容作技术处理的，公诉人应当向法庭作出说明。

人民法院、被告人及其辩护人对讯问录音录像的复制件提出异议的，公诉人可以将相应原件当庭启封质证。案件审结后，经公诉人和被告人签名确认后，对讯问录音录像原件再行封存。

第十七条 当讯问笔录与讯问犯罪嫌疑人的录音录像存在重大出入时，经审查，讯问录音录像更为真实客观，且对认定犯罪事实具有实质影响的，可以以讯问录音录像的内容作为认定案件的根据。

第十八条 对于采取非法手段收集证据的侦查人员，应当根据情节轻重，追究相应的法律责任，构成犯罪的，依法追究其刑事责任。所获得的非法证据是否被排除，不影响对有关侦查人员法律责任的追究。

第二章 简易程序

第一条 人民检察院对于基层人民法院管辖的案件，符合下列条件的，可以建议人民法院适用简易程序审理：

（一）案件事实清楚、证据充分的；

（二）犯罪嫌疑人承认自己所犯罪行，对指控的犯罪事实没有异议的；

（三）犯罪嫌疑人对适用简易程序没有异议的。

办案人员认为可以建议适用简易程序的，应当在审查报告中提出适用简易程序的意见，按照提起公诉的审批程序报请决定。

第二条 具有下列情形之一的，人民检察院不应当建议人民法院适用简易程序：

（一）犯罪嫌疑人是盲、聋、哑人，或者是尚未完全丧失辨认或者控制自己行为能力的精神病人的；

（二）有重大社会影响的；

（三）共同犯罪案件中部分犯罪嫌疑人不认罪或者对适用简易程序有异议的；

（四）（比较）复杂的共同犯罪案件；

（五）辩护人作无罪辩护或者对主要犯罪事实有异议的；

（六）其他不宜适用简易程序的。

人民法院决定适用简易程序审理的案件，人民检察院认为具有刑事诉讼法第二百零九条规定情形之一的，应当向人民法院提出纠正意见；具有其他不宜适用简易程序情形的，人民检察院可以建议人民法院不适用简易程序。

第三条 基层人民检察院审查案件，认为案件事实清楚、证据确实充分的，应当在讯问犯罪嫌疑人时，了解其是否承认自己所犯罪行，对指控的犯罪事实有无异议，告知其适用简易程序的法律规定，确认其是否同意适用简易程序。

第四条 人民检察院对犯罪嫌疑人同意适用简易程序的案件，可以简化有关文书制作，简化有关的审批程序或者由主诉检察官决定。

第五条 人民检察院建议适用简易程序的，应当按照规定制作起诉书、适用简易程序建议书，在提起公诉时，连同案卷材料和证据一并移送人民法院。

第六条 人民检察院可以对适用简易程序的案件相对集中提起公诉，可以要求公安机关相对集中移送审查起诉，可以建议人民法院相对集中审理。

第七条 适用简易程序审理的公诉案件，人民检察院应当指派检察员或者经检察长批准代行检察员职务的助理检察员一人至数人出席法庭，支持公诉，但可以不配备书记员担任记录（应当派员出席法庭）。

第八条 适用简易程序审理的公诉案件，人民检察院基于做好出庭准备和庭审举证工作的需要，可以至迟在人民法院送达出庭通知书时取回案卷材料和证据。

人民检察院取回案卷材料和证据后，辩护律师要求查阅案卷的，应当允许辩护律师在人民检察院查阅、摘抄、复制案卷。

第九条 公诉人出席简易程序法庭时，在确认被告人庭前已收到起诉书并对起诉书指控的犯罪事实没有异议后，可以简化宣读起诉书，可以根据案件情况决定是否讯问被告人，是否询问证人、鉴定人，是否需要出示证据。根据案件情况，公诉人可以建议法庭简化进行法庭调查和法庭辩论。

需要出示证据而人民检察院在开庭审理前未取回案卷材料和证据的，公诉人可以申请法庭指令工作人员出示、宣读或者播放证据。

第十条 公诉人出席简易程序法庭时，应当主要围绕量刑以及其他有争议的问题进行法庭调查和法庭辩论。

公诉人提出量刑建议的，在庭审过程中，出现新的量刑情节致使量刑建议需要调整的，公诉人可以根据检察长的授权作出调整，也可以在原有量刑建议的基础上，充分考虑新的量刑情节提出概括性建议。

第十一条 适用简易程序审理的公诉案件，在法院开庭审理前，检察机关发现不宜适用简易程序的，应当建议法院按照第一审普通程序重新审理。

在简易程序法庭审理过程中，公诉人发现不宜适用简易程序审理的，应当建议法庭按照第一审普通程序重新审理。

第十二条 由简易程序转为普通程序审理的案件，经被告人同意的，法庭可以继续进行审理。被告人不同继续审理的，法庭应当按普通程序的要求重新进行审理。

公诉人认为需要为出席法庭进行准备的，可以申请人民法院延期审理。

由简易程序转为普通程序审理的案件，法院的审理期限应当按照普通程序的审理期限连续计算。

《人民检察院刑事诉讼规则（证据和简易程序）》建议稿与论证

第一章 证 据

第一条 人民检察院在立案侦查、审查逮捕、审查起诉等办案活动中认定案件事实，应当以证据为根据。

公诉案件中被告人有罪的举证责任由人民检察院承担。人民检察院在提起公诉指控犯罪时，应当提出确实、充分的证据，并运用证据加以证明。

人民检察院提起公诉，应当遵循客观公正原则，对被告人有罪、罪重、罪轻的证据都应当向人民法院提出。

[说明]

本条是关于证据裁判原则、举证责任和公诉原则的规定。检察机关作为我国司法机关之一，其在司法活动中，首先应当遵守证据裁判原则。同时，检察机关作为指控犯罪的主体，不仅应当承担证明被告人有罪的举证责任，而且应当遵循客观公正原则。

[论证]

证据裁判原则，又称证据裁判主义，其基本含义就是通过证据来认定案件事实，即将证据作为事实裁判的根据。从诉讼制度发展变革的历史路径来看，在历经神明裁判、口供裁判后，证据裁判原则逐渐成为近现代刑事诉讼的普遍原则，是现代司法与诉讼活动趋向科学、文明与理性的体现。我们将证据裁判原则明确规定为检察机关立案侦查、审查逮捕、审查起诉等办案活动的一项原则，其理由如下：

一是与其他司法解释保持一致。在我国，有关民事和行政诉讼的司法解释中早有证据裁判的相关规定，如《最高人民法院关于民事诉讼证据的若干规定》（以下简称《民事诉讼证据规定》）第63条规定："人民法院应当以证据能够证明的案件事实为依据依法作出裁判"、《最高人民法院关于行政诉讼若干问题的规定》第53条规定："人民法院裁判行政案件，应当以证据证明的案件事实为依据。"修改后的刑事诉讼法并未明文规定该原则，但《刑事诉讼法》第53条和第195条均体现了证据裁判的精神。即《刑事诉讼法》第53条规定："对一切案件的判处都要重证据，重调查研究，不轻信口供"，第195条则分别规定了证据确实、充分，证据不足情况下应该作出何种判决。2010年出台的《关于办理死刑案件审查判断证据若干问题的规定》（以下简称《办理死刑案件证据规定》）第2条则明文确立了"认定案件事实，必须以证据为依据"。

二是借鉴国外的经验。从欧洲大陆各国的法律条文看，都规定了体现证据裁判原则的有关内容，如《法国刑事诉讼法典》第427条规定："除法律另有规定外，犯罪得以任何证据形式认定，并且法官得依其内心确信做出判决，法官只能以在审理过程中向其提出的，并在其当面经对席辩论的证据为其做出裁判决定的依据。"《德国刑事诉讼法典》第24条第2款规定："为了调查事实真相，法院应当依职权将证据调查延伸到所有的对于裁判具有意义的事实、证据上。"英美法系国家没有明确规定证据裁判原则并非对该原则的否认，而是认为证据裁判原则是不言自明的。英美法系国家的证据制度中有大量关于证据关联性和可采性的规则，这些规则与证据裁判原则的基本精神完全一致，事实上表明这些国家非常强调案件事实的认定必须依靠证据。

三是检察机关司法属性的要求。在我国，检察机关是国家专门的法律监督机关，具有很强的司法属性，也是国家的司法机关，因而检察机关在执法办案中，就应当遵守证据裁判原则。根据我国法律规定，检察机关负责立案侦查、审查逮捕、审查起诉等诉讼职能，在这些执法办案活动中，检察机关在认定案件事实上，都应当坚持以证据为根据，保证所认定的每一项事实都有证据予以支撑。

四是司法实践的客观需要。从司法实践看，许多冤错案件都基本上是在证据和事实认定上发生了错误，这说明检察机关在办案过程中的证据意识还不强，运用证据认定案件事实的能力还不够，因而有必要作出明确的要求。虽然新刑事诉讼法对证据裁判原则没有作出明文的规定，但综合整个刑事诉讼法的条文看，均不同程度上体现了证据裁判原则的精神，尤其是本次修改刑事诉讼法亮点之一的非法证据排除规则更是与证据裁判原则密不可分。因此，有必要在《规则》中写明规定证据裁判原则。

举证责任，亦称证明责任，是指诉讼当事人对自己主张的事实提出证据并加以证明的责任。从理论上而言，举证责任一般分为两个方面：一是行为责任，也就是当事人提出证据对自己的主张加以证明，使诉讼向有利于自己的方向前进的责任；二是败诉责任，也就是因为不能提供证据或者提出的证据达不到法律规定的证明标准导致自己的主张被法院认定不能成立的结果责任。在我国，检察机关提起公诉指控犯罪时，应当承担举证责任：

一是对司法实践经验的总结。从司法实践看，由于1996年刑事诉讼法没有明确规定检察机关的举证责任，但在少数案件的办案中，有时在理解和具体执行中存在一些分歧，尤其是根据1996年刑事诉讼法第35条所规定的“辩护人的责任是根据事实和法律，提出证明犯罪嫌疑人、被告人无罪、罪轻或者减轻、免除其刑事责任的材料和意见”的表述容易引起一些误解，有的司法实务人员对于被告人及其辩护人的一些辩护理由，往往要求其自行调查取证并予以证明，这十分不利于对被告人的人权保护。因而在新刑事诉讼法为了进一步明确举证责任、规范诉讼活动，保障当事人的诉讼权利，保障无罪的人不受刑事追究，明确规定了检察机关对公诉案件负举证责任。

二是检察机关出庭支持公诉的要求。根据新刑事诉讼法的规定，凡是检察机关提出公诉的案件，都应当出庭指控犯罪，支持公诉。按照自然法则“谁主张，谁举证”的原则，刑事公诉案件由人民检察院提出，其主张被告人有罪，自然就应当承担提供证据并证明其主张成立的责任，否则，检察机关提供的证据不足，或者不能证明被告人有罪，其主张就不能成立，就承担败诉的后果。同时，检察机关承担举证责任也是无罪推定原则的必然要求，即在推定任何人都是无罪的前提下，只有在控方提出确实、充分的证据证明被告人有罪时，法院才能认定被告人有罪，否则，被告人就是无罪的。

三是借鉴国外的经验。从世界范围来看，对刑事诉讼中被告人有罪的举证责任，各国都规定由控诉方来承担，这是世界各国的普遍做法。无论是大陆法系国家还是英美法系国家均遵循一个基本规则，即证明被告人有罪的责任始终应由控诉方承担，刑事被告人不承担证明自己有罪和无罪的责任。各国对证明责任作这样的分配，其理论依据是无罪推定原则。世界各国的这种普遍做法值得我国借鉴。

客观公正原则，实质上是客观性原则和公正原则的结合，因而其基本内容包括两个方面：一是实事求是地查明案件真相，客观全面地收集证据和提供证据，包括不利于被告人的证据和有利于被告人的证据；二是公正地执行法律，包括实体法和程序法，以维护国家法律的统一性和权威性。在我国，检察机关作为提起公诉的机关，其在指控犯罪时，应当遵循客观公正的原则，这是因为：

一是检察机关在诉讼中法律监督角色定位的必然要求。检察机关在我国所为法律监督机关，负有维护国家法律统一正确实施的职责，当其参与刑事诉讼活动时，在诉讼活动中就必须站在法律监督者的立场而不是当事人的立场，以保障法律的正确统一实施为目标而不是以胜诉为目标，客观公正地履行各项检察职能。在提起公诉时，也应当坚持客观公正的指控犯罪，该重就重该轻则轻，并要提供所有犯罪证据，包括证明被告人有罪、罪重、罪轻的各种证据，以保证法院对被告人作出客观公正的裁判。

二是实现司法公正的客观需要。检察机关作为我国的司法机关，在履行各项检察职责的过程中，必须以事实为根据，以法律为准绳，努力做到实体公正与程序公正并重。在刑事诉讼过程中，检察机关要做到实体公正和程序公正，就必须坚持客观公正原则，因为实体公正与程序公正是辩证统一的，二者集中体现为客观公正。从司法实践看，许多错案或者司法不公，都与证据具有密切的联系，有的是证据不足，有的是证据虚假等，因而检察机关在诉讼中要追求司法公正，就必须做到客观公正的指控犯罪，为此就必须客观公正地对待所有证据，既不能隐瞒证据，也不能夸大证据的证明力，要全面客观地向法院移送所有证据。

三是尊重和保障人权的现实需要。我国新刑事诉讼法第 2 条已明确将“尊重和保障人权”作为刑事诉讼活动的一项基本原则，要求参与刑事诉讼活动的各个机关必要遵守。检察机关作为参与刑事诉讼活动的国家机关，在刑事诉讼活动中必须严格坚持尊重和保障人权的原则。在提起公诉时，检察机关不仅承担着追诉的责任，也要承担保护被追诉人权利的责任。由于检察机关具有相对的优势，为了保障辩护方充分行使辩护权，保护被追诉人的合法权益，检察机关不仅要客观公正地指控犯罪，而且要全面提供证明被告人有罪、无罪和罪轻的各种证据，为辩护权的行使提供便利，为审判机关作出公正裁判提供充分的条件。

第二条　人民检察院审查认定证据，应当结合案件的具体情况，从证据与待证事实的关联程度、各个证据之间的联系、是否依照法定程序收集等方面进行综合审查判断。

［说明］

本条是关于证据证明力判断基本原则的规定。检察机关作为司法机关，在办理案件过程中，要做到案件事实清楚，证据确实、充分，就应当遵循一定的原则，对有关证据的合法性及其证明力进行审查判断。

［论证］

证据的证明力，即证据的价值，是指证据对案件事实是否具有证明作用和作用的程度，它反映证据的自然属性，以证据与待证事实之间的关系为基础。虽然2012年修改刑事诉讼法时对证据证明力的判断未加以明确规定，但考虑到对证据证明力的判断对于检察人员执法办案具有重要意义，2010年出台《办理死刑案件证据规定》第32条对证据证明力的判断予以明文规定；最高人民法院制定的《民事诉讼证据规定》第64条也明确规定：“审判人员应当依照法定程序，全面、客观地审核证据，依据法律的规定，遵循法官职业道德，运用逻辑推理和日常生活经验，对证据有无证明力和证明力大小独立进行判断，并公开判断的理由和结果。”因而在修改《规则》时，有必要对证据证明力的判断原则作以明确规定。

我们经过综合考虑，认为在《规则》中应当明确规定证据证明力判断的三项基本原则，即关联原则、协调一致原则和程序合法原则。

关于关联原则，即从证据与待证事实的之间的关联程度来审查证据证明力的一项原则。所有的证据都具有证明案件事实的作用，但证据与待证案件事实之间的关联程度不同，其证明作用力的大小也有所不同，即证据证明力的强弱有所不同。例如，直接证据与间接证据的证明力相比，直接证据的证明力就往往大于间接证据的证明力；传来证据的证明力就弱于原始证据的证明力等。为此我国《民事诉讼法》第 70 条规定："书证应当提交原件。物证应当提交原物。提交原件或者原物确有困难的，可以提交复制品、照片、副本、节录本。"该规定不仅是对证据资格的规定，更是对证据证明力的规定，即书证原件的证明力要大于副本和节录本的证明力，物证原物的证明力要大于物证复制品和照片的证明力。由于证据的原物或原件与案件待证事实之间的关联程度较高，所以其证明案件事实的证明力就较高。因为该证据与待证案件事实之间的距离较近，其发生变化的可能性较小，真实程度较高，所以其证明力就较大。反之，如果证据与待证的案件事实关联程度较低，其发生变化或者被破坏的可能性较大，其证明力就较小。因此，将证据与待证案件事实之间的关联性作为审查判断证据的一项基本原则，可以对检察机关办理案件有较大的指导意义。

关于协调一致原则。即各个证据之间要协调一致时，各个证据才具有证明力，否则，证据之间互相矛盾时，必须排除矛盾，才能确定证据是否具有证明力。从司法实践看，证据证明力的强弱或大小常常是通过对立或矛盾证据之间的比较显现出来的，只有鉴别证据的真伪，排除证据之间的矛盾，才能确定证据是否具有证明力或证明力大小。单凭孤证本身难以辨别真伪以及确认它对案件事实的证明作用，但如果把它同其他证据加以对照、印证，进行综合分析，从相互之间的联系进行考察，则比较容易判断该项证据的真伪。一般来说，证据之间有矛盾，其中一个证据必然不真实，不具有证明待证案件事实的证明力，必须予以排除，只有这样，才能确定其他证据并判断其证明力大小。因此，将证据之间协调一致作为审查判断证据的一项基本原则，则有利于对证据证明力作出正确的审查判断。

关于程序合法原则。即证据的收集必须符合法律规定的程序，才具有证明待证案件事实的证明力。在现代刑事诉讼中，证据的合法性是证据资格的一项重要内容和要求，如果证据不具有合法性，就不能成为证明案件事实的证据，就不具有证据的资格。这就是非法证据排除规则的要求。由于非法证据往往侵犯当事人的合法权利，破坏程序法的权威性，因而从保障人权和维护程序法有效性方面考虑，现代各个都确立了非法证据排除规则。我国新刑事诉讼法也确立了非法证据排除规则，因而有必要将程序合法性作为审查判断证据证明力的一项基本原则。在司法实践中，检察机关在审查判断证据时，应当对证据的资格进行审查判断，即对所有的证据材料必须先审查是否具有法律上可采纳为证据的资格，然后才谈得上证明力。因此，在对证明力进行判断时，要注意审查该证据是否依照法定程序收集，然后再审查其证明力的大小。

第三条　人民检察院侦查终结或者提起公诉的案件，证据应当确实、充分。证据确实、充分，应当符合以下条件：

（一）定罪量刑的事实都有证据证明；

（二）据以定案的证据均经法定程序查证属实；

（三）综合全案证据，对所认定事实已排除合理怀疑。

［说明］

本条是关于证据确实、充分标准的规定。由于司法实践中，对证明标准的掌握是一个非常难的问题，因而对证明标准作出明确的规定，对司法官员进行指导和规范，是保证案件质量的重要措施。

［论证］

证明标准，又称证明要求、证明任务，是指法律规定的承担举证责任的诉讼主体运用证据证明自己的指控或主张和对案件事实的认定所达到的标准和程度。如果控诉方或当事人提供的证据达到了证明标准，就意味着其履行了证明责任，其指控或主张就会得到法院的确定。相反，如果其提供的证据未能达到证明标准，就意味着其没有完成证明责任，其指控或主张就将不会成立。通说认为，证明标准应当具有以下两个基本特征：（1）阶段性，即在不同的诉讼阶段，应当采取不同的证明标准。（2）不可转移性，即法律规定的证明标准是由举证责任主体来承担，这是不可移转的。

在我国，1996 年刑事诉讼法没有对证明标准的具体含义作出规定，只是规定公安机关移送审查起诉、检察机关提起公诉、法院作出有罪判决，要达到“证据确实、充分”。可以说，“证据确实、充分”是我国刑事诉讼法对侦查机关侦查终结移送审查起诉、检察机关提起公诉的要求，也是审判程序中人民检察院完成被告人有罪的举证责任，人民法院判决被告人有罪的证明标准。但是，何为“证据确实、充分”？法律没有明确，导致学术界和司法界存在不同的认识，影响了司法的统一性。为此，2010 年《办理死刑案件证据规定》对办理死刑案件“证据确实、充分”的含义进行了解释。2012 年修改刑事诉讼法时，第 53 条对“证据确实、充分”进行了明确界定。

我们在修改《规则》的研讨过程中，大家一致认为应当设立专条规定证明标准，但对证明标准如何规定上，有学者提出，刑事证明标准应当按照诉讼阶段进行规定，即应当分别对审查批准逮捕、侦查终结和审查起诉设计不同的证明标准。我们经过认真研究后，未采纳上述观点，其主要理由是：修改后的刑事诉讼法第 53 条所提出的证明标准，是对我国刑事诉讼整个过程而言，如果根据检察环节的不同阶段设计不同的证明标准，一是会出现与刑事诉讼法的规定不相一致的问题；二是上述不同证明标准的设计在实践中会出现不同的认识，影响司法的统一性。因此，我们还是建议《规则》修改时应当按照刑事诉讼法第 53 条的规定，对证明标准进行统一规定。

在修改《规则》的建议中，规定了证明标准的三方面内容，即“证据确实、充分，应当符合以下条件：（一）定罪量刑的事实都有证据证明；（二）据以定案的证据均经法定程序查证属实；（三）综合全案证据，对所认定事实已排除合理怀疑”。该规定中“证据确实、充分”应当具备三个条件，这三个条件是统一的，即只有同时具备这三个条件，才能认为达到了“证据确实、充分”的证明标准。

关于第一个条件，即“定罪量刑的事实都有证据证明”，是指作为认定犯罪嫌疑人或被告人犯罪、犯何种罪、提出何种量刑建议所依据的事实，包括犯罪构成要件和影响量刑的各种情节事实，都要有办案机关经法定程序收集的证据予以证明。没有证据证明的事实，不能作为案件的事实予以认定。这就是证据裁判原则的必然要求，也是构成“证据确实、充分”这一证明标准的基础要件。

关于第二个条件，即“据以定案的证据均经法定程序查证属实”，是指人民检察院（包括自侦部门）按照法律规定的程序，尤其是符合修改后的刑事诉讼法关于非法证据排除的规定，对作为定案根据的证据进行查证后，排除有关非法证据，对其他证据查证属实后的确认。只有通过这种程序确认的证据，才能作为认定案件事实的证据。这是从“证据确实”的角度来对证明标准加以规范的。

关于第三个条件，即“综合全案证据，对所认定事实已排除合理怀疑”，是指办案人员在每一证据均查证属实的基础上，经过对全案证据的综合审查，运用法律知识和逻辑、经验进行推理、判断后，对认定的案件事实达到排除合理怀疑的程度。“排除合理怀疑”表示的是一种主观心理状态，它是指对于所认定的事实，已经没有符合常理的、有根据的怀疑，达到了内心确信的程度。所谓“合理怀疑”，是指建立在一定的理由之上，有合理根据的怀疑，而不是没有根据的任意猜测、怀疑或者推测。“排除合理怀疑”与“内心确信”是一致的，二者只是从办案人员心里的两个不同方面所做的不同表述而已，没有本质上的差别。因此，我们认为，“排除合理怀疑”是证明标准的核心条件，也是在前两个条件基础上所要达到的程度条件。

第四条　行政机关在行政执法和查办案件过程中收集的物证、书证、视听资料、电子数据等实物证据材料，应当以该机关的名义移送，经人民检察院审查符合法定要求的，可以作为证据使用。

行政机关在行政执法和查办案件过程中收集的鉴定意见、勘验检查笔录，经人民检察院审查符合法定要求的，可以作为证据使用。

人民检察院办理直接受理立案侦查的案件，对于行政机关在行政执法和查办案件过程中收集的涉案人员的供述或者相关人员的证言、陈述，应当重新收集；确有证据证实涉案人员或者相关人员已经死亡、失踪或者丧失作证能力，无法重新收集，但供述、证言或者陈述的来源、收集程序合法，并有其他证据相印证，经人民检察院审查符合法定要求的，可以作为证据使用。

根据法律、法规赋予的职责，负责查处行政违法、违纪案件的组织属于本条规定的行政机关。

［说明］

本条是关于行政机关收集的证据材料作为证据使用的规定。行政机关在执法过程中收集的有关证据材料与司法机关在刑事诉讼过程中收集的证据具有密切的联系，同时又具有很多的相似性，但如何将其作为刑事诉讼中的证据使用，必须进行明确的规定。

［论证］

近年来，在司法实践中，许多刑事犯罪案件的发现是从行政违法调查入手的，随着调查的深入，进而发现构成犯罪的案件不在少数，因而行政执法机关，如工商、税务、监察部门等，在执法过程中所收集的证据如何在刑事诉讼中使用成为实践中的一个重要问题。为此，新刑事诉讼法第 53 条第 2 款增加了行政机关收集的证据在刑事诉讼中作为证据使用的规定，即“行政机关在行政执法和查办案件过程中收集的物证、书证、视听资料、电子数据等证据材料，在刑事诉讼中可以作为证据使用。”在《规则》的修改过程中，我们认为，应当对该条规定的以下问题进行解释：

关于“行政机关”范围的问题，有观点认为，《规则》修改应当对行政机关予以明确界定，并特别提出应当明确纪检部门是否属于这里规定的“行政机关”。我们经研究认为，检察机关直接立案侦查的案件与纪检部门的联系密切，但在《规则》中直接规定纪检部门，社会较为敏感，社会影响可能不好，还是不予直接规定为好。同时，审查起诉部门受理的案件，并不限于纪检部门，还涉及多个具有行政执法权的机关和单位。因此，我们建议对“行政机关”只作原则性或定义性的规定，即“根据法律、法规赋予的职责，负责查处行政违法、违纪案件的组织属于本条规定的行政机关”。

关于对“可以作为证据使用”如何理解的问题，我们认为，“可以作为证据使用”，是指这些证据具有进入刑事诉讼的资格，不需要刑事侦查机关再次履行取证手续。但是，这些证据能否作为定案的根据，还需要根据刑事诉讼法的其他规定，由办案机关进行审查判断。就检察机关来说，要使用行政机关收集的有关证据材料，要经过检察机关的审查判断后，认为该证据材料符合法律规定的证据要求时，才能将其引入刑事诉讼中。所以，我们建议《规则》规定："行政机关在行政执法和查办案件过程中收集的物证、书证、视听资料、电子数据等实物证据材料，应当以该机关的名义移送，经人民检察院审查符合法定要求的，可以作为证据使用。"

关于对"物证、书证、视听资料、电子证据等"如何理解的问题，在《规则》的修改研究过程中，我们认为，关键是对"等"字如何理解。经过研究，我们认为，应当对"等"字作"等内理解"，即本款所涉及的证据材料范围是物证、书证、视听资料、电子数据等实物证据，不包括证人证言、犯罪嫌疑人或被告人的供述等言词证据。按照这种思路，我们建议应当对新刑事诉讼法该条的规定作适当的扩大，即不仅物证、书证、视听资料、电子证据可以作为证据使用，而且鉴定意见、勘验检查笔录也可以作为证据使用。即建议《规则》规定："行政机关在行政执法和查办案件过程中收集的鉴定意见、勘验检查笔录，经人民检察院审查符合法定要求的，可以作为证据使用。"这是因为：鉴定意见、勘验检查笔录具有很强的客观性，特别是勘验检查笔录中的有关照片是实物的反映，也应当属于实物证据范围，考虑到这两种证据种类不易发生伪造等现象，从本质属性上较为客观，同时在办案的实际中再次收集有可能造成不必要的资源浪费，因此，在《规则》修改时建议作上述规定。此外，对于行政机关收集的言词证据，考虑到其容易发生造假、胁迫等情形，为了保证其真实性，建议《规则》应当明确规定应当重新予以收集，即"人民检察院办理直接受理立案侦查的案件，对于行政机关在行政执法和查办案件过程中收集的涉案人员的供述或者相关人员的证言、陈述，应当重新收集"。同时，考虑到司法实践中的情况十分复杂，可能出现有的言词证据确实无法或者不便收集，为了满足司法实践打击腐败犯罪的客观需要，我们建议《规则》适当作一个例外规定，即"确有证据证实涉案人员或者相关人员已经死亡、失踪或者丧失作证能力，无法重新收集，但供述、证言或者陈述的来源、收集程序合法，并有其他证据相印证，经人民检察院审查符合法定要求的，可以作为证据使用"。这里应当明确的是，言词证据作为证据使用是有条件的，条件之一是：确有证据证实涉案人员或者有关人员已经死亡、失踪或者丧失作证能力，无法重新收集；条件之二是：供述、证言或者陈述的来源、收集程序合法，并有其他证据相印证；条件之三是：经人民检察院审查符合法定要求的，才可以作为证据使用。

第五条　对采用刑讯逼供等非法方法收集的犯罪嫌疑人供述和采用暴力、威胁等非法方法收集的证人证言、被害人陈述，应当依法排除，不得作为报请逮捕、批准或者决定逮捕、移送审查起诉以及提起公诉的依据。

刑讯逼供，是指使用肉刑或者变相使用肉刑，使犯罪嫌疑人在肉体或者精神上遭受剧烈疼痛或者痛苦以逼取供述的行为。

其他非法方法，是指违法程度和对当事人的强迫程度与刑讯逼供或者暴力、威胁相当而迫使其违背意愿供述或者陈述的方法。

［说明］

本条是关于我国非法证据排除规则重要内容之一——非法言词证据排除规则的规定。由于非法言词证据与非法实物证据不同，因而应当采取不同的排除规则。对于非法言词证据，即通过采取刑讯逼供、暴力、威胁等非法方法收集的言词证据，应当予以排除，即采取了绝对排除的规则。

［论证］

非法言词证据，是指采取刑讯逼供等非法方法收集的犯罪嫌疑人供述和采用暴力、威胁等非法方法收集的证人证言、被害人陈述。其中，最典型的非法言词证据是采取刑讯逼供手段所获得的言词证据，即采取各种折磨被讯问者精神或者肉体的手段所获取的犯罪嫌疑人、被告人的供述。在侦查过程中，侦查人员采取刑讯逼供、暴力、威胁等侵犯公民人身权利的非法方法收集言词证据，在绝大多数情况下针对的是犯罪嫌疑人和被告人，但也可针对证人、被害人实施。

在《规则》修改的研讨过程中，对于非法言词证据的排除规则进行司法解释，主要涉及三个问题，即何为“刑讯逼供”、何为“等非法方法”以及检察机关如何对非法言词证据进行排除。

关于刑讯逼供的内涵，我们认为，刑讯逼供是指使用肉刑或者变相使用肉刑，使犯罪嫌疑人在肉体或者精神上遭受剧烈疼痛或者痛苦以逼取供述的行为。其中，使用肉刑，就是使人在肉体上产生剧烈疼痛来逼取口供的方法，这是最原始的刑讯逼供的方法，例如用棍子打、电棍电击、鞭子抽等。变相使用肉刑，就是变相刑讯逼供的行为，即间接造成人体痛苦（肉体或精神）而逼取口供的方法，如使人疲劳、饥渴、虐待、服用药物、催眠等其他残忍、不人道、有辱人格的方法。

关于“等非法方法”的内涵，在《规则》的修改研讨过程中，有的学者提出，为了便于司法实践执行，应当对“等非法方法”具体包括哪些情形作出进一步明确的规定。但是，我们经研究认为，采取列举的方式很难穷尽非法取证的所有情况，也不符合“两个规定”、新刑事诉讼法要重点解决最突出的刑讯逼供和暴力取证问题的原意。新刑事诉讼法的基本指导思想是解决司法实践中最为突出的刑讯逼供以及暴力取证问题，没有明确规定对于引诱、威胁、欺骗等非法手段取得的证据如何处理。我们认为，高检院在修改规则时，应当与刑事诉讼法的立法精神保持一致，重点也应当是解决刑讯逼供以及与刑讯逼供和暴力、威胁手段相当的非法取证问题，不易过于细化和具体。经反复研究，我们提出了“相当性”的程度标准，即其他非法方法的危害程度与刑讯逼供和暴力、威胁手段相当。因此，我们建议规定：“等非法方法是指违法程度和对当事人的强迫程度与刑讯逼供或者暴力、威胁相当而迫使其违背意愿供述或者陈述的方法。”

关于检察机关如何排除非法言词证据，我们认为，检察机关在所有的诉讼活动中，一旦发现非法言词证据，都应当予以排除，不得将其作为认定案件事实和作出决定的依据。即在侦查阶段，非法言词证据既不能作为自侦部门报请逮捕的依据，也不能作为审查逮捕部门批准或者决定逮捕的依据，侦查终结后也不得以此作为移送审查起诉依据；在审查起诉阶段，审查起诉部门不得以非法言词证据作为提起公诉的依据。因此，我们建议《规则》规定，对于非法言词证据，检察机关应当依法排除，“不得作为报请逮捕、批准或者决定逮捕、移送审查起诉以及提起公诉的依据”。

第六条　侦查机关收集物证、书证不符合法定程序，可能严重影响司法公正的，人民检察院应当及时要求侦查机关补正或者作出书面解释；不能补正或者无法作出合理解释的，对该证据应当予以排除。

对于侦查机关的补正或者解释，人民检察院应当予以审查。经侦查机关补正

或者作出合理解释的物证、书证，可以作为批准或者决定逮捕、提起公诉的依据。

不符合法定程序，是指不符合法律对于取证主体、取证手续、取证方法的规定；可能严重影响司法公正，是指收集物证、书证不符合法定程序的行为明显违法或者情节严重，可能对司法机关办理案件的公正性造成严重损害；补正，是指对取证程序上的非实质性瑕疵进行补救；合理解释，是指对取证程序的瑕疵作出符合常理及逻辑的解释。

［说明］

本条是关于非法实物证据排除规则的规定。非法实物证据与非法言词证据不同，对于非法实物证据，应当采取“不能补正或者无法作出合理解释”的排除规则，同时，把是否严重影响司法公正作为一项权衡原则。具体到某个非法实物证据是否予以排除，应当由人民检察院或者人民法院根据该实物证据对查明案件事实真相的作用和取证行为的违法程度以及影响司法公正的程度进行权衡后来决定。

［论证］

在我国，对于非法实物证据采取“不能补正或者无法作出合理解释”的排除规则，其主要理由如下：

1. 实物证据具有不可替代性等特性。实物证据与言词证据不同，其本身具有以下特性：一是实物证据具有不可替代性，如有的实物证据只有一件，不可能再有相同的实物证据进行替代。二是实物证据的证明力具有很强的稳定性，即实物证据的证明力大小或有无不会因为侦查人员收集方法的不同而发生变化，其证明力具有很强的稳定性。三是实物证据具有不可再生性，即实物证据在犯罪行为实施过程中产生，犯罪行为一旦结束，实物证据就不再产生，因而实物证据与言词证据不同，不具有再生性。正是由于实物证据具有上述不同于言词证据的特性，如果实物证据因为非法取得而被排除，由于实物证据具有不可替代性、再生性等特性，有时就无法再找到定案的证据，这对于打击重大犯罪是十分不利的。所以，对于那些对查明案件事实真相具有重要意义的、一旦排除就可能导致其灭失的实物证据，应当作为例外情况，这种例外情况由检察机关或者审判机关根据案件的具体情况进行决定，以保障有效打击犯罪的需要。

2. 一定条件下排除非法实物证据是有效遏制严重非法取证行为的有效措施。在我国，随着对进行刑讯逼供人员处罚力度的加大和法院对非法言词证据排除的实施，非法取证行为较多地表现为通过非法搜查、查封等行为而获得实物证据。而严重的非法搜查行为不仅严重侵犯公民隐私权这一宪法性权利，而且会给公民的正常生活造成严重影响。虽然非法物证、书证具有不可替代、不可重复取得的特点，其真实性一般不受人的主观意志的影响，具有较高的证明力。但是，通过严重的非法行为取得的非法实物证据，如果可能对司法公正造成严重影响的，侦查机关又不能补正或者无法作出合理解释的，出于树立程序权威和维护司法公正的考虑，就应当对该非法实物证据予以排除，以有效遏制严重的非法取证行为。对检察机关来说，当发现有非法实物证据时，应当及时要求侦查机关补正或者作出书面解释。对于侦查机关的补正或者解释是否符合要求，检察机关应当予以审查。如果检察机关认为侦查机关进行了有效补正或者作出了合理解释的，就可以不排除该非法实物证据，可以将其作为批准或者决定逮捕、提起公诉的依据。否则，检察机关就应当对该证据予以排除。

3. 借鉴国外的经验。从国外法律规定看，各国对非法实物证据的做法并不相同，有的采取“原则排除加例外”的排除规则，如美国等；有的采取“裁量排除”的规则，如德国等。但是，我们认为，大陆法系国家的做法更值得我们借鉴。在德国，根据有关法律规定，非法实物证据是否予以排除，属于审判法官的自由裁量权范围。也就是说，审判官员在对待非法实物证据时，要考虑非法取证行为的非法程度、非法取证主体是否存在故意、对公民权利的侵害程度、非法实物证据的证明力大小、对司法公正的影响大小等各种因素，经过综合考虑和权衡，才能作出是否排除非法实物证据的决定。我们认为，这种对待非法实物证据的做法，既考虑到非法实物证据的特性，又考虑到保障人权的因素，兼顾了打击犯罪和保障人权两个方面，因而值得我国借鉴。

此外，为了便于司法实践操作，我们认为，有必要对法律规定的“不符合法定程序”、“可能严重影响司法公正”、“补正”和“合理解释”等概念作出明确解释。经过研究，我们建议《规则》对这些概念作如下解释：不符合法定程序，是指不符合法律对于取证主体、取证手续、取证方法的规定；可能严重影响司法公正，是指收集物证、书证不符合法定程序的行为明显违法或者情节严重，可能对司法机关办理案件的公正性造成严重损害；补正，是指对取证程序上的非实质性瑕疵进行补救；合理解释，是指对取证程序的瑕疵作出符合常理及逻辑的解释。

第七条　人民检察院经审查发现存在刑事诉讼法第五十四条规定的非法取证行为，依法对该证据予以排除后，其他证据不能证明犯罪嫌疑人实施犯罪行为的，应当不批准或者决定逮捕，已经移送审查起诉的，可以将案件退回侦查机关补充侦查，必要时可以自行调查取证或者作出不起诉决定。

［说明］

本条是关于非法证据排除后如何对案件进行处理的规定。由于检察机关参与整个刑事诉讼过程，在不同的刑事诉讼阶段，可以对案件作出不同的处理，如批准或不批准逮捕、决定或不决定逮捕、决定起诉或不起诉等，因而有必要对检察机关排除非法证据后如何对案件进行处理作出明确的解释。

［论证］

关于非法证据排除的主体问题，在国外一些国家，证据是否具有可采性问题是针对法院的法官而言的，而不是针对检察机关来说的。证据可采性解决的是某一项证据是否能够被法庭采纳的问题，对于可采性有争议的证据，应当由控辩双方提出动议，由法官进行听审，并决定是否具有可采性，对于不具有可采性的证据，就予以排除。但是，不可否认的是，法院的证据可采性的判断标准对检察机关有着重大影响。在司法实践中，检察机关在提起公诉之前，往往参照法院确定的证据可采性标准来衡量自己的控诉证据，决定哪些证据在法庭上提出，哪些证据不向法庭提出，以保证公诉的质量。不仅如此，法院关于证据可采性的标准还会对侦查机关的侦查行为、取证行为产生巨大的影响，因为如果违反了证据可采性的要求，警察的取证活动就毫无意义。

然而，在我国，由于检察机关是独立的国家法律监督机关，有责任对侦查机关的侦查行为进行监督，特别是对违法取证行为进行监督；同时，我国检察机关和法院一样，都属于国家的司法机关，都拥有一定的司法审查权；而且更为重要的是，我国检察机关具有总结案件的权力，如有权决定对案件是否起诉等，因而我国法律确立了检察机关排除非法证据的主体地位。即新刑事诉讼法第 54 条第 2 款规定："在侦查、审查起诉、审判时发现有应当排除的证据的，应当依法予以排除，不得作为起诉意见、起诉决定和判决的依据。"

新刑事诉讼法只对非法证据排除后的案件处理作出了原则性规定，没有对检察机关排除非法证据后如何处理案件作出明确规定。在我国，根据法律规定，检察机关在不同的诉讼阶段，可以对案件作出不同的处理决定，因此，我们认为，在《规则》修改时，针对检察机关在不同诉讼阶段的职责，应当对案件如何处理作出明确的规定。

根据我国法律规定，在侦查阶段和审查起诉阶段，检察机关可以对案件作出批准或者不批准逮捕决定、决定或不决定逮捕、退回补充侦查或者自行补充侦查的决定、起诉或者不起诉决定。按照非法证据排除的规定，当检察机关在排除非法证据后，如果其他证据还能够证明犯罪嫌疑人构成犯罪的，就应当按照正常程序进行，即在侦查阶段的，对案件就应当作出批准逮捕决定或者决定逮捕，在审查起诉阶段的，就应当决定提起公诉。如果其他证据不能证明犯罪嫌疑人实施犯罪行为的，在侦查阶段，就应当作出不批准决定或者不决定逮捕，案件已经移送审查起诉的，可以将案件退回侦查机关补充侦查，必要时可以自行补充侦查，或者作出不起诉决定。

第八条　在侦查、审查起诉和审判阶段，人民检察院发现侦查人员以非法方法收集证据的，应当报经检察长批准，及时进行调查核实。

当事人及其辩护人、诉讼代理人报案、控告、举报侦查人员采用刑讯逼供等非法方法收集证据并提供涉嫌非法取证的人员、时间、地点、方式和内容等材料或者线索的，人民检察院应当受理并进行审查，对于需要调查核实的，应当报经检察长批准，及时进行调查核实。

上一级人民检察院接到对检察人员采用刑讯逼供等非法方法收集证据的报案、控告、举报的，可以直接进行调查核实，也可以交由下级人民检察院调查核

实。交由下级人民检察院调查核实的，下级人民检察院应当及时将调查结果报告上一级人民检察院。

［说明］

本条是关于非法证据排除启动程序的规定。检察机关作为非法证据排除的主体，要正确有效及时地排除非法证据，就必须确认是否存在非法取证行为，为此就必须对涉嫌非法取证行为是否存在进行审查、必要的调查、核实等活动，即必须建立一定的程序，启动程序是其中的一项重要程序。

［论证］

非法证据排除启动程序，是指关于检察机关开始进行非法证据排除的条件和方式的有关规定。只有经过该启动程序，检察机关才能确定某个证据是否属于非法证据，才能最后决定是否排除该证据。经过调查研究，我们认为，检察机关启动非法证据排除程序可能有三种方式，即检察机关自行发现而启动、应当事人及有关人员的申请而启动、由上级检察机关的要求而启动。因此，根据这三种不同的启动方式，我们建议《规则》从三个方面规定非法证据排除的启动程序。

一是检察机关主动启动非法证据排除程序。根据法律规定，检察机关是法律监督机关，有责任对诉讼活动是否合法进行法律监督。同时，检察机关是参与整个刑事诉讼活动的唯一机关，因而在整个刑事诉讼活动中，检察机关都可能发现侦查人员非法收集证据的情况，都可以主动启动非法证据排除程序。通过调研，我们发现，检察机关的一些重要事项的决定权都由检察长来行使，非法证据排除的启动也是一项重要的诉讼活动，理应由检察长来决定，为此我们建议，对检察机关主动启动非法证据排除程序，《规则》应当做以下规定："在侦查、审查起诉和审判阶段，人民检察院发现侦查人员以非法方法收集证据的，应当报经检察长批准，及时进行调查核实。"

二是由当事人及有关人员的申请而启动非法证据排除程序。在整个刑事诉讼活动中，检察机关都可能接到当事人和有关人员举报、控告侦查人员以刑讯逼供等非法方法收集证据的情况，并要求检察机关进行调查核实、排除有关的非法证据。对于当事人和有关人员的这种申请，检察机关作为法律监督机关，应当及时处理并给予答复，为此检察机关必须启动非法证据排除程序，以查明侦查人员是否存在非法取证行为，并决定是否排除非法证据。从司法实践看，当事人和有关人员的控告、举报有的是真实的，也有的是虚假的，而犯罪嫌疑人控告虚假的可能性较大。由于当事人和有关人员的控告、举报都是事后的，检察机关进行查证核实时会有一定的困难，如果当事人和有关人员的控告或举报没有具体的内容，检察机关往往很难进行调查核实。同时，检察机关进行调查核实需要一定的时间，可能影响诉讼程序的顺利进行，因此，我们认为，如果当事人和有关人员的控告和举报没有具体的内容，检察机关认为难以进行调查核实的，可以不启动非法证据排除程序；如果当事人和有关人员的控告和举报有较为详细的内容，检察机关就应当调查核实，就应当启动非法证据排除程序。基于这种思路，我们建议《规则》规定："当事人及其辩护人、诉讼代理人报案、控告、举报侦查人员采用刑讯逼供等非法方法收集证据并提供涉嫌非法取证的人员、时间、地点、方式和内容等材料或者线索的，人民检察院应当受理并进行审查，对于根据现有材料无法证明证据收集合法性的，应当报经检察长批准，及时进行调查核实。"

三是由上级检察机关的要求而启动非法证据排除程序。在我国，由于检察机关实行上级领导下级的领导体制，再加上司法实践中存在一定的地方保护主义的现象，因而当事人和有关人员往往更相信上级检察机关，当遇到侦查人员非法取证时，当事人和有关人员往往向上级检察机关报案、举报或控告。当出现这种情况时，上级检察机关也应当及时进行处理，可以自行启动非法证据排除程序，也可以要求下级检察机关启动非法证据排除程序。如果是下级检察机关启动非法证据排除程序的，下级检察机关应当将调查有关非法取证行为的情况及时报告上级检察机关，以便上级检察机关进行审查监督。为此我们建议《规则》应当明确规定："上一级人民检察院接到对侦查人员采用刑讯逼供等非法方法收集证据的报案、控告、举报的，可以直接进行调查，也可以交由下级人民检察院调查。交由下级人民检察院调查的，下级人民检察院应当将调查结果及时报告上一级人民检察院。"

第九条　人民检察院决定对非法取证行为进行调查核实的，应当及时将决定调查的原因等情况告知被调查人所在机关或者单位。同时，应当将调查核实的结

果及时告知被调查人及其所在机关或者单位。

［说明］

本条是关于人民检察院进行非法证据调查时的告知义务的规定。为了让被调查单位和个人知晓检察机关进行有关非法取证行为调查的原因和有关情况，主动配合检察机关的调查活动，及时有效查明有关情况，有必要规定检察机关的告知义务。

［论证］

在调研过程中，有的基层检察院提出，对公安机关侦查人员涉嫌非法取证行为的调查非常困难，往往得不到公安机关的支持和配合，建议检察机关在对有关非法取证行为进行调查前，应当将有关情况通知公安机关，以便其配合检察机关的调查活动。我们经过研究，采纳了该建议，认为应当明确规定检察机关的告知义务。其主要理由如下：

1. 不影响公安机关的正常办案活动。从司法实践看，当事人和有关人员对侦查人员非法取证行为的举报、控告，大部分发生在侦查阶段。在侦查阶段，公安机关正在对案件进行侦查活动，这时如果检察机关突然介入进行调查，就会影响公安机关的侦查活动，引起公安机关的反感。因此，为了不影响公安机关的正常办案活动，检察机关进行有关非法取证行为调查前，应当将有关情况告知公安机关，以便得到公安机关的理解，同时公安机关可以安排好自己的侦查活动。

2. 便于检察机关调查核实工作的顺利进行。从司法实践看，检察机关在对有关非法取证行为进行调查核实时，必须得到有关单位或机关的配合和支持，否则，检察机关的调查核实工作将无法顺利进行。如果检察机关在进行调查前不将有关情况告知有关机关或单位，有关机关或单位就不知道检察机关调查的目的和要求，无法予以配合，同时有关机关或单位还会认为检察机关对其不尊重，也不愿意配合和支持检察机关的调查核实工作。只有检察机关将有关情况告知有关机关或单位，才能得到有关机关或单位的理解和支持，才能保证检察机关调查核实工作的顺利进行。

3. 保护被调查人的合法权利。从司法实践看，检察机关进行有关非法取证行为的调查核实时，都会涉嫌到具体的侦查人员，这必然会对具体的侦查人员带来影响。不仅检察机关的具体调查活动对具体的侦查人员有一定影响，而且检察机关的调查核实结果会对具体的侦查人员具有更大的影响，它不仅关系到其具体的权利，更关系到其前途和命运。为了更好地保护被调查人的合法权利，检察机关进行调查核实后，应当将调查核实的结果及时告知被调查人。如果被调查人对检察机关调查核实的结果不服，可以要求重新进行调查核实，以便有效地维护自己的合法权益。

第十条　对于非法证据的调查核实，在侦查阶段由侦查监督部门负责；在审查起诉、审判阶段由公诉部门负责。必要时，渎职侵权检察部门或者纪检监察部门可以派员参加。

［说明］

本条是关于非法证据调查核实部门分工的规定。由于非法证据排除程序的启动可能发生在侦查阶段，也可能发生在审查起诉和审判阶段，而检察机关内部的各个部门的职责不同，因而应当对非法证据调查核实的工作在检察机关内部进行适当分工。

［论证］

检察机关内设部门的职责分工，是科学配置各项检察职权的根本要求，也是实现法律赋予检察机关各种职权的组织保障。新刑事诉讼法优化了检察职权的配置，将非法证据的调查核实权赋予了检察机关，即第55条规定："人民检察院接到报案、控告、举报或者发现侦查人员以非法方法收集证据的，应当进行调查核实。对于确有以非法方法收集证据情形的，应当提出纠正意见；构成犯罪的，依法追究刑事责任。"为了保证非法证据调查核实权的真正落实，必须在检察机关内部进行适当分工。

从司法实践看，检察机关的非法证据调查核实工作主要发生在三个诉讼阶段，即侦查阶段、审查起诉阶段和审判阶段。在侦查阶段，检察机关内部设有侦查监督部门，负责对侦查活动进行法律监督，对非法证据的调查核实活动是对侦查活动进行法律监督的一种形式，因而可以将侦查阶段的非法证据调查核实工作交由侦查监督部门负责。在审查起诉阶段，检察机关内部设有公诉部门，专门负责对案件的审查起诉工作，该阶段的非法证据调查核实工作与审查起诉具有密切的联系，因而可以将其交由公诉部门负责。在审判阶段，能够参与法院审判活动的是公诉部门，公诉部门承担着支持公诉的举证责任，即有责任证明指控证据的合法性，因而该阶段的非法证据调查核实工作也应当交由公诉部门负责。

同时，根据新刑事诉讼法第55条的规定，检察机关的非法证据调查核实工作涉及诉讼监督（提出纠正意见）、追究有关人员刑事责任（构成犯罪的）两方面任务和职责，其中，对于诉讼监督职责，检察机关的侦查监督部门和公诉部门都可以承担，但对于追究刑事责任的职责，检察机关内部设有专门的部门，即反贪局和渎职侵权检察部门，由于非法取证行为构成犯罪的，是一种渎职犯罪行为，因而应当由渎职侵权检察部门负责。此外，如果非法取证行为发生在检察机关，则涉及对有关检察人员的处罚问题，这方面的职责由检察机关内设的纪检监察部门负责。

根据上述分析，我们认为，对于非法证据的调查核实工作，应当按照刑事诉讼的不同阶段，分由检察机关的不同部门负责。因此，我们建议《规则》明确规定："对于非法证据的调查核实，在侦查阶段由侦查监督部门负责；在审查起诉、审判阶段由公诉部门负责。必要时，渎职侵权检察部门或者纪检监察部门可以派员参加。"

第十一条　人民检察院可以采取以下方式对非法取证行为进行调查核实：

（一）讯问犯罪嫌疑人；

（二）询问办案人员；

（三）询问在场人员及证人；

（四）听取辩护律师意见；

（五）调取讯问笔录、讯问录音录像；

（六）调取、查询犯罪嫌疑人出入看守所的身体检查记录及相关材料；

（七）进行伤情、病情检查或者鉴定；

（八）其他调查核实方式。

［说明］

本条是关于检察机关非法证据调查核实方式的规定。为了保证检察机关调查核实的有效开展，并有效规范检察机关的调查核实行为，有必要对检察机关进行非法证据调查核实的方式予以明确规定。

［论证］

从司法实践看，检察机关对涉嫌非法取证行为进行调查核实是否能够达到目的，关键取决于检察机关能够采取哪些调查核实方式。为了保证检察机关能够及时有效查明事实，同时为了避免检察机关滥用调查权，侵害被调查人的合法权益，应当对检察机关非法取证行为的调查核实方式作出明确规定。本条规定了检察机关八种调查核实方式，其中，前四种方式是检察机关常见的调查方式，包括讯问犯罪嫌疑人、询问相关办案人员、询问相关在场人员及证人和听取辩护律师意见。后四种方式是根据司法实际增加的规定，其中最后一条是兜底性方式。由于司法实践的情况千差万别，为了保证检察机关能够采取有效的调查方式，本条规定了一条兜底性方式。

1. 将“调取讯问笔录、讯问录音录像”规定为一种调查核实方式，是因为讯问笔录是记载侦查人员讯问犯罪嫌疑人全过程和内容的记录，上面有犯罪嫌疑人的签名，因而调取侦查机关的讯问笔录，可以审查有关侦查人员是如何讯问的，犯罪嫌疑人的回答前后是否一致，讯问的时间是否超过法律规定的讯问期限等内容，从中可以发现是否存在违法讯问的现象。讯问录音录像全面真实地记载了侦查人员讯问犯罪嫌疑人的全过程，根据法律规定，侦查人员在讯问犯罪嫌疑人的时候，可以对讯问过程进行录音或者录像；对于可能判处无期徒刑、死刑的案件或者其他重大犯罪案件，应当对讯问过程进行录音或者录像。法律的这种规定为检察机关调取讯问录音录像提供了条件，通过审查讯问录音录像，可以有效地发现侦查人员的讯问是否存在违法行为。

2. 将“调取、查询犯罪嫌疑人出入看守所的身体检查记录及相关材料”规定为一种调查核实方式，是因为犯罪嫌疑人出入看守所的身体检查记录及相关材料是看守所制作的，该记录不受侦查人员的控制和影响，具有较强的客观性，同时该记录能够反映当时犯罪嫌疑人的身体状况，通过审查犯罪嫌疑人出入看守所前后的身体检查记录和相关材料（如照片、衣服等），可以发现侦查人员是否对犯罪嫌疑人进行刑讯逼供，从而可以确定侦查人员的讯问是否存在违法现象。

3. 将“进行伤情、病情检查或者鉴定”规定为一种调查核实方式，是因为进行伤情、病情检查或者鉴定是确定犯罪嫌疑人身体状况的医学方法，也是由侦查机关之外的机关或者组织作出的，具有很强的客观性和科学性。通过这种调查核实方式，可以有效确定侦查人员是否对犯罪嫌疑人实施了刑讯逼供等非法方法。根据法律规定，检察机关自己可以对犯罪嫌疑人进行伤情、病情检查或者鉴定，也可以委托医院或者鉴定机构对犯罪嫌疑人进行伤情、病情检查或者鉴定。在司法实践中，检察机关可以根据不同情况或者根据当事人的要求，来确定是自己进行伤情、病情检查或者鉴定还是委托有关医院或者鉴定机构进行伤情、病情检查或者鉴定。

第十二条　人民检察院调查完毕后，应当制作调查报告，根据查明的情况提出处理意见，报请检察长决定后依法处理。

办案人员在审查逮捕、审查起诉中经调查核实依法排除非法证据的，应当在调查报告中予以说明。被排除的非法证据应当随案移送。

人民检察院经审查后，对于确有以非法方法收集证据情形，尚未构成犯罪的，应当依法向被调查人所在机关提出纠正意见。对于需要补正或者作出合理解释的，应当提出明确要求。认为非法取证行为构成犯罪需要追究刑事责任的，应当依法移送有关部门立案侦查。

[说明]

本条是关于检察机关调查核实后如何处理的规定。调查核实是确定是否排除非法证据的关键程序，检察机关调查核实后应当根据不同情况作出相应的处理，为了保证检察机关处理程序的统一性，应当对其作出明确的规定。

[论证]

检察机关调查核实后如何处理，是检察机关非法证据排除的最后一道程序，也是最为关键的程序，因而必须作出详细的规定。根据司法实践经验，调查核实后的处理包括处理程序和处理结果两项内容，其中，处理程序是指办案人员经过调查核实后报请领导审查决定的程序；处理结果是指检察机关调查核实后作出的最后处理决定。本条从这两方面对检察机关调查核实后的处理作出了明确规定。

关于调查核实后的处理程序，经过调研，我们认为该程序应当包括两方面内容：一是办案人员调查核实后应当制作调查报告，将调查核实的情况、有无非法取证行为以及如何处理等问题，提出处理意见。二是根据调查核实的不同情况，最后由检察长或者检察委员会作出决定。为此我们建议《规则》规定："人民检察院调查完毕后，应当制作调查报告，根据查明的情况提出处理意见，报请检察长决定后依法处理。"此外，为了避免个别办案人员利用职务之便，假借非法证据排除之名，随意截留证据，保证处于下一环节的办案人员能够较为全面地了解案件情况，我们认为，办案人员排除有关非法证据后，不仅应当在调查报告中予以说明，而且应当将排除的非法证据随案移送。为此我们建议《规则》规定："办案人员在审查逮捕、审查起诉中经调查核实依法排除非法证据的，应当在调查报告中予以说明。被排除的非法证据应当随案移送。"

关于调查核实后的处理结果，检察机关经过调查核实后，必然会存在两种情况：一是没有发现非法取证行为；二是发现了非法取证行为。对于前者，检察机关自然不会作任何处理决定，对于后者，检察机关才会作出不同的处理决定。从司法实践看，检察机关发现有非法取证行为的，不仅要对有关的非法证据予以处理，而且要对违法行为进行处理。对于非法证据的处理，检察机关应当按照前面非法证据排除的有关规定依法处理。对于违法行为的处理，检察机关应当根据违法的程度作出不同的处理。具体来说，如果违法行为较轻不构成犯罪的，应当向有关机关发出纠正违法通知书；如果违法行为构成犯罪的，应当依法立案侦查。为此我们建议《规则》规定："人民检察院经审查后，对于确有以非法方法收集证据情形，尚未构成犯罪的，应当依法向被调查人所在机关提出纠正意见。对于需要补正或者作出合理解释的，应当提出明确要求。认为非法取证行为构成犯罪需要追究刑事责任的，应当依法移送有关部门立案侦查。"

第十三条　人民检察院认为存在以非法方法收集证据情形的，可以书面要求侦查机关对证据收集的合法性进行说明。说明应当加盖单位公章，并由侦查人员

签名。

人民检察院直接受理立案侦查的案件，侦查监督部门或者公诉部门认为存在以非法方法收集证据情形的，可以书面或者口头要求侦查部门对证据收集的合法性进行说明。说明应当加盖公章，并由二名以上侦查人员签名。

［说明］

本条是关于要求侦查机关或者部门对证据收集合法性进行说明的规定。由于非法实物证据的排除涉及侦查机关或者部门对非法取证行为是否能够作出合理解释的问题，因而为了保证检察机关对非法实物证据的排除作出正确决定，应当给侦查机关或者部门对非法取证行为进行说明的机会。

［论证］

新刑事诉讼法第 54 条规定："……收集物证、书证不符合法定程序，可能严重影响司法公正的，应当予以补正或者作出合理解释；不能补正或者作出合理解释的，对该证据应当予以排除。"第 171 条规定："人民检察院审查案件，可以要求公安机关提供法庭审判所必需的证据材料；认为可能存在本法第五十四条规定的以非法方法收集证据情形的，可以要求其对证据收集的合法性作出说明。"根据上述规定要求，我们认为，《规则》在修改时应当增加要求侦查机关或者部门对有关非法取证行为进行说明的规定。该规定应当包括负有说明义务的主体、说明的具体要求等内容。

关于负有说明义务的主体，虽然新刑事诉讼法第 171 条规定人民检察院在审查案件时，可以要求公安机关对证据收集的合法性作出说明。我们认为，这里规定的"公安机关"应当作广义理解，即只要拥有侦查权的机关或部门，都应当负有对其收集证据的合法性进行说明的义务，包括公安机关、国家安全机关、检察机关的职务犯罪侦查部门、海关缉私部门、监狱部门等，所以，我们建议在《规则》修改时，对负有说明义务的主体作扩大解释，即建议《规则》规定："人民检察院认为存在以非法方法收集证据情形的，可以书面要求侦查机关对证据收集的合法性进行说明。""人民检察院直接受理立案侦查的案件，侦查监督部门或者公诉部门认为存在以非法方法收集证据情形的，可以书面或者口头要求侦查部门对证据收集的合法性进行说明。”

关于说明的具体要求，即检察机关要求侦查机关或者部门对其收集证据合法性进行说明时应当具备的要件。从司法实践看，检察机关对外提出要求，一般应当采取书面的形式，以体现所提要求的正式性和严肃性，对检察机关内部提出要求，可以采取书面的形式，也可以采取口头的形式，但无论检察机关采取何种形式要求对收集证据的合法性进行说明时，有关侦查机关或者部门都应当采用书面的形式予以说明，同时要求应当加盖单位或者部门的公章，并要有侦查人员的签名，以表明侦查人员对此负责。因此，我们建议《规则》规定：“说明应当加盖单位公章，并由侦查人员签名。”或者“说明应当加盖公章，并由二名以上侦查人员签名”。

此外，检察机关要对侦查机关或者部门的说明进行审查，以便判断其对非法取证行为的说明是否达到合理解释的程度，从而确定是否对有关非法证据是否予以排除。检察机关在对侦查机关或者部门的说明进行审查时，除了要审查其说明的形式要件外，即要审查侦查机关或者部门的说明是否盖有单位或者部门的公章，是否有侦查人员的签名外，还要重点审查其说明的内容，即要结合案件的其他证据，对说明的内容进行实质性审查，以确定其说明是否达到合理解释的程度。如果说明能够达到合理解释的标准，检察机关就可以采纳该证据，将该证据作为提起公诉的依据；如果说明无法提供合理的解释，检察机关就应当排除该证据，该证据就不得作为提起公诉的依据。

第十四条　对于公安机关立案侦查的案件，存在下列情形之一的，人民检察院在审查逮捕、审查起诉和审判阶段，可以调取公安机关讯问犯罪嫌疑人的录音录像，对证据收集的合法性以及犯罪嫌疑人、被告人供述的真实性进行审查：

（一）认为讯问活动可能存在刑讯逼供等非法取证行为的；

（二）犯罪嫌疑人、被告人或者辩护人提出犯罪嫌疑人、被告人供述系非法取得，并提供相关线索或者材料的；

（三）犯罪嫌疑人、被告人对讯问活动合法性提出异议或者翻供，并提供相关线索或者材料的；

（四）案情重大、疑难、复杂的。

人民检察院直接受理立案侦查的案件，侦查部门移送审查逮捕、审查起诉时，应当将讯问录音录像连同案卷材料一并移送审查。

［说明］

本条是关于调取和移送录音录像的规定。在司法实践中，录音录像是全面记载侦查人员讯问犯罪嫌疑人的重要资料，检察机关为审查是否存在非法取证行为时有时需要查看录音录像，因而在何种情况下检察机关可以调取公安机关的录音录像、检察机关的自侦部门是否应当将录音录像移送审查逮捕部门、审查起诉部门，都应当予以明确规定。

［论证］

新刑事诉讼法第121条规定："侦查人员在讯问犯罪嫌疑人的时候，可以对讯问过程进行录音或者录像；对于可能判处无期徒刑、死刑的案件或者其他重大犯罪案件，应当对讯问过程进行录音或者录像。录音或者录像应当全程进行，保持完整性。"最高人民检察院于2005年12月下发了《人民检察院讯问职务犯罪实行全程同步录音录像的规定（试行）》。上述规定确立了讯问犯罪嫌疑人时的录音录像制度。根据规定，对于公安机关立案侦查的案件，讯问录音录像的范围为"可能判处无期徒刑、死刑的案件或者其他重大犯罪案件"，检察机关直接立案侦查的案件则应当全部予以同步录音录像。讯问录音录像对于证明取证行为的合法性和犯罪嫌疑人的供述的真实性具有重要作用，在《规则》研究修改时一致认为，应当设立专条对使用讯问录音录像证明取证行为的合法性进行规定，但对于检察机关是否可以调取公安机关的录音录像、检察机关自侦部门是否全部随案移送录音录像资料存在不同观点。经过深入的研究，我们认为检察机关可以调取公安机关的录音录像资料，但应当具备一定的条件，为此本条对检察机关调取公安机关录音录像资料规定了四种情形；检察机关自侦部门移送审查逮捕、审查起诉时，应当将讯问录音录像连同案卷材料一并移送审查。

1. 认为讯问活动可能存在刑讯逼供等非法取证行为的。检察机关在审查逮捕、审查起诉和审判阶段，通过审查公安机关移送的有关材料，发现犯罪嫌疑人前后供述不一致，或者通过其他途径认为侦查人员讯问活动可能存在刑讯逼供等非法取证行为时，为了查明事实，保证所指控犯罪的证据的合法性，检察机关就可以调取公安机关讯问犯罪嫌疑人的录音录像资料进行审查。

2. 犯罪嫌疑人、被告人或者辩护人提出犯罪嫌疑人、被告人供述系非法取得，并提供相关线索或者材料的。从司法实践看，犯罪嫌疑人、被告人及其辩护人控告侦查人员对犯罪嫌疑人进行刑讯逼供较为普遍，这是检察机关发现侦查人员非法取证行为的一条重要渠道。但是，由于利益的相关性，这种控告往往存在一定的虚假性。因此，为了便于检察机关对其控告进行审查，并防止犯罪嫌疑人、被告人毫无根据地提出讯问活动不合法的情形发生，必须要求犯罪嫌疑人、被告人在提出控告时要提供相关的线索或者证据材料。

3. 犯罪嫌疑人、被告人对讯问活动合法性提出异议或者翻供，并提供相关线索或者材料的。从司法实践看，犯罪嫌疑人、被告人对侦查人员讯问时是否采取了刑讯逼供等非法取证手段最为了解，为了体现对犯罪嫌疑人、被告人诉讼权利的尊重和保护，对犯罪嫌疑人、被告人在诉讼中的异议和翻供应当特别重视，如果犯罪嫌疑人、被告人在审查逮捕、审查起诉或者审判阶段对侦查人员讯问活动的合法性提出异议或者翻供，并提供相关线索或者证据材料的，检察机关就应当进行核实，调取讯问时的录音录像进行审查。

4. 案情重大、疑难、复杂的。从司法实践看，案情重大复杂或者疑难的案件，社会公众十分关注，新闻媒体往往进行大量报道，因而这类案件社会影响较大。检察机关在对待这类案件时应当特别慎重，为了保证审查批捕和公诉的质量，防止非法证据被运用，同时也为了规范侦查人员的讯问行为，防止非法取证行为的发生，检察机关应当调取侦查机关的讯问录音录像资料进行审查。

第十五条 对于提起公诉的案件，被告人及其辩护人提出审前供述系非法取得，并提供相关线索或者材料的，人民检察院可以将讯问录音录像的复制件连同案卷材料一并移送人民法院。

[说明]

本条是关于检察机关向法院移送录音录像的规定。检察机关提起公诉指控犯罪时，应当提供合法的证据予以支持，为了便于人民法院对有关证据的合法性进行审查，检察机关在一定条件下应当向法院移送录音录像资料，对此应当予以明确规定。

［论证］

检察机关向法院提起公诉移送案卷材料时是否应当移送录音录像，涉及对录音录像法律性质如何认识的问题。如果认为录音录像是证据，就应当随卷移送；反之，就可以不随卷移送。由于新刑事诉讼法对录音录像的法律性质没有明确规定，因而在《规则》修改的研讨过程中争议较大，学者们提出了不同的观点。第一种观点认为，同步录音录像形成的视听资料是一种新的特殊证据，兼有言词证据和物证的特征，属于刑事诉讼法规定的视听资料证据。第二种观点认为，视听资料证据作为一种独立的证据种类，是在案件发生过程中形成的证据，而录音录像是在讯问犯罪嫌疑人时制作的资料，属于固定证据的一种方式，不能等同于视听资料证据。

经过认真的研究，我们认为，从一般意义上来说，同步录音录像不是视听资料。视听资料是指在案件发生过程中，通过录音、录像、电子计算机及其他电磁方式记录储存的信息来证明有关事实的资料。作为法定证据之一，视听资料记录的是待证事实。作为案件发生过程中形成的视听资料，可以准确地再现案件发生时的情景，如录音可以逼真地反映案件发生时的声音，能准确无误地反复重述原来的声音，录像则能反复再现案件发生时当事人的形象和活动情况等。同步录音录像与视听资料存在以下区别：一是形成的时间不同。视听资料记载的是待证事实发生时的情况，是在案件发生过程中形成的；同步录音录像资料记载的是待证事实发生后有关物品、场所的状况及言词情况，是在案件发生后形成的。二是形成的条件不同。视听资料既可以是为了记录和证明某一事实为目的而有意形成的，也可能是在无目的的情况下形成的；而同步录音录像资料则是在侦查过程中，侦查人员在讯问犯罪嫌疑人时有意形成的。三是作用不同。视听资料记载的是案件发生时的真实情况，一般不具有可变性，对待证事实具有证明作用；而同步录音录像是侦查人员对讯问过程的一种记载，其本质是追求侦查程序的合法性，其记载的内容对待证事实没有直接证明作用。

但是，在特殊情况下，同步录音录像也可作为证据，作为一种视听资料，即当同步录音录像用于证明侦查讯问程序的合法性时，其就可以作为一种视听资料证据形。因为讯问同步录音录像具有证明侦查讯问程序正当的作用，能够证明侦查人员的讯问手段是否规范合法。由于讯问同步录音录像再现了全程讯问过程，不仅记录下了犯罪嫌疑人供述的内容，而且还记录下了讯问人与被讯问人的语言语调或神态等供述时的客观情况，为法庭提供了侦查讯问时的完整全貌，如口供是否真实，是否是在自愿的情况下供述，是否存在刑讯逼供、指供、诱供等情况。

基于上述认识，我们认为，检察机关在提起公诉时，一般不随案移送录音录像，只有当被告人或者其辩护人提出讯问存在违法并提供相关证据材料或者线索时，检察机关为了证据证据收集的合法性，才应当移送有关的录音录像资料。为此建议《规则》规定："对于提起公诉的案件，被告人及其辩护人提出审前供述系非法取得，并提供相关线索或者材料的，人民检察院可以将讯问录音录像的复制件连同案卷材料一并移送人民法院。"

第十六条　在法庭审理过程中，被告人或者辩护人对讯问活动合法性提出异议的，公诉人可以要求被告人及其辩护人提供相关线索或者材料。必要时，公诉人可以提请法庭当庭播放相关时段的讯问录音录像，对有关异议或者事实进行质证。

需要播放的讯问录音录像中涉及国家秘密、商业秘密、个人隐私或者含有其他不宜公开的内容的，公诉人应当建议在法庭组成人员、公诉人、侦查人员、被告人及其辩护人范围内播放。因涉及国家秘密、商业秘密、个人隐私或者其他犯罪线索等内容，人民检察院对讯问录音录像的相关内容作技术处理的，公诉人应当向法庭作出说明。

人民法院、被告人及其辩护人对讯问录音录像的复制件提出异议的，公诉人可以将相应原件当庭启封质证。案件审结后，经公诉人和被告人签名确认后，对讯问录音录像原件再行封存。

［说明］

本条是关于检察机关运用录音录像证明证据收集合法性的规定。根据刑事诉讼的基本原则，控诉方应当承担证明被告人有罪的责任，其证明被告人有罪的证据必须是合法的证据，一旦被告方在法庭审理过程中对证据合法性提出异议的，检察机关就应当予以证明，对此应当予以明确规定。

［论证］

非法证据的证明责任，是指当犯罪嫌疑人或者被告人及其辩护人提出某个证据是侦查人员违法取得时，由谁来承担证明侦查人员是否存在违法取证行为的责任。对于非法证据的证明责任，本条规定了应当由检察机关承担的原则，其理由如下：

1. 刑事案件的证明责任应当由控诉方承担。在刑事诉讼中，控诉方应当承担被告人有罪的证明责任，被告方不承担自己有罪或者无罪的证明责任。这是因为：一方面是由无罪推定原则决定的。无罪推定原则要求，任何人在经证据证实并由法院判定有罪之前，都应当视为无罪，因而指控他人犯罪的控诉方就应当承担证明责任，被告方则无需证明自己有罪或者无罪。另一方面是客观证明能力决定的。在实践中，控诉方不仅有权采取许多法定手段去收集证据，而且还可以利用国家大量的司法资源来收集证据，因而控诉方有能力承担证明犯罪的责任，而犯罪嫌疑人或被告人则不同，在通常情况下，犯罪嫌疑人或被告人的人身自由受到限制，无法收集和固定证据，也无充足的财力去收集证据，因而缺乏承担证明责任的能力。正是基于这种考虑，我国新刑事诉讼法明确规定公诉案件的证明责任应当由控诉方承担。即新刑事诉讼法第 49 条规定：“公诉案件中被告人有罪的举证责任由人民检察院承担，自诉案件中被告人有罪的举证责任由自诉人承担。”

2. 非法证据的证明责任应当由控诉方来承担。在刑事诉讼中，检察机关作为控诉方，其证明责任包括两方面的内容：一是提供合法证据的责任；二是证明被告人有罪的责任。其中，提供合法证据的责任是检察机关首要的证明责任，因为检察机关作为国家机关，其证明被告人有罪必须采取合法的手段，而不能采取非法的手段，否则，就会成为一种黑社会组织，是违背依法治国原则的，为此新刑事诉讼法第 57 条第 1 款规定：“在对证据收集的合法性进行法庭调查的过程中，人民检察院应当对证据收集的合法性进行证明。”因此，在检察机关提起公诉指控被告人有罪后，在法庭审理过程中，一旦被告方对检察机关提供的证据的合法性提出异议时，检察机关就承担着证明所提供证据具有合法性的责任。检察机关在证明证据合法性方面，可以采取多种手段，比如运用现有证据予以证明，或者要求有关证人出庭作证，或者要求侦查人员出庭说明收集证据的情况，也可以通过讯问被告人来指出其异议不具有可采性，等等。根据法律规定，检察机关对证据合法性的证明应当达到“排除合理怀疑”的程度，否则，就应当推定存在非法取证的行为，该证据就应当认定为非法证据。在司法实践中，当被告人或者其辩护人对某个证据合法性提出异议后，检察机关为了有效证明该证据的合法性，可以要求被告人及其辩护人提供相关的线索或者材料。应当注意的是，被告人及其辩护人提供相关线索或者材料不是被告方承担的证明责任，被告方可以提供也可以不提供，被告方是否提供相关的线索或者材料，都不能消除或者减轻检察机关对非法证据所应承担的证明责任。

3. 非法讯问的证明责任应当由检察机关来承担。从司法实践看，在法庭审理过程中，被告人及其辩护人对证据合法性提出异议的主要是对讯问活动合法性的异议，即认为侦查人员在讯问犯罪嫌疑人时采取了刑讯逼供等非法手段，为此检察机关就应当承担证明讯问活动具有合法性。根据法律规定，检察机关证明讯问活动具有合法性，可以采取要求侦查人员出庭说明情况、出示犯罪嫌疑人出入看守所的身体检查记录及相关材料等，但是，这些证明方法的证明力都是有限的，最直接、最有效的方法就是播放讯问时的录音录像资料。因为录音录像是记载侦查人员讯问活动最直接、最全面和最生动的证据，它可以将侦查人员的讯问活动一览无遗地展现在法官面前，为法官判断讯问活动是否存在违法行为提供最有力的证据，因而在法庭上播放录音录像就成为检察机关证明讯问活动合法性的最有效手段。因此，本条对检察机关要求法庭播放录音录像的情况作出了规定。需要注意的是，录音录像记载的内容往往涉及国家秘密、商业秘密、个人隐私或者其他犯罪线索等不宜公开的内容，对此应当予以保密，为此检察机关可以要求对录音录像的播放范围进行限制，也可以对录音录像的相关内容作技术处理等。

第十七条　当讯问笔录与讯问犯罪嫌疑人的录音录像存在重大出入时，经审查，讯问录音录像更为真实客观，且对认定犯罪事实具有实质影响的，可以以讯

问录音录像的内容作为认定案件的根据。

［说明］

本条是关于录音录像证明力的规定。在司法实践中，讯问笔录和讯问录音录像作为记载犯罪嫌疑人供述和辩解的两种形式，往往会存在不一致的现象，在这种情况下以哪种方式的记载为准，则是必须解决的实践问题，为此必须予以明确规定。

［论证］

从目前司法实践看，讯问笔录作为一种证据形式，已得到司法实践的广泛使用，其证明力也得到司法机关的普遍认可。但是，对于录音录像这种在刑事诉讼活动中新出现的形式，是否属于证据的一种，无论是理论界还是司法实务界都存在着不同的认识。我们在《规则》修改的研讨过程中，对录音录像的性质也存在较大的争议，有的同志认为录音录像是一种证据，具有比讯问笔录更强的证明力；有的同志则认为录音录像是一种有限的证据，只能对讯问活动的合法性具有证明力。经过深入研究分析，我们认为，录音录像与讯问笔录都是一种证据形式，都具有一定的证明力，但比较而言，录音录像的证明力要大于讯问笔录的证明力，其主要理由如下：

1. 讯问笔录和录音录像都是记载证据的一种形式。从目前理论界争论来看，有的认为录音录像是一种证据，即视听资料证据；有的则认为录音录像不是一种证据，与视听资料有着明确的区别。我们认为，目前理论界的这种争论都存在一定的误区，都没有看到事物的本质，其得出的结论都是不正确的。因为录音录像只是记录犯罪嫌疑人供述和辩解的一种载体，其本身不是证据，而是一种记载证据的一种形式。关于证据的种类，我国法律已经作了明确规定，即新刑事诉讼法第48条明确规定："可以用于证明案件事实的材料，都是证据。证据包括：（一）物证；（二）书证；（三）证人证言；（四）被害人陈述；（五）犯罪嫌疑人、被告人供述和辩解；（六）鉴定意见；（七）勘验、检查、辨认、侦查实验笔录；（八）视听资料、电子数据。证据必须经过查证属实，才能作为定案的根据。"根据该条规定，只有犯罪嫌疑人、被告人供述和辩解才是法定证据，而记载犯罪嫌疑人、被告人供述和辩解的讯问笔录和录音录像都只是记录证据的一种形式，即证据的一种表现形式。

2. 讯问笔录和录音录像都对案件事实具有一定的证明力。在司法实践中，要运用犯罪嫌疑人、被告人的供述和辩解来证明案件的事实，就必须要有能够反映和记载犯罪嫌疑人、被告人供述和辩解的东西即载体。从社会发展看，最早记载犯罪嫌疑人、被告人供述和辩解的载体是笔录，随着科技的发展，电子技术逐渐运用到刑事诉讼活动中，出现了记载犯罪嫌疑人、被告人供述和辩解的录音录像。可见，在现代刑事诉讼中，讯问笔录和录音录像都是记载犯罪嫌疑人、被告人供述和辩解的证据形式。由于讯问笔录和录音录像都是由侦查机关代表国家制作的，具有其正当性，因而只要经过法庭调查和质证程序，能够证明讯问笔录和录音录像的制作过程符合法定程序，所记载的内容真实客观，就能够对案件事实起到证明作用，二者就具有一定的证明力。

3. 录音录像记载的内容比讯问笔录记载的内容更全面和客观。司法经验告诉我们，虽然讯问笔录和录音录像都是记载犯罪嫌疑人、被告人供述和辩解的载体，但录音录像记载得更为全面和客观。因为录音录像不仅可以毫无遗漏地记载犯罪嫌疑人、被告人供述和辩解的内容，而且可以记载犯罪嫌疑人、被告人供述和辩解时的语音语调、面部表情等讯问笔录无法记载的内容，这些都对审查犯罪嫌疑人、被告人供述和辩解的真实性具有重要的作用，因而我们认为，只要能够证实录音录像是真实的，其证明力就应当大于讯问笔录的证明力。为此我们建议《规则》规定："当讯问笔录与讯问犯罪嫌疑人的录音录像存在重大出入时，经审查，讯问录音录像更为真实客观，且对认定犯罪事实具有实质影响的，可以以讯问录音录像的内容作为认定案件的根据。"

第十八条　对于采取非法手段收集证据的侦查人员，应当根据情节轻重，追究相应的法律责任，构成犯罪的，依法追究其刑事责任。所获得的非法证据是否被排除，不影响对有关侦查人员法律责任的追究。

［说明］

本条是关于非法取证者承担法律责任的规定。侦查人员在侦查过程中存在违法行为的，应当根据行为的违法程度，承担不同的法律责任。如果违法行为情节较轻的，应当承担行政或者民事责任；情节严重构成犯罪的，应当承担相应的刑事责任和民事责任。

［论证］

在侦查过程中，侦查人员存在违法收集证据行为的，应当承担相应的法律责任，不管其所收集的非法证据是否被采纳，都不应当影响对违法侦查人员相应法律责任的追究。本条这样规定，其主要理由如下：

1. 实现依法治国的要求。在现代社会，依法治国的本质在于依法治吏，而在刑事诉讼中，要实现依法治国，关键在于依法治警。从我们目前司法实践看，对侦查人员收集证据的违法行为依法进行追究，是依法治警的重要措施，这对实现依法治国具有重要现实意义。同时，“法治”的含义也要求对违法的侦查人员进行追究，因为“法治”的首要含义，就是“已成立的法律获得普遍服从”。侦查人员作为执法者，必须严格遵守法律规定，违反法律规定的，必须受到法律追究。

2. 抑制侦查人员违法行为的需要。在目前司法实践中，侦查人员的违法行为还相当严重，虽然非法证据的排除有助于抑制侦查人员的违法行为，但是，这对侦查人员只能起到间接的制约作用。如果司法官员不排除侦查人员违法收集的证据的话，这种间接的制约作用也不复存在，反而会对侦查人员的违法行为起到一定的鼓励作用。因此，不管侦查人员违法行为所收集的证据是否被采纳，都应当对违法取证的侦查人员进行处罚，只有这样，才能对侦查人员的违法行为起到一定的抑制作用。

3. 维护司法公正的要求。司法公正是刑事诉讼追求的最高目标，也是对司法人员提出的根本要求。在侦查过程中，侦查人员违法收集证据时，其违法收集证据的行为不仅会侵犯当事人的诉讼权利，甚至会侵犯当事人的人身自由、身体健康等实体权利，而且会破坏刑事诉讼程序的公正性。同时，侦查人员非法收集的证据如果被采纳，还可能造成冤假错案，影响案件的实体公正。因此，在刑事诉讼中，无论是从维护司法的实体公正考虑，还是从维护司法的程序公正出发，都应当追究违法取证侦查人员相应的法律责任。

4. 我国法律已有明确的规定。在我国，对违法收集证据的侦查人员追究其相应的法律责任（包括行政责任、民事责任和刑事责任），已有明确的法律依据。例如我国国家赔偿法第 19 条第 1 款规定："行使国家侦查、检察、审判、监狱管理职权的机关及其工作人员在行使职权时侵犯公民、法人和其他组织的合法权益造成损害的，该机关为赔偿义务机关。"第 14 条规定："赔偿义务机关赔偿损失后，应当责令有故意或者重大过失的工作人员或者受委托的组织或者个人承担部分或者全部赔偿费用。对有故意或者重大过失的责任人员，有关机关应当依法给予行政处分；构成犯罪的，应当依法追究刑事责任。"我国刑法第 247 条也明确规定："司法工作人员对犯罪嫌疑人、被告人实行刑讯逼供或者使用暴力逼取证人证言的，处三年以下有期徒刑或者拘役。致人伤残、死亡的，依照本法第二百三十四条、第二百三十二条的规定定罪从重处罚。"由此可见，对违法收集证据的侦查人员追究其相应的法律责任，也是我国法律的要求。

第二章　简易程序

第一条　人民检察院对于基层人民法院管辖的案件，符合下列条件的，可以建议人民法院适用简易程序审理：

（一）案件事实清楚、证据充分的；

（二）犯罪嫌疑人承认自己所犯罪行，对指控的犯罪事实没有异议的；

（三）犯罪嫌疑人对适用简易程序没有异议的。

办案人员认为可以建议适用简易程序的，应当在审查报告中提出适用简易程序的意见，按照提起公诉的审批程序报请决定。

[说明]

本条是关于适用简易程序的条件、检察机关建议适用简易程序内部报批程序的规定。由于新刑事诉讼法对适用简易程序的条件作了较大修改，这两个问题是检察机关在建议法院适用简易程序时首先遇到的问题，应当作出明确的规定。

[论证]

关于适用简易程序的条件，我国新刑事诉讼法作了明确的规定，即第 208 条规定："基层人民法院管辖的案件，同时符合下列条件的，可以适用简易程序审判：（一）案件事实清楚、证据充分的；（二）被告人承认自己所犯罪行，对指控的犯罪事实没有异议的；（三）被告人对适用简易程序没有异议的。人民检察院在提起公诉的时候，可以建议人民法院适用简易程序。"从该条规定看，新刑事诉讼法对适用简易程序的条件作了以下两方面的较大修改：一是增加了被告人承认自己所犯罪行，对指控的犯罪事实没有异议；二是被告人对适用简易程序没有异议。其中，所谓被告人承认自己所犯罪行，是指被告人对其犯罪行为供认不讳，不仅承认其行为构成犯罪，而且对自己有罪供述的法律后果有明确的认识。所谓对指控的犯罪事实没有异议，是指被告人完全同意起诉书所指控的所有犯罪事实。所谓被告人对适用简易程序没有异议，是指被告人在明确知晓法律有关简易程序的规定，适用简易程序对其有利和不利两方面后果的情况下，明确表示同意适用简易程序。由于新刑事诉讼法对适用简易程序的条件进行了较大修改，所以我们建议，在《规则》修改时应当对适用简易程序的条件予以重申。

关于检察机关建议适用简易程序内部的报批程序。原《规则》规定，建议适用简易程序须经检察长批准。在我们的调研过程中，很多地方检察机关反映，检察机关决定建议适用简易程序，只是一个程序性权力，适用简易程序审理案件，不但不会影响犯罪嫌疑人、被告人的权利，在其同意适用简易程序的前提下，反而会有利于保障其权利，从而提高诉讼效率、节约司法资源，因而主张检察机关建议适用简易程序，无需一律由检察长批准，可以由部门负责人来决定。从各地的实践情况看，很多地方都是由部门负责人批准即可，而没有提交检察长批准。我们在研究《规则》修改过程中，关于检察机关建议适用简易程序内部应当由谁批准问题时，形成了两种不同意见：一种意见认为，应当与提起公诉的意见一起报请批准。即办案人员经过对案件的审查后，对于应当适用简易程序的案件，在审查报告中提出自己的意见，与案件提起公诉的意见一并报请领导审批。也就是说，谁决定对案件提起公诉，谁就同时决定是否建议适用简易程序。这种做法的好处是：提起公诉、量刑建议、建议适用简易程序一并报批，由同一审批主体决定，简便易行，可以最大限度地节约司法资源，提高诉讼效率。另一种意见则认为，建议适用简易程序是一个程序问题，为了提高诉讼效率，可以对建议适用简易程序问题单独进行报批，建议一律可由部门负责人批准。

经过反复研究后，我们认为，适用简易程序的建议表面上看是一个程序问题，但却涉及实体内容，即涉及案件的实体问题。由于新刑事诉讼法扩大了简易程序案件的适用范围，只要是基层法院管辖的案件，包括可能判处无期徒刑以下刑罚的所有案件，都可以适用简易程序，可见，简易程序适用的案件范围十分广泛，既有轻微的案件，即可能判处三年以下有期徒刑的案件，也有较重的案件，如可能判处十年以上有期徒刑的案件，对于这两种不同的案件，检察机关无论是在提起公诉方面，还是在提出量刑建议和建议适用简易程序方面，在内部审批程序的要求上都可能存在不同，有的可能由部门负责人审批即可，有的则要由检察长审批，甚至要经过检察委员会审批。同时，从司法实践看，由于各地的习惯做法不同，案件的复杂程度不同，特别是各地的案件多少差别巨大，因而将建议适用简易程序的决定权统一交由部门负责人来行使，显然是不妥的。因此，为了适应司法实践的不同需要，便于各地检察机关灵活掌握，我们最终采纳了第一种意见，即建议《规则》规定："办案人员认为可以建议适用简易程序的，应当在审查报告中提出适用简易程序的意见，按照提起公诉的审批程序报请决定。"

第二条　具有下列情形之一的，人民检察院不应当建议人民法院适用简易程序：

（一）犯罪嫌疑人是盲、聋、哑人，或者是尚未完全丧失辨认或者控制自己行为能力的精神病人的；

（二）有重大社会影响的；

（三）共同犯罪案件中部分犯罪嫌疑人不认罪或者对适用简易程序有异议的；

（四）复杂的共同犯罪案件；

（五）辩护人作无罪辩护或者对主要犯罪事实有异议的；

（六）其他不宜适用简易程序的。

人民法院决定适用简易程序审理的案件，人民检察院认为具有刑事诉讼法第二百零九条规定情形之一的，应当向人民法院提出纠正意见；具有其他不宜适用简易程序情形的，人民检察院可以建议人民法院不适用简易程序。

［说明］

本条是关于检察机关不应当建议适用简易程序的情况以及对法院适用简易程序情况进行法律监督的规定。由于检察机关可以建议法院适用简易程序、法院也有权决定适用简易程序，因而如何限制检察机关的建议权以及如何对法院适用简易程序的决定权进行监督，必须予以明确规定。

［论证］

关于检察机关不应当建议适用简易程序的情况，是指案件虽然符合适用简易程序的条件，但却具有法律规定的不适用简易程序的情形的，检察机关就不应当建议适用简易程序。我国新刑事诉讼法对不适用简易程序的情形作出了明确规定，即新刑事诉讼法第 209 条规定：“有下列情形之一的，不适用简易程序：（一）被告人是盲、聋、哑人，或者是尚未完全丧失辨认或者控制自己行为能力的精神病人的；（二）有重大社会影响的；（三）共同犯罪案件中部分被告人不认罪或者对适用简易程序有异议的；（四）其他不宜适用简易程序审理”的。该条规定的前三项情形比较好理解，对于第四项“其他不宜适用简易程序的”情形，通过调查研究，我们认为，应当增加以下两种情形：一是复杂的共同犯罪案件；二是辩护人作无罪辩护或者对主要犯罪事实有异议的。因为从司法实践看，这两种情形法庭审理时可能比较复杂，甚至可能出现控辩双方对案件事实和证据存在较多的争议，法庭要调查清楚所争议的事实，往往需要较长的时间和复杂的程序，因而适用普通程序更为合适，检察机关对这两种情形不应当建议法院适用简易程序。

关于检察机关对法院适用简易程序情况进行法律监督的问题，虽然新刑事诉讼法没有明确规定检察机关对法院适用简易程序的情况进行法律监督，但是，根据新刑事诉讼法第 8 条的规定，检察机关有权对整个刑事诉讼活动实行法律监督。人民法院适用简易程序审理案件属于刑事诉讼活动，理应受到检察机关的法律监督。从司法实践看，检察机关法律监督的效果如何，往往取决于法律是否有明确的规定，对于法律有明确规定的，检察机关的法律监督就会有明显效果，反之，其法律监督效果就不明显。因此，检察机关对法院适用简易程序审理案件的情况，也应当区别不同情况进行监督，对于法院适用简易程序明显违反新刑事诉讼法第209条规定的，检察机关应当予以监督，提出纠正意见；对于法院适用简易程序违反《规则》所增加的两种情形的，检察机关可以进行监督，建议法院不适用简易程序。为此，我们建议《规则》规定："人民法院决定适用简易程序审理的案件，人民检察院认为具有刑事诉讼法第二百零九条规定情形之一的，应当向人民法院提出纠正意见；具有其他不宜适用简易程序情形的，人民检察院可以建议人民法院不适用简易程序。"

第三条　基层人民检察院审查案件，认为案件事实清楚、证据确实充分的，应当在讯问犯罪嫌疑人时，了解其是否承认自己所犯罪行，对指控的犯罪事实有无异议，告知其适用简易程序的法律规定，确认其是否同意适用简易程序。

[说明]

本条是关于检察机关了解犯罪嫌疑人是否承认所犯罪行、是否同意适用简易程序的规定。由于犯罪嫌疑人承认所犯罪行、同意适用简易程序是检察机关建议法院适用简易程序的关键条件，也是关系到犯罪嫌疑人切身利益的最大决定，因而应当予以明确规定。

[论证]

根据法律规定，检察机关建议适用简易程序应当具备三个条件：一是案件事实清楚，证据确实充分；二是犯罪嫌疑人承认自己所犯罪行，对指控的犯罪事实无异议；三是犯罪嫌疑人同意适用简易程序。其中，第一个条件检察机关可以通过审查案件自己确定，第二、第三个条件是检察机关自己无法确定的，只有通过讯问犯罪嫌疑人时才能确定。因此，本条对检察机关如何确认适用简易程序的条件作出了明确规定。

关于确认犯罪嫌疑人是否承认自己所犯罪行的条件，从司法实践看，犯罪嫌疑人往往在侦查阶段就承认自己的犯罪行为，并对侦查机关指控的犯罪事实供认不讳，但是，由于侦查阶段侦查人员往往存在着刑讯逼供等违法收集证据的现象，犯罪嫌疑人承认自己所犯罪行可能不真实，因而这时的犯罪嫌疑人对自己所犯罪行和指控犯罪事实的承认，不能作为检察机关建议适用简易程序的条件。同时，犯罪嫌疑人承认自己所犯罪行和对指控的犯罪事实无异议，也会随着诉讼阶段的推进而发生变化，即犯罪嫌疑人在侦查阶段承认自己所犯罪行，对侦查机关指控的犯罪事实没有异议，但到了审查起诉阶段，犯罪嫌疑人往往会改变以前的口供，不承认自己的犯罪行为和侦查机关所指控的犯罪事实，因而检察机关不能将犯罪嫌疑人在侦查阶段对犯罪行为的承认和对指控犯罪事实的无异议作为建议适用简易程序的根据，而必须再次讯问犯罪嫌疑人，确认其是否还承认自己所犯罪行，对拟指控的犯罪事实是否有异议，只有这时犯罪嫌疑人还承认自己所犯罪行，并对拟指控的犯罪事实无异议的，检察机关才能将其作为建议适用简易程序的一个重要条件。

关于确认犯罪嫌疑人是否同意适用简易程序的条件，在司法实践中，基层人民检察院的公诉部门对案件进行审查时，如果通过讯问犯罪嫌疑人，确认犯罪嫌疑人承认自己所犯罪行，并对拟指控的犯罪事实没有异议的，就应当告知其适用简易程序的法律规定，包括适用简易程序审理的法律后果以及应当享有的诉讼权利等，然后再讯问其是否同意适用简易程序。如果犯罪嫌疑人同意适用简易程序的，检察机关才能将其作为建议适用简易程序的一个重要条件。但是，应当注意的是，只有犯罪嫌疑人享有同意适用简易程序的权利，其辩护人等其他人员都不享有这项权利，因而检察机关在确认这一条件时，只能讯问犯罪嫌疑人，而不能询问其他人员。同时，由于法律没有对犯罪嫌疑人同意适用简易程序如何从轻处罚作出明确规定，因而检察机关在告知犯罪嫌疑人适用简易程序的后果时，不能向犯罪嫌疑人作出任何减刑上的许诺，只能原则告知有关法律规定，但可以告知其承认犯罪的表现，可以获得从轻处罚。此外，检察机关在提起公诉前，如果原来告知犯罪嫌疑人的拟指控的犯罪事实有变化的，应当再次告知最后指控的犯罪事实，再次确认其对指控的犯罪事实有无异议。只有这时再承认所犯罪行，对指控的犯罪事实无异议，并同意适用简易程序的，检察机关才能建议法院适用简易程序。

第四条　人民检察院对犯罪嫌疑人同意适用简易程序的案件，可以简化有关文书制作，简化有关的审批程序或者由主诉检察官决定。

［说明］

本条是关于简化简易程序有关文书制作和审批程序的规定。为了提高简易程序的诉讼效率，节约司法资源，检察机关内部有关简易程序的文书和审批程序方面可以适当简化，对此应当予以明确规定。

［论证］

从司法实践看，检察机关适用简易程序的大量时间是花在有关文书的制作和审批程序上，因而要提高简易程序的诉讼效率，节约司法资源，有效保护当事人的合法权利，就应当简化检察机关内部适用简易程序有关文书的制作和审批程序。

关于简化简易程序有关文书的制作，根据有关规定，检察机关在案件审查过程中，为了记录案情和向领导汇报，需要制作一些内部文书，包括案件审查报告、提起刑事附带民事诉讼审批表、补充侦查审批表等。其中，案件审查报告是办案人员需要制作的一个重要文书，根据有关规定，案件审查报告的内容应当包括案件来源、犯罪嫌疑人和其他有关诉讼参与人的基本情况、案件侦破过程、审查认定的事实和证据、需要说明的情况、审查结论和处理意见六部分。在案件来源部分，应当写明案件是公安机关移送的案件还是检察机关自侦部门移送的案件、移送的时间、犯罪嫌疑人的姓名、案由以及承办人审查案件的过程等内容；在犯罪嫌疑人和其他有关诉讼参与人的基本情况部分，应当写明犯罪嫌疑人、辩护人、被害人、被害人委托的人、附带民事诉讼原告等的基本情况；在案件侦破过程部分，应当写明本案发案及侦破的时间、立案侦查工作的经过情况等；在审查认定的事实和证据部分，应当写明认定的每一项事实及所依据的证据材料；在需要说明的情况部分，应当写明与该案定性或处理有关而又应当单独加以进一步说明的重要问题，一般包括本案件要进一步查证的问题、案件定性争议较大或者分歧较大的问题、追诉漏罪或漏犯的问题、赃款赃物保管或处理情况等内容；在审查结论和处理意见部分，应当写明承办人对案件审查最后得出的结论和处理意见，并进行必要的论证。在这六个部分中，除审查认定的事实和证据、审查结论和处理意见两部分应当详细外，其他四部分都可以简化。

关于简化简易程序的审批程序，根据调研和研究后，关于简易程序的审批程序问题，我们虽然同意办案人员认为可以建议适用简易程序的，应当在审查报告中提出适用简易程序的意见，按照提起公诉的审批程序报请决定，这只是个原则性规定，但各地可以根据本地的实际情况，采取更为灵活或者简化审批程序，比如在实行主诉检察官制度的地方，可以将适用简易程序的审批决定权交由主诉检察官来行使；在没有实行主诉检察官制度的地方，也可以将适用简易程序的审批决定权交由部门负责人来行使，或者交由主管检察长来行使，没有必要都交由检察长或者检察委员会审查批准。只有这样，才能体现简易程序简化程序的立法精神，有效提高诉讼效率。

第五条　人民检察院建议适用简易程序的，应当按照规定制作起诉书、适用简易程序建议书，在提起公诉时，连同案卷材料和证据一并移送人民法院。

[说明]

本条是关于简易程序起诉书、建议书制作和移送法院的规定。检察机关在制作简易程序的有关文书和向法院移送有关材料方面与普通程序最大的不同，是要制作并向法院移送适用简易程序建议书，对此必须予以明确规定。

[论证]

关于检察机关向法院如何移送案件，新刑事诉讼法作了重大修改，即将主要复印件移送改为全案卷宗移送，要求检察机关在提起公诉时，应当将案件的全部材料和证据移送到法院。对于适用简易程序的案件，法律也没有作出可以简化移送的规定，这说明适用简易程序的案件与其他案件一样，检察机关在提起公诉时，也应当全案移送所有材料和证据。我们在研究修改《规则》的过程中，大家对简易程序全案移送没有争议，但对以下两个问题存在争议：一是如何制作简易程序的起诉书；二是如何制作适用简易程序的建议书。

关于如何制作简易程序的起诉书，在讨论中，主要有两种不同的观点：一种观点认为，可以简化简易程序起诉书的制作，因为简易程序已全案移送，有关材料法院都可看到，起诉书可以适当简化。另一种观点认为，简易程序的起诉书不应简化，而应当与普通程序的起诉书一样制作，因为起诉书是检察机关提起公诉的重要法律文书，不仅要让法院知晓检察机关的主张，更是要让被告人知晓检察机关对其指控的内容及其根据，因而不应当简化。我们经过研究后认为，第二种观点是合理的，主要理由是：一方面法律对简易程序的起诉书是否简化没有明确规定，这说明法律是主张对简易程序起诉书进行简化的。另一方面，起诉书是检察机关代表国家对犯罪行为的控诉，具有国家性和严肃性，同时为了保证法院和被告人知晓检察机关的控诉内容，做好审判和辩护的准备，起诉书的内容也不应当进行简化。因此，我们建议简易程序的起诉书应当与普通程序的起诉书一样制作，不应当简化。具体来说，根据有关规定，检察机关制作起诉书时，应当包括以下内容：被告人的基本情况、案由和案件来源、案件事实（要详细写明）、起诉的根据和理由等。

关于如何制作适用简易程序的建议书，在讨论中，主要有两种不同的意见：一种意见认为，适用简易程序的建议书应当单独制作，因为适用简易程序建议书是检察机关的一种特别诉讼要求，应当单独向法院提出。另一种意见认为，适用简易程序的建议书应当写在起诉书中，因为适用简易程序的建议与提起公诉一样，都是检察机关向法院提出对案件处理的一种要求或建议，因而应当写在一起。经过反复研究后，我们采纳了第一种意见，建议适用简易程序的建议书单独制作。其主要理由如下：一方面检察机关的起诉书有自己统一的格式，即根据检察机关的内部规定和要求，简易程序的起诉书应当与普通程序的起诉书一样，适用同一的格式，由于普通程序起诉书中没有适用简易程序建议方面的内容，因而在简易程序起诉书中增加适用简易程序的建议，显然不符合起诉书格式统一的要求。另一方面，适用简易程序的建议书有自己的内容和格式方面的要求，应当单独制作，如果将其写在起诉书中，就会显得不协调。再者，适用简易程序的建议只是适用程序方面的意见，不是指控犯罪的内容，也不应当写在作为指控载体的起诉书中。根据有关规定，检察机关在制作适用简易程序建议书时，应当包括以下主要内容：案件来源和案由、被告人的基本情况和有无辩护人、适用简易程序的建议、建议的根据和理由等。

第六条　人民检察院可以对适用简易程序的案件相对集中提起公诉，可以要求公安机关相对集中移送审查起诉，可以建议人民法院相对集中审理。

［说明］

本条是关于集中提起公诉、集中移送审查起诉和集中审理的规定。为了提高简易程序的诉讼效率，节约司法资源，各地探索了许多有益的做法，其中，“三个集中”就是一个比较成熟的做法，因而有必要加以规定和推广。

［论证］

在新刑事诉讼法规定检察机关必须派员出席简易程序法庭的情况下，为了提高简易程序的诉讼效率，节约检察机关出庭的司法成本，各地检察机关探索了许多好的做法，比如在检察机关公诉部门成立专门的办案组或者指定专门的人员，负责简易程序案件的审查起诉工作；检察机关指定专人负责简易程序案件的出庭支持公诉工作；主动与公安机关、法院联系，协商沟通，或者通过三家联合签署文件，建立简易程序案件“三个集中”的工作机制，即对于简易程序案件，公安机关要相对集中向检察机关移送审查起诉、检察机关要相对集中向法院提起公诉、法院要相对集中进行审理等。其中，“三个集中”的做法得到较为普遍的认可，值得在全国推广。

从司法实践看，对于简易程序案件实行“三个集中”的做法，主要有以下几方面的好处：一是可以督促办案人员加快案件的办理速度，提高诉讼效率；二是可以有效减少公安机关和检察机关的办案人员移送案件时往返路途的时间，节约司法资源；三是可以保证同类案件相对集中时在处理结果上的协调一致性，实现同类案件处理结果的公平性。由此可见，对简易程序案件实行“三个集中”的做法，不仅有利于实现程序公正，而且有利于实现实体公正，因而我们认为，这种做法是一种好做法，建议《规则》予以明确规定。

关于在《规则》中如何规定“三个集中”的问题，经过认真研究，我们认为，虽然“三个集中”是一种好的做法，但是由于全国各地的情况千差万别，特别是各地检察机关办理的案件数量差别较大，“三个集中”的做法不可能适用于所有的地方，对于案件数量比较少的西部边远地区，就没有必要实行“三个集中”的做法。因此，我们建议应当对“三个集中”作灵活性规定，给各地检察机关以较大的选择权，即建议《规则》规定：“人民检察院可以对适用简易程序的案件相对集中提起公诉，可以要求公安机关相对集中移送审查起诉，可以建议人民法院相对集中审理。”

第七条 适用简易程序审理的公诉案件，人民检察院应当指派检察员或者经检察长批准代行检察员职务的助理检察员一人至数人出席法庭，支持公诉，但可以不配备书记员担任记录。

[说明]

本条是关于检察机关派员出席简易程序法庭审理的规定。由于新刑事诉讼法明确规定检察机关应当派员出席简易程序的法庭审理，因而关于检察机关如何派员出席简易程序的法庭审理，应当予以明确规定。

[论证]

为了保证法庭审判的严肃性和便于检察机关对法院审判活动实行法律监督，新刑事诉讼法要求检察机关必须派员出席简易程序法庭，支持公诉。即新刑事诉讼法第 210 条第 2 款规定：“适用简易程序审理公诉案件，人民检察院应当派员出席法庭。”这就意味着只要是公诉案件，无论是适用普通程序审理的公诉案件，还是适用简易程序审理的公诉案件，检察机关都要派员出庭，而没有例外情形。关于检察机关如何派员出席法庭，涉及以下两个问题：一是检察机关派多少检察员出庭；二是是否需要派书记员出庭。

关于检察机关派多少检察员出庭问题，在研讨过程中，大家提出了不同的意见。一种意见认为，检察机关指派检察员的数量应当与基层法院审理简易程序案件的法官数量相同，以体现检察机关与法院对等原则。具体来说，新刑事诉讼法第 210 条第 1 款规定：“适用简易程序审理案件，对可能判处三年有期徒刑以下刑罚的，可以组成合议庭进行审判，也可以由审判员一人独任审判；对可能判处的有期徒刑超过三年的，应当组成合议庭进行审判。”第 178 条规定：“基层人民法院、中级人民法院审判第一审案件，应当由审判员三人或者由审判员和人民陪审员共三人组成合议庭进行，但是基层人民法院适用简易程序的案件可以由审判员一人独任审判。”根据上述规定，基层法院在审理可能判处三年有期徒刑以下刑罚的案件时，法官数量为三名或一名，基层法院在审理可能判处三年有期徒刑以上刑罚的案件时，法官数量为三名，因而检察机关派员的数量也应当分两种情况，分别规定与法官相同数量的检察员。另一种意见认为，检察机关指派检察员的数量可以不与法官的数量相同，应当根据案件的复杂程度来予以规定，对于比较复杂的简易程序案件，检察机关应当指派三名检察员或者助理检察员出席法庭，对于简单的简易程序案件，检察机关可以指派一名检察员或者助理检察员出现法庭，支持公诉。经过反复研究后，我们基本同意第二种意见，即检察机关指派检察员出席法庭的数量，应当根据检察机关指控案件的复杂程度来确定，指控的案件复杂的，就应当多指派检察员出席法庭，反之，指控的案件比较简单的，就可以指派一名检察员出席法庭。但是，由于各地检察机关办理案件的数量不同，为了给各地检察机关更大的选择权，我们认为对检察机关指派检察员出席法庭的数量应当作选择性较大的弹性规定，为此建议《规则》规定："适用简易程序审理的公诉案件，人民检察院应当指派检察员或者经检察长批准代行检察员职务的助理检察员一人至数人出席法庭，支持公诉。"

关于检察机关是否需要派书记员出庭的问题，在讨论过程中，大家也存在不同的看法，一种意见认为，检察机关应当指派书记员出席法庭，担任记录；另一种意见认为，检察机关没有必要指派书记员出席法庭，担任记录，特别是在检察机关指派一名以上检察员出席法庭时，更没有必要指派书记员担任记录，一则因为目前各地检察机关的书记员数量十分有限，满足普通程序案件的记录都十分紧张，很难再担任简易程序案件的记录；二则因为检察机关在指派一名以上检察员或者助理检察员出席简易程序时，这些检察员或者助理检察员就可以担任记录，没有必要再指派书记员担任记录。经过到各地调研后，我们发现，各地检察机关的做法不尽一致，也各有自己的道理。为了给各地检察机关较大的选择余地，我们认为，对检察机关是否指派书记员担任记录，不应作硬性规定，由各地检察机关自己决定，即检察机关可以指派书记员出席法庭担任记录，也可以不指派书记员出席法庭担任记录。为此我们建议《规则》只规定，检察机关可以不配备书记员担任记录。

第八条　适用简易程序审理的公诉案件，人民检察院基于做好出庭准备和庭审举证工作的需要，可以至迟在人民法院送达出庭通知书时取回案卷材料和

证据。

人民检察院取回案卷材料和证据后，辩护律师要求查阅案卷的，应当允许辩护律师在人民检察院查阅、摘抄、复制案卷。

［说明］

本条是关于检察机关取回案件材料和证据的有关规定。由于新刑事诉讼法要求检察机关在提起公诉时，应当将全部案卷材料和证据移送人民法院，因而检察机关在出庭公诉前是否应当取回案卷材料和证据，应当作出明确规定。

［论证］

新刑事诉讼法规定，人民检察院起诉公诉时，应当将起诉书连同案卷材料和证据，一并移送人民法院。同时，法律又规定，对于公诉案件，人民检察院承担举证责任。在《规则》修改过程中，对于检察机关在出庭公诉前是否应该取回案卷材料和证据，大家存在不同的意见。一种意见认为，检察机关不应当取回案卷材料和证据，因为检察机关对案件已经进行过审查，制作了案件审查报告和起诉书，对案件的事实和证据都十分了解并已掌握，因而没有必要再取回案卷材料和证据。同时，检察机关将案卷材料和证据移送人民法院后，人民法院为了开庭审理，需要审查案卷材料和证据，检察机关取回案卷材料和证据会影响人民法院开庭准备工作。更为重要的是，检察机关将案卷材料和证据移送人民法院后，案卷材料和证据就归人民法院管理，是否允许检察机关取回是人民法院的权力，检察机关是无权直接取回的。另一种意见认为，检察机关应当取回案卷材料和证据，因为根据法律规定，检察机关承担公诉案件的举证责任，检察机关出庭公诉和指控犯罪，需要出示有关证据，并承担证明被告人有罪的责任，因而检察机关需要案卷材料和证据。虽然检察机关在审查起诉时，已经对案件事实和有关证据十分了解和掌握，但是，检察机关摘录的证据材料不是原始证据，而在法庭上指控犯罪需要出示原始的证据材料，因而检察机关应当在出庭公诉前取回案卷材料和证据。经过反复研究，我们基本同意第二种意见，认为可以根据案件的不同情况，如果检察机关的承办人对案件事实和证据十分熟悉的，可以不取回案卷材料和证据；如果由于时间较长，检察机关的承办人对案件事实和证据已淡忘的，基于出庭准备和庭审举证工作的需要，可以取回案卷材料和证据。

如果检察机关需要取回案卷材料和证据的，应当何时取回，也是一个需要明确规定的问题。从司法实践看，如果检察机关较早取回案卷材料和证据，就会影响法院的开庭准备活动，如果开庭时取回案卷材料和证据，检察机关就没有时间进行出庭前的准备，显然较晚。从法院角度说，法院确定了开庭日期后，向人民检察院送达出庭通知书时，就说明法院已经对案卷材料和证据审查完了，这时检察机关取回案卷材料和证据，就不会对法院开庭准备工作造成影响。因此，我们认为，一般情况下，如果案件并不十分复杂的，检察机关可以在法庭“送达出庭通知书时”取回案卷材料和证据。因为在法院送达出庭通知书时检察院才知道法院决定开庭的时间，此时取回案卷材料和证据比较现实，也易于操作。但是，根据新刑事诉讼法第 182 条规定，人民法院确定开庭日期后，应当将开庭的时间、地点通知人民检察院，通知书至迟在开庭三日前送达。如果人民法院在开庭前三天送达出庭通知书，对于一般案件来说，这时取回案卷材料和证据，检察机关可以做好出庭准备，但对于有些疑难、复杂案件来说，检察机关准备开庭的时间就可能太短，因此我们建议《规则》规定“至迟”应当在人民法院送达出庭通知书时取回案卷材料和证据，也就是说，对于有些需要较多时间准备开庭的案件，检察机关可以与法院提前沟通，尽早取回案卷材料和证据。

根据法律规定，在人民法院开庭准备阶段，辩护律师有权查阅、摘抄、复制案卷材料和证据，如果案卷材料和证据在法院里，辩护律师可以到法院进行查阅、摘抄和复制。如果检察机关取回了案卷材料和证据，为了保障辩护律师的阅卷权，应当允许辩护律师到检察机关查阅、摘抄、复制案卷材料和证据，不能以辩护律师在审查起诉阶段已经到检察机关查阅、摘抄、复制过案卷材料和证据为由，拒绝辩护律师到检察机关查阅、摘抄、复制有关案卷材料和证据。因此，我们建议《规则》规定：“人民检察院取回案卷材料和证据后，辩护律师要求阅卷的，应当允许辩护律师在人民检察院查阅、摘抄、复制案卷。”

第九条　公诉人出席简易程序法庭时，在确认被告人庭前已收到起诉书并对

起诉书指控的犯罪事实没有异议后，可以简化宣读起诉书，可以根据案件情况决定是否讯问被告人，是否询问证人、鉴定人，是否需要出示证据。根据案件情况，公诉人可以建议法庭简化进行法庭调查和法庭辩论。

需要出示证据而人民检察院在开庭审理前未取回案卷材料和证据的，公诉人可以申请法庭指令工作人员出示、宣读或者播放证据。

[说明]

本条是关于公诉人出席简易程序法庭是否应当宣读起诉书、讯问被告人、询问证人等活动的规定。由于法律对公诉人出席普通程序法庭依法应当进行的活动作出了明确规定，但在出席简易程序法庭时是否也应当进行这些活动，应当予以明确规定。

[论证]

根据新刑事诉讼法规定，公诉人出席法庭时，在法庭上应当依法进行下列活动：一是宣读起诉书，代表国家指控犯罪，提请人民法院对被告人依法审判；二是讯问被告人；三是询问证人、被害人或者鉴定人；四是出示有关证据材料；五是对证据和案件情况发表意见，提出量刑建议等；六是与被告人及其辩护人进行辩论等。在《规则》修改研讨过程中，大家一致认为，在简易程序法庭上，公诉人可以简化上述活动。但如何简化有关活动，却存在不同的意见，主要集中在以下三个问题上：一是如何宣读起诉书；二是如何进行法庭调查和法庭辩论；三是如何出示证据。

关于如何简化起诉书的宣读问题，在研讨过程中，大家争议较大，形成了两种不同的观点：一种观点认为，可以不宣读起诉书，因为被告人在开庭审理前已经收到了起诉书，了解了起诉书的内容，并且被告人对检察机关指控的犯罪事实没有异议，故从提高效率的角度考虑，公诉人在法庭上可以不宣读起诉书。另一种观点则认为，公诉人在法庭上应当宣读起诉书，这是因为在法庭上宣读起诉书是公诉人代表国家出庭支持公诉、履行指控犯罪职责的重要形式，也是法律对公诉人的要求，为了体现法律的严肃性，公诉人在法庭上应当宣读起诉书。经过反复研究，我们基本同意第二种观点，认为起诉书是检察机关代表国家对犯罪的指控，也是法院对被告人进行审判的根据，没有对犯罪的指控，法院就不能对任何人进行审判并判处有罪，故宣读起诉书是公诉人在法庭上必须要做的一项诉讼活动，不能省略。同时，我们也认为，虽然被告人已经收到起诉书副本，对起诉书的内容已了解，但是，对于参与法庭旁听的人员来说，并不了解起诉书的内容，因而从法制宣传教育和让旁听人员了解法庭审理案件的内容角度考虑，出席法庭的公诉人也应当宣读起诉书。但是，在法庭没有旁听人员的情况下，由于被告人已了解起诉书的内容，为了节约庭审时间，公诉人可以简要宣读起诉书，比如可以概括宣读案件事实和检察机关的指控，其他内容可以省略等。因此，我们建议《规则》规定："公诉人出席简易程序法庭时，在确认被告人庭前已收到起诉书并对起诉书指控的犯罪事实没有异议后，可以简化宣读起诉书。"

关于如何进行法庭调查和法庭辩论，在讨论过程中，也存在不同的意见，一种意见认为，可以不进行法庭调查而省略法庭调查阶段，法庭辩论也可以简化，只围绕被告人量刑问题进行辩论。另一种意见认为，法庭调查和法庭辩论都应当围绕被告人的量刑问题展开，都可以简化，但不能省略。经过认真研究，我们认为，根据简易程序案件的特殊性，其法庭调查和法庭辩论都可以简化，但是否可以省略要根据案件的不同情况来决定，不能绝对。如果被告人既承认犯罪，又对检察机关的量刑建议没有异议时，法庭调查和法庭辩论就可以省略；如果被告人虽然承认犯罪，但对量刑有不同意见时，就可以只围绕量刑问题进行辩论。因此，在法庭调查和法庭辩论过程中，公诉人是否讯问被告人、询问证人或者鉴定人，是否需要出示证据，是否需要进行辩论等，都可以根据案件的不同情况来确定，如果需要讯问或询问的，也应当突出重点。对于辩护方出示的证据，需要质证的，应当质证，没有必要质证的，则不质证。总之，公诉人在出席简易程序法庭时，应当根据案件的不同情况，采取灵活的法庭调查和法庭辩论方式，为此我们建议《规则》规定："公诉人出席简易程序法庭时，可以根据案件情况决定是否讯问被告人，是否询问证人、鉴定人，是否需要出示证据。根据案件情况，公诉人可以建议法庭简化进行法庭调查和法庭辩论。"

关于如何出示证据，在研讨过程中，我们认为存在两种情况：一种情况是检察机关在出庭公诉前取回了案卷材料和证据，在这种情况下，公诉人可以根据案件的不同情况，决定是否需要出示证据，如果认为需要出示证据的，可以自己直接出示证据。另一种情况是检察机关在出庭公诉前没有取回案卷材料和证据，在这种情况下，公诉人也应当根据案件的不同情况，决定是否需要出示证据，如果认为需要出示证据的，可以申请法庭出示有关证据。因此，我们建议《规则》规定："需要出示证据而人民检察院在开庭审理前未取回案卷材料和证据的，公诉人可以申请法庭指令工作人员出示、宣读或者播放证据。"

第十条　公诉人出席简易程序法庭时，应当主要围绕量刑以及其他有争议的问题进行法庭调查和法庭辩论。

公诉人提出量刑建议的，在庭审过程中，出现新的量刑情节致使量刑建议需要调整的，公诉人可以根据检察长的授权作出调整，也可以在原有量刑建议的基础上，充分考虑新的量刑情节提出概括性建议。

[说明]

本条是关于检察机关对简易程序量刑问题的规定。由于简易程序案件被告人已经承认犯罪并对检察机关的指控没有异议，因而简易程序的法庭审理主要是量刑问题，为此应当对公诉人在简易程序法庭审理中如何对待量刑作出明确规定。

[论证]

根据法律规定，适用简易程序的条件是案件事实清楚，证据确实充分，被告人承认自己所犯罪行，对检察机关指控的犯罪事实没有异议，并同意适用简易程序。在这种情况下，公诉人出席简易程序的法庭审理时，其主要任务就是被告人的量刑问题和其他有争议的问题。即公诉人出席简易程序法庭审理，主要应当围绕被告人的量刑问题和其他有争议的问题进行法庭调查和法庭辩论。具体来说，公诉人出席简易程序法庭时，如果没有提出量刑建议的，公诉人也应当在法庭调查阶段围绕量刑问题出示有关证据，在法庭辩论阶段也可以对量刑问题发表意见；如果提出量刑建议的，公诉人更应当在法庭调查阶段围绕量刑问题出示证据，在法庭辩论阶段阐述量刑建议的根据和理由，以便法院对被告人作出合理的量刑。因此，我们建议《规则》规定："公诉人出席简易程序法庭时，应当主要围绕量刑以及其他有争议的问题进行法庭调查和法庭辩论。"

我们在研讨过程中，对于公诉人在简易程序法庭上如何处理量刑建议问题进行了讨论，有的同志提出，公诉人提出量刑建议的，除有减轻处罚或者免除处罚情节外，量刑建议应当在法定量刑幅度内提出，建议判处有期徒刑、管制、拘役的，可以具有一定的幅度，根据案件情况也可以提出具体确定的建议。在法庭审理中，如果出现新的量刑情节致使量刑建议需要调整的，公诉人可以在法定刑幅度内进行调整，或者可以在检察长授权范围内进行调整。也有的同志指出，公诉人提出量刑建议的，如果出现新的量刑情节致使量刑建议需要调整的，公诉人认为自己可以调整的就调整，认为自己不能调整的，也可以建议休庭后报检察长决定。经过反复研究，我们认为，公诉人在简易程序法庭审理中，如果提出量刑建议的，应当同时提出量刑建议的依据和理由，需要出示证据予以证明的，应当出示证据予以证明。如果被告人或者辩护人确实提出了新的证据，致使原来的量刑情节发生了变化，需要对原量刑建议进行调整时，公诉人可以在法定刑范围进行调整，也可以根据检察长的授权作出调整，但不可以申请建议休庭后报检察长决定，因为这样可以影响诉讼效率。即使出现的新的量刑情节较为严重，超出了检察长的授权范围，公诉人也不应当建议休庭，这时公诉人可以在原量刑建议的基础上，充分考虑新的量刑情节后，提出概括性的量刑建议即可。因此，我们建议《规则》规定："公诉人提出量刑建议的，在庭审过程中，出现新的量刑情节致使量刑建议需要调整的，公诉人可以根据检察长的授权作出调整，也可以在原有量刑建议的基础上，充分考虑新的量刑情节提出概括性建议。"

第十一条　适用简易程序审理的公诉案件，在法院开庭审理前，检察机关发现不宜适用简易程序的，应当建议法院按照第一审普通程序重新审理。

在简易程序法庭审理过程中，公诉人发现不宜适用简易程序审理的，应当建议法庭按照第一审普通程序重新审理。

［说明］

本条是关于简易程序转为普通程序的规定。由于适用简易程序审理公诉案件是有明确的法定条件的，在法庭审理过程中，如果法定条件发生变化，是否将简易程序转变为普通程序，应当予以明确规定。

［论证］

关于简易程序转为普通程序，新刑事诉讼法作出了明确规定，即第215条规定："人民法院在审理过程中，发现不宜适用简易程序的，应当按照本章第一节或者第二节的规定重新审理。"从该条规定看，法律只对人民法院发现不宜适用简易程序的情况作出了规定，但对于检察机关发现不宜适用简易程序的情况如何处理，法律没有明确规定。因此，在《规则》修改讨论过程中，主要涉及三个问题：一是检察机关发现不宜适用简易程序的应当如何处理；二是公诉人在法庭审理过程中发现不宜适用简易程序的应当如何处理；三是根据不宜适用简易程序的不同情况是否应当作不同处理。

关于检察机关发现不宜适用简易程序的应当如何处理问题，在《规则》修改研讨过程中，主要有两种观点，一种观点认为，在检察机关发现不宜适用简易程序的，应当向法院要求撤回适用简易程序的建议书，并说明撤回的理由。因为当检察机关发现不宜适用简易程序时，说明原向法院提交的适用简易程序的建议书错误，应当予以撤回。另一种观点认为，在检察机关发现不宜适用简易程序的，应当向法院提出适用普通程序重新审理案件的建议。因为在检察机关向法院提出适用简易程序建议后，发现不宜适用简易程序的新情况，并不说明原建议错误，只是情况发生了新的变化，这时检察机关应当针对变化后的新情况，作出新的建议即可，没有必要撤回原来的建议。经过认真研究，我们认为，在法院开庭审理简易程序案件前，检察机关发现不宜适用简易程序的，应当建议法院按照第一审普通程序重新审理。因为检察机关向法院提出的适用简易程序的建议，对法院没有直接的约束力，只是个建议而已，是否采纳由法院决定，因而检察机关以后再发现不宜适用简易程序时，没有必要撤回原来的建议，只要再向法院提出新的建议即可。

关于公诉人在法庭审理过程中发现不宜适用简易程序的应当如何处理问题，在《规则》修改的研讨过程中，也存在两种不同的意见，一种意见认为，在简易程序法庭审理过程中，公诉人发现不宜适用简易程序的，应当申请延期审理后，将情况报检察长决定。因为原来建议法庭适用简易程序的建议书是以检察机关的名义提出的，如果发现不宜适用简易程序时需要向法院提出建议的，也应当以检察机关的名义提出，因而公诉人应当将此情况报告检察长决定。另一种意见认为，在简易程序法庭审理过程中，公诉人发现不宜适用简易程序的，应当直接向法庭提出适用普通程序重新审理案件的建议。因为在法庭审理过程中，公诉人发现不宜适用简易程序的，只是公诉人的认识和判断，而不是检察机关的认识和判断，如果需要向法院提出建议的，公诉人可以直接提出，没有必要申请延期审理。同时，如果向法院申请延期审理，也会诉讼效率。经过反复研究，我们采纳了第二种意见，认为公诉人在简易程序法庭审理过程中发现不宜适用简易程序的，应当直接向法庭提出适用普通程序重新审理案件的建议。因为建议对法院没有约束力，由公诉人提出和由检察机关提出没有实质差别，况且在法庭审理过程中出现不宜适用简易程序的情况，法庭也会发现，公诉人发现后只要提出即可，没有必要申请延期审理而交检察长决定。

关于根据不宜适用简易程序的不同情况是否应当作不同处理的问题，在《规则》修改研讨过程中，对于发现不宜适用简易程序的不同情况，检察机关或者公诉人是否应当作出不同的处理，大家一致认为，检察机关或者公诉人可以作出不同的处理。具体来说，对于出现法定的不宜适用简易程序的情况，检察机关或者公诉人应当提出适用普通程序重新审理的建议；对于出现其他不宜适用简易程序的情况，检察机关或者公诉人可以提出适用普通程序重新审理的建议。即如果发现适用简易程序审理不符合刑事诉讼法第二百零八条规定的适用条件，以及具有第二百零九条规定的情形之一的，检察机关或者公诉人应当提出适用普通程序重新审理的建议；如果发现具有其他不宜适用简易程序情形的，检察机关或者公诉人可以根据情况决定是否建议法庭转为普通程序重新审理。

第十二条　由简易程序转为普通程序审理的案件，经被告人同意的，法庭可以继续进行审理。被告人不同继续审理的，法庭应当按普通程序的要求重新进行

审理。

公诉人认为需要为出席法庭进行准备的，可以申请人民法院延期审理。

由简易程序转为普通程序审理的案件，法院的审理期限应当按照普通程序的审理期限连续计算。

［说明］

本条是关于简易程序转为普通程序后如何审理、申请延期审理和审理期限计算的规定。由于案件由简易程序审理转为普通程序审理，主要涉及这三个方面的问题，因而应当对此作出明确的规定。

［论证］

关于案件由简易程序转为普通程序后，法院和检察机关应当如何处理案件，新刑事诉讼法没有作出明确的规定。但是，我们通过调研后发现，案件由简易程序转为普通程序后，主要涉及三个方面的问题：一是法庭审理是继续进行还是重新开始；二是公诉人是否可以申请法院延期审理；三是法院的审理期限应当如何计算。

关于法庭审理是继续进行还是重新开始的问题，在《规则》修改的研讨过程中，对此问题争议较大，主要有两种观点：一种观点主张，案件由简易程序转为普通程序后，法庭审理应当继续进行。因为根据程序不应当逆转的原则，法庭已经进行的审理程序具有法定的约束力，因而为了维护程序的效力和严肃性，法庭应当认可已经进行过的程序，然后按照普通程序继续对案件进行审理。另一种观点主张，案件由简易程序转为普通程序后，法庭应当重新进行审理。因为适用简易程序审理案件限制了被告人的一些诉讼权利，为了尊重和保护被告人的诉讼权利，当简易程序转为普通程序后，法庭审理应当重新开始。经过反复论证和研究，我们认为，从维护程序效力和保护被告人诉讼权利考虑，可以从两方面进行规定，即在被告人同意已经进行过的审理程序的，就不再进行已经进行过的审理程序，然后按照普通程序继续进行审理；在被告人不同意已经进行过的审理程序的，为了保护被告人的诉讼权利，就应当按照普通程序重新对案件进行审理。为此我们建议《规则》规定："由简易程序转为普通程序审理的案件，经被告人同意的，法庭可以继续进行审理。被告人不同意继续审理的，法庭应当按普通程序的要求重新进行审理。”

关于公诉人是否可以申请法院延期审理的问题，在《规则》修改的研讨过程中，大家提出了两种意见：一种意见认为，案件由简易程序转为普通程序后，由于案件情况发生了变化，公诉人为了重新进行出席法庭的准备工作，应当申请法院延期审理。另一种意见认为，案件由简易程序转为普通程序后，可以根据案件发生变化的情况不同，公诉人可以作出不同的决定。具体来说，如果案件情况发生变化较大，需要重新准备出庭工作的，公诉人可以申请法院延期审理；如果案件情况发生变化不大的，公诉人认为没有必要重新准备出庭工作的，就可以不申请法院延期审理。经过研究后，我们认为，第二种意见是可行性，也是合理的。因为是否需要申请延期审理，主要取决于公诉人是否需要进行出庭准备，公诉人认为不需要的，就可以不申请延期审理，认为需要的，就可以申请延期审理。如果公诉人申请延期审理并得到法院同意的，在延期审理阶段，人民检察院在开庭前未取回案卷材料和证据的，可以取回案卷材料和证据，以为出庭做好准备以及在法庭上出示证据时使用。此外，在修改《规则》过程中，还有人提出，案件由简易程序转为普通程序后，人民检察院审查起诉的期限应当重新计算。我们经过研究后认为，考虑到简易程序转普通程序的案件，仍然处于法庭审判阶段，而不是处于审查起诉阶段，重新计算审查起诉期限，在理论上说不通，而且没有法律依据，故没有采纳该意见。

关于法院的审理期限应当如何计算的问题，在《规则》修改研讨过程中，大家提出了两种意见，一种意见认为，案件由简易程序转为普通程序审理后，法院审理期限应当分别不同情况来确定。如果案件继续进行审理的，法院审理期限就应当连续计算，即按普通程序连续计算；如果案件重新进行审理的，就应当按照普通程序的审理期限，重新开始计算的法院审理期限。另一种意见认为，案件由简易程序转为普通程序审理后，无论是继续进行审理还是重新进行审理，法院的审理期限都应当连续计算，即按照普通程序的审理期限，连续计算法院的审理期限。经过反复研究后，我们采纳了第二种意见。因为从司法实践看，法院按简易程序开庭审理案件的时间都较短，一般只有十几分钟或者几十分钟，加上法院的准备时间，一般也不会太长，几天或者十来天，这些时间与法律规定普通程序的审理期限相比，所占的比例较小。根据新刑事诉讼法第202条的规定，一般情况下，法院按照普通程序审理案件，审理期限一般为2个月，至迟不得超过3个月，特殊情况下，法院还可以延长3个月。由此可见，新刑事诉讼法对法院审理期限作了较大幅度的延长，因而案件由简易程序转为普通程序审理后，即使审理期限连续计算，也不会对法院的审理案件在时间上带来实质性影响。因此，我们建议《规则》规定："由简易程序转为普通程序审理的案件，法院的审理期限应当按照普通程序的审理期限连续计算。"

（邓思清执笔）

第三部分

刑诉法修改与检察制度

立法完善推动检察制度向前发展

王守安*

法律是制度的重要载体，我国现行检察制度伴随着立法的步伐得以确立和不断发展。刑事诉讼法、民事诉讼法的修改，对我国检察制度的发展产生了重大而积极的影响。

一、两大诉讼法修改对检察制度发展的影响

结合两大诉讼法修改的内容，我们认为两大诉讼法的完善对检察制度发展的影响至少可以概括为以下几个方面：

（一）坚持和巩固了检察机关作为专门的法律监督机关的定位

对我国检察机关的性质和职能的宪法定位，理论上曾存在不同的认识。两大诉讼法的修改，继续坚持和巩固我国检察机关作为法律监督机关的宪法定位，彰显了中国检察制度的独特品格和制度自信。如民事诉讼法第 14 条明确了“人民检察院有权对民事诉讼实行法律监督”，取代了此前的“人民检察院有权对民事审判活动实行法律监督”的表述；将民事诉讼的法律监督拓展到调解、执行等整

* 最高人民检察院理论研究所所长。

个民事诉讼活动全过程；刑事诉讼法增加了侦查监督的具体内容，规定了对死刑复核程序的法律监督等，扩大了监督的范围，增加了法律监督的手段和措施。

总之，两大诉讼法修改巩固了检察机关的宪法定位，进一步彰显了检察机关的法律监督属性。

（二）检察机关的司法属性进一步彰显

关于我国检察机关和检察权是否具有司法属性，由于立法上规定不明确和概念界定上的分歧，理论上一直存在争论。司法权是以协调、中立和判断为特征的权力。司法是在居中感知、把握案件证据的基础上，认定事实和适用法律。在理论上，一般认为检察机关的审查逮捕、审查起诉等职权具有明显的司法属性。两大诉讼法修改特别是刑事诉讼法的修改，使检察机关的司法属性更加彰显。

例如，一是明确规定检察机关发现、排除非法证据的职责，并规定检察院接到报案、控告、举报或者发现侦查人员以非法方法收集证据的，应当进行调查核实；检察机关在审查案件时，可以要求公安机关提供法庭审判所必需的证据材料，如果认为可能存在以非法方法收集证据的情形的，可以要求公安机关对证据收集的合法性进行说明。上述规定体现了检察机关对侦查机关不当使用权力的司法审查属性。二是修改后刑诉法对审查逮捕程序进行了重大改革。我国逮捕审查程序一直以来都面临着过于行政化的问题，以行政化的方式解决司法问题也遭受了众多批评。修改后刑诉法对审查逮捕程序进行了司法化改造。其一，增加了审查逮捕时讯问犯罪嫌疑人的规定。其二，增加了审查逮捕时证人、辩护律师等诉讼参与人的参与。这种兼顾侦查方与犯罪嫌疑人、辩护人双方意见的程序设计，使检察机关更多地处于“居中裁判”的司法地位。三是设立对在押犯罪嫌疑人、被告人羁押必要性的定期审查机制。刑事诉讼法这一崭新的规定，是对检察机关司法属性的一个明确表达。四是明确规定检察机关接受、处理对诉讼中公权力不当行使的申诉、控告职权。这强化了检察机关的诉讼监督职能，但这种监督的机制和方式，体现了检察机关的权利救济功能，强化了其司法机关的属性。

（三）科学调整了检察机关的职权配置

检察权的配置是近年来检察学研究的一个重点领域，也是司法改革的一个重要关注点。两大诉讼法的修改，基于诉讼规律、检察职能特点和实践需求，并借鉴其他国家的有益经验，对检察权的配置进行了适度完善，主要表现在以下几方面：

1. 赋予检察机关适用技术侦查措施决定权。这是对检察机关侦查权的进一步确认和强化。

2. 对公诉权的内容进行了适度扩充。修改后刑诉法第193条规定："法庭审理过程中，对与定罪、量刑有关的事实、证据都应当进行调查、辩论。"这是近年来检察机关量刑建议改革和法院量刑规范化改革经验在立法上的巩固和升华，是对检察机关公诉权中量刑建议权的立法确认。同时，在特别程序中规定，检察机关向法院提出没收违法所得的申请和强制医疗的申请职能，法院对检察院的申请，应当组成合议庭进行审理。对检察机关的这种申请权理论上探讨不多，笔者认为，这应当是对检察机关公诉权的充实。

3. 扩大了检察机关的起诉裁量权。修改后刑诉法在未成年人特别程序一章中，确立了附条件不起诉制度；在当事人和解的公诉案件诉讼程序一章中规定，对于达成和解协议的案件，犯罪情节轻微，不需要判处刑罚的，可以作出不起诉的决定。可以说，附条件不起诉制度增加了不起诉的种类，和解案件的不起诉充实了适用不起诉的情形，这都是对检察机关起诉裁量权的重要完善。

4. 扩大了检察机关诉讼监督权的覆盖范围。对此，后文将进一步阐述。

另外，民事诉讼法的修改彻底颠覆了传统上"诉的利益"对民事诉权的限制，明确规定了公益诉讼制度。尽管民诉法对于检察机关能否提起民事公益诉讼略显暧昧，但从公益诉讼的本质和我国实际需求，以及检察官诉讼中公益代表身份在世界各国的普遍认同看，检察机关对特定案件在这方面可否进行适度探索，其现实意义和理论价值确实值得进一步重视。

综观两大诉讼法修改，充实完善检察机关的职权体现了科学、理性的精神，在有的方面还进行了一定程度的限制，并增加了一些义务性的规定。例如，对检察机关决定使用技术侦查措施严格限定了范围；明确规定检察机关在刑事公诉案件中的举证责任；对于审查起诉中存疑的案件，由"可以"决定不起诉改为"应当"决定不起诉，并且将附条件不起诉限定于很小的案件范围；对法院民事生效裁判的监督，只增加了检察建议这种比较缓的方式，没有赋予同级检察院抗诉的职权；对民事调解书的监督，也只限于危害国家利益和社会公共利益的案件。可以说，修改后的两大诉讼法对检察职权的调整，张弛有度，有放有收，体现了诉讼规律的要求和立法的理性，也充分体现了检察机关的职能特点，是比较科学的。

（四）健全了诉讼监督制度

长期以来，检察机关依法履行诉讼监督职能，对保障诉讼公正发挥了重要作用；但是，随着实践的发展，诉讼监督制度不健全的问题也越来越突出，如何从立法上进一步健全诉讼监督制度，是近年来理论研究的一个热点问题。两大诉讼法的修改回应了实践需求，吸收了理论研究成果，在诉讼监督范围、方式、实效等方面进行了完善，使诉讼监督制度更加健全。具体来说，主要体现在如下几个方面：

1. 拓展了监督范围

检察机关诉讼监督范围的不全面或者不明确，是近年来反映比较突出的一个问题。两大诉讼法的修改在这方面有比较大的进步。改革和完善死刑复核程序，是中央确定的关于深化司法改革的重要任务，也是刑事诉讼法修改的重要内容。修改后刑诉法第 240 条规定："在复核死刑案件过程中，最高人民检察院可以向最高人民法院提出意见。最高人民法院应当将死刑复核结果通报最高人民检察院。"这实际上明确了检察机关死刑复核监督职责。此外，修改后刑诉法增加了对精神病人的强制医疗程序，并规定"人民检察院对强制医疗的决定和执行实行监督"。

就民事诉讼监督而言，修改后民诉法对监督范围的拓展更加明显。例如，将民事检察监督原则的表述由"人民检察院有权对民事审判活动实行法律监督"，修改为"人民检察院有权对民事诉讼实行法律监督"，这样就把整个民事诉讼过程纳入检察机关诉讼监督的范围，当然，这里针对的主要应当是公权力的行使；在"执行程序"中还专门规定"人民检察院有权对民事执行活动实行法律监督"；并且对诉讼结果的监督除判决、裁定外，增加了对调解书的监督等。立法上关于诉讼监督范围的完善，有利于保障诉讼法的正确执行，体现了程序法治精神，对于实现诉讼公正意义重大。

2. 完善了监督渠道

在实践中，法律监督缺乏线索来源一直是制约其发挥作用的一大“瓶颈”。尽管宪法和相关诉讼法都赋予了当事人申诉、控告权，但一直缺少与检察监督相衔接的程序和平台。修改后的两大诉讼法通过赋予相关当事人、诉讼参与人向检察机关提起申诉、控告权等，将会使这一问题得到实质性改观。例如，修改后刑诉法增设了当事人、辩护人、诉讼代理人、利害关系人的申诉、控告处理机制，并规定监狱、看守所提出暂予监外执行书面意见的，应当将书面意见的副本抄送检察院；罪犯在执行期间应当依法予以减刑、假释，执行机关向法院提出建议书的，要将建议书副本抄送检察院；修改后民诉法第 209 条完善了当事人向检察机关的申诉条件和处理机制。这些规定在很大程度上保障了检察机关开展诉讼监督的信息来源。

3. 明确了监督手段

检察机关为了履行诉讼监督职能，可以采取哪些手段对线索、材料进行审查、核实，一直缺乏明确的规定。修改后的两大诉讼法初步解决了这一问题。例如，修改后刑诉法第 55 条规定：“人民检察院接到报案、控告、举报或者发现侦查人员以非法方法收集证据的，应当进行调查核实。”修改后民诉法第 210 条规定，检察院因履行法律监督职责提出检察建议或者抗诉的需要，可以向当事人或者案外人调查核实有关情况。这些规定回应了实践需求，有利于检察机关正确履行法律监督职责。

4. 增加了监督方式

检察机关履行诉讼监督职能的方式，必须符合法律规定。在民事检察监督中，以前法律监督的主要手段是抗诉。由于抗诉只能由生效裁判的上一级检察院向其同级法院提出，严重制约了基层检察机关民事诉讼检察监督职能的发挥。为改进这一状况，近年来一些检察机关积极探索，实行同级检察机关向同级法院提出再审检察建议的做法，收到了较好的社会效果。这一监督方式，在修改后民诉法中得以确立。民事诉讼法第 208 条还规定，检察院对审判人员的违法行为，有权向同级法院提出检察建议。现在，根据刑事诉讼法和民事诉讼法等法律的规定，检察院的诉讼监督方式至少包括提出抗诉、再审检察建议，发出纠正违法通知、纠正违法检察建议，提出纠正意见、检察意见等，形成了比较完整的诉讼监督方式体系。

二、两大诉讼法修改对检察活动的影响

检察活动是动态的检察制度。两大诉讼法对检察制度的发展完善，必然会影响到检察活动。笔者认为，两大诉讼法修改至少在以下几个方面对检察机关的执法办案活动产生影响。

（一）强化客观公正理念

检察官的客观义务理念发端于大陆法系国家，在现代各国的检察制度中都有体现。检察官的客观义务，是指检察官在刑事诉讼中负有发现真实的义务，对有利于和不利于被告人的证据应负有全面收集的义务，不得向法庭故意提交虚假或不合法的证据，不得故意隐瞒或毁灭对被告人有利的证据。检察官的客观义务源于检察机关作为客观公正之官署的属性，无论检察机关在诉讼法上定位如何，其遵守客观义务乃普遍之要求。我国检察机关是国家专门的法律监督，这一性质必然要求检察机关秉持客观公正立场。特别是两大诉讼法修改，强化了检察机关的监督职能，进一步体现了其司法属性。客观公正之义务应作为检察活动的基本准则，在履行各项检察职能时，均应以之为指导。

（二）慎重行使权力

两大诉讼法的修改对检察机关的职权作了较大调整，并完善了诉讼监督制度，对检察权的强化痕迹较为明显。这一立法上的变化，是为了发挥检察机关的职能作用，保障司法公正，促进法治进步。权力的不当行使会使立法追求的价值荡然无存。尤其是检察机关，鉴于其职能性质，容易被认为是强势机关，检察权运行过程也有自我张扬的危险。立法上对检察机关一些极具进步意义的新职权的

设定之所以极为克制，与权力不当行使的担心不无关系。因此，根据两法修改的内容和精神，检察机关在行使职权时应当严格依法，慎用权力，体现权力行使的谦抑性，这是发挥权力积极作用的一个重要方面。

（三）强化程序意识

两大诉讼法的修改，体现了程序正义和程序法治的要求。尤其是对于诉讼监督制度的完善，其根本目的在于发挥检察机关的法律监督职能，保障诉讼程序规则得以执行。因此，作为监督机关，检察机关自身必须强化程序意识，严格依法履行各项权力。同时，在进行诉讼监督时，也要始终把促进和保障公权力机关依法办案作为要旨，进而在司法公正和权利保障方面发挥作用。

（四）完善办案方式

两大诉讼法的修改使检察机关的司法属性进一步彰显。检察机关审查逮捕、审查起诉、羁押必要性审查及一些诉讼监督等职权的司法性质明显。检察机关在行使这些职权时，应当采用司法的形式，可以说已经成为理论上的共识，有的地方如湖北、上海等地的一些检察机关已经在进行探索。应当通过深化改革，完善检察机关的办案方式，对不同的职权，采取不同的行使方式，逐步实现办案方式的类型化、科学化。

（五）追求办案效果

实现执法办案的法律效果、社会效果和政治效果的统一，与现代司法关于诉讼效益的追求在理念和价值上是一致的。办案效果的追求在于严格依法的同时体现各项政策的要求，而政策的实现在于各种裁量权的行使上。根据立法规定，检察机关在行使权力时很多情况下有裁量权，即法律赋予的选择权，如侦查措施的采用及其时间、方式，强制措施的采用，起诉与不起诉，量刑建议的提出，监督方式的适用等。

两大诉讼法的修改对一些方面的裁量权，如起诉裁量权等还进行了适当扩大。检察机关在执法办案中要根据法律规定，真正体现各项政策的要求，最大限度地追求执法办案的效果。这里应当明确的是，追求办案效果主要体现在措施、手段的采用和法律适用、案件处理上，对案件的事实必须依法根据证据认定，体现“证据裁判”原则的要求，不存在追求效果的问题。

（六）自觉接受监督

检察机关是法律监督机关，但检察权的行使也必须接受有效的监督，防止检察权的不当行使和滥用。两大诉讼法的修改，使得检察机关的权力实现了适度完善。在这种情况下，检察机关更应强化监督者更应当接受监督的意识，不断完善制度，自觉接受人大、政协、媒体、群众等各方面的监督，并通过强化案件管理、程序制约等，实现有效的内部监督。

根据党的十八大的部署和精神，新一轮的司法体制改革正在酝酿。我们可以预见，随着改革的深入并伴随着立法的步伐，中国特色社会主义检察制度会得到进一步发展完善。

（原载于《检察日报》2013 年 6 月 3 日）

论刑事诉讼法修改的三项价值及其平衡

谢鹏程*

2012年刑事诉讼法的修改与1996年的第一次修改相比，虽然规模基本相当，但是内容更加丰富精细，人权精神进一步彰显，犯罪控制进一步加强，司法公正进一步保障，体现了鲜明的时代精神和阶段性特征。由于我国正处于社会转型期和矛盾凸显期，刑事案件居高不下，严重暴力犯罪有增无减，犯罪的种类和手段不断翻新，冤假错案屡见不鲜，侵犯人权现象屡禁不止，这些都对我国经济发展、社会稳定、政权巩固提出了严峻挑战。刑事司法是国家司法的底线，关乎亿万人民群众的基本生存条件和生活质量，关乎国家的长治久安和人民的安居乐业。基于此，这次修改刑事诉讼法的主要目标是准确及时惩治犯罪，维护社会公平正义。这次修改的突出特点是，着力保障公共安全、有效控制犯罪；着力保障司法公正，解决人民群众反映强烈的突出问题；着力保障人权，提升刑事司法文明水平。把这三个着力点结合起来分析，有助于我们更加全面、准确地把握这次修改的精神和内容，有助于我们更加理性、客观地看待和评价这次修改的进步和局限。

* 最高人民检察院检察理论研究所副所长、研究员。

一、着力保障公共安全，有效控制犯罪

当前，无论是普通犯罪还是职务犯罪，其规模和危害性都是不可低估、不可忽视的。如果惩治犯罪的手段和力度跟不上，不仅会造成严重的社会问题，而且会造成严重的政治问题。在关于修改刑事诉讼法的决定中，着力保障公共安全，加强犯罪控制力度的措施有35项，大致可以分为三个方面：

一是加强侦查措施和强制措施。在侦查措施方面，增设了技术侦查和秘密侦查手段，使其取得的证据合法化。（1）公安机关在立案后，对于危害国家安全犯罪、恐怖活动犯罪、黑社会性质的组织犯罪、重大毒品犯罪或者其他严重危害社会的犯罪案件；人民检察院在立案后，对于重大的贪污、贿赂犯罪案件以及利用职权实施的严重侵犯公民人身权利的重大犯罪案件，根据侦查犯罪的需要，经过严格的批准手续，可以采取技术侦查措施，按照规定交有关机关执行。（2）追捕被通缉或者批准、决定逮捕的在逃犯罪嫌疑人、被告人，经过批准，可以采取追捕所必需的技术侦查措施。（3）在必要的时候，经公安机关负责人决定，可以由有关人员隐匿其身份实施侦查。（4）对于案情特别重大、复杂，需要采取拘留、逮捕措施的，传唤、拘传持续的时间延长到二十四小时。（5）为了确定被害人、犯罪嫌疑人的某些特征、伤害情况或者生理状态，可以对人身进行检查，可以提取指纹信息，采集血液、尿液等生物样本。（6）查询、冻结犯罪嫌疑人财产的范围由存款、汇款扩展到债券、股票、基金份额等财产。（7）在必要的时候，经公安机关负责人批准，可以进行侦查实验。（8）增设了控制下交付制度。对涉及给付毒品等违禁品或者财物的犯罪活动，公安机关根据侦查犯罪的需要，可以依照规定实施控制下交付。（9）在强制措施方面，对监视居住制度进行了改造，大幅度提升其强制力和控制力，使其与取保候审明显地区分开来；对于涉嫌危害国家安全犯罪、恐怖活动犯罪、特别重大贿赂犯罪，在住处执行可能有碍侦查的，经上一级人民检察院或者公安机关批准，也可以在指定的居所执行；执行机关对被监视居住的犯罪嫌疑人、被告人，可以采取电子监控、不定期检查等监视方法对其遵守监视居住规定的情况进行监督；在侦查期

间，可以对被监视居住的犯罪嫌疑人的通信进行监控。（10）设立必须逮捕制度，对有证据证明有犯罪事实，可能判处十年有期徒刑以上刑罚的，或者有证据证明有犯罪事实，可能判处徒刑以上刑罚，曾经故意犯罪或者身份不明的，应当予以逮捕。

二是在起诉、审判和执行环节加强了对特定犯罪的控制。（1）如果是国家财产、集体财产遭受损失的，人民检察院在提起公诉的时候，可以提起附带民事诉讼。（2）人民检察院对直接受理的案件中被拘留的人，认为需要逮捕的，应当在十四日以内作出决定。在特殊情况下，决定逮捕的时间可以延长一日至三日。（3）人民法院审判公诉案件，人民检察院应当派员出席法庭支持公诉。（4）人民检察院决定不起诉的案件，应当同时对侦查中查封、扣押、冻结的财物解除查封、扣押、冻结。（5）对被不起诉人需要给予行政处罚、行政处分或者需要没收其违法所得的，人民检察院应当提出检察意见，移送有关主管机关处理。有关主管机关应当将处理结果及时通知人民检察院。（6）非法言词证据一律排除，非法实物证据有条件排除。（7）行政机关在行政执法和查办案件过程中收集的物证、书证、视听资料、电子数据等证据材料，在刑事诉讼中可以作为证据使用。（8）对于通过技术侦查、秘密侦查、控制下交付获得的证据材料，可以由审判人员在庭外对证据进行核实。（9）简易程序适用范围扩大，基层人民法院审理的案件，除了几种特殊情况外，只要证据确实充分、被告人认罪和自愿，都可以适用简易程序。在简易程序中，不受普通程序关于送达期限、讯问被告人、询问证人、鉴定人、出示证据、法庭辩论程序规定的限制，而且一般应当在受理后二十日以内审结，对于可能判处三年以上有期徒刑的，可以延长至一个半月。（10）犯罪嫌疑人不讲真实姓名、住址，身份不明的，应当对其身份进行调查，侦查羁押期限自查清其身份之日起计算。确实无法查明其身份的，也可以按其自报的姓名起诉、审判。（11）二审开庭审理的案件范围扩大，并明确要求对于认定的事实、证据有异议、死刑案件和抗诉案件必须开庭审理。（12）一审的审理期限在特殊情况下经最高人民法院批准可以在法定期限以上延长。（13）人民法院认为证人有必要出庭作证的，证人应当出庭作证。证人没有正当理由拒绝出庭或者出庭后拒绝作证的，予以训诫，情节严重的，经院长批准，处以十日以下的拘留。（14）人民法院在必要的时候，可以采取保全措施，查封、扣押或者冻结被告人的财产。附带民事诉讼原告人或者人民检察院可以申请人民法院采取保全措施。（15）不符合暂予监外执行条件的罪犯通过贿赂等非法手段被暂予监外执行的，在监外执行的期间不计入执行刑期。罪犯在暂予监外执行期间脱逃的，脱逃的期间不计入执行刑期。

三是特定种类犯罪嫌疑人诉讼权利的克减和限制以及诉讼义务的增设。在律师会见、证人保护措施、监视居住、通知家属、技术侦查措施等程序中对于危害国家安全犯罪、恐怖活动犯罪和特别重大贿赂犯罪等犯罪嫌疑人的诉讼权利进行了限制和克减，显示了国家应对控制严重犯罪的力度和决心。（1）涉嫌危害国家安全犯罪、恐怖活动犯罪、特别重大贿赂犯罪的案件，在侦查期间辩护律师会见在押的犯罪嫌疑人，应当经侦查机关许可。（2）涉嫌危害国家安全犯罪、恐怖活动犯罪、特别重大贿赂犯罪案件的监视居住，在住处执行可能有碍侦查的，经上一级人民检察院或者公安机关批准，也可以在指定的居所执行。（3）涉嫌危害国家安全犯罪、恐怖活动犯罪的案件，存在可能有碍侦查的情形时，不必拘留后二十四小时以内通知被拘留人的家属。在七个方面增设了特定当事人和诉讼参与人的诉讼义务：（1）被取保候审人的住址、工作单位和联系方式发生变动的，在二十四小时以内向执行机关报告。（2）人民法院、人民检察院和公安机关可以根据案件情况，责令被取保候审的犯罪嫌疑人、被告人遵守以下一项或者多项规定：不得进入特定的场所，不得与特定的人员会见或者通信，不得从事特定的活动，将护照等出入境证件、驾驶证件交执行机关保存。（3）保证金数额的确定，由取保候审的决定机关综合考虑保证诉讼活动正常进行的需要，被取保候审人的社会危险性，案件的性质、情节，可能判处刑罚的轻重，被取保候审人的经济状况等情况，这样，对一些比较富裕的犯罪嫌疑人、被告人可以决定较大数额的保证金。（4）对于涉嫌危害国家安全犯罪、恐怖活动犯罪、特别重大贿赂犯罪的被监视居住人，在住处执行可能有碍侦查的，经上一级人民检察院或者公安机关批准，也可以在指定的居所执行。（5）被监视居住人的义务在原来的基础上增设了未经执行机关批准不得与他人通信，必须将护照等出入境证件、身份证件、驾驶证件交执行机关保存两项义务。（6）辩护律师在执业活动中知悉委托人或者其他人，准备或者正在实施危害国家安全、公共安全以及严重危害他人人身安全的犯罪的，应当及时告知司法机关。（7）证人、鉴定人具有出庭作证的义务。

二、着力保障司法公正，解决人民群众反映强烈的突出问题

刑事司法本身的公正性及其化解社会矛盾的功效，都是人民群众反映强烈、影响社会和谐稳定的突出问题。这次刑事诉讼法修改贯彻宽严相济刑事政策，创设了四个特别秩序，增强了程序设置的多样性和适应性，刑事和解由自诉案件扩展到特定公诉案件，原有各项程序的大部分诉讼环节都得到了完善和改进，使新修订的刑事诉讼法在保障司法公正和化解社会矛盾方面取得了明显的进展。归纳起来，保障司法公正的措施主要有 28 项，大致可以分为证据制度、审判制度、特别程序和诉讼监督四个方面。

一是证据制度的完善。证据制度是整个刑事司法的基石，也是刑事诉讼制度发展的风向标。有什么样的证据理念、执行什么样的证据规则和对客观真实追求的限度反映了一个国家应对刑事犯罪形势的政策取向和价值取向，也决定了国家从程序上保障刑事司法公正的力度。这次修改吸收了两个证据规定的合理成分，建立了非法证据排除制度。（1）新刑事诉讼法在严禁刑讯逼供的基础上，增加不得强迫任何人证实自己有罪的规定。（2）明确规定了非法证据排除的具体标准，即采用刑讯逼供等非法方法收集的犯罪嫌疑人、被告人供述和采用暴力、威胁等非法方法收集的证人证言、被害人陈述，应当予以排除；违反法律规定收集物证、书证，可能严重影响司法公正的，应当予以补正或者作出合理解释；不能补正或者作出合理解释的，对该证据应当予以排除。（3）规定了人民法院、人民检察院和公安机关都有排除非法证据的义务。（4）在庭审程序中设置了排除非法证据的调查和辩论程序。（5）在开庭以前，审判人员可以召集公诉人、当事人和辩护人、诉讼代理人，对回避、出庭证人名单、非法证据排除等与审判相关的问题，了解情况，听取意见。（6）对证人证言有异议，且该证人证言对案件定罪量刑有重大影响，人民法院认为证人有必要出庭作证的，证人应当出庭作

证。经人民法院通知，证人没有正当理由不出庭作证的，除被告人的配偶、父母、子女外，人民法院可以强制其到庭。（7）对鉴定意见有异议，人民法院认为鉴定人有必要出庭的，鉴定人应当出庭作证。

二是审判制度的完善。一审、二审、再审程序和死刑复核程序都有一定的改进。（1）把量刑程序纳入了庭审程序，增加了量刑的透明度和量刑辩护程序。在法庭审理过程中，对与定罪、量刑有关的事实、证据都应当进行调查、辩论。从法律上正式确认了坦白从宽的原则，犯罪嫌疑人如实供述自己罪行的，可以从宽处理。（2）对一般情况下的审理期限进行了明确限定。人民法院审理公诉案件，应当在受理后二个月以内宣判，至迟不得超过三个月。对于可能判处死刑的案件或者附带民事诉讼的案件，以及有"交通十分不便的边远地区的重大复杂案件，重大的犯罪集团案件，流窜作案的重大复杂案件，犯罪涉及面广、取证困难的重大复杂案件"四种情形之一的，经上一级人民法院批准，可以延长三个月；因特殊情况还需要延长的，报请最高人民法院批准。这就意味着审理期限超过半年的都要经过最高人民法院批准。（3）人民法院作出的判决，不仅应当对查封、扣押、冻结的财物作出处理，而且要对这些财物的孳息作出处理。（4）发回重新审判仅限一次，原审人民法院对于发回重新审判的案件作出判决后，被告人提出上诉或者人民检察院提出抗诉的，第二审人民法院应当依法作出判决或者裁定，不得再发回原审人民法院重新审判。（5）强化了上诉不加刑原则，第二审人民法院发回原审人民法院重新审判的案件，除有新的犯罪事实，人民检察院补充起诉的以外，原审人民法院也不得加重被告人的刑罚。（6）在有新的证据证明原判决、裁定认定的事实确有错误等五种法定情形下，当事人及其法定代理人、近亲属申诉的，人民法院应当重新审判。这就规范和限定了法院再审决定的自由裁量权。（7）再审原则上不由原审法院进行。上级人民法院指令下级人民法院再审的，应当指令原审人民法院以外的下级人民法院审理；由原审人民法院审理更为适宜的，也可以指令原审人民法院审理。（8）对死刑复核程序进行了诉讼化改造。最高人民法院复核死刑案件，应当讯问被告人，辩护律师提出要求的，应当听取辩护律师的意见。在复核死刑案件过程中，最高人民检察院可以向最高人民法院提出意见。最高人民法院应当将死刑复核结果通报最高人民检察院。

三是特别程序的设置。四项特别程序的设置，不仅增强了刑事诉讼程序的多样性和刑事司法应对各种特殊案件的能力，而且通过制度化的规定，有效地加强和保障了司法公正。（1）未成年人刑事案件诉讼程序。由熟悉未成年人身心特点的审判人员、检察人员、侦查人员承办，保证未成年人得到法律帮助和法律援助，严格限制适用逮捕措施，创设了附条件不起诉制度和犯罪记录封存制度。（2）当事人和解的公诉案件诉讼程序。在刑事和解程序上，把原来仅适用于自诉案件的刑事和解扩展到了公诉案件。对因民间纠纷引起，可能判处三年有期徒刑以下刑罚的故意犯罪、除渎职犯罪以外的可能判处七年有期徒刑以下刑罚的过失犯罪案件，只要真诚悔罪和被害人自愿，都可以进行刑事和解。这在一定程度上体现了恢复性司法的理念和宽严相济刑事政策。（3）犯罪嫌疑人、被告人逃匿、死亡案件违法所得的没收程序。犯罪嫌疑人、被告人逃匿，在通缉一年后不能到案或者死亡，依照刑法规定应当追缴其违法所得及其他涉案财产的，人民检察院可以向人民法院提出没收违法所得的申请。这不仅对于挽回犯罪造成的损失，恢复犯罪破坏的社会秩序具有重要意义，而且对于惩治犯罪，促进司法公正，满足社会公平要求都具有积极的意义。（4）依法不负刑事责任的精神病人的强制医疗程序。实施暴力行为，危害公共安全或者严重危害公民人身安全，经法定程序鉴定依法不负刑事责任的精神病人，有继续危害社会可能的，由公安机关写出强制医疗意见书，由人民检察院提出申请，由人民法院决定予以强制医疗。

四是诉讼监督的强化。加强诉讼监督是近年来司法改革的重要内容，也是保障司法公正的重要措施。这次修改增设和强化了七项法律监督措施：（1）人民检察院对指定居所监视居住的决定和执行是否合法实行监督。（2）对于二次补充侦查的案件，人民检察院仍然认为证据不足，不符合起诉条件的，应当作出不起诉的决定。这实质上针对的是侦查机关补充侦查不力而使案件拖延起诉的问题，通过不起诉权形成了对侦查活动特别是补充侦查的法律监督。（3）加强对暂予监外执行的法律监督。监狱、看守所提出暂予监外执行的书面意见的，应当将书面意见的副本抄送人民检察院。人民检察院可以向决定或者批准机关提出书面意见。决定或者批准暂予监外执行的机关应当将暂予监外执行决定抄送人民检察院。人民检察院认为暂予监外执行不当的，应当自接到通知之日起一个月以内将书面意见送交决定或者批准暂予监外执行的机关，决定或者批准暂予监外执行的机关接到人民检察院的书面意见后，应当立即对该决定进行重新核查。这是同步监督机制的法律化，强化了检察机关对暂予监外执行启动和决策过程的监督。（4）增设了人民检察院对强制医疗的决定和执行的监督。（5）改革了审查批准逮捕程序，使逮捕措施的适用具有公开性、诉讼性、救济性和可操作性。（6）完善了出庭公诉制度，加强了检察机关对刑事审判的监督。（7）通过检察救济程序，在加强对相关诉讼参与人合法权利保障的同时，加强了对侦查活动、审判活动的监督。当事人和辩护人、诉讼代理人、利害关系人，对司法机关及其工作人员采取强制措施法定期限届满不予以释放、解除或者变更，应当退还取保候审保证金不退还，对与案件无关的财物采取查封、扣押、冻结措施，应当解除查封、扣押、冻结不解除，贪污、挪用、私分、调换、违反规定使用查封、扣押、冻结的财物等行为有权向检察机关提出申诉、控告，人民检察院对申诉或者控告应当及时进行审查，情况属实的，通知有关机关予以纠正。

三、着力保障人权，提升刑事司法文明水平

进一步加强人权保障，是两次修改刑事诉讼法的共同特点，也是落实我国签署的有关国际人权公约的重要举措，体现了我国刑事司法逐步接近国际标准的努力和司法文明水平的不断提高。这次修改中，加强人权保障的措施主要有24项，突出表现在辩护权、人身权利和保障性诉讼权利的加强和拓展方面。虽然从条款数量上看，这次修改中着力保障公共安全和保障司法公正的条款多一些，但是，许多保障公共安全和保障司法公正的条款本身就具有保障人权的意义，特别是在保障司法公正方面的条款，有相当一部分同时就是保障人权的条款，只是因为上一部分已经列出，这里不再重复，而未将其列入保障人权的范畴。

一是辩护权的强化。完善了犯罪嫌疑人、被告人的辩护权，不仅解决了刑诉法与律师法的衔接问题，保证了法律与司法的统一，而且在一定程度上解决了律师的会见难、阅卷难、调查取证难等问题。（1）犯罪嫌疑人、被告人要求司法

机关转达委托辩护人意向的权利，即犯罪嫌疑人、被告人在押期间要求委托辩护人的，人民法院、人民检察院和公安机关应当及时转达其要求。这实质上增设了司法机关转达委托辩护人要求的义务。（2）法律援助的范围扩大到尚未完全丧失辨认或者控制自己行为能力的精神病人和可能判处无期徒刑的案件。（3）会见权。一般情况下，律师凭律师执业证书、律师事务所证明和委托书或者法律援助公函，就可以会见犯罪嫌疑人、被告人。看守所应当及时安排会见，至迟不得超过四十八小时。须经侦查机关许可的会见仅限于侦查期间的危害国家安全犯罪、恐怖活动犯罪、特别重大贿赂犯罪案件的在押犯罪嫌疑人。（4）会见不受监听权。律师会见犯罪嫌疑人、被告人，不被监听。（5）阅卷权。辩护律师在审查起诉阶段的阅卷范围从诉讼文书、技术性鉴定材料扩展到本案的案卷材料。（6）辩护人向侦查机关和检察机关申请调取未提交的证据材料的权利。辩护人认为在侦查、审查起诉期间公安机关、人民检察院收集的证明犯罪嫌疑人、被告人无罪或者罪轻的证据材料未提交的，有权申请人民检察院、人民法院调取。（7）要求对非法证据进行法庭调查和辩论的权利。法庭审理过程中，审判人员认为可能存在本法第54条规定的以非法方法收集证据情形的，应当对证据收集的合法性进行法庭调查。（8）律师申诉和控告权。辩护人、诉讼代理人认为公安机关、人民检察院、人民法院及其工作人员阻碍其依法行使诉讼权利的，有权向同级或者上一级人民检察院申诉或者控告。（9）在任何诉讼阶段都有权要求排除非法言词证据。在侦查、起诉和审判等阶段，犯罪嫌疑人、被告人及其辩护人有权要求依法排除非法证据。（10）辩护律师有要求侦查人员出庭说明案件情况的权利。（11）辩护律师就审查逮捕向检察机关提出意见的权利。人民检察院审查批准逮捕，可以听取辩护律师的意见；辩护律师提出要求的，应当听取辩护律师的意见。

二是对犯罪嫌疑人、被告人合法权利的保障。犯罪嫌疑人、被告人在羁押期间，其人身权利往往容易遭受直接或者间接来自司法人员的侵犯。加强对犯罪嫌疑人、被告人的人身安全等合法权利的保障，对于防止刑讯逼供和司法不文明行为，都具有重要意义。（1）犯罪嫌疑人、被告人在被拘留、逮捕后，司法机关负有及时将其送看守所羁押的义务。（2）司法机关负有通知被拘留人、被逮捕人、被指定居所监视居住人的家属的义务。除无法通知或者涉嫌危害国家安全犯罪、恐怖活动犯罪通知可能有碍侦查的情形以外，应当在拘留后二十四小时以内，通知被拘留人的家属。有碍侦查的情形消失以后，应当立即通知被拘留人的家属。除无法通知的以外，应当在逮捕后二十四小时以内，通知被逮捕人的家属。指定居所监视居住的，除无法通知的以外，应当在执行监视居住后二十四小时以内，通知被监视居住人的家属。（3）传唤、拘传犯罪嫌疑人，应当保证犯罪嫌疑人的饮食和必要的休息时间。（4）在看守所内进行讯问以及对讯问的全程进行录音录像的制度。侦查人员在讯问犯罪嫌疑人的时候，可以对讯问过程进行录音或者录像；对于可能判处无期徒刑、死刑的案件或者其他重大犯罪案件，应当对讯问过程进行录音或者录像。录音或者录像应当全程进行，保持完整性。

三是保障性诉讼权利的增设。（1）犯罪嫌疑人、被告人及其法定代理人、近亲属或者辩护人有权申请变更强制措施。人民法院、人民检察院和公安机关收到申请后，应当在三日以内作出决定；不同意变更强制措施的，应当告知申请人，并说明不同意的理由。（2）要求回避和申请复议的主体，由当事人及其法定代理人扩展至辩护人、诉讼代理人。（3）律师介入的时间从审查起诉阶段提前到侦查阶段，犯罪嫌疑人自被侦查机关第一次讯问或者采取强制措施之日起，有权委托辩护人。（4）人民检察院应当对羁押的必要性进行审查。（5）辩护人身份受特殊保护的权利。辩护人涉嫌伪证罪和妨害作证罪的，应当由办理辩护人所承办案件的侦查机关以外的侦查机关办理。辩护人是律师的，应当及时通知其所在的律师事务所或者所属的律师协会。（6）为防止久押不决导致长期羁，原审人民法院对于发回重新审判的案件作出判决后，被告人提出上诉或者人民检察院提出抗诉的，第二审人民法院应当依法作出判决或者裁定，不得再发回原审人民法院重新审判。（7）进一步贯彻上诉不加刑原则。第二审人民法院发回原审人民法院重新审判的案件，除有新的犯罪事实，人民检察院补充起诉的以外，原审人民法院也不得加重被告人的刑罚。（8）证人保护制度。对于危害国家安全犯罪、恐怖活动犯罪、黑社会性质的组织犯罪、毒品犯罪等案件，证人、鉴定人、被害人因在诉讼中作证，本人或者其近亲属的人身安全面临危险的，人民法院、人民检察院和公安机关应当采取一项或者多项保护措施。（9）证人补助制度，证人因履行作证义务而支出的交通、住宿、就餐等费用，应当给予补助。证人作证的补助列入司法机关业务经费，由同级政府财政予以保障。

四、公共安全、司法公正和人权保障三项价值的平衡

这次刑事诉讼法修改的最大特点之一是在公共安全、司法公正和人权保障三项价值上都得到了大幅度提升，而且实现了三者在更高层次上的新的平衡。这种平衡是一种动态的、相对的、宏观的平衡，而不是绝对的、数量上的、微观的平衡。

首先，立法上基本实现了三项价值的平衡。保障公共安全、保障司法公正、保障人权三者属于不同层面的价值，但具有内在的联系，在这三项价值之间必须保持一定的平衡。加大控制犯罪的力度，保障公共安全，是应对犯罪形势，维护社会秩序，保护人民群众的生命和财产安全的迫切要求，也是刑事诉讼法的基础功能。这是司法公正和人权保障的基石，离开这个基石，其他价值都变成了空中楼阁。但是，如果刑事司法只停留在保障公共安全这项价值上，它就会走向反面，使刑事司法可能成为危害经济社会发展的专制力量，本身也是难以持续的。司法公正是刑事司法的核心价值或者价值中枢，只有司法公正才能保证刑事司法得到人民群众的支持和经得起历史的检验。因此，必须以司法公正来限定公共安全和人权保障两项价值，保证刑事司法发展的正确方向。人权保障是衡量刑事司法文明水平的标尺，是在控制犯罪和保障司法公正的基础上，追求人的尊严和自由。它是人类追求的最高价值，是一个开放的无限空间。这次刑事诉讼法的修改在三项价值上都有明显的提升，可以说，实现了更高层次上的新的平衡。

其次，立法上的价值平衡转化为现实的价值平衡仍然需要司法机关、律师和当事人的共同自觉和努力。书面上的刑事诉讼法转化为活的刑事诉讼法，存在着多种可能性。不同的诉讼主体本来就具有不同的追求目标，他们在刑事诉讼法规定的范围内充分地发挥特定诉讼角色的作用，不仅关系到自身目标的实现，而且影响着诉讼主体之间力量的均衡性，影响刑事诉讼的价值取向，乃至影响各项价值的实现程度。相对而言，侦查机关、检察机关、审判机关掌握着一定的强制性权力和自由裁量权，在刑事诉讼中居于强势地位，而当事人、律师等诉讼参与人

只有法律赋予的一定诉讼权利和救济手段，居于弱势地位。一方面，这些非国家机关的诉讼参与人必须有效地适用救济程序，强化权利保障；另一方面，司法机关必须自觉地限制自由裁量，接受权力制约、社会监督和舆论监督。2012 年修订的刑事诉讼法向精细化迈进了一大步，但是仍然存在较大的自由裁量空间。对于这些空间，一要司法解释和执法规范来补充和限制；二要在司法实践中探索和创新；三要律师和社会各界的监督。

最后，这次刑事诉讼法修改的最大进步之一是，走出了零和游戏的思维束缚。以往人们倾向于认为，增设惩治犯罪的措施，扩展控制犯罪的权力，就必然地削弱人权保障，妨碍司法公正；相反的，增设人权保障的措施，就必然地削弱控制犯罪的能力或者牺牲司法公正。在这次修改刑事诉讼法中，参与拟定和讨论修正案的各方都比较理性平和，正确地对待保障公共安全、司法公正和人权三项价值，双向扩权，齐头并进，为刑事诉讼法的立法和实施奠定了坚实的实践基础和思想基础。

这次刑事诉讼法的修改，既是对中央深化司法体制和工作机制改革要求的贯彻和落实，也是对 16 年来我国刑事司法实践经验和理论研究成果的总结和应用。当然，这次修改只是我国刑事司法进步的一个阶段性成果，不可避免地存在一定的局限。每一次修法都不会是某项法律制度的终点，而只是一次新的开始。我们不能奢求制度的完美，而应本着实事求是的态度不断追求完善。既不应当评价过高，也不应当妄加指责。我们可以预计，在批评者的队伍中可能有两种力量，一种是埋怨它超前了，要把它拉回去；一种是埋怨它进步太小了，要把它再向前推进。最可悲的是这两种指责结合起来，可能把这次修改的进步性埋葬掉，把它的局限性放大，甚至将其置于空中楼阁。理性的态度应当是，接受局限，发挥优势，用活条款，激发潜能，为其进步拓展实践空间。当它是草案的时候，我们要吹毛求疵地批评它、大声疾呼地改革它、不遗余力地完善它；当它成为法律以后，我们就要全面准确地理解它、不折不扣地执行它、竭尽全力地维护它。这是我们法律人的责任。

（原载于《中国司法》2012 年第 4 期）

检察机关诉讼监督制度的改革与完善

邓思清*

人民检察院依法对诉讼活动实行法律监督，是我国法律确立的一项重要原则。多年来的司法实践表明，检察机关依法履行法律监督职责，对于维护国家法律的统一正确实施，保证诉讼活动依法顺利进行，保障诉讼当事人的合法权益，实现社会公平和正义，具有重要意义。由于相关法律规定不完善等原因，检察机关履行这项职责面临不少困难，因而近年来的司法改革将增强检察机关的法律监督能力作为一项重要内容，进行了有益的探索，取得了许多成果。本次刑事诉讼法修改吸收了司法改革的许多内容，完善了检察机关的诉讼监督制度。但是，法律对有些问题的修改还较为原则，实践操作中尚需要进一步细化和完善。

一、诉讼监督制度的司法改革与立法修改

为了解决检察机关实践中诉讼监督遇到的问题，即法律规定不明确、监督措施不到位、监督手段缺乏效力、监督程序不完善等问题，2003 年中央决定开始进行司法改革，并把“加强监督作为司法体制改革的重要内容”。2008 年中央决定深化司法改革，下发了（2008）19 号文件，明确要求“强化法律监督，完善

* 最高人民检察院检察理论研究所研究员。

法律监督措施”。根据中央的要求，各地检察机关在加强法律监督方面进行了许多改革探索。经过多年的努力，在诉讼监督制度完善方面，取得了许多宝贵经验。2012 年修改的刑事诉讼法吸收了司法改革的部分内容，对诉讼监督制度作了相应的修改，主要体现在以下几个方面：

（一）扩大了诉讼监督的范围

在我国，立案作为刑事诉讼的一个独立阶段，应当受到检察机关的法律监督。但是，1996 年刑事诉讼法只规定检察机关对公安机关应当立案而不立案进行监督，而未规定对不应当立案而立案的监督，从而导致实践中一些公安机关出于地方保护主义或者利益驱动，以刑事立案插手民事、经济纠纷，严重侵害了公民的合法权益，人民群众对此反映强烈。2004 年，中发（2004）21 号司法改革文件提出“改革和完善人民检察院对诉讼活动的法律监督制度”。2008 年，中发（2008）19 号司法改革文件明确要求：“完善检察机关对侦查机关违反规定不应当立案而立案和应当立案而不立案的监督机制，确保侦查权的正确行使。对于检察机关通知公安机关立案的案件，公安机关应当向检察机关反馈立案侦查情况。”2010 年，最高人民检察院和公安部联合制定了《关于刑事立案监督有关问题的规定（试行）》。该《规定》第 6 条规定：“人民检察院经审查，有证据证明公安机关可能存在违法动用刑事手段插手民事、经济纠纷，或者办案人员利用立案实施报复陷害、敲诈勒索以及谋取其他非法利益等违法立案情形，且已采取刑事拘留等强制措施或者搜查、扣押、冻结等强制性侦查措施，尚未提请批准逮捕或者移送审查起诉的，经检察长批准，应当要求公安机关书面说明立案理由。”第 8 条规定：“人民检察院经调查核实，认为公安机关立案理由不成立的，经检察长或者检察委员会决定，应当通知公安机关撤销案件。”

从司法实践看，侦查活动中的违法行为最为突出，社会反映十分强烈。为此加强对侦查活动违法行为的监督就成为司法改革的一项重要内容，例如 2008 年，中发（2008）19 号司法改革文件明确要求：“建立诉讼当事人对侦查机关采取搜查、查封、扣押、冻结等措施不服，提请检察机关或上一级检察机关进行监督的制度。”2009 年，最高人民检察院下发了《关于进一步加强对诉讼活动法律监督工作的意见》，明确要求："探索对侦查机关采取的强制性侦查措施及强制措施的监督机制。探索建立诉讼当事人对侦查机关采取搜查、查封、扣押、冻结等措施不服，提请检察机关进行监督的制度。加强对侦查机关变更逮捕措施、另案处理以及退回补充侦查后自行处理案件的监督。"根据高检院的要求，各地检察机关积极探索对侦查机关违法搜查、查封、扣押、冻结等活动的监督措施，积累了丰富的经验。

2006年12月28日，最高人民法院《关于统一行使死刑案件核准权有关问题的决定》正式公布，决定从2007年1月1日起死刑复核权收归至最高人民法院。随着死刑复核权的收回，死刑复核程序如何设计、检察机关如何进行法律监督等问题，就成为学术界讨论和研究的重要问题，也成为促进我国司法改革深化和刑事诉讼法再修改的重要动力。2008年，中共中央下发的（2008）19号文件明确提出："完善死刑复核的法律程序。最高人民法院不予核准死刑或长期不能核准的，应当通报最高人民检察院并听取意见，以利于提高死刑案件的复核质量和效率。"

根据司法改革的要求，各地检察机关在诉讼监督范围拓展探索实践中，取得了丰富的经验。2012年3月14日修改的刑事诉讼法吸收了其中的有益经验，扩大了检察机关的诉讼监督范围，例如新《刑事诉讼法》第115条规定："当事人和辩护人、诉讼代理人、利害关系人对于司法机关及其工作人员有下列行为之一的，有权向该机关申诉或者控告：（一）采取强制措施法定期限届满，不予以释放、解除或者变更的；（二）应当退还取保候审保证金不退还的；（三）对与案件无关的财物采取查封、扣押、冻结措施的；（四）应当解除查封、扣押、冻结不解除的；（五）贪污、挪用、私分、调换、违反规定使用查封、扣押、冻结的财物的。受理申诉或者控告的机关应当及时处理。对处理不服的，可以向同级人民检察院申诉；人民检察院直接受理的案件，可以向上一级人民检察院申诉。人民检察院对申诉应当及时进行审查，情况属实的，通知有关机关予以纠正。"第240条明确规定："在复核死刑案件过程中，最高人民检察院可以向最高人民法院提出意见。最高人民法院应当将死刑复核结果通报最高人民检察院。"此外，新刑诉法还增加了检察机关对特别程序的监督内容，如法律明确规定，检察机关应当对和解的自愿性、合法性进行审查，并主持制作和解协议；检察机关对法院在没收程序中作出的裁定，应当进行审查并有权提出抗诉；检察机关对依法不负刑事责任的精神病人的强制医疗决定和执行活动实行监督等。

（二）增加了诉讼监督的手段

从司法实践看，检察机关履行诉讼监督职能时，往往由于缺乏必要的诉讼监督手段而影响监督的效果。由于人民群众对司法实践中的违法行为，特别是司法腐败现象反映强烈，为此强化检察机关的诉讼监督手段就成为司法改革的一项重要内容。例如2004年中央下发了（2004）21号司法改革文件，要求强化检察机关对违法行为、渎职行为的法律监督。根据中央关于推进司法体制和工作机制改革的部署，2005年9月26日，最高人民检察院制定下发了《关于进一步深化检察改革的三年实施意见》，以保障实现公平正义为目标，以强化法律监督职能和加强自身执法活动的监督制约为主线，对今后一个时期的检察体制和工作机制改革作出了全面部署。其中一项主要任务，就是改革和完善对诉讼活动的法律监督制度，增强监督效力。2008年，中央决定进行新一轮的司法改革，并下发了（2008）19号文件，明确提出要“依法明确、规范检察机关调阅审判卷宗材料、调查违法、建议更换办案人、提出检察建议等程序，完善法律监督措施。”根据上述要求，2010年7月，最高人民法院、最高人民检察院、公安部、国家安全部、司法部联合下发了《关于对司法工作人员在诉讼活动中的渎职行为加强法律监督的若干规定（试行）》，明确规定检察机关有权对司法工作人员的渎职行为进行调查。根据该规定，2010年全国检察机关通过调查，查办涉嫌犯罪的司法工作人员2721人，取得了很好的社会效果和法律效果。

刑罚变更执行是刑罚执行中的一项重要内容，它不仅关系到国家刑罚权的权威，而且关系到服刑人员的人身权利，因而备受社会各界的关注。基于实践中“减假保”存在严重的违法问题，中发（2004）21号司法改革文件明确提出：“完善人民检察院对刑罚执行工作的监督制度。进一步加强对减刑、假释、暂予监外执行裁决工作的监督措施。”之后各级检察机关积极探索对刑罚变更执行过程的监督。2005年，中央政法委下发了《关于进一步加强保外就医工作的通知》，明确要求检察机关“变事后监督为同步监督，从程序上确保保外就医工作的全过程置于法律监督之下”。2006 年 11 月，最高人民检察院制定了《关于加强和改进监所检察工作的决定》，明确规定“建立对减刑、假释的提请、裁定活动和暂予监外执行的呈报、审批活动全过程同步监督机制”。2007 年 3 月 2 日，最高人民检察院制定了《关于减刑、假释法律监督工作的程序规定》，要求各级检察机关对刑罚变更执行进行同步监督，建立派驻检察人员对罪犯服刑改造、执行机关呈报减刑、假释和保外就医、法院裁定和监外执行活动随时加入监督的制度，实现对刑罚变更执行的动态监督。

人民法院的审判是定争止分、定罪判刑的最后关口，而审判委员会会议则是这一关口最重要的关卡。不仅死刑案件由于人命关天，必须经过审判委员会会议讨论决定，而且重大的民行案件由于涉及利益重大或影响重大，也必须经过审判委员会会议讨论决定，因此，为了确保人民法院依法公正审理案件，维护司法的公正性，加强对法院审判委员会的监督就成为我国司法改革的一项重要内容。例如中发（2004）21 号文件明确强调，要“健全人民检察院派员列席人民法院审判委员会会议制度”。2005 年 9 月，最高人民检察院制定了《关于进一步深化检察改革的三年实施方案》，明确规定“完善检察长列席人民法院审判委员会会议的制度，规范检察长、受检察长委托的副检察长列席审判委员会会议的具体程序”。之后，检察长列席审委会制度的改革探索就在全国司法领域得到高度重视，全国各地也掀起了关于检察长列席审判委员会制度的讨论，检法两家也开始重新探讨和落实检察长列席审委会这一制度，许多人民检察院和人民法院经过协商和讨论，联合出台了一些规范性文件，明确规定检察长列席审委会的案件范围、人员和具体程序等。[①] 根据各地的改革探索，2010 年，最高人民法院、最高人民检察院印发了《关于人民检察院检察长列席人民法院审判委员会会议的实施意见》。对检察长列席审委会的任务、列席的人员范围、列席的会议范围、列席的方式和具体程序等，都作出了明确规定，完善了我国检察长列席审委会制度。

本次刑事诉讼法修改，在总结司法改革成果和司法实践经验的基础上，增加了检察机关诉讼监督的手段。例如对以非法方法收集证据的行为可以进行调查核实，法律规定，检察机关接到报案、控告、举报或者发现侦查人员以非法方法收集证据的，应当进行调查核实。对于确有以非法方法收集证据情形的，应当提出纠正意见；构成犯罪的，依法追究刑事责任。又如对于羁押犯罪嫌疑人或被告人的必要性可以进行审查。法律明确规定，犯罪嫌疑人、被告人被逮捕后，检察机关仍应当对羁押的必要性进行审查。对不需要继续羁押的，应当建议予以释放或者变更强制措施。再如对于暂予监外执行和减刑、假释增加了同步监督手段，法律规定，监狱、看守所提出暂予监外执行、减刑、假释的书面意见的，应当将书面意见的副本抄送人民检察院，人民检察院可以向决定或批准机关或法院提出书面意见。决定或者批准暂予监外执行的机关应当将暂予监外执行决定抄送人民检察院。人民检察院认为暂予监外执行不当的，可以提出纠正意见。

（三）明确了诉讼监督的效力

根据诉讼理论，检察机关对诉讼活动进行监督，行使的是一种诉讼监督权，应当具有法律上的效力。然而在实践中，由于法律对检察机关的诉讼监督效力缺乏明确的规定，影响了诉讼监督的实际效果。针对司法实践中的问题，司法改革

① 例如2006 年8 月4 日，浙江省湖州市南浔区人民法院、人民检察院联合出台的《关于检察长列席人民法院审判委员会的暂行规定》，对检察长列席同级法院审判委员会的做法作了硬性规定，明确了必须通知检察长列席审判委员会的五类案件，以及可以通知检察长列席的六类案件等。2006 年福建省云霄县人民检察院与法院就检察长列席审判委员会研究案件范围的达成共识，并制定了相关的文件。2006 年，山东省宁阳县人民检察院与法院协商一致，会签了《关于宁阳县人民检察院检察长列席宁阳县人民法院审判委员会会议若干问题的意见》，对检察长列席审委会的人员、案件范围及有关程序做了规定。2007 年福建省漳平市人民法院、人民检察院联合出台了《关于检察长列席审判委员会若干问题的规定》，对检察长列席同级法院审判委员会的人员范围、案件范围和具体列席的方式等，都作出了明确规定，等等。

将增强诉讼监督的效力作为一项重要内容。例如根据中央司法改革的部署，2005年9月26日，最高人民检察院制定下发的《关于进一步深化检察改革的三年实施意见》，将改革和完善对诉讼活动的法律监督制度，增强监督效力作为一项重要任务。2008年，中央决定进行新一轮的司法改革，并下发了（2008）19号文件，更加明确地要求建立和完善有关诉讼监督制度，增强诉讼监督的效力。例如关于立案监督，经过检察机关和公安机关的共同努力，2010年，最高人民检察院和公安部联合制定了《关于刑事立案监督有关问题的规定（试行）》，明确了立案监督的效力，即该《规定》第7条规定："人民检察院要求公安机关说明不立案或者立案理由，应当制作《要求说明不立案理由通知书》或者《要求说明立案理由通知书》，及时送达公安机关。公安机关应当在收到《要求说明不立案理由通知书》或者《要求说明立案理由通知书》后七日以内作出书面说明，客观反映不立案或者立案的情况、依据和理由，连同有关证据材料复印件回复人民检察院。公安机关主动立案或者撤销案件的，应当将《立案决定书》或者《撤销案件决定书》复印件及时送达人民检察院。"又如关于刑罚变更执行监督，根据中央"建立检察机关对减刑、假释、暂予监外执行的同步监督制度"的要求，各地检察机关对减刑、假释、暂予监外执行的法律监督的效力进行了积极探索，取得了一些经验。如2009年上海市人民检察院制发了《减刑、假释、暂予监外执行检察工作规定（试行）》，明确规定对减刑、假释、暂予监外执行的考察、提请、裁决活动是否合法实行同步监督，对于检察机关提出的意见，有关机关应当予以及时反馈等。

2012年修改通过的刑事诉讼法吸收了司法改革的内容，明确了检察机关部分诉讼监督的法律效力，例如明确了建议释放或者变更强制措施的效力，即新《刑事诉讼法》第93条规定："犯罪嫌疑人、被告人被逮捕后，人民检察院仍应当对羁押的必要性进行审查。对不需要继续羁押的，应当建议予以释放或者变更强制措施。有关机关应当在十日以内将处理情况通知人民检察院。"又如明确了检察机关对暂予监外执行决定或者批准和减刑、假释裁定意见书的效力，即新《刑事诉讼法》第256条规定："决定或者批准暂予监外执行的机关应当将暂予监外执行决定抄送人民检察院。人民检察院认为暂予监外执行不当的，应当自接到通知之日起一个月以内将书面意见送交决定或者批准暂予监外执行的机关，决定或者批准暂予监外执行的机关接到人民检察院的书面意见后，应当立即对该决定进行重新核查。”第 263 条规定：“人民检察院认为人民法院减刑、假释的裁定不当，应当在收到裁定书副本后二十日以内，向人民法院提出书面纠正意见。人民法院应当在收到纠正意见后一个月以内重新组成合议庭进行审理，作出最终裁定。”

（四）完善了诉讼监督的程序

从司法实践看，诉讼监督程序是检察机关正确行使诉讼监督权的有效保证。为了切实加强检察机关对诉讼活动的法律监督，规范检察机关的执法行为，司法改革将完善诉讼监督程序作为一项重要内容。例如根据中央司法改革的部署，完善逮捕程序是司法改革的一项重要内容，经过各地检察机关的改革探索，2008 年，中发（2008）19 号司法改革文件明确要求：“改革和完善审查逮捕制度。检察机关审查逮捕，必要时应当讯问犯罪嫌疑人，并听取犯罪嫌疑人的申辩和委托律师的意见。”2010 年 10 月，最高人民检察院会同公安部联合下发了《关于审查逮捕阶段讯问犯罪嫌疑人的规定（试行）》，明确提出在审查逮捕时要有重点地讯问犯罪嫌疑人，必要时应当听取律师意见。又如关于调卷问题，2005 年 9 月 26 日，最高人民检察院制定下发了《关于进一步深化检察改革的三年实施意见》，以强化法律监督职能和加强自身执法活动的监督制约为主线，明确要求改革和完善检察机关的执法程序，规范执法行为。2008 年，司法改革（2008）19 号文件再次明确要求，“强化法律监督，规范执法行为”，并明确提出要“依法明确、规范检察机关调阅审判卷宗材料、调查违法、建议更换办案人、提出检察建议等程序，完善法律监督措施”。根据上述要求，检察机关对诉讼监督程序进行了许多改革探索，例如关于调卷问题，各地检察机关和法院经过改革探索，积累了较丰富的经验。[①] 在此基础上，最高人民法院办公厅、最高人民检察院办公厅于2010年联合下发了《关于调阅诉讼卷宗有关问题的通知》，对检察机关调阅法院诉讼卷宗的程序问题作了明确规定。再如对刑罚变更执行监督问题，2005年中央政法委下发了《关于进一步加强保外就医工作的通知》，明确要求检察机关"变事后监督为同步监督，从程序上确保保外就医工作的全过程置于法律监督之下"。2006年11月，最高人民检察院制定了《关于加强和改进监所检察工作的决定》，明确规定"建立对减刑、假释的提请、裁定活动和暂予监外执行的呈报、审批活动全过程同步监督机制"。2007年3月2日，最高人民检察院制定了《关于减刑、假释法律监督工作的程序规定》，要求各级检察机关对刑罚变更执行进行同步监督，建立派驻检察人员对罪犯服刑改造、执行机关呈报减刑、假释和保外就医、法院裁定和监外执行活动随时加入监督的制度，实现对刑罚变更执行的动态监督。此外，对于检察长列席审委会的程序，各地检察机关也进行了探索，取得了许多经验。

本次刑事诉讼法修改在吸收司法改革成果和实践经验的基础上，完善了检察机关诉讼监督的程序，特别是检察机关侦查监督的程序，例如新《刑事诉讼法》第47条规定："辩护人、诉讼代理人认为公安机关、人民检察院、人民法院及其工作人员阻碍其依法行使诉讼权利的，有权向同级或者上一级人民检察院申诉或者控告。人民检察院对申诉或者控告应当及时进行审查，情况属实的，通知有关机关予以纠正。"第86条规定："人民检察院审查批准逮捕，可以讯问犯罪嫌疑人；有下列情形之一的，应当讯问犯罪嫌疑人：（一）对是否符合逮捕条件有疑

① 在司法改革探索过程中，针对实践中检察机关"调卷难"问题，各地检察机关根据各地不同情况，探索了以下解决方式：（1）签订协议。即检察机关与法院签订有关协议，明确规定调（借）卷的问题，如北京市人民检察院与北京市高级人民法院签订了《北京市高级人民法院、北京市人民检察院关于借阅诉讼档案的规定》、河南省永城市人民检察院与法院签订了《关于加强民事、行政案件法律监督的若干决议》等。（2）检法两家基于某种关系达成某种默契。即检法两家关系融洽，在工作中达成某种默契，形成的一些不成文规定，从而解决有关调（借）案卷问题。（3）检法联合办案回避"调卷难"。即检察机关主动与法院加强联系，采取联合办案的方式来解决"调卷难"问题。（4）其他方式。即主要是借助人大常委会、政法委的监督力量、协调作用，或者利用再审检察建议的监督作用等，以解决调卷问题。参见李剑魂、张豪：《浅析民事、行政抗诉案件调卷难的成因及对策》，载《青年导报》2007年11月29日；梁志宝：《浅析当前民行检察监督阅卷难问题之对策》，载《西部法制网》2009年11月4日等。

问的；（二）犯罪嫌疑人要求向检察人员当面陈述的；（三）侦查活动可能有重大违法行为的。人民检察院审查批准逮捕，可以询问证人等诉讼参与人，听取辩护律师的意见；辩护律师提出要求的，应当听取辩护律师的意见。”第269条规定：“对未成年犯罪嫌疑人、被告人应当严格限制适用逮捕措施。人民检察院审查批准逮捕和人民法院决定逮捕，应当讯问未成年犯罪嫌疑人、被告人，听取辩护律师的意见。”又如为了维护诉讼参与人的合法权益，有效监督公安机关、法院及其工作人员的侦查活动和审判活动，新刑诉法第115条首次建立了对各种违法行为的监督处理机制，即“当事人和辩护人、诉讼代理人、利害关系人对于司法机关及其工作人员有下列行为之一的，有权向该机关申诉或者控告：（一）采取强制措施法定期限届满，不予以释放、解除或者变更的；（二）应当退还取保候审保证金不退还的；（三）对与案件无关的财物采取查封、扣押、冻结措施的；（四）应当解除查封、扣押、冻结不解除的；（五）贪污、挪用、私分、调换、违反规定使用查封、扣押、冻结的财物的。受理申诉或者控告的机关应当及时处理。对处理不服的，可以向同级人民检察院申诉；人民检察院直接受理的案件，可以向上一级人民检察院申诉。人民检察院对申诉应当及时进行审查，情况属实的，通知有关机关予以纠正。”

二、检察机关诉讼监督面临的问题

新刑事诉讼法对检察机关诉讼监督制度作了一些修改与完善，对检察机关有效履行诉讼监督职能，保证诉讼活动依法进行，有效保障当事人的诉讼权利，具有积极作用。但是，也应当看到，新刑事诉讼法的规定还较为原则，再加上其他相关法律没有进行修改，因而检察机关在履行诉讼监督职能中仍面临诸多问题。

（一）诉讼监督范围不能覆盖全部诉讼活动

诉讼监督的其目的在于对诉讼活动中的各种公权力的行使情况进行监督，以保证公权力在诉讼活动中的正确行使。但是，从目前法律规定看，检察机关的诉讼监督范围尚不能覆盖全部诉讼活动，主要表现在以下几方面：

1. 立案监督不全面。从司法实践看，检察机关对一些涉及立案的活动无法进行监督，主要表现在以下两方面：一是对通知立案而公安机关拒不立案的行为无法进行监督。根据法律规定，检察机关对应当立案而不立案进行监督时，可以要求公安机关说明不立案理由，如果不立案理由不成立的，可以通知公安机关立案侦查。但是，检察机关通知公安机关立案侦查后，如果公安机关拒不立案或者立案后又撤销案件的，检察机关就无法进行监督。二是对法院的立案受理活动无法进行监督。根据法律规定，刑事自诉案件、民事案件和行政案件都由法院负责立案受理工作，这种受案活动也是行使国家权力的一种立案活动，理应受到检察机关的法律监督。但是，目前我国法律没有规定检察机关有权对法院的受案活动进行监督，影响了实践中检察机关对法院受案活动的监督。

2. 审判监督不全面。审判监督是对法院审判活动进行的一种法律监督，应当覆盖法院的整个审判活动，但是，从目前法律规定和司法实践看，检察机关的审判监督尚不能覆盖法院的所有审判活动，主要表现在以下几方面：一是对刑事自诉案件无法进行监督。新刑事诉讼法未明确规定对刑事自诉案件审判活动的监督途径和措施，检察机关不派员参加刑事自诉案件的庭审，判决书、裁定书也不送达检察机关，检察机关很难了解刑事自诉案件的诉讼情况，也就很难及时、有效地进行监督。二是对法院的某些民事审判活动无法进行法律监督。根据现行法律规定，检察机关对法院依照民事诉讼法规定的特别程序、督促程序、公示催告程序、企业法人破产还债程序审理的民事案件，通过法庭调解的方式审结的民事案件，其作出的判决或裁定，检察机关不能提起抗诉，从而限制了检察机关对法院民事审判的监督范围，使得检察机关对法院的民事审判无法进行全面的监督。

3. 执行监督不全面。由于执行是涉及国家权力的一种诉讼活动，因而应当受到检察机关的法律监督。但从目前实践看，检察机关对执行活动的监督并不全面，主要表现在以下两方面：一是对财产刑、资格刑的执行无法进行监督。根据刑法规定，刑罚包括生命刑、自由刑、财产刑和资格刑四种。其中，生命刑和自由刑的执行已纳入法律监督范围，检察机关可以进行监督；人民法院执行财产刑（没收财产和罚金）、公安机关执行资格刑（剥夺政治权利和驱逐出境）的活动尚没有纳入法律监督的范围，使得检察机关无法对法院和公安机关的刑罚执行活动进行监督。二是对民事执行无法进行有效监督。我国《民事诉讼法》规定："人民检察院有权对民事审判活动实行法律监督。"由于对该条规定的理解不同，最高人民法院对于检察机关的民事执行监督多次以"批复"等方式予以限制，如《最高人民法院关于对执行程序中的裁定的抗诉不予受理的批复》指出，人民检察院对人民法院在执行程序中作出的查封财产裁定提出抗诉，于法无据，人民法院应通知不予受理；《如何处理人民检察院提出的暂缓执行的批复》指出，人民检察院对人民法院生效民事判决提出暂缓执行的建议没有法律依据。这表明法院对检察机关的民事执行监督持否定态度，导致实践中检察机关无法对法院的民事执行活动进行监督，以致出现民事执行难、执行乱等问题。

（二）对有些诉讼活动缺乏具体的监督手段

检察机关履行诉讼监督职能离不开具体的监督手段，然而从目前情况看，法律在规定检察机关可以对诉讼活动进行监督时，往往没有明确规定相应的监督手段，使得检察机关诉讼监督遇到一定的困难。

1. 缺乏知情渠道。检察机关要正确及时地履行诉讼监督职能，就必须及时了解各个执法机关的执法情况。然而，从目前法律规定看，检察机关对执法机关的有些执法情况并不了解，主要表现在以下两方面：一是不能全面了解公安机关不立案的根据。虽然我国法律规定人民检察院在对不立案活动进行监督时，有权要求公安机关书面说明不立案的理由，但是却没有规定人民检察院有权要求公安机关移送不立案的有关材料，因而造成人民检察院不能全面了解公安机关不立案的根据。虽然公安机关在说明不立案理由中会有所涉及，但是这种涉及不仅不全面，而且检察机关也难以判断其是否正确，如果有被害人的话，被害人的陈述往往会与公安机关不立案理由不一致甚至矛盾，这种情况下若不审查有关材料，就难以排除这种矛盾，无法作出如何监督的决定。因此，人民检察院对公安机关不立案根据缺乏了解，不利于对公安机关不立案活动进行有效的监督，而且也与人民检察院通知公安机关立案时应将证明应当立案的材料同时移送公安机关的立法不协调。二是对法院民行审判活动和裁判情况缺乏了解。虽然我国法律规定检察机关对法院的民事审判活动和行政诉讼活动有权进行法律监督，但是，法律并没有规定检察机关可以参与法院民事、行政案件的审判活动（检察机关抗诉的除外），也没有规定法院应当将民事、行政案件的裁判书送达检察机关（检察机关抗诉的除外），导致检察机关对法院的民行审判活动、裁判情况缺乏了解。在司法实践中，通过当事人申诉、人大交办等方式，检察机关对生效的民行案件进行审查，虽然可以了解民行审判活动和裁判的情况，但难以保证检察机关及时了解法院的民行审判活动和裁判情况，无法及时发现法院的民行审判活动是否存在违法行为，无法对其进行及时有效的法律监督。

2. 不能对所有违法行为进行调查。检察机关要及时正确地行使诉讼监督权，就必须要有证据证明诉讼活动中是否存在违法行为并判断违法行为的程度，为此检察机关就必须采取一定的调查手段，事先对某些涉嫌违法的行为进行调查，收集有关的证据。但是，我国法律只规定了检察机关对侦查人员的违法收集证据的行为可以进行调查核实，但没有规定对其他司法工作人员的违法行为进行调查。2010 年 7 月，最高人民法院、最高人民检察院、公安部、国家安全部、司法部联合下发的《关于对司法工作人员在诉讼活动中的渎职行为加强法律监督的若干规定（试行）》第 2 条规定："人民检察院依法对诉讼活动实行法律监督。对司法工作人员的渎职行为可以通过依法审查案卷材料、调查核实违法事实、提出纠正违法意见或者建议更换办案人、立案侦查职务犯罪等措施进行法律监督。"第 7 条规定："人民检察院调查司法工作人员在诉讼活动中的渎职行为，可以询问有关当事人或者知情人，查阅、调取或者复制相关法律文书或者报案登记材料、案卷材料、罪犯改造材料，对受害人可以进行伤情检查，但是不得限制被调查人的人身自由或者财产权利。"根据上述《规定》，检察机关只能对司法工作人员的渎职行为进行调查，对其一般违法行为则没有明确可以进行调查，因而也难以保证检察机关对所有违法行为都进行调查，无法及时发现所有的违法行为。

3. 对死刑复核的监督方式不具体。关于检察机关介入死刑复核进行法律监督的方式问题，在司法改革研讨中，虽然学术界提出了许多建议[①]，但新刑事诉讼法只采纳了两种监督方式，即向最高人民法院提出意见和抗诉。加上《人民法院组织法》规定的列席审判委员会会议的方式，目前检察机关对死刑复核的监督共有三种方式。在这三种监督方式中，法律对抗诉的方式规定得较为具体，而对提出意见和列席审委会的方式规定得十分原则。具体来说，法律只规定在复核死刑案件过程中，最高人民检察院可以向最高人民法院提出意见，至于如何提出意见，是书面的还是口头的，对哪些问题可以提出意见等，法律都没有具体规定。关于列席审委会的方式，法律也只是规定检察长可以列席审委会，非常原则。为此，2010 年最高人民法院、最高人民检察院联合发布的《关于人民检察院检察长列席人民法院审判委员会会议的实施意见》，对检察长列席审委会的方式进行了明确，但在列席的人员范围、列席的会议范围、列席的方式等问题上，仍存在需要进一步明确的地方。

（三）诉讼监督的效力缺乏全面保障

为了有效纠正诉讼中的违法行为，法律应当保障检察机关的诉讼监督具有法律效力。根据我国法律规定，检察机关履行诉讼监督的方式除了抗诉外，主要是提出检察建议或纠正违法通知等。检察建议或纠正违法通知是检察机关在办案过程中，发现公安机关或侦查人员、法院或法官在诉讼活动中存在一般违法行为时，向其提出纠正违法行为的一种意见、建议或通知。由于一般违法行为较严重违法行为更为多发，因而检察机关提出检察建议或纠正违法通知是其主要的监督方式，我国法律对此作了较全面的规定，例如新刑事诉讼法第 111 条规定的立案监督中要求说明不立案理由和通知立案、第 115 条规定的对五种违法行为可以提出纠正违法通知、第 203 条规定的对审理活动中的违法行为有权提出纠正意见、第 240 条规定的对死刑复核程序可以提出意见、第 256 条规定的对暂予监外执行

① 例如在最高人民检察院召开的研讨会上，专家们提出，检察机关介入死刑复核可以通过以下四种方式：（1）听取意见。最高人民法院就有关死刑复核案件，主动听取最高人民检察院的意见。（2）提出意见。即最高人民检察院发现不应当判处死刑的案件，可以在死刑复核期间主动向最高人民法院提出意见。（3）列席审委会会议。即最高人民法院审判委员会讨论死刑复核案件时，最高人民检察院可以派员列席。（4）提出抗诉。最高人民检察院发现死刑复核结果确有错误的，有权向最高人民法院提出抗诉。

决定不当的有权提出书面意见、第263条规定的对减刑或假释裁定不当的有权提出书面纠正意见、第265条规定的对刑罚执行中的违法行为有权提出纠正违法通知，等等。

虽然我国法律对检察机关的检察建议和纠正违法通知作了较全面的规定，但是，从司法实践看，检察机关在具体执行中却存在一些问题，突出表现为检察机关的检察建议或纠正违法通知的效力缺乏全面保障。从权力的属性看，检察机关的检察建议和纠正违法通知是一种程序性权力，应当具有程序上的约束力，即检察机关提出检察建议或纠正违法通知后应当引起相应的诉讼程序。然而，我国法律只对部分检察建议或纠正违法通知规定了相应的程序效力，如第93条规定的提出释放或者变更强制措施的建议、第256条规定的对暂予监外执行决定或者批准不当提出的检察意见、第263条规定的对减刑或假释裁定不当提出的纠正违法意见等，对于其他检察建议或纠正违法通知则没有明确规定具有程序效力，因而导致实践中检察机关提出检察建议或纠正违法通知时，有关机关往往不予理睬，检察机关对其别无办法，影响了检察机关诉讼监督的效果和权威性。

（四）有些诉讼监督的程序尚不完善

从目前法律规定看，检察机关的有些诉讼监督的程序尚不完善，影响了检察机关诉讼监督的有效行使。例如新刑事诉讼法规定了羁押必要性审查的监督方式，但法律对该监督方式的行使程序却没有规定，即检察机关如何进行审查、由检察机关的哪个部门负责进行审查、多长时间需要进行审查、审查哪些内容等程序问题，法律都没有作出明确规定，导致人们对此存在不同的认识。比如羁押必要性审查的主体问题，有学者认为，根据检察机关内部职权分工，对羁押必要性的审查可以由侦查监督部门或者监所检察部门进行。目前可以由监所检察部门承担此项任务。但从长远来看，由侦查监督部门进行审查更为适宜。因为在批捕以后对羁押的必要性进行审查，实质上是批捕职能的延伸和继续。因此，由检察机关审查批捕的部门负责对羁押必要性的审查，是顺理成章的职责延伸。[①] 有学者

① 参见卞建林：《刑事诉讼监督的立法发展》，载《河南社会科学》2012年第7期。

认为，我国建立了有效的逮捕必要性审查包括持续审查的机制，侦监、起诉、监所等部门都应当进行审查，但宜由侦监部门归口管理。[①] 也有学者认为，根据办案环节，检察机关履行羁押必要性审查，将涉及侦查监督、公诉、监所检察等部门，侦查终结前的羁押必要性审查，可由侦查监督部门会同监所检察部门承担；侦查监督部门要与公诉部门、监所检察部门建立联动机制，共同做好继续羁押必要性的审查工作。[②] 还有学者认为，虽然目前高检院在检察机关内部职权配置方面暂未明确具体由哪个业务部门具体负责羁押必要性审查工作，但是监所检察部门应当有义务参与这项工作，有义务与侦查监督或者公诉部门共同开展羁押必要性审查工作。[③] 还有学者认为，羁押必要性审查的责任主体应当依诉讼流程予以划分：在案件移送审查起诉以前，由侦查监督部门负责，案件移送审查起诉以后，由公诉部门负责，监所检察部门予以配合，提供其职责范围内所知悉的信息并配合开展在羁押场所内外的相关调查工作。[④] 又如新刑事诉讼法规定了死刑复核法律监督，但对死刑复核监督的程序却没有明确规定。实践中“两高”对有些问题已达成一致意见，但有些问题尚未达成一致意见，比如最高人民法院何时听取最高人民检察院的意见，以何种方式听取意见，尤其是不予核准死刑案件的通报时间问题、死刑复核结果通报最高人民检察院的时间、方式等程序问题，都还缺乏相应的程序规定。此外，对于其他监督方式的程序问题，也不十分完善，如检察长列席审委会的监督方式，法院何时通知检察院派员列席审委会、法院是否需要向检察院移送有关材料、检察院何时和以何种方式予以回复、检察长列席的方式、检察长列席时发言的顺序、检察长发现审委会存在违法行为时如何进行监督等程序问题，都还缺乏明确规定，需要最高人民法院和最高人民检察院协商予以解决。

---

① 参见龙宗智：《理性对待法律修改慎重使用新增权力——检察机关如何应对刑诉法修改的思考》，载《国家检察官学院学报》2012 年第 3 期。

② 参见万春：《刑诉法再修改对侦查监督的影响与挑战》，载《河南社会科学》2012 年第 7 期。

③ 参见袁其国：《新刑事诉讼法对监所检察工作的影响及应对措施》，载《河南社会科学》2012 年第 7 期。

④ 参见卢乐云：《论逮捕后对羁押的必要性继续审查之适用》，载《中国刑事法杂志》2012 年第 6 期。

三、完善检察机关诉讼监督制度的建议

针对我国目前检察机关诉讼监督制度面临的问题，要有效发挥检察机关诉讼监督的应有作用，实现“强化法律监督，规范执行行为”的司法改革目标，我们认为，应当从以下几方面完善检察机关的诉讼监督制度。

（一）扩大诉讼监督的覆盖范围

从我国目前法律对诉讼监督范围规定上看，诉讼监督尚不能覆盖诉讼活动的方方面面，因而建议从以下三方面扩大检察机关诉讼监督的范围：

1. 明确对整个立案活动进行诉讼监督。为了解决实践中有案不立和错误立案的问题，保证立案的公正性，应当赋予检察机关对整个立案活动有权进行监督。为此应当扩大检察机关立案监督的范围，明确检察机关对以下立案活动有权进行监督：一是对通知立案而公安机关拒不立案的行为有权进行监督。根据法律规定，检察机关对应当立案而不立案进行监督时，可以要求公安机关说明不立案理由，如果不立案理由不成立的，可以通知公安机关立案侦查。检察机关通知公安机关立案侦查后，如果公安机关拒不立案或者立案后又撤销案件的，检察机关则无法进行监督。为此我们建议，应当完善有关司法解释，明确规定：“对于人民检察院通知立案后，公安机关拒不立案侦查或者立案后又撤销案件的，经省级以上人民检察院批准，可以由受理案件的人民检察院直接立案侦查。”二是对法院的立案受理活动有权进行监督。根据法律规定，人民法院负责刑事自诉案件、民事案件和行政案件的立案受理工作，为了保证法院立案受理活动的正确性，应当明确检察机关有权对法院的立案受理活动进行法律监督。为此我们建议，完善有关司法解释，明确规定：“人民检察院对人民法院的受案活动有权进行监督。人民检察院认为人民法院对应当立案受理而不立案受理的，或者被害人认为人民法院对应当立案受理而不立案受理，向人民检察院提出的，人民检察院应当要求人民法院说明不立案受理的理由。人民检察院认为人民法院不立案受理理由不能成立的，应当通知人民法院立案受理，人民法院接到通知后应当立案受理。”

2. 扩大审判监督的范围。为了解决审判监督不能覆盖全部审判活动的问题，有效保证法院审判权的正确行使，切实保护当事人的合法权利，我们建议，从以下两个方面扩大审判监督的范围：（1）明确对刑事自诉案件审判的监督。由于法律没有明确规定检察机关如何对刑事自诉案件进行监督，因而建议司法解释予以明确规定，即建议规定："人民法院对刑事自诉案件作出判决、裁定后，应当将判决、裁定书副本及时送交人民检察院。人民检察院经过审查后，如果发现错误的，可以提出意见或者提出抗诉。"（2）明确对民事特别审判程序的监督。针对民事审判监督不能覆盖各种民事特别审判活动的问题，我们建议，通过我国民事诉讼法的修改，完善民事审判监督的规定，丰富其内容，将人民法院通过特别程序、督促程序、公示催告程序、企业法人破产还债程序审理的民事案件，通过法庭调解的方式审结的民事案件，都纳入诉讼监督的范围，即检察机关对于通过这些审判活动作出的判决或裁定，应当进行监督，发现确有错误的，有权提出纠正意见或者提起抗诉。

3. 扩大执行监督的范围。为了解决检察机关执行监督不能覆盖全部执行活动的问题，有效保证法院裁判的及时有效实现，切实保护当事人的合法权利，我们建议，应当从以下两个方面扩大检察机关执行监督的范围：（1）明确对财产刑和资格刑执行的监督。从目前法律规定看，检察机关的刑罚执行监督工作尚不能覆盖法院对财产刑（没收财产、罚金刑）、公安机关对资格刑（剥夺政治权利和驱逐出境）的执行活动，因此，要完善检察机关的诉讼监督制度，就应当扩大检察机关的刑罚执行监督范围，将人民法院对财产刑的执行活动和公安机关对资格刑的执行活动纳入法律监督的范围，保证检察机关对全部刑罚执行活动能够进行法律监督。（2）明确对民事执行活动的监督。关于检察机关是否应当对民事执行活动进行监督，目前法院和检察院持不同的观点。[①] 检法不同观点源于对民事诉讼法规定的不同理解，即第14条中的“审判活动”是否从广义上理解包括执行活动、第185条中的“裁定”是否包括执行中作出的裁定。我们认为，从法理的角度看，这里的“审判活动”应从广义上理解。因为《宪法》在规定检察机关法律监督时并未对监督的范围作任何限制性规定，因而以《宪法》的规定为基础来理解民诉法的总则，审判活动应指民事案件从起诉到执行的整个过程，执行活动是审判活动的合理延伸和发展，也是广义审判活动的有机组成部分，唯其如此，才能体现出诉讼活动的完整性。这一点在参与当年1991年民诉法起草的专家的论文中也有过记载，即关于民事审判活动，民诉法在起草时就明确包括了执行活动。[②] 从法治的角度看，法治本身就是对权力的制约，法治的基本要求就是限制权力，没有对权力的制约，所谓法治只能是虚假的法治。而民事执行是法院行使执行权的一种活动，如果缺乏外部的法律监督，不符合现代法治的精神，也不符合我国建设社会主义法治国家的要求。因此，我们建议，在修改民事诉讼法时，应当明确规定：“人民检察院有权对人民法院的民事执行活动实行法律监督。”

（二）丰富诉讼监督的手段

针对目前检察机关在进行诉讼监督时缺乏必要的监督手段，我们认为，要有效保证检察机关行使诉讼监督权，提高检察机关的诉讼监督能力，应当丰富检察机关的监督手段。从目前实践看，主要应当丰富检察机关以下诉讼监督手段：

1. 扩大知情渠道。知情渠道是检察机关发现执法机关是否存在违法行为的

---

① 法院持“有限监督说”，认为检察院对民事诉讼不能进行全面监督。检察院可以提出抗诉的裁判只能限于法院在审判程序中作出的某些裁判，不包括执行程序中的裁判，并且还必须满足“事后监督”的要求。同时，检察院的抗诉范围应当受到时间和程序的双重限制，不但对审判程序中的财产保全和先予执行等裁定不能抗诉，而且对于不能按审判监督程序予以解决或不宜适用审判监督程序予以纠正的裁判，也不能进行抗诉。而检察院持“全面监督说”，认为检察院对于民事诉讼应当实行全方位监督。检察院的监督范围应当包括从诉前到裁判后，包括审理过程中对法院是否遵守诉讼程序，审判人员是否枉法裁判实行监督，裁判后对执行人员在执行中有无违法行为进行监督等。参见彭世忠、郭剑：《民事执行的检察监督》，载《现代法学》2003年第5期，第135页。

② 参见杨荣馨：《略论强制执行的检察监督》，载《人民检察》2007年第13期，第6页。

重要前提和手段，也是对违法行为的性质、危害程度进行判断和决定采取何种监督方式的重要基础，因而对检察机关正确履行诉讼监督职能至关重要，而目前我国法律对检察机关的知情渠道缺乏全面的规定，影响了检察机关诉讼监督职能的发挥。为此，我们建议，从以下几方面扩大检察机关的知情渠道：（1）明确公安机关应当将不立案的有关材料移送检察机关。从立案监督实践看，检察机关在接到公安机关不立案理由说明后，要作出是否通知公安机关立案的决定，就需要对其理由是否正确进行审查，特别是要排除公安机关的不立案理由与被害人陈述之间的矛盾或冲突，在缺乏有关材料的情况下，这往往是十分困难的，即使作出了某种决定，也难以让公安机关信服。因此，为了保证检察机关立案监督的准确性，防止不必要的扯皮现象，有必要明确规定公安机关在接到检察机关要求说明不立案理由后，应当向检察机关书面说明不立案理由，并移送有关材料。（2）明确法院应当将刑事自诉案件裁判书送交检察机关。为了保证检察机关能够对法院刑事自诉案件审判活动及时进行监督，应当明确规定，法院应当将刑事自诉案件的裁判书副本及时送交检察机关。同时，还应当明确规定，检察机关根据监督的需要，有权调阅有关刑事自诉案件的卷宗和其他材料，法院应当在规定的期限内予以提供等。（3）明确法院应当将民行审判裁判书送交检察机关。为了保证检察机关能够对法院民事审判活动和行政诉讼活动及时进行监督，应当明确规定，法院应当将民事、行政案件的裁判书副本及时送交检察机关。同时，还应当明确规定，检察机关根据监督的需要，有权调阅有关民行案卷和其他材料，法院应当在规定的期限内予以提供。

2. 完善调查手段。关于检察机关的调查手段，虽然新刑诉法作了原则性规定，有关司法解释对司法工作人员在诉讼活动中的渎职行为的调查手段作了明确规定，但对一般违法行为的调查手段却没有规定，因而我们认为，应当明确检察机关对国家执法机关及其工作人员的一切违法行为都可以进行调查，并完善其以下调查手段：（1）询问有关人员。询问是调查的基本手段，检察机关为了查明有关违法行为，可以询问有关人员，如有关当事人、证人或者知情人等。（2）查阅有关材料。即检察机关为了查明有关违法行为，可以查阅与违法行为有关的材料，如查阅、调取或者复制相关法律文书或者报案登记材料、案卷材料、罪犯改造材料等。（3）对身体进行检查。即检察机关为了查明有无违法使用暴力等行为，或者判断或确定伤情的程度等，可以对受害人进行伤情检查。但是，检察机关在对受害人身体进行伤情检查时，不得限制其人身自由或者财产权利。（4）收集有关物证书证。即检察机关为了查明有关违法行为，可以收集与违法行为有关的材料，如收集有关物证书证等证据材料。因此，我们建议，司法解释应当规定："人民检察院为了查明诉讼中违法行为的性质和情节，可以进行调查，侦查机关、审判机关、刑罚执行机关应当配合调查，并提供相关的卷宗或者材料。人民检察院在进行调查时，可以采取以下调查措施：（一）调卷案卷；（二）向有关单位、组织和个人调取证据；（三）询问有关人员；（四）其他调查措施。"

3. 明确死刑复核的监督方式。关于检察机关对死刑复核活动的监督方式，虽然新刑事诉讼法作出了明确规定，但规定得不全面，而且较为原则。根据中央司法改革的部署和要求，结合司法实践探索的经验，我们认为，应当从以下几方面完善并明确检察机关对死刑复核的监督方式：一是增加听取意见。即最高人民法院就有关死刑复核案件，主动听取最高人民检察院的意见，接受监督。根据中央司法改革的要求，对于拟不核准死刑的案件和超过十二个月尚未审结的死刑复核案件，最高人民法院应当主动听取最高人民检察院的意见，为此我们建议，司法解释应当明确规定："最高人民法院在死刑复核过程中，对于拟不核准死刑的案件或者超过十二个月尚未审结的死刑复核案件，应当听取最高人民检察院的意见。"二是明确列席、抗诉等监督方式。即在死刑复核监督中，应当明确规定检察机关有权采取列席、抗诉等现有的监督方式。为了加强对法院死刑复核的监督，我们建议，司法解释应当明确规定："最高人民法院审判委员会讨论死刑复核案件，最高人民检察院可以派员列席。最高人民检察院发现最高人民法院复核死刑案件违反法律规定的，应当向最高人民法院提出纠正意见。发现死刑复核判决或者裁定确有错误的，可以向最高人民法院提出抗诉。"三是明确死刑复核裁定书及时送达检察机关。即最高人民法院应当将死刑复核裁定书及时送达最高人民检察院。新刑事诉讼法第 240 条规定，最高人民法院应当将死刑复核结果通报最高人民检察院。至于何时通报、如何通报、通报范围等，法律都没有规定。可见，法律规定得较为原则，不便实践操作。为此，我们建议，司法解释应当作出明确规定："最高人民法院复核死刑案件，应当作出核准或者不核准死刑的裁定。最高人民法院作出死刑复核裁定后，应当及时将裁定书副本送达最高人民检察院。"

（三）明确所有诉讼监督的法律效力

从司法实践看，由于法律没有对所有检察建议或纠正意见的法律效力作出明确规定，导致有些机关对检察建议或纠正意见不重视，甚至不予理睬，严重影响了检察机关提出检察建议或纠正意见的积极性，也影响了检察机关诉讼监督的权威性。因此，要有效发挥检察建议或纠正意见的监督作用，应当完善有关规定，明确其法律效力。具体来说，应当从以下两方面明确检察建议或纠正意见的法律效力：一方面，应当修改《人民检察院组织法》，明确规定检察机关享有检察建议或纠正意见权，有关机关负有接受监督的义务，以提高检察建议或纠正意见的法律地位和权威性，保证检察机关所提出的检察建议或纠正意见得到有效落实。另一方面，应当修改《刑事诉讼规则》的有关规定，明确拒不执行检察建议或纠正意见的督促程序和法律责任。即应当明确规定，检察机关向有关机关提出检察建议或纠正意见后，有关机关没有合理理由拒不纠正违法行为的或者拒不采取调查活动的，提出检察建议或纠正意见的检察机关可以报请上一级检察机关向有关机关的上一级机关提出纠正意见。上一级机关应当启动相应的调查、督促程序，并应当将下级机关纠正的情况在一定期限内通知检察机关。同时，应当明确规定，有关机关没有合理理由拒不纠正违法行为的或者采取调查活动的，应当承担相应的法律责任，比如可以将拒不纠正违法行为或者采取调查活动的行为作为要求有关人员回避的理由或更换办案人的条件，或者将其作为要求上一级机关对有关人员进行处罚的理由等。

（四）完善各种诉讼监督的相关程序

为了保证检察机关诉讼监督权的正确行使，规范其执法行为，应当总结司法改革的经验，完善各种诉讼监督的相关程序，比如提出检察建议或纠正意见的程序、进行调查的程序、进行羁押必要性审查的程序、检察长列席审委会的程序等。以调查程序为例，我们建议，司法解释可以从以下几方面完善调查的程序：(1) 检察机关进行调查的审批程序。即检察机关要对某种违法行为进行调查时，需要由谁进行审批以及审批期限等程序。为了体现调查的权威性并防止被滥用，检察机关需要进行调查时必须经过严格的审批程序。从司法改革经验看，检察机关发现有证据证明司法工作人员在诉讼过程中涉嫌违法行为的，应当报经检察长批准后，才能进行调查活动。关于调查的审批期限，由于进行调查的前提并不复杂，因而可以规定较短的审批期限，比如一天或者三天。(2) 检察机关进行调查的具体期限。即检察机关采取调查手段时的最长期限。由于调查所允许采取的调查手段一般不涉及人身自由等方面的权利，因而可以规定较长的期限，但同时由于调查所涉及的违法情况一般并不严重且不复杂，又不需要较长的期限。综合考虑这两方面的因素，我们认为，检察机关的调查期限原则上以一个月为宜，如果确实需要延长调查期限的，可以报经检察长批准，延长一个月。(3) 检察机关调查后的处理结果。从实践经验看，检察机关调查后，根据调查的不同情况可以作出不同的处理结果：认为涉嫌犯罪需要追究刑事责任的，应当按照管辖的规定依法立案侦查；如果存在一般违法行为的，应当依法向被调查人所在机关发出纠正违法意见，同时可以建议对行为人给予行政处分；如果没有发现违法行为的，应当及时向被调查人及其所在机关说明情况，同时将调查结果及时回复举报人或控告人；如果发现审判人员在审理案件过程中存在贪污受贿、徇私舞弊、枉法裁判或者其他违法行为，可能影响案件正确判决、裁定的，应当依法提出抗诉。

（原载于《国家检察官学院学报》2012 年第 5 期）

检察环节如何贯彻非法证据排除规则

刘 方*

一、正确理解检察机关在非法证据排除程序中的功能

检察机关在非法证据排除程序中应当处于什么样的地位，以及具有哪些功能和作用，在我国刑事诉讼理论和司法实践中并没有形成一致的看法。在西方国家，刑事司法体系与三权分立的政治体制密切相关，法院统领着整个刑事司法，非法证据的最终确认和排除权一般都集中到法院。

非法证据排除规则最为典型的美国为例，自联邦最高法院 1914 年通过的威克思诉美国联邦案（Weeks V. United States）首创证据排除法则后，曾先后通过 1961 年的马普案（Mapp V. United States）、1966 年的米兰达案（Miranda V. Arizona）等著名判例，使非法证据排除规则在美国刑事诉讼中得到了确立和发展。而这些判例悉数都由美国联邦最高法院制定。可以看出，国外那种由法院来负责对非法证据作出裁量的规则，是建立在以审判为中心的刑事司法体系基础之上的。

我国检察机关的设置和权力配置不同于西方国家。与英美法系国家的检察机

* 最高人民检察院检察理论研究所研究员。

关相比较，我国的检察系统虽然与警察系统和审判系统完全分离，但在权力隶属关系上不像美国等国家那样属于行政机关；与大陆法系国家的检察机关相比较，尽管诉讼理念相对比较接近，但机构的设置并不像大陆法系国家那样采用“审检合署”，也不实行“检警一体化”。在我国的权力结构中，检察权与审判权和属于行政权的警察权彼此独立，审判权、检察权和行政权平行设置于人民代表大会制度下，在机构设置上完全分离，在工作关系上相互配合与协调。在宪法的规定中，检察机关既属于国家的法律监督机关，又是与审判机关并列的司法机关。所以，在我国就不应当把非法证据排除的裁量权仅仅视为是由法官来行使。在刑事诉讼的很多阶段中，检察官比法官享有更多、更充分的非法证据排除机会。如果把西方国家的非法证据排除规则概莫例外地运用于我国检察实践，就明显地脱离了中国的司法实际。

新刑事诉讼法第 54 条第 2 款规定：“在侦查、审查起诉、审判时发现有应当排除的证据的，应当依法予以排除，不得作为起诉意见、起诉决定和判决的依据。”从法律的规定中可以看出，我国刑事诉讼程序中有权对非法证据予以排除的主体包括审判机关和检察机关。同时，侦查机关也不得将非法证据作为起诉意见的依据。审判机关主要是在判决过程中对证据的合法性进行审核，并继而作为对被告人定罪量刑的依据；检察机关主要是在审查起诉阶段担当非法证据排除的主体，从证据收集的合法性、有效性的角度进行审查。

从检察环节来说，对证据的合法性进行审查包括批捕阶段和审查起诉阶段。这两个阶段是前后承续、紧密连接的整体。审查批准逮捕、决定逮捕时对证据的审查判断是检察环节的一个前置审查程序；审查起诉阶段对证据的审查判断是后置审查程序。从证据审查的复杂性和重要性来说，审查起诉阶段对非法证据排除的关注点要多于审查批准或决定逮捕阶段，这主要是因为大量的调查取证工作都集中在犯罪嫌疑人被羁押后的侦查阶段。

二、注重对非法证据排除规则启动权的保护

一是加强对非法证据排除请求权的保护。对非法证据的排除，仅仅依靠办案

人员对规则的自觉遵守是难以达到目的的。在检察环节对证据的认定把好审查关，不仅是完成刑事追诉工作任务、履行法律监督职责的需要，同时也是保证刑事诉讼中非法证据排除规则得以贯彻的关键步骤。非法证据排除规则的启动，也就是通常所讲的对证据的可采性与合法性提出质疑的来源，决定着某一非法证据最终能否纳入正当程序加以排除。

在检察实践中，对证据的合法性进行审查的过程是一个复杂的、严谨的、动态的过程，仅凭检察官的个人见解和主观能动性，常常难以发现证据的瑕疵并进而对证据的非法性作出正确认定，在多数情况下都需要来自刑事被追诉方及其辩护人的要求和提醒。尽管检察工作人员通过受理犯罪嫌疑人及其法定代理人、辩护人的申请，可以依法启动非法证据排除程序。但是，被追诉人由于其所处的不利地位以及对侦查机关所持的对抗态度，常常导致侦查人员对他们提出的非法证据排除要求抱有怀疑和不信任的态度。从客观上讲，实践中也确实存在许多犯罪嫌疑人、被告人提出的所谓非法证据排除要求缺乏事实根据，对他们的要求进行必要性的审查也是情理中的事情。一般来说，辩护律师会比较客观地反映情况，提出的非法证据排除要求相对比较合理。但律师往往不是证据产生中的直接见证人，证据来源的间接性以及因辩护可能产生的功利主义思想，也可能促使他们作出错误的判断。

二是充分调动被害人或者第三方的积极性。有权提出非法证据排除要求的不仅仅只有被追诉方，与案件处理结果直接相关的被害人或者第三方也同样享有一定程度的请求权。美国最高法院在明尼苏达诉卡特案的判决中就确立了这样一个原则：得到别人允许在其家中短时间逗留的人对该人家受到非法搜查，有权利提出反对。也就是说，这些短暂逗留的人也有提出非法证据排除的权利。司法实践中有关非法证据排除要求的启动主体本来是很多的，问题是检察机关在审查起诉过程中如何有效地启发和利用他们的积极性来发现非法证据线索，并保证他们的合理要求得到实现。

首先，应当从思想上提高对非法证据排除启动主体地位的认识，充分相信他们的合理要求有助于司法机关及时发现和处理非法证据，从而维护程序正义，保证司法公正；其次，应当为非法证据排除的启动提供畅通的渠道，让有合理排除要求的人有机会说、敢于说、愿意说，使合理的要求能够通过正当程序得到如实反映；再次，是要加强对非法证据排除启动者的法律保护，保证他们不会受到来自侦查人员、检察人员职务行为的阻挠和干预，从客观上消除提出非法证据排除要求人所具有的畏惧心理和后顾之忧；最后，要从程序上尽量满足启动者的要求，使他们申请启动非法证据排除的程序权利得以最大限度地实现。

三、科学区分非法证据强制排除与裁量排除的界限

检察业务工作中需要把握的一个关键问题，是如何处理非法证据强制排除与裁量排除的界限问题，这不仅是诉讼理论上长期争论不休的问题，也是诉讼实践中长期纠缠不清的复杂难题。只有加深对这一问题的正确理解，才能促使司法机关从准确打击犯罪和加强人权保障的两难境地中坦然地走出来，从容地应对来自各方面的挑战。

新刑事诉讼法第 54 条规定："采用刑讯逼供等非法方法收集的犯罪嫌疑人、被告人供述和采用暴力、威胁等非法方法收集的证人证言、被害人陈述，应当予以排除。收集物证、书证不符合法定程序，可能严重影响司法公正的，应当予以补正或者作出合理解释；不能补正或者作出合理解释的，对该证据应当予以排除。"从法律的规定中可以看出，对于非法言词证据，包括犯罪嫌疑人、被告人的供述、证人证言、被害人的陈述，采用的是强制排除原则，即无论在什么情况下，这类证据都不得被司法机关所采用；对于违反法定程序收集的实物证据，则采取了裁量排除原则，即只有当这些违法取得的物证、书证严重影响到司法公正并不能进行补正或作出合理解释时，才予以排除。也有的学者将上述两种排除方法分别称为绝对排除的原则和附条件排除的原则。法律作出这样明确的规定，并且将言词证据的排除原则与实物证据的排除原则分别加以规定，也主要是在努力解决我国刑事侦查中长期存在的刑讯逼供问题的同时，兼顾打击和惩罚刑事犯罪的需要。而立法的这一真正意图在于加强对犯罪嫌疑人、被告人的人权保障。因为如果不对非法言词证据进行强制性排除，侦查讯问过程中屈打成招的事例就会屡禁不绝。

对非法实物证据采取裁量排除主义原则，与我国当前的司法实践现状是相吻合的。无论是公安机关还是检察机关，在刑事侦查技术手段和高科技设备方面，都还很难完全适应社会发展的需要，在很多方面还远远不能满足打击智能化、技术化和信息化犯罪的需要。即使在竭力倡导非法证据排除规则的美国，司法程序中所排除的实物证据，也主要是指违反美国联邦宪法第四修正案的规定而取得的证据，这些证据的取得也主要是发生在违法逮捕、搜查和扣押的过程中。

笔者认为，完整地、准确地贯彻刑事诉讼法的这一立法精神，检察实践中应当坚持的原则是：对于违反法定程序收集的物证、书证，如果不是属于证明效力上的唯一性或不可再生性，一般情况下都应当予以排除；如果排除该证据将严重影响到对犯罪行为的应有惩罚，也应当严格依照法律规定进行补正；在无法予以补正的情况下，也应当就证据的取得作出客观的、实事求是的解释和说明。

此外，对于利用非法手段获取的证据线索，并依照该线索获取的证据，亦即通常所说的“毒树之果”，是否予以排除？在我国过去的司法实践中很少有人关注。尽管“毒树之果”证据本身的收集程序是合法的，但这类证据在美国仍然属于排除对象，实行所谓“砍树弃果”；而在英国则采取不同的处理方法，即实行所谓“砍树食果”。笔者认为，对“毒树之果”证据的排除应当有别于直接利用非法手段取得的证据，当然，对于造成恶劣影响或者严重影响司法公正的当属例外。

总之，对实物非法证据采取不同的方法处理是科学的，也是符合我国刑事诉讼规律和司法现状的。

（原载于《检察日报》2012 年 7 月 2 日）

庭审中检察官如何适用非法证据排除规则

季美君*

新刑事诉讼法对非法证据排除规则作出了比较详细而明确的规定。新刑诉法第 54 条第 1 款规定："采用刑讯逼供等非法方法收集的犯罪嫌疑人、被告人供述和采用暴力、威胁等非法方法收集的证人证言、被害人陈述，应当予以排除。收集物证、书证不符合法定程序，可能严重影响司法公正的，应当予以补正或者作出合理解释；不能补正或者作出合理解释的，对该证据应当予以排除。"第 2 款规定："在侦查、审查起诉、审判时发现有应当排除的证据的，应当依法予以排除，不得作为起诉意见、起诉决定和判决的依据。"

从理论上看，只要是采用非法方法收集的证据，都应该依法予以排除，但司法实践并非总是如此完美。新刑诉法第 54 条第 2 款规定非法证据不得作为起诉意见、起诉决定和判决的依据，可非法证据往往会以各种形式，合法地"钻进"起诉意见书、起诉决定书和判决书，冠冕堂皇地成为定案定罪的依据。就刑事案件而言，起诉意见和起诉决定固然重要，但庭审更像是案件的"总闸"，所有证据都会在法庭上"公开亮相"接受各方当事人的质证，只有在庭审环节经受住"考验"才能最后成为定案的证据，案件才能尘埃落定。所以，检察官如何在庭审环节应对和运用非法证据排除规则，对于确保刑事诉讼程序顺利进行、案件得

* 最高人民检察院检察理论研究所副研究员。

到公正审理具有关键性的重要作用，应该引起大家的高度关注和重视。

首先，要准确理解非法证据的概念。新刑诉法第 48 条规定的证据，包括物证，书证，证人证言，被害人陈述，犯罪嫌疑人、被告人供述和辩解，鉴定意见，勘验、检查、辨认、侦查实验等笔录，视听资料、电子数据八类，无论是哪一类证据，证据原本只是一种用于证明案件事实的材料，其本身并没有合法非法之分。非法合法之说，是就证据的收集方法而言，是基于收集方法的不同而对证据所作的一种人为划分。所谓非法证据，就其本质而言，指的是非法获取的证据。何谓“非法获取”？各国法律有不同的规定，比较典型的是《联合国禁止酷刑公约》的规定，其含义是以酷刑、残忍及其他不人道的方式取得的被告人或第三人的口供或情报。而我国刑诉法规定的“非法证据”，可以从实体标准和程序标准两方面来理解：从实体标准上看，非法证据包括非法的言词证据和非法的实物证据，即口供以及物证、书证，口供包括犯罪嫌疑人、被告人的供述和证人证言。除此之外，都不属于我国法律规定的非法证据；从程序标准上看，口供被认定为非法证据的，必须是在获取的方法上属于非法，而“非法”的程度又有轻有重，有一般的违法和严重的违法，一般违法获得的证据只能说是有瑕疵的证据，不应认定为非法证据而一律予以排除，只有那些严重违法获得的证据才属于非法证据，才应当予以排除。而书证、物证，只有在其获取的方法违反法律规定的程序，且严重影响司法公正而又不能补正或者作出合理解释的，才予以排除，这是一种有条件的排除。虽然这一规定与《联合国禁止酷刑公约》中的规定相比尚有不少差距，但从历史视角看，我国刑诉法正逐步接近国际标准，这是毋庸置疑的。

另外，实践中应特别注意对“刑讯逼供等非法方法”的准确把握和理解，具体可参照《最高人民检察院关于渎职侵权犯罪案件立案标准的规定》中有关刑讯逼供立案标准所列举的非法手段，即以殴打、捆绑、违法使用械具等恶劣手段逼取口供的，或者是以较长时间冻、饿、晒、烤等手段逼取口供，严重损害犯罪嫌疑人、被告人身体健康的行为。即所谓的“刑讯逼供等非法手段”中的“等”字，应理解为是与刑讯逼供这一手段程度相当的行为。

其次，要细致部署庭审策略。从某种程度来说，公诉人在庭审前的准备工作充分与否将直接影响庭审的效果，甚至决定案件的胜败。因此，为了使案件在庭审时尽可能不出现意外，公诉人应当事先仔细审阅案件的全部事实证据，一旦发现有非法的言词证据或实物证据，应主动通过合适的程序予以排除。为了尽早发现非法证据，公诉人在审查起诉阶段还应充分聆听犯罪嫌疑人的辩解、耐心观看相关的全程录音录像，在确认不存在非法证据的情况下，再精心预设辩护方的辩解和质疑、谨慎部署公诉的技巧和策略等，尤其要特别注意案件中出现的细节问题和相关知识，这样才能在庭审时做到胸有成竹、知己知彼，沉着应战。

最后，要积极调动相关证人。在英美法系的抗辩式诉讼模式下，庭审有如没有硝烟的战场，法庭辩论激烈精彩，交叉询问的成功与否对案件的胜负起着关键作用。我国的庭审虽没有英美国家那么激烈，但为了排除有罪证据中分量比较重的犯罪嫌疑人、被告人的口供，有时候被告人和律师也会施展各种手段。在法庭上公诉人不但自己要沉着冷静，不慌不忙，给人留下一个正直、可信的形象，而且要鼓励相关证人从容应对辩护方可能提出的种种刁钻问题；既要统筹兼顾事先协调好每一个证人证言的作用，又要随时调整应战策略，根据辩护方提出的有关非法证据排除的内容和理由，一一进行针锋相对、有理有据的应答和说理。但是，如果辩护方提供的线索或者证据，能够充分证明该证据确实属于非法证据或者不能排除存在以非法方法收集的可能性的，公诉人也应当坦然地接受被排除的结果。总之，公诉人在法庭上，应表现出胸有成竹、非常自信的神态，并尽可能自始至终发挥积极主动性，如必要时提请人民法院通知有关的侦查人员或者其他人员出庭说明情况，或不能当庭举证时，可以建议法庭延期审理等。

这里，需要特别注意的是侦查人员出庭作证问题。庭审时，无论是依照哪种程序启动非法证据排除程序，作为控诉方的检察官都要承担证明证据收集合法性的责任，而作为辩护方，是不承担任何证明证据是非法收集的责任的，相反，他们只是有权利提供相关的线索或证据。当被告人出现当庭翻供时，如果是检察机关自身办理的职务犯罪案件，因整个讯问过程都采用了全程的同步录音录像，公诉人只要提供讯问笔录、现场播放原始的讯问过程录音录像，结果是否存在刑讯逼供也就一目了然。

如果是公安机关负责侦查的案件，在目前不少地区还没有全程同步录音录像的情况下，只能提请法院通知有关的侦查人员或者其他人员出庭说明情况。新刑事诉讼法还进一步规定：经人民法院通知，有关人员应当出庭。但法律并没有对有关人员拒绝出庭作证规定什么相应的惩罚措施。因此，在需要侦查人员出庭作证的情形下，公诉人一定要事先做好侦查人员或相关人员的工作，除了动员劝说其出庭外，还要告诫其在法庭上切不可撒谎。因为侦查人员的诚信问题事关重大，从常理来分析，即便侦查人员在讯问时曾使用过刑讯逼供等非法方法获得口供，他当庭一般也是不愿承认的。这不仅会影响个案正义的实现，也会对整个司法的公信力产生极坏的影响。如果老百姓认为一个公职人员竟然当庭撒谎，长此以往，其后果将不堪设想。

当侦查人员在法庭上被人怀疑撒谎、其诚信受到极大损害时，公诉人应该怎么办？事实上，一个已起诉到法庭的刑事案件，其证据不可能只有犯罪嫌疑人、被告人的认罪口供，只要其他证据仍能环环相扣、互相印证，保证了结果的唯一可能性，即使经过法庭审理，口供被确认或者不能排除存在以非法方法收集情形而被排除的，公诉人仍可以取得庭审的成功，正如新刑诉法第 53 条中规定的：没有被告人供述，证据确实、充分的，可以认定被告人有罪和处以刑罚。

（原载于《检察日报》2012 年 4 月 20 日）

刑事错案的程序性预防

季美君*

引 言

近几年来，随着越来越多的恶性冤假错案的不时披露，社会各界反响强烈，人们在抱怨刑事错案给个人的财产和生命带来无尽危害的同时，也开始思考如何有效地预防刑事错案。尽管刑事错案是世界上任何一个国家都难以避免的，但若能在刑事诉讼过程中有效地采取科学的取证、质证等方法，无疑能最大限度地减少错案的发生。我国刑事诉讼法在此次修改中有不少亮点，如保障人权入法、确立不能强迫自证其罪规则和非法证据排除规则等。本文试图从有利于刑事错案预防的角度，详细解读刑诉法修改中涉及的一些重要规定，以便在新刑诉法实施过程中能引起司法实践人员的高度重视，从而有效地预防刑事错案的发生。

* 最高人民检察院检察理论研究所副研究员。

一、刑事错案的主要成因[①]

综观现有的研究成果，在阐述刑事错案的成因时，我国的学者多归结为：一是公检法三机关过于强调合作，庭审过程缺乏对抗性不能有效地揭露控方证据中存在的瑕疵与问题，而审判机关又缺乏中立性和独立性，无法及时预防错案的发生；二是侦查讯问过程中，长期以来，深受重口供轻物证、重打击轻保护以及有罪推定等传统思想的影响，刑讯逼供等现象屡禁不止，可以说是产生刑诉错案的罪魁祸首；三是各级政法委对个案审理与判决结果的直接讨论干预，也成了制造刑事错案的帮凶等。因此，有学者对众多刑事错案的成因进行比较分析后，认为一般的刑事错案都遵循了这样一个逻辑模式：有罪推定—刑讯逼供（或暴力取证）—“各方协调”—裁判定罪。这一顺畅的体系犹如完整的证据链条使赵作海们遭受牢狱的磨难，亦让更为不幸者堕入地狱的深渊。[②]

当然，从分析已发生的刑事错案的成因来看，上述说法确有道理，但我们需要进一步思考的问题是：有谁愿意平白无故地制造冤假错案吗？尽管有英国的学者通过对上诉成功案件的事后分析，认为错案可以分为两类：一类是非故意造成的刑事错案，被称为“正义的夭折”；另一类是执法者故意违反相关的法律规定而造成的错案，不管是体制外的还是体制内的，被称为“正义的流产”。[③]这种说法颇具新意，但可以推定的是：在多数情况下，公检法的办案人员在没有破案压力的情况下，其内心还是不愿意办错案件的。应该说，在通常情况下，从立法者到执法者，他们都为司法公正的实现不断努力着，但公正的真正实现却取决于多种因素的相互作用，但前提条件是立法者要尽可能制定具有合理性和可操作性的

---

① 刑事错案是一个宽泛的概念，包括“冤案”和“假案”以及适用法律错误的其他错案，详见崔敏：《刑错案的成因与防治对策》，载《预防刑事错案国际研讨会》会议发言材料，吉林长春，2012 年 8 月 6—8 日。本文着重研究无罪被判有罪的这一类刑事错案。

② 参见赵秉志、张伟珂：《从赵作海案件看冤假错案的防范机制》，载《预防刑事错案国际研讨会》会议发言材料，吉林长春，2012 年 8 月 6—8 日。

③ See Dr. Michael Naughton, “Preventing Wrongful Convictions in England and Wales: Abortions of Justice versus Miscarriages of Justice”，《预防刑事错案国际研讨会》会议发言材料，吉林长春，2012 年 8 月 6—8 日。

法律，这也是今年年初我国刑事诉讼法作了全面修改的原因所在。

二、刑诉法修改中有助于预防刑事错案的主要内容

改革开放三十多年来，我国的社会、经济等各方面均发生了翻天覆地的变化。为了解决司法实践中突出问题的需要，同时也为了适应我国犯罪活动的新变化以及惩罚犯罪和加强人权保障的需要，2012 年 3 月，我国的刑事诉讼法自 1996 年以来又作了一次全面修改。此次修改幅度大、内容多，涉及条文共 149 条，可谓是“坚持稳中求进的指导思想，坚持惩罚犯罪与保障人权并重、实体公正与程序公正并重的理念，使刑事诉讼制度进一步民主化、法治化和科学化，取得了重大的进步”。[①]从司法实践中导致产生刑事错案的主要原因来看，此次修改有助于刑事错案预防的规定主要表现在以下三个方面：

（一）非法证据排除规则的规定

有关非法证据排除方面的明确规定，可以说是此次刑诉法修改中最为耀眼的亮点之一。新刑诉法先是在总则中明文规定要“尊重和保障人权”，这表明我国新刑诉法对人权保障的高度重视，同时为了能在司法实践中得到贯彻实施，又在第 54 条规定了非法证据排除规则，即采用刑讯逼供等非法方法收集的犯罪嫌疑人、被告人供述和采用暴力、威胁等非法方法收集的证人证言、被害人陈述，应当予以排除。收集物证、书证不符合法定程序，可能严重影响司法公正的，应当予以补正或者作出合理解释；不能补正或者作出合理解释的，对该证据应当予以排除。在侦查、审查起诉、审判时发现有应当排除的证据的，应当依法予以排除，不得作为起诉意见、起诉决定和判决的依据。

不少学者认为这一规定主要是针对实践中屡禁不止的刑讯逼供现象作出的，这无疑是我国刑事诉讼制度的一大进步。从理论上看，有了这一规定，在新刑诉法实施后，侦查人员在收集证据的方式上应当会更加规范，再加上进一步规定了

① 陈光中等：《刑事诉讼法制建设的重大进步》，载《清华法学》2012 年第 3 期。

在侦查阶段，对于可能判处无期徒刑、死刑的案件或者其他重大犯罪案件，应当对讯问过程进行录音或者录像，这就极大地减少了刑讯逼供的可能性。而检察机关自身侦查的职务犯罪案件，全国各地早已开始实行全程同步录音录像制度，这对促进执法规范化、防止犯罪嫌疑人翻供、加强自身执法活动监督等都起到了积极作用。

尽管有了非法证据排除规则的规定并不意味着刑讯逼供等非法取证行为会逐渐消失，但至少可以在思想上引起侦查人员的警惕和重视，这自然也会减少因刑讯逼供问题而导致的冤假错案。

（二）不能强迫自证其罪规则的确立

“不得强迫任何人自证其罪”是国际社会通行的一条刑事诉讼规则，在我国已签署的联合国《公民权利和政治权利国际公约》第14条中的表述为：任何人“不被强迫作不利于他自己的证言或被强迫承认犯罪”。尽管在我国新刑诉法第50条中的表述为：不得强迫任何人证实自己有罪，从字面表述上看，与国际公约中的规定存在一定的差距，但这一规定是“我国刑事证据制度的一个重大突破，它以立法的形式公开宣示了强迫公民认罪的非正当性”。①

由于禁止强迫自证其罪规则在我国刑事诉讼法中的长期缺失，致使像佘祥林、赵作海等冤案时不时地发生，这些无辜者被冤屈定罪锒铛入狱与侦查程序中被迫自证其罪是密不可分的。毫无疑问，有了这一指导性规则的明确规定，通过刑讯逼供以及威胁、引诱、欺骗等非法手段来迫使犯罪嫌疑人认罪的做法就是违法的，从某种意义上来说，就截断了因强迫他们认罪而导致刑事错案的这条通道。

（三）律师辩护制度的健全

现代刑事诉讼的基本理念是控辩双方平等武装、平等对抗，而控辩双方的互相对质被认为揭示案件事实真相的重要手段之一。在刑事诉讼过程中，面对强大

---

① 汪建成：《刑事证据制度的重大变革及其展开》，载《中国法学》2011年第6期。

的公检两家联合的公权力，犯罪嫌疑人、被告人自然处于弱势地位，如果他们在刑事诉讼程序中能够得到辩护律师的帮助，这无疑有助于其权利的维护和保护。因此，可以说，辩护制度是刑事诉讼程序中保障犯罪嫌疑人、被告人权利的核心制度。新刑诉法在这一方面也作了重要修改，主要规定有：一是在侦查阶段，确认了律师的“辩护人”地位；二是增加了律师要维护犯罪嫌疑人、被告人的诉讼权利和其他合法权益的责任；三是简化了辩护律师会见程序，即辩护律师持律师执业证书、律师事务所证明和委托书或者法律援助公函要求会见在押的犯罪嫌疑人、被告人的，看守所应当及时安排会见，至迟不得超过四十八小时；四是扩大了辩护人的阅卷权，即自案件审查起诉之日起，辩护律师可以查阅、摘抄、复制本案的案卷材料；等等。

这些规定有助于辩护律师尽可能充分地了解案情和控方所掌握的证据材料，从而能够有的放矢地设计相关的问题和辩护策略，以便在庭审时有针对性地进行询问和交叉询问，从而有效地保障被告人的诉讼权利。如在对抗制诉讼相当发达的英美法系国家的庭审中，控辩双方律师为了引导己方证人说出对己方有利的证言，或者发掘对方证人证言中存在的瑕疵或漏洞，律师们都会精心设计要提出的问题，通过主询问和交叉询问程序竭尽所能地向事实裁判者展示己方证人的可信性和证据的充分性，同时也千方百计地挑出对方证人和证据存在的问题以降低其证言的可靠性。可以说，这种对抗是发现案件事实真相的最佳途径，也为案件的事实裁判者提供了一个了解各种证据、发现证据存在瑕疵或漏洞的机会，有助于确保定案证据的准确性和客观性，最终也能在法庭审判环节上预防刑事错案的发生。

由于司法改革的最终目标是实现司法公正与提高司法效率。因此，从广义上来看，可以说此次刑诉法修改的不少内容都将有助于司法公正的实现，而司法公正与刑事错案又是水火不相容的，因而也可以说这些修改内容都有助于预防刑事错案的发生，除了上述论及的非法证据排除规则、不能强迫自证其罪规则和律师辩护制度的完善外，还有强制措施的完善、侦查阶段讯问犯罪嫌疑人程序的完善、特殊侦查手段的规定以及一审程序中证人、鉴定人出庭制度的完善等,[①]都在一定程度上有助于刑事错案的发生。但是，导致刑事错案发生往往是各种因素巧合在一起的结果，其中某些因素则占据着主导地位，同时也是司法实践中预防刑事错案的难点所在。

三、预防刑事错案在实践执行中存在的难点

无论是从理论上分析，还是经司法实践验证，预防刑事错案是一个社会化的系统工程，不但时间长，而且涉及面广，可以说是人类社会的一项永难完工的工程。在这一耗时耗力的巨大的工程中，要真正将法条中规定的内容在实践中执行得不折不扣，在不少时候是有相当难度的，而且这些难点也恰好是预防刑事错案的关键性因素，笔者认为这些难点主要表现在以下几个方面：

（一）思想观念上的转变

从心理学角度来看，人的思维定式是最难改变的，而思维定式又会产生定势效应。[②]这种定势有时有助于问题的解决，有时则会妨碍问题的解决。从司法实践来看，可以说执法思想观念的转变是预防刑事错案的关键性因素之一。为什么这么说呢？这听起来似乎有点空洞，因思想观念是看不见摸不着的东西，但事实并非如此。其实，一个人的行为都是受其思想支配指挥的，有了什么样的思想，就会在现实中表现出相应的行为，具体到刑事错案的发生，往往是侦查人员在侦查过程中，在思想上先认定犯罪嫌疑人有罪以及重打击轻保护等惯性思维的作用，在收集相关证据时，会有意无意地收集那些不利于犯罪嫌疑人的证据，在讯问时，犯罪嫌疑人要是不承认自己有罪，就会被认为是狡辩、态度不老实，进而为了获取口供，就会采取各种非法手段逼供，如杜培武案、佘祥林案、赵作海案

---

① 参见陈光中等：《刑事诉讼法制建设的重大进步》，载《清华法学》2012 年第 3 期。

② 所谓定势思维效应，是指人们因为局限于既有的信息或认识的现象。人们在一定的环境中工作和生活，久而久之就会形成一种固定的思维模式，使人们习惯于从固定的角度来观察、思考事物，以固定的方式来接受事物。这也是侦查人员在查办案件时常犯的毛病。

等，其破案过程都是惊人的相似，其中“有罪推定”观念可以说是罪魁祸首！在这一观念指导下，侦查人员的一切行为都围绕着收集有罪证据而行动，再加上体制外的种种原因，错案也就“自然而然”地被生产出来了。

事实上，从前不久去四川、甘肃等地有关非法证据排除规则的调研中了解到，①随着科学技术的不断发展和法治理念的渐入人心，如《联合国禁止酷刑公约》中规定的以酷刑、残忍及其他不人道的方式获取被告人或第三人的口供或情报这一典型意义上的刑讯逼供现象已很少发生，尤其是在重大案件中的侦查中，像前几年披露的冤假错案中曾采用的肉刑或变相肉刑来折磨犯罪嫌疑人的恶劣做法已不再受侦查人员的青睐，因为通过这一非法手段获取的证据，不但极有可能会在审查起诉环节和审判程序中遭受质疑而最终予以排除，而且其本人也有可能会因此惹上官司遭受处分而身败名裂。但是，这并不能否认“非法获取”方式的存在，如对犯罪嫌疑人进行冻饿、不给饭吃、不给水喝的现象，在一些比较轻微的案件中，还是会时不时地发生的，而且更容易在罪与非罪之间摇晃错判，尤其是讯问过程中，时常采用的威胁、引诱、欺骗等方式，因其与侦查谋略常常很难截然区分，这也将成为适用非法证据排除规则的难点之一。

因此，尽管立法上的完善可以在一定程度上预防刑事错案的发生，但是那些法条只是纸面上的东西，是要依赖执法者去实施的，而在实施过程中，执法者的思想观念又发挥着至关重要的作用，这才是预防刑事错案的关键因素。由此，也可以解释为何在现代科技如此发达的时代，各国的刑事错案仍会时不时地发生这一奇怪现象。例如在英国，尽管有大量的正当程序来保障犯罪嫌疑人或被告人的权利，但“正义的流产”还是会时不时地发生，警察、检察官会故意违反法律和管理条例、证人会作伪证等，这些行为都会导致正义的流产。如在 Guildford, Surrey 这一冤案中，Gerry Conlon 等四人都被迫承认自己在爱尔兰酒吧爆炸案中炸死 5 人、炸伤 100 多人，结果 Gerry 等人在监狱里作为重犯被关押了 15 年之

① 2012 年 9 月初，在研究与丹麦人权研究所合作的《贯彻执行新刑事诉讼法修改研究〈人民检察院刑事诉讼规则〉》课题中，我们曾组织了两个小组分别去安徽、湖南、四川和甘肃等基层检察院，就简易程序和非法证据排除规则问题进行调研，由此了解到的有关非法证据排除规则情况出人意料，实践中，有关非法证据排除的案例十分少见。也许这是立法者的迫切与执法者的漠然之间存在遥远的距离。

久。但事后经律师调查发现：此案的谈话记录被修改、拘留表是伪造的、警察撒谎并隐藏了能证明 Gerry 不在爆炸现场的证据、讯问时采用刑讯逼供手段获取 Gerry 等人的口供，如不让他们吃饭、睡觉，并被剥夺聘请律师的权利。此冤案被披露后，2005 年，前首相托尼·布莱尔对这些无辜者所遭受到的错误羁押进行公开道歉，这一做法可以说是史无前例的。与此案相类似的，还有 Birmingham Six 一案。在该案中，其中 4 位被告人被迫承认在爱尔兰共和军爆炸案中炸死 21 人、炸伤 162 人，他们在监狱里被关押 16 年之后，经记者 Christ Mullin 追踪调查找到真正的爆炸者证明这 6 人无罪而得到平反释放。[①]毫无疑问，在英国发生的与恐怖主义活动有关的这两起冤案发人深省：在司法体制完善、强调程序正义、高唱自由和人权的社会里，一个强有力的势力一样会漠视个人的生命、自由和尊严，冤案在警察们的恣意妄为下同样会发生！

事实上，即便是在不少学者将其作为民主司法制度的典范而予以推崇的美国，刑事错案也被时不时地披露出来而进入人们的视线。如 Robert McClendon 强奸案、Joseph Abbitt 强奸案和朱莉·哈珀杀子案等，[②]都明显地表明了即便像美国那样崇尚个人权利、在刑事诉讼程序中特别强调保障犯罪嫌疑人或被告人人权的国家，也会因被害人或目击证人的辨认错误，或者警察检察官滥用职权等原因而导致无辜者含冤入狱的错案发生！

由此可见，刑事错案的发生是一个普遍现象，不管国家发达与否，也不管其刑事司法程序是否完善，只要是人参与其中，那刑事错案就不可避免地会发生，这一方面是由于人的认识能力具有局限性，而另一方面又存在着一些人性的弱点以及刑事执法中的陋习，如有罪推定、非法取证、重配合轻制约、推卸责任等。因此，侦查机关内的绩效考评机制在与人性的弱点和陋习综合作用下，刑事错案

① See Dr. Michael Naughton, "Preventing Wrongful Convictions in England and Wales: Abortions of Justice versus Miscarriages of Justice",《预防刑事错案国际研讨会》会议发言材料，吉林长春，2012 年 8 月 6—8 日。Guidford Four 这一冤案在当时的英国轰动一时，亲身经历着 Gerry Conlon 在出狱后，写了一本自传，名为：Proved Innocent: The Story of Gerry Conlon of the Guildford Four。后根据此书改编成的电影，名为：In the Name of the Father，影片大获成功。The Birmingham Six 一案中的 Paddy Joe Hill 在被释放后，也将自己的遭遇写成了一本书。在书中，他披露了自己在讯问中所遭受到的酷刑：被殴打、被模拟枪决、被烟头烧，警察还威胁说要将他从高楼上推下去或从飞驰的警车上扔出去，等等。

② 有关案例的详情，参见何家弘：《刑事错判证明标准的名案解释》，载《中国法学》2012 年第 1 期。

的发生概率就会大幅度提高，而要改变多年来被不少领导推崇备至的业绩考评机制又谈何容易，这自然也成为预防刑事错案的难点之一。

（二）绩效考评机制的改变

为了实现管理的正规化、标准化和制度化，不少公安机关在公安工作和队伍建设的基础上实行了一套奖优罚劣、惩前毖后的长效考核机制（这种考核机制在检察机关也同样存在）。应该说，这种绩效考核机制有其合理性的一面，它借鉴了企业的管理经验①，同时又结合侦查工作的特点，在一定程度上实现了预期的目标。但是，这种考核机制又存在致命的弱点，因为侦破案件毕竟与企业生产有着本质差别。

刑事案件都发生在过去，要回放当时的事实细节，只能靠收集各种证据来重构证明，但受时空人为因素等的影响，有些案件的事实有可能永远都查不清。可是，在工作中为了业绩和荣誉，各单位的上级领导机关常常会给下级单位下达考核评比的硬性指标，迫使办案人员之间互相攀比，有时还会下达“命案必破”的命令，这更加大了刑侦部门的工作压力。在“达标”、“嘉奖”、“立功”等成为衡量工作好坏和绩效高低的考核机制下，有些办案人员为了快速实现这些目标，有时就会不惜弄虚作假或加大审讯力度，采取刑讯逼供等非法手段迫使犯罪嫌疑人认罪。有了口供，就大功告成，不但对上级、对民众有了交代，而且还可以立功受奖。在这种工作绩效考评的压力下和功利主义的驱使下，刑事错案发生的概率就会大大增加。若想从根本上改变这一做法，也不是一朝一夕的事，因而也就成了实践中实施新刑诉法中相关规定的一大难点！但是，从发展的眼光来看，随着科学技术的不断发展，造成刑事错案的不少因素会逐渐减少，这就涉及预防刑事错案的第三个难点——科技水平的提高。

---

① 这种管理经验源于美国的 20 世纪 50 年代，以美国古典管理学家泰勒（Frederick Winslow Taylor）的科学管理和行为科学理论，尤其是其中的参与管理理论为基础形成的一套管理制度，具有严肃性、灵活性、主动性和可操作性等特点。参见泰勒的《科学管理原理》一书，北京理工大学出版社 2012 年 7 月版。

（三）科技水平的提高

众所周知，科学技术在案件侦查中的作用越来越大，刑诉法在修改时也专门增加规定了可以采用技术侦查和秘密侦查手段，但这些手段的运用也不是心想就能事成的。一方面，科学技术的发展需要大量的人力物力去研究，而另一方面即便是单纯的技术应用操作解读，也需要具备相应的专业知识和技能才行，这自然也成了预防刑事错案的难点和关键性因素之一。

人类社会发展到21世纪，从司法证明方法角度来看，人类社会曾经历了两次重大转变：第一次是从以“神证”为主的证明方法向以“人证”为主的证明方法的转变；第二次是以“人证”为主的证明方法向以“物证”为主的证明方法的转变。在第二次转变过程中，科学技术在司法证明活动中发挥着举足轻重的作用。随着犯罪手段的复杂化、智能化和科技化，刑事诉讼活动中从侦查、收集证据到讯问等各个环节都需要充分运用科学技术知识和方法。[①]物证的收集和解读，在多数情况下，也离不开科学技术的运用。而物证在刑事诉讼程序中，地位的提高和作用的增强，就会自然而然地减少“人证”的分量，尤其是口供在定罪中的独一无二的作用。而口供作用的降低，在很大程度上可以减少刑讯逼供等非法取证行为的发生，其最终结果必然有助于减少刑事错案发生的概率。因此，科技水平的提高已渐渐成为预防刑事错案的关键性因素。如新刑诉法中增加规定了技术侦查和秘密侦查手段，如果通过这些手段已收集到证明犯罪嫌疑人有罪的确实、充分的证据，那就没有必要在讯问时再逼供了，而这无疑有助于提高办案的质量，同时也有助于预防刑事错案的发生。

再如人们耳熟能详的DNA检测技术，也是20世纪80年代中期才被运用到刑事诉讼程序中，此后在侦查审判中就发挥着越来越重要的作用。随着DNA检测技术的不断发展，即使是一个小小的DNA分子碎片，也包含着每个人独特的特点，凭借检测结果就可以确定一个人的身份，尤其是在性犯罪案件、谋杀案件

---

① 何家弘主编：《刑事司法大趋势——以欧盟刑事司法一体化为视角》，中国检察出版社2005年版，第6—7页。

和其他暴力犯罪案件中，DNA 检测能够帮助侦查人员快速准确地找到真正的凶手，或排除无辜的人。如在性攻击案件中，通过检测男子精液标本获得的 DNA 证据，就能锁定或排除犯罪嫌疑人，其精确度高达 99.99%，远远大于传统的检测勘验技术。

事实上，DNA 证据除了在定案前的作用外，还可以纠正一些已判决的刑事错案，为无辜受屈的被告人平反昭雪。由于 DNA 证据在发现和纠正错案方面的巨大作用，早在 2004 年，美国至少有 38 个州已制定了相关的法律，已被判刑定罪的人在利用 DNA 数据库为自己洗刷冤情方面享有与控诉机关同等的机会。如美国的无辜者运动（the Innocent Movement），自 1989 年以来，在美国已有 2，000多起错案被发现并得到纠正，其中近 300 起案件是通过 DNA 检测技术证明监狱里的罪犯是无辜的。这一组织由律师、记者和活动家组成，他们致力于发现和保障被错误定罪的无辜罪犯的自由。此组织已开始向全球扩展，如南非、新加坡、荷兰、法国、英国、澳大利亚、波兰等。[①]可以设想，在赵作海冤案中，要是当初警方在难以确实无名尸体究竟是不是失踪的赵振裳的情况下，能通过赵振裳在家里的各种物品上遗留下来的痕迹来检测 DNA，比对死者的 DNA，那就能准确地搞清楚这具无名尸体是不是赵振裳本人。那样的话，这起冤案或许就可以避免了。

由此可见，科技水平的提高是预防刑事错案的关键性因素，但发展科学技术也是一大难点。不过，随着科学技术的飞速发展，司法证明活动中运用科学技术认定案件事实真相的领域也不断扩大，如法医、物证、声像资料和电子证据等。由于科学技术知识在刑事诉讼程序中的运用越来越广泛，其作用也越来越大，为解决案件中有争议的专业性问题，专家证人的身影也成了各国法庭上一道亮丽的风景。我国新刑诉法也在第 192 条规定了控辩双方享有申请专家证人出庭的权利。这一规定无疑有助于加强庭审时专家证人与鉴定人在同一知识水平上的直接对抗，从而有助于事实裁判者对案件真相的了解与判断以便作出公正的判决，同

① See Mark Godsey, the Innocent Movement in the U. S. and its Recent Global Expansions: Issues and Challenges,《预防刑事错案国际研讨会》会议发言材料，吉林长春，2012 年 8 月 6—8 日。

时也在最终意义上减少了刑事错案的发生。

结　语

无论是“正义的流产”还是“正义的夭折”，都说明了刑事错案产生的复杂性，既有体制外的原因，如执法思想理念和社会舆论等方面的影响，也有体制内的原因，如立法规定的欠缺和对抗制诉讼程序的弱化，而我国刑事诉讼法的再次全面修改已从不同角度为刑事错案的预防和纠正提供了制度保障。在今后的司法实践中，如何从证据制度、辩护制度和监督制度方面予以落实和执行才是预防刑事错案的关键。由于刑事错案涉及一个人的自由，甚至是生命，因此而牵涉的不仅仅是无辜被冤屈的犯罪嫌疑人、被告人，还有他的家人、亲戚、朋友等一个大圈子，错案的发生无疑会或多或少地影响到家庭的安定与社会的和谐。而刑事错案的预防正应验了“说起来容易做起来难”这一俗语。造成刑事错案的原因是多方面多层次的，而司法体制外的原因自然是无法靠修改法律来实现的。因此，只有动员全社会的力量来预防和遏制刑事错案的发生，才是上上之策。

（原载于《人民检察》2013 年第 5 期上）

第四部分

证 据 制 度

非法证据排除规则与程序正义

王守安*

非法证据排除规则作为一种以司法方式创设的救济措施，最早发源于美国宪法第四修正案有关禁止非法搜查和扣押的规定，目的是阻却警察的非法取证行为，保护被追诉者的诉讼权利，实现程序正义。在中国，规范意义上的非法证据排除规则是1998年才确立的，实践意义上的非法证据排除程序则是在2010年《关于办理死刑案件审查判断证据若干问题的规定》和《关于办理刑事案件排除非法证据若干问题的规定》颁布后才正式建立起来的，而此次刑事诉讼法再修改也吸收了“两个证据规定”的基本精神，将非法证据排除规则写入其中，但如何在司法办案过程中将该规则切实应用，并且避免“水土不服”成为一个值得探讨的问题，也关乎程序正义理念能否在新刑诉法实施后得到真正的实现。

一、非法证据排除规则的确立

在中国，非法证据排除规则的法律渊源主要是《刑事诉讼法》，最高人民法院、最高人民检察院的司法解释以及2010年由最高人民法院、最高人民检察院、公安部、国家安全部和司法部联合发布的《关于办理死刑案件审查判断证据若干

---

* 最高人民检察院检察理论研究所所长。

问题的规定》和《关于办理刑事案件排除非法证据若干问题的规定》（以下简称《办理死刑案件证据规定》和《非法证据排除规定》）。1996 年《刑事诉讼法》第 43 条规定与 1979 年《刑事诉讼法》第 32 条规定相比，没有任何变化，仅宣言式地规定了审判人员、检察人员和侦查人员不得以非法的方法收集证据，尚未涉及非法证据的界定以及如何排除非法证据等具有实质意义的问题。为了进一步完善非法证据排除规则，1998 年最高人民法院《关于执行〈中华人民共和国刑事诉讼法〉若干问题的解释》第 61 条规定："严禁以非法的方法收集证据。凡经查证确实属于采用刑讯逼供或者威胁、引诱、欺骗等非法的方法取得的证人证言、被害人陈述、被告人陈述，不能作为定案的根据"，1999 年《人民检察院刑事诉讼规则》第 265 条规定："严禁以非法的方法收集证据。以刑讯逼供或者威胁、引诱、欺骗等非法的方法收集的犯罪嫌疑人供述、被害人陈述、证人证言，不能作为指控犯罪的证据。"上述两条规定强调非法证据既不能作为定案的根据也不能作为指控犯罪的证据，将非法取证行为与证据排除后果联系在一起，初步构建了中国的非法证据排除规则。然而在司法实践中，相关规定的出台，并未换来大量非法证据得以成功排除的案例。有研究表明："在调查翻供的 69 名被告人中，称刑讯逼供、诱供、骗供、承诺释放等非法取得口供的占大多数，这在被告人翻供的理由中体现的也最为突出，共有 31 人以该理由进行翻供或辩解，占翻供被告人的 44.93%，而判决最终予以采纳的仅有 2 件 4 人。"①

而在我国刑事诉讼发展史中，《办理死刑案件证据规定》和《非法证据排除规定》首次以司法解释的形式正式确立了非法证据排除规则并明确规定了非法证据排除的范围和操作程序，不仅奠定了刑事诉讼法再修改时证据立法的基本走向，而且重申了中国政府旨在根除酷刑、进一步履行联合国反酷刑公约的一贯立

① 调查分析了 1997—2004 年甘肃省部分法院（大多数案件的来源主要是兰州铁路运输两级法院）审理的 42 件典型的被告人翻供刑事案件及其证据认定，在调查的 42 件被告人翻供案件中，一审案件 36 件，二审案件 6 件。其中，翻供的被告人 69 人，翻供案件 76 起，以 2002 年和 2003 年度被告人翻供案件为最多，各有 14 件，反映出自控辩式刑事审判方式确立后，被告人翻供问题日益突出；调查的案件案由涉及抢劫、强奸、放火、故意杀人、故意伤害、运输毒品、运输假币、盗窃、贪污、受贿、挪用公款、妨害公务、破坏生产经营、包庇、转移和收购赃物等罪名。参见郑高键：《对被告人翻供案件证据认定的调查与思考》，载《甘肃政法学院学报》2009 年第 3 期。

场。《办理死刑案件证据规定》有41个条文，《非法证据排除规定》有15个条文，其中《办理死刑案件证据规定》有10个条文涉及非法证据的排除问题。一方面，规定了什么是应当排除的非法证据："非法证据中的'非法'，并非证据本身所自有的属性，而是侦查人员在获取证据过程中的手段、程序，或者说证据呈现出来的表现形式是违反法律的，因而形成了非法证据"[①]；另一方面，设计了庭审时非法证据排除的程序。当然，两个规定也不可避免地存在这样那样的问题。例如，关于非法证据排除的程序，规定中要求通过专门的听证程序进行判断并作出决定，此种听证程序的性质是否属于审判程序、所作的决定性质如何、所做决定能否上诉这些问题在此次规定中均未涉及，这可能直接导致非法证据排除程序的设置根据不足从而影响到全面、准确的实施[②]。2012年3月，第十一届全国人大五次会议审议通过了关于修改《中华人民共和国刑事诉讼法》的决定，针对现行刑事诉讼法关于证据的规定比较原则的问题进行了重要修改，其中包括对现行非法证据排除制度的完善。修改后的刑事诉讼法有关非法证据排除的条文是放置在第一编总则第五章证据中，相关规定适用于刑事诉讼程序的全过程。

在本质属性上，一部刑事诉讼法的科学性和进步性，取决于它本身法律程序的正当性程度。刑事诉讼法走向理性、文明、民主，有赖于它在程序正义之路上的成长历程。正如法国学者卡斯东·斯特法尼等所言："社会对犯罪的反应不是一种本能的、专断的、盲目的反应，而是经过深思熟虑的、有规则可循的、本质上具有司法裁判性质的反应。在已经实行的犯罪与刑罚之间，实际上有一场'诉讼'，这就是刑事诉讼。"[③] 而非法证据排除规则的确立也为我国刑诉法日渐清晰的程序正义属性描绘出了轮廓。

二、非法证据排除规则的程序价值

证据是刑事诉讼程序的核心，现代证据制度要求司法机关追究犯罪的方式和

① 陈卫东：《两个证据规定的进步与不足》，载《证据科学》2010年第5期。

② 陈卫东：《非法证据排除规则的喜与忧》，载《法制日报》2010年8月11日，第11版。

③ [法] 卡斯东·斯特法尼等：《法国刑事诉讼法精义》，罗结珍译，中国政法大学出版社1998年版，第1页。

手段必须是合法的，假如允许通过刑讯逼供等非法途径收集的证据进入刑事诉讼程序，会引起人们对司法行为正当性的质疑，因此非法证据排除规则的运用是实现程序正义的必然要求，也是实现司法公正和人权保障的必由之路。非法证据排除规则对实现程序正义的价值表现在以下方面：

首先，刑事诉讼中的实体正义理念是通过刑事诉讼过程而实现的，是以诉讼结果来彰显的，但需要程序正义来保障。我国学者对结果正义一般理解为实体真实，即判决的客观和准确。具体来说，实施犯罪行为的人被判决有罪；无辜的人不受定罪；有罪的人得到与其罪行相当的惩罚，但这仅仅是结果正义的一项要求。有学者认为除此之外还有三项标准要求：裁判结果形式主义标准，即裁判结果要同等案件同等对待，不同案件区别对待；裁判结果必须在严格适用法律规则与适当行使自由裁量权之间保持平衡；裁判结果必须在个人正义和社会目标之间保持平衡，即兼顾刑罚的个人正义目标和刑罚的社会效果①。在这四项标准中，确定案件的事实，即判决的客观准确显然是其他三项标准的前提条件，而科学的证据规则对查明案件事实，准确、客观地判决至关重要。科学、完善的证据规则会促使收集证据的主体依法科学取证，使证据的客观真实性得以保障。其次，由于各种主客观原因，收集到案的证据都存在着真、假两种可能性，都需要对其进行审查判断才能作为定案的依据。审查判断证据是用证的关键环节，质量的好坏直接影响案件处理的正义性。科学的证据规则有利于查明案件事实，获得正义的结果，对实体正义这一基本理念的实现意义非凡。在中国传统司法思想中，就普遍存在着对被控诉人权利的漠视和贬抑，历来主张追求实体真实，而相对忽视程序正义。新中国成立后，由于普遍存在的法律工具主义思想，认为法律是统治阶级治理国家的重要手段，是消灭剥削阶级、打击阶级敌人的重要工具。因此，在刑事诉讼中，一般也是强调打击犯罪的功能和作用，而忽视对人权的保障。然而，缺失了程序正义，实体正义的价值目标也难以企及。非法证据排除规则在捍卫程序公正的同时，也满足了人们的结果正义的期许。

其次，诉讼的客观、公正要求科学、合理的诉讼程序。科学、合理的诉讼程

① 陈瑞华：《刑事审判原理论》，北京大学出版社 2003 年版，第 79—83 页。

序要求控辩双方在形式上应保持平等对抗的格局，否则，案件的公正性难以保证。在刑事诉讼中，控诉职能往往是以国家强制力为后盾并掌握各种必需手段的国家机关来行使，而辩护职能由犯罪嫌疑人、被告人及其辩护人行使，况且犯罪嫌疑人、被告人大多被羁押在一定场所，人身自由受到限制，其力量显然不及控诉方。因此，要取得与控诉方相对应的地位，必须加强其诉讼能力。首先，确立犯罪嫌疑人、被告人的诉讼主体地位；其次，赋予其与诉讼主体地位相当的诉讼权利，并与控诉方的诉讼权利相对应，使之与控诉方形成形式上的平等，以维护诉讼构造的平衡；最后，建立和完善犯罪嫌疑人、被告人的诉讼权利救济机制，以确保控辩双方的真正平衡。在科学的刑事诉讼构造理论的指导下，建立和完善非法证据排除规则是改造和完善刑事诉讼构造的重要方面。因为，刑诉构造存在于证据规则中。证据规则反映控、辩、审三方的法律地位和相互关系问题。[①] 而控辩平衡是刑事诉讼机制的本质要求，只有控辩双方真正平衡相待，才可能展开平等的对话交流与沟通，只有双方都成为刑事诉讼中地位平等的诉讼主体，才可能达成主体间的合意。非法证据排除规则保障了辩护方的主题地位，并最终求取真正的程序正义。

最后，证据规则是程序法定的重要内容。任何证据材料，如果没有规则的约束将失去规范，不能达到实现正义的目的。而程序法定原则是在刑事法领域实现人权的基础。刑事诉讼活动是司法机关依法证实犯罪、揭露犯罪、追究犯罪嫌疑人、被告人刑事责任的过程。犯罪嫌疑人、被告人作为刑事诉讼中受到强大的国家机关追诉的一方当事人，其合法权益容易受到侦控机关或审判人员的限制。从个案角度看，排除非法证据可能放纵一个或几个罪犯，但接纳非法证据则意味着鼓励非法取证，这显然不利于保护人权，会影响整个刑事诉讼制度的形象。证据规则一方面可以使司法人员严格遵循法定的程序和原则进行运用证据的活动，避免在证据的收集、审查判断、运用的过程中有剥夺、限制诉讼参与人或其他公民的合法权利的现象；另一方面，证据规则可以规制司法人员对证据的随意取舍行

---

① 李心鉴：《刑事诉讼构造论》，中国政法大学出版社 1992 年版，第 9—10 页；左卫民、周长军：《刑事诉讼的理念》，法律出版社 1999 年版，第 155—156 页；［日］棚瀬孝雄：《纠纷的解决与审判制度》，王亚新译，中国政法大学出版社 1994 年版，第 266 页。

为，也约束了司法人员的自由心证，保护诉讼参与人能更好地行使自己的合法权利，维护自己的合法权益。我国刑事诉讼法绝大多数问题的起因都在程序不正当，或者程序的正当化程度不足。任何法治资源都不能堪称灵丹妙药，但存在最佳的方案。目前，对于我国这样过于强调实体真实主义的国家，正当法律程序也许是目前解决我国问题的最佳方案之一，而非法证据排除规则正是方案的“题眼”。

三、非法证据排除规则的具体运用

现代社会需要有法律规定的程序形式，这一方面为了最大限度地增加可接受的决定的可能性，另一方面为了保证那些处于法定程序的人们的平衡。[①] 由于历史传统和司法制度的不同，非法证据排除规则在两大法系刑事司法中的运用是不同的。程序正义的理念是以发生发达于英国法并为美国法所继承的“正当程序”思想为背景而形成和展开的，这在证据规则上也可见一斑。英美法系国家采用强制排除主义（如著名的“毒树之果”理论），主要目的在于阻止警察在取证中的违法行为。而时至今日，程序正义的理念是刑事诉讼法基本理念之一的观点现已被广泛接受，包括在大陆法系国家。日本知名学者平野龙一也认为：“法律的正当程序，比起真实的发现这一结果，重视其认定的过程。”[②] 以非法证据排除为例，大陆法系国家采用具体情况具体分析的权衡理论，目的是在保护个人权利和执法需要两者之间求得平衡。与两大法系国家相比，2012 年后我国的非法证据排除规则也产生了自己的特色，主要表现在排除对象、排除程序和排除后果上，体现了程序正义的基本思路。

（一）排除对象

修正后的刑事诉讼法第 54 条详细规定了非法证据排除的问题。该条沿袭非

---

① ［英］麦考密克、［奥］魏因贝格尔：《制度法论》，周叶谦译，中国政法大学出版社 1994 年版，第 178 页。

② 转引自宋英辉：《刑事诉讼目的论》，中国人民公安大学出版社 1995 年版，第 51 页。

法言词证据和非法实物证据的"二分法"，规定采用刑讯逼供等非法方法收集的犯罪嫌疑人、被告人供述和采用暴力、威胁等非法方法收集的证人证言、被害人陈述，应当予以排除。收集物证、书证不符合法定程序，可能严重影响司法公正的，应当予以补正或者作出合理解释；不能补正或者作出合理解释的，对该证据应当予以排除。在侦查、审查起诉、审判时发现有应当排除的证据的，应当依法予以排除，不得作为起诉意见、起诉决定和判决的依据。亦即对于非法取得的言词证据，应当绝对地、毫不犹豫地予以排除，而对于非法取得的实物证据，应当予以补正或者作出合理解释，在无法补正或解释的情况下才予以排除。简而言之，对于非法的言词证据应当绝对排除，对于非法的实物证据应当裁量排除，修正后的刑事诉讼法和两个证据规定都确定了这一排除模式，反映出我国在此问题上的共识。

此次刑事诉讼法再修改的亮点之一为在第 50 条增加了"不得强迫任何人证实自己有罪"的表述。在立法过程中，虽然就是否增加该表述以及如何进行规定存在争议，但自此次刑事诉讼法修改以来，专业人士和社会公众都从正面肯定了该规定的积极意义。该规定有以下特点：第一，增加"不得强迫任何人证实自己有罪"体现了沉默权制度的精神内核，反映了我国刑事司法理念的进步和与世界诉讼体制的融合，对保障犯罪嫌疑人基本权利和促进司法公正有宣示性意义。第二，考虑到我国侦查实践的基本情况，未将其确立为刑事诉讼法的基本原则，只是规定在证据一章中。第三，在确立不得强迫自证其罪原则的同时，修正后的刑事诉讼法并未相应的删除第 118 条中规定的"如实回答义务"。刑事诉讼法中"不得强迫任何人证实自己有罪"与"如实回答义务"两者并存引起了社会公众的广泛关注。从立法层面理解，"不得强迫任何人证实自己有罪"要求犯罪嫌疑人在接受讯问时有权选择保持沉默，而"如实回答义务"则要求犯罪嫌疑人应当作出真实的供述，两者相结合即要求犯罪嫌疑人或者不主动作出有罪供述，侦查机关也不得强迫犯罪嫌疑人作出有罪供述，或者主动作出真实的供述。

（二）排除程序

修正后的刑事诉讼法第 56 条、第 57 条、第 58 条、第 182 条规定了非法证据在审判阶段规范的排除程序，包括排除模式、证明责任、证明对象、证明标准和证明方式等一系列问题。第 56 条规定，在法庭审理过程中，审判人员认为可能存在以非法方法收集证据情形的，应当对证据收集的合法性进行法庭调查。当事人及其辩护人、诉讼代理人也有权申请人民法院排除以非法方法收集的证据。同时，第 182 条也规定在开庭以前，审判人员可以召集公诉人、当事人和辩护人、诉讼代理人，对回避、出庭证人名单、非法证据排除等与审判相关的问题，了解情况，听取意见。

对于证明责任分配问题，修正后的刑事诉讼法也做出了回应，规定当事人及其辩护人、诉讼代理人有权申请人民法院对以非法方法收集的证据依法予以排除。申请排除以非法方法收集的证据的，应当提供相关线索或者材料。“线索或者材料”的表述方式实质上否认了当事人及其辩护人、诉讼代理人需要承担证明责任，而只是在启动非法证据排除程序时提供线索、材料作出必要的说明，使审判人员相信存在非法取证行为并启动排除程序。另一方面，非法证据排除程序实行举证责任倒置，控方需要提供证据证明取证行为合法，实质上承担结果意义上的证明责任。第 49 条规定，公诉案件中被告人有罪的举证责任由人民检察院承担，自诉案件中被告人有罪的举证责任由自诉人承担。第 57 条第 1 款也规定，在对证据收集的合法性进行法庭调查的过程中，人民检察院应当对证据收集的合法性加以证明。虽然非法证据排除程序所要解决的并不是被告人的定罪和量刑问题，而是证据的取得方式是否合法，但由于控辩双方争议的非法证据对于判定被告人的罪责问题往往起到关键作用，而且非法证据排除程序依附于原有的诉讼程序，因此与第 49 条和无罪推定原则相适应，结果意义上的证明责任应当由控方承担。这在欧洲也是十分普遍的，在犯罪嫌疑人被羁押且遭受刑讯逼供的案件中，证明责任可能会发生倒置。

（三）排除后果

修正后的刑事诉讼法扩大了排除非法证据的责任主体并将非法证据排除提前，规定在侦查、审查起诉、审判时发现有应当排除的证据的，应当依法予以排除，不得作为起诉意见、起诉决定和判决的依据。不同于大陆法系和英美法系国家法官作为非法证据排除的责任主体，中国的侦查人员、检察人员和法官都有义务主动地排除非法证据，这样对非法证据的排除最早可以提前至侦查阶段，且检察人员对非法证据的排除也不仅限于审查起诉，在审查批准逮捕时也可以予以排除。在中国，案卷材料是连接侦查、起诉和审判等不同诉讼阶段的主要桥梁，侦查人员和检察官“排除非法证据”实际上也是不将某一非法证据作为审查批准逮捕和审查起诉的依据。修正后的刑事诉讼法第171条特别规定了人民检察院在审查起诉时可以要求公安机关提供法庭审判所必需的证据材料；认为存在以非法方法收集证据情形的，可以要求其对证据收集的合法性作出说明。如果检察机关认为公安机关无法说明某一证据来源合法，可以直接决定不将该证据归入案卷中并作出审查起诉的依据即可。这在其他国家也有章可循，例如在法国，排除证据的唯一法律渊源是程序无效（procedural nullities），这是一个适用于审前阶段并且最初设计用于调整侦查机关取证行为的制度。如果侦查机关没有办理某些旨在尊重和保障被告人权利的手续，那么相关的侦查行为会被宣布无效。

四、发挥检察职能作用，运用非法证据排除规则促进程序正义

我国此次刑事诉讼法再修改总体上体现了程序正义的要求，非法证据排除规则在立法上的确立，既是程序正义的内容，也是实现程序正义的制度保障，对诉讼程序的正当性实践运作具有重要价值。从实践层面讲，非法取证是影响程序正义实现的一个极为重要的因素。因此，在立法上贯彻程序正义理念并确立非法证据排除规则的背景下，检察机关作为在刑事诉讼中承担多项职能特别是具有法律监督职能的诉讼主体，应当发挥职能作用，切实运用非法证据排除规则促进程序正义的实现。

首先，在理念上要从实现程序正义的角度认识非法证据排除规则的价值。对非法证据排除规则可以从人权保障、程序法治等不同角度分析其价值，正义是诉讼的最高价值追求，侵犯人权、违反程序等，都是对程序正义的损害。非法证据排除规则正是通过对非法取证行为的规制，促进和实现规范取证，彰显程序正义的价值追求。程序的非正义足以影响司法公信力，阻却司法功能发挥，而非法取

证是程序非正义的典型表现，在我国的司法实践中是公众反映较为突出的问题。检察机关作为法律监督机关，在保障和实现司法公正中承担着重要职责，必须从实现程序正义的角度，充分认识非法证据排除规则的制度价值，并切实地、自觉地运用这一规则，追求和促进刑事司法活动的正当性运作。

其次，恪守程序法治理念，严格依法取证。修改后的刑事诉讼法对证据收集制度从多方面做了完善，可以说从立法上看，取证制度已较为完备。取证制度的完善，很大程度上表现为对公权力的约束和规制。检察机关在刑事诉讼中承担着对职务犯罪等案件的侦查职能，刑事诉讼法的修改对检察机关的侦查活动提出更高要求。为了保障刑事司法程序的正当性，检察机关应当恪守程序法治理念，依法取证，努力实现自首取证活动的合法性。

再次，通过排除非法证据，实现侦查监督职能。审查逮捕、审查起诉是检察机关在刑事诉讼中的重要职能，也是实现侦查监督的重要路径。检察机关在审查逮捕、审查起诉活动中，要认真审查证据，对于非法收集的证据，要依法予以排除，不作为处理案件的证据，从一个重要方面实现对侦查行为的监督，促进侦查行为的正当性。另外，修改后的刑事诉讼法增加规定当事人和辩护人、诉讼代理人、利害关系人对于侦查人员的违法行为有权向该机关及检察机关提起申诉控告等，这既丰富了检察机关法律监督权，也是对非法证据排除规则的有益补充，是实现诉讼公正的重要保证。检察机关要注意运用这些新规定，加强侦查监督，促进程序正义。

最后，检察机关要正确履行在非法证据排除中的职责。在法庭审理过程中，当事人等提出排除非法证据申请的，人民检察院应当在法庭调查过程中，对证据收集的合法性加以证明；必要时，可以提请人民法院通知有关侦查人员或者其他人员出庭说明情况。对于经过法庭审理，确认或者不能排除存在法律规定的以非法方法收集证据情形的，对有关证据应当坚决予以排除。要坚决摒弃单纯的控方思维模式和行为作风，要在贯彻程序法治、实现程序正义的理念指导下，切实承担起在排除非法证据中的职责任务。

结语：通过程序实现正义

在我国，刑事诉讼法正在经历科学化、民主化的改革。相关各界已经意识到，我国传统法律文化存在着“重打击、轻保护，重实体、轻程序”的倾向并严重制约了刑事诉讼法的现代化之路。杜培武案、佘祥林案等刑事冤假错案的曝光，将刑事诉讼程序中的许多瑕疵推至社会舆论的风口浪尖上。同时，这也表明，在我国刑事诉讼中实现正当法律程序的道路还很漫长。现实告诉我们，程序正义之路在当代中国大有可为，是我国刑事诉讼走向现代化的必经之路。而非法证据排除规则就是其中一项重要的标志。“法律制度是经验性很强的知识，它的产生和存在并不是一个人、几个人在书桌上设计出来的，它是在社会实践中形成并在社会实践中发展、变化的。现行的每一项制度都是多种因素，包括政治、经济、社会、文化、历史、地理等条件综合作用的产物。”① 我国非法证据排除规则经历了从无到有，从简单确立到逐步完善的发展过程。两个证据规定的颁布实施以及修正后的刑事诉讼法的条文设计都立足于中国司法实践的基本情况，既反映了立法机关希冀细化证据规则、完善非法证据排除规则的美好意愿，又体现出人民法院、人民检察院和公安机关推行非法证据排除规则的坚定决心。此次修正后的刑事诉讼法的颁布绝不是中国非法证据排除规则发展的终点，而是一个新的起点，相信以非法证据排除规则的确立为契机，我们也必将探索出一条属于中国的程序公正之路。

（原载于《河南社会科学》2012 年第 11 期）

① 陈卫东：《程序正义之路》（第 2 卷），法律出版社 2005 年版，第 480 页。

新刑诉法对刑事证据制度的修改完善

邓思清*

近年来，刑事证据制度存在的一些突出问题已成为影响我国司法公正和社会稳定的一个重要问题，受到法学界和社会各界的广泛关注，因而本次刑事诉讼法修改对我国刑事证据制度作了许多重大修改。

一、证据制度的法律规定及实践中存在的主要问题

刑事证据制度是在刑事诉讼过程中有关刑事证据收集、审查判断及其运用的一系列规定。刑事诉讼的过程首先就是运用证据认定案件事实的过程，在准确认定案件事实的基础上正确适用法律，案件才能得到正确处理。在刑事案件中，大部分难以解决的问题在于事实的认定，因而刑事证据的运用就显得特别重要。刑事证据的收集是否合法及时、客观全面，刑事证据的审查判断是否符合法定程序，是否正确，根据刑事证据所认定的案件事实是否符合事实真相，都是正确处理刑事案件的关键。因此，完善的刑事证据制度对于发现案件事实真相和实现司法实体公正具有重要意义。同时，刑事证据制度又涉及许多程序问题，如刑事证据的收集程序、非法证据排除规则及程序、刑事证据采信规则及运用程序等，这

* 最高人民检察院检察理论研究所研究员。

些有关证据的程序不仅在于发现案件事实真相，还具有保障文明取证，维护程序人权的重要功能。刑事证据制度可以通过对司法机关收集运用刑事证据活动的规制，起到限制国家司法权、保障个人自由、实现程序公正的价值作用。因此，完善的刑事证据制度对于维护和体现刑事程序公正同样具有非常重要的意义。

我国1996年刑事诉讼法对刑事证据制度做了规定，但经过十六年的社会经济发展，有关刑事证据的规定不能满足实践的客观需要，影响了司法公正的实现，因而需要进行修改和完善。从目前司法实践看，1996年刑事诉讼法规定的证据制度存在以下问题。

（一）证据制度的法律规定太简单

尽管1996年我国刑事诉讼法以专章对刑事证据问题做了规定，但除了“侦查”一章中有关证据收集的内容外，“证据”一章只规定了8条，对证据制度的规定过于简单，缺乏可操作性，其中有的规定抽象和含混不清，有的地方甚至还存在法律漏洞。具体来说，立法在证据的概念和种类上存在不合理之处；尚未确立自由心证或证据裁判原则；证据规定不健全，法律和相关解释虽已存在关于自白规则、非法证据排除规则、补强证据规则和关联性规则的零星规定，但既不系统，又不严密；在证明对象方面，对程序法律事实和免证事实的规定几乎阙如；对证明责任和证明标准问题缺乏科学规定；关于证人和鉴定人出庭作证问题，证人、鉴定人及被害人安全保护问题规定的单薄，不仅久为学界诟病，而且在司法实践中也难以有效落实；有关鉴定的启动、鉴定人资格、鉴定结论效力等规定也有待翔实和细化；有关证据保全的规定较之民事行政诉讼而言相对单薄等。因而总体上看，1996年刑事诉讼法有关证据的法律规定还十分简单，尚未形成系统完善的刑事证据制度体系。

（二）难以解决司法实践中的突出问题

由于1996年刑事诉讼法关于证据制度的规定过于简单，有关司法解释不统一不全面，导致司法实践中有关证据的问题无法解决。例如证人出庭作证问题，虽然法律规定了证人应当出庭作证，但由于法律缺乏对证人权利的有效保护措施，经济补偿规定，证人拒证特权规定，再加上我国存在厌讼的传统，实践中证人很少出庭作证，出现证人出庭作证难的问题，司法机关也无法解决，这已成为实践中的一个突出问题。又如鉴定结论问题，虽然法律对鉴定机构、鉴定人等做了规定，但由于缺乏对鉴定程序的启动、鉴定人资格、鉴定人出庭、鉴定人的安全保护、鉴定结论的法律效力等问题的明确规定，实践中出现当事人多头鉴定、反复鉴定、鉴定人不出庭接受质证等问题，导致法官无法对鉴定结论的效力进行判断和采信，影响了对案件事实的认定和对案件及时作出裁判。此外，还有非法证据如何排除、证据如何保全等问题，司法机关都无法有效解决。

（三）证据制度的法律规定与国际公约的要求存在较大差距

刑事证据制度涉及国际社会普遍承认的一些原则，如无罪推定原则、直接言词原则、禁止酷刑原则等，这是人类文明的结晶，刑事证据制度应当予以体现。我国已批准了若干与刑事证据制度有关的国际公约，如《禁止酷刑和其他残忍、不人道或有辱人格的待遇或处罚公约》等。1998 年 10 月 5 日我国政府签署了《公民权利和政治权利国际公约》，该公约系统规定了刑事司法的一些准则，其中包括多项与刑事证据有关的内容，如该《公约》第 14 条第 3 项（戊）目规定：人人完全平等地有资格享受“讯问或业已讯问对他不利的证人，并使对他有利的证人在与对他不利的证人相同的条件下出庭和受讯问”的最低限度的保证；第 14 条第 3 项（庚）目规定：“任何人不被强迫作不利于自己的证言或强迫承认犯罪。”等等，这些规定都属于刑事证据方面的问题。我国 1996 年刑事诉讼法关于证据制度的规定与国际公约的规定尚存在较大的差距，因而有必要进行修改和完善，以促使我国刑事证据制度进一步现代化、民主化和科学化。

二、证据的概念和种类

刑事证据的概念和种类是证据法学的基本理论问题之一，它不仅反映出不同的证据观，而且还直接决定了刑事证明活动的质量，因而是刑事制度的基础问题。

（一）修改背景

我国1996年《刑事诉讼法》第42条规定："证明案件真实情况的一切事实，都是证据。证据有下列七种：（一）物证、书证；（二）证人证言；（三）被害人陈述；（四）犯罪嫌疑人、被告人供述和辩解；（五）鉴定结论；（六）勘验、检查笔录；（七）视听资料。以上证据必须经过查证属实，才能作为定案的根据。"该条是对证据概念和种类作出的规定，但在司法实践中都遇到一些难以解决的实际问题。

关于证据的概念，第42条第1款的规定采取的是事实说，除了事实说外，还有材料说、信息说、根据说、双重含义说、方法说、结果说、反映说、原因说和命题说等学说。① 这些学说各有利弊，仅就我国对证据概念定义即事实说而言，主要存在两方面的问题：（1）前后规定矛盾。第14条第1款中规定的"证据"概念本身就包含了"证据为真"的预设，而第3款中规定的"证据"则需要"查证属实"，其内含着"证据可真可假"的预设，因而二者存在逻辑上的矛盾。而造成这一逻辑矛盾的最根本原因在于两处的提法没有保持概念上的一致性，违反了逻辑同一律的要求。（2）与司法实践不符。在司法实践中，根据法律的要求，侦查机关要全面及时地收集证明犯罪嫌疑人有罪、无罪以及犯罪轻重的各种证据，在这些收集的证据中，有的是真实的证据，有的则是虚假的证据，如证人证言这种证据，有的是真实的，有的则是虚假的，还有的是真假相伴的等，但在司法机关审查判断之前，这些有真有假的证人证言都作为证据看待，这就与"证据是证明案件真实情况"的规定不相符合。

关于证据的种类，第14条第2款作了列举性的规定，即将证据列举了七种，但在司法实践运用中，我们发现，该规定主要存在以下两方面的问题：（1）对证据种类名称的概括不准确。证据种类名称的概括是该类证据特征的集中体现，必须准确全面，然而第14条第2款对证据种类名称的概括有的尚不准确，例如

① 相关学说可参见何家弘主编：《新编证据法学》，法律出版社2000年版，第99页；卞建林主编：《证据法学》，中国政法大学出版社2000年版，第70页；陈卫东主编：《刑事诉讼法资料汇编》，法律出版社2005年版，第183—184页；等等。

"鉴定结论"，该名称容易给司法人员以"鉴定结论"就是真实结论的印象，或者就是"科学证据"的误导，它没有反映出鉴定结果可能存在错误的本质特征，可能导致司法人员过分依赖鉴定结果，忽视对其进行审查判断，不利于查明案件事实真相。(2) 对证据种类的概括不全面。第 14 条第 2 款对证据种类采取了全面明确规定的做法，没有规定"兜底性"条款。这种做法的好处是清楚明白，便于实践操作和执行。但是，这种做法要求对证据种类的概括必须全面，不能有任何遗漏。从目前司法实践看，该条款的规定尚未达到要求，对证据种类的概括尚不全面，存在一些遗漏，例如该条只规定了"勘验、检查笔录"，没有规定"辨认、侦查实验等笔录"；规定了"视听资料"，但没有规定"电子数据"等。

（二）修改内容

为了更合理界定证据的概念，对证据种类进行科学分类，以解决司法实践中存在的问题，新刑诉法将原刑事诉讼法第四十二条改为第四十八条，修改为：

第四十八条　可以用于证明案件事实的材料，都是证据。证据包括：

（一）物证；

（二）书证；

（三）证人证言；

（四）被害人陈述；

（五）犯罪嫌疑人、被告人供述和辩解；

（六）鉴定意见；

（七）勘验、检查、辨认、侦查实验等笔录；

（八）视听资料、电子数据。

证据必须经过查证属实，才能作为定案的根据。

（三）理解与适用

新刑诉法的上述规定，应当从以下几个方面来理解，并在司法实践中切实执行：

1. 正确理解证据的概念

新刑诉法对“证据”的概念作了修改，即修改为“可以用于证明案件事实的材料，都是证据”。这样修改的理由是实践中的“证据”非常广泛，既有证明案件真实情况的材料，也有不证明案件事实的材料，只要是侦查机关和有关人员收集的有关材料，都可称为“证据”。本条中“证明”的含义是：在刑事诉讼过程中，收集、运用证据推断案件事实的活动都是证明。在理解证明的含义时，需要注意两个方面：一是证明存在与刑事诉讼全过程，包括侦查、起诉和审判阶段；二是证明的主体包括专门机关和当事人，以及辩护人、诉讼代理人。对于专门机关来说，它们负有证明的职责，即收集、查明案件事实是法律赋予他们的职责。

2. 全面把握证据的种类

新刑诉法对证据种类作了以下修改：一是将“物证”与“书证”作为两种证据分别规定。1996 年刑事诉讼法把物证与书证作为一类证据规定在一起。但是，随着证据理论的发展，书证与物证之间的差异逐渐显露出来，有必要将其作为两种证据类型分别加以规定。二是将“鉴定结论”修改为“鉴定意见”。这样修改的理由是鉴定专家作出的鉴定结果，只是一种鉴定专家个人的判断，可能是真实的，也可能是错误的，并不是对鉴定问题的“结论”或“定论”，因而将其称为“鉴定意见”更符合实际，也有利于司法机关对其进行审查判断。据此，新刑诉法第五十六条将原刑事诉讼法第一百二十一条、第一百五十七条中的“鉴定结论”修改为“鉴定意见”。三是将“勘验、检查笔录”修改为“勘验、检查、辨认、侦查实验等笔录”。这样修改的理由是为了适用侦查实践的需要，在侦查过程中，侦查机关除了可以进行勘验、检查活动，制作勘验、检查笔录外，还可以进行辨认、侦查实验等侦查活动，制作辨认、侦查实验等笔录，这些都应当纳入该类证据中来。四是将“视听资料”修改为“视听资料、电子数据”。这样修改的理由是更加全面，使这类证据能够包含所有的电子证据。因为视听资料是指能够通过人的视觉、听觉来感知的录音录像材料，它只是电子证据的一种，电子证据还包括其他电子文字、数字等形式的材料。这里规定的“电子数据”是指除录音录像之外的计算机存储信息，包括磁盘、光盘、移动硬盘存储的信息等。

3. 实践中应注意的问题

在刑事司法实践中，公安机关、人民检察院和人民法院适用该条规定时，应当注意以下几方面的问题：（1）要正确理解法律规定的含义。该条对证据的概念和种类作了明确的规定，其中对“证据”的概念要作广义上的理解，即只要认为与案件事实有关的材料，都可以作为证据。对证据种类，要特别注意对新增加的“电子数据”这种证据的理解。（2）要全面收集与案件有关的各种证据材料。由于证据不只是证明案件真实情况的材料，还包括不证明案件真实情况的材料，因而在收集证据时，应当尽可能的全面，只要认为与案件事实有关的材料，都应当作为证据予以收集。（3）证据只能归为法定的八种证据。在实践中，侦查人员收集的证据可能很多，但要运用这些证据，就必须对其进行归类，将它们分别归到法定的七种证据之中，不能有其他归类，否则就不是证据，不能进入刑事诉讼程序。

公安机关、人民检察院和人民法院在具体运用证据时，应当注意根据各种证据的特性进行审查判断。关于物证、书证，应当注意重点审查以下内容：（1）物证、书证是否为原物、原件，物证的照片、录像或者复制品及书证的副本、复制件与原物、原件是否相符；（2）物证、书证的收集程序、方式是否符合法律及有关规定；（3）物证、书证有无变化，即物证、书证在收集、保管及鉴定过程中是否受到破坏或者改变；（4）物证、书证与案件事实有关关联，对现场遗留与犯罪有关的具备检验鉴定条件的血迹、指纹、毛发、体液等生物物证、痕迹、物品，是否通过 DNA 鉴定、指纹鉴定等鉴定方式与被告人或者被害人的相应生物检材、生物特征、物品等作同一认定；（5）物证、书证是否全面，即与案件事实有关联的物证、书证是否全面收集等。关于证人证言，应当注意重点审查以下内容：（1）证人证言的来源和内容，即证言的内容是否为证人直接感知；（2）证人的作证能力，即证人作证时的年龄、认知水平、记忆能力和表达能力，生理上和精神上的状态是否影响作证；（3）证人与案件当事人、案件处理结果有无利害关系；（4）证言的取得程序、方式是否符合法律及有关规定；（5）证人证言之间以及与其他证据之间能否相互印证，有无矛盾等。关于被害人陈述，对其审查与对证人证言的审查基本相同，但基于被害人与证人的不同，除应当注意前述有关证人证言审查的内容外，还应当重点审查以下两方面的内容：（1）被害人是否虚假报案，即要审查被害人报案的动机，被害人与被告人之间的关系等；（2）被害人是否故意夸大犯罪行为造成的侵害后果。关于犯罪嫌疑人、被告人供述和辩解，应当重点审查以下内容：（1）讯问程序是否合法，即讯问的时间、地点、讯问人的身份、手段等是否符合法律规定；（2）供述和辩解的内容是否全面和客观；（3）供述是否前后一致，有无反复以及出现反复的原因；（4）辩解的内容是否合情合理，有无矛盾；（5）供述和辩解与其他证据是否能够相互印证，有无矛盾等。关于鉴定意见，应当重点审查以下内容：（1）鉴定人是否存在应当回避而未回避的情形；（2）鉴定人是否具有合法的资质；（3）鉴定程序是否符合法律及有关规定；（4）检材的来源、取得、保管、送检是否符合法律及有关规定，与相关提取笔录、扣押物品清单等记载的内容是否相符，检材是否充足、可靠；（5）鉴定的程序、方法、分析过程是否符合本专业的检验鉴定规程和技术方法要求；（6）鉴定意见的形式要件是否完备，是否注明提起鉴定的事由、鉴定委托人、鉴定机构、鉴定要求、鉴定过程、检验方法、鉴定文书的日期等相关内容，是否由鉴定机构加盖鉴定专用章并由鉴定人签名盖章；（7）鉴定意见是否明确；（8）鉴定意见与案件待证事实有无关联；（9）鉴定意见与其他证据之间是否存在矛盾；（10）鉴定意见是否依法及时告知相关人员，当事人对鉴定意见是否有异议等。关于勘验、检查、辨认、侦查实验等笔录，应当重点审查以下内容：（1）勘验、检查等是否依法进行，笔录的制作是否符合法律及有关规定的要求；（2）勘验、检查等笔录的内容是否全面、详细、准确、规范；（3）补充进行勘验、检查等的，前后勘验、检查等的情况是否有矛盾，是否说明了再次勘验、检查等的原因；（4）勘验、检查等笔录中记载的情况与其他证据能否印证，有无矛盾等。关于视听资料、电子数据，应当重点审查以下内容：（1）视听资料、电子数据的来源是否合法，制作过程中当事人有无受到威胁、引诱等违反法律及有关规定的情形；（2）视听资料、电子数据是否载明制作人或者持有人的身份，制作或者形成的时间、地点和条件以及制作方法；（3）视听资料、电子数据是否为原件，有无复制及复制份数；调取的视听资料、电子数据是复制件的，是否附有无法调取原件的原因、制作过程和原件存放地点的说明，是否有制作人和原视听资料、电子数据持有人签名或者盖章；（4）视听资料、电子数据的内容和制作过程是否真实，有无经过剪辑、增加、删改、编辑等伪造、变造情形；（5）视听资料、电子数据的内容与案件事实有无关联性等。

三、举证责任和证明标准

在刑事诉讼中，举证责任是指对自己的控诉主张提供证据并予以证明的责任；证明标准主要是指证明被告人有罪的证据应当达到的程度或者要求。举证责任和证明标准是证据理论或证据法的核心内容，因而是刑事证据制度的核心问题。

（一）修改背景

我国1996年《刑事诉讼法》没有对举证责任作出明确规定，但对证明标准作出了规定，即第46条规定："对一切案件的判处都要重证据，重调查研究，不轻信口供。只有被告人供述，没有其他证据的，不能认定被告人有罪和处以刑罚；没有被告人供述，证据充分确实的，可以认定被告人有罪和处以刑罚。"第162条规定："在被告人最后陈述后，审判长……根据已经查明的事实、证据和有关的法律规定，分别作出以下判决：（一）案件事实清楚，证据确实、充分，依据法律认定被告人有罪的，应当作出有罪判决；（二）依据法律认定被告人无罪的，应当作出无罪判决；（三）证据不足，不能认定被告人有罪的，应当作出证据不足、指控的犯罪不能成立的无罪判决。"

关于举证责任，我国1996年《刑事诉讼法》没有任何规定，这就产生了以下两方面的问题：一方面，将人民法院误认为是举证责任的主体。1996年《刑事诉讼法》第43条规定："审判人员、检察人员、侦查人员必须依照法定程序，收集能够证实犯罪嫌疑人、被告人有罪或者无罪、犯罪情节轻重的各种证据。……"理论界不少学者据此认为，人民法院也是举证责任的主体，有收集证据证明案件事实的义务，但无论是在诉讼理论上还是在实践中，人民法院不同于控辩双方当事人，处于超然和居中裁判的中立地位，并没有自己独立的诉讼主张，举证责任就也无从谈起。可见，认为人民法院也应承担举证责任的看法是存在问题的。另一方面，对应由谁来承担举证责任不明确，影响诉讼活动的正当进行。举证责任直接关系到谁是承担证明义务的主体，也直接影响到法院对案件的最后判决。在现代刑事诉讼中，基于国家追诉原则、无罪推定原则以及被告人在诉讼中的特殊地位，原则上应当由控诉方对被告人有罪承担举证责任，例外的情况该举证责任也可由被告人承担。遗憾的是，刑事诉讼法并没有明文规定由控诉方承担举证责任，也没有列举出应当由被告人承担举证责任的情形，致使司法实践中犯罪嫌疑人、被告人无罪推定的权利被不当的侵犯甚至剥夺。

关于证明标准，我国1996年《刑事诉讼法》规定的证明被告人有罪的标准是“案件事实清楚，证据确实充分”。该证明标准存在以下问题：（1）对其含义存在不同理解。关于如何理解法律规定的证明标准，理论界存在三种不同的理解，即客观真实说、法律真实说和诉讼真实说。[①] 这种不同的认识不尽反映了法律规定的不完善，而且也影响了司法人员的司法活动。（2）与提起公诉的证明标准没有明显的区分。刑事诉讼的过程是一种证明标准不断提升的过程，提起公诉的证明标准要高于侦查的证明标准，有罪判决的证明标准要高于起诉公诉的证明标准。但法律规定的提起公诉的证明标准是“犯罪事实已经查清，证据确实、充分，依法应当追究刑事责任的，应当作出起诉决定”，该证明标准与有罪判决的证明标准基本相同，不符合证明标准递进的要求。（3）在实践中缺乏可操作性。“案件事实清楚，证据确实充分”的证明标准太原则，其在实践中的运用，必须依赖司法人员的主观认知，即具有一定的主观性，对案件的判决可能会出现“因人而异”的现象，这说明该证明标准不具有约束司法人的实践可操作性。

---

① 参见樊崇义：《客观真实管见——兼论刑事诉讼证明标准》，载《中国法学》2000年第1期；张建伟：《法律真实的暧昧性及其认识论取向》，载《法学研究》2004年第6期；陈卫东：《诉讼中的“真实”与证明标准》，载《法学研究》2004年第6期；等等。

（二）修改内容

为了弥补原规定的不足，明确刑事诉讼中的举证责任和证明标准，新刑诉法增加了以下规定：

第四十九条　公诉案件中被告人有罪的举证责任由人民检察院承担，自诉案件中被告人有罪的举证责任由自诉人承担。

第五十三条　对一切案件的判处都要重证据，重调查研究，不轻信口供。只有被告人供述，没有其他证据的，不能认定被告人有罪和处以刑罚；没有被告人供述，证据确实、充分的，可以认定被告人有罪和处以刑罚。

证据确实、充分，应当符合以下条件：

（一）定罪量刑的事实都有证据证明；

（二）据以定案的证据均经法定程序查证属实；

（三）综合全案证据，对所认定事实已排除合理怀疑。

（三）理解与适用

新刑诉法的上述规定，应当从以下几个方面来理解，并在司法实践中切实执行：

1. 正确理解举证责任

新刑诉法第 49 条的规定体现了“谁主张谁举证”的原则，即人民检察院和自诉人负有向法院提出证据证明其主张的责任。在我国立法中首次使用举证责任这一概念的是《行政诉讼法》第 32 条的规定：“被告对作出的具体行政行为负有举证责任。”刑事诉讼法借鉴该法的规定，首次规定了人民检察院和自诉人负有举证责任。本条规定的“公诉案件”举证责任由人民检察院承担，是指人民检察院是公诉案件举证责任的主体，如果其不能举证或举证没有达到证明标准，即承担“败诉”的风险。公诉案件中人民检察院承担举证责任是由以下因素决定的：一是人民检察院代表国家主动追诉犯罪，就理所应当地负有举证责任；二是无罪推定原则的要求，即人民检察院要推翻被告人无罪的推定，即应当有责任举证；三是由被告人在诉讼中的特殊地位决定的，即被告人在诉讼中往往被采取强制措施，既没有强制收集证据的权力，也没有收集证据的能力。本条规定的“自诉案件”举证责任由自诉人承担，是指自诉人是自诉案件举证责任的主体，这里的“自诉人”应作广义理解，包括法定代理人和自诉人委托的诉讼代理人。

2. 准确把握证明标准

新刑诉法第53条的规定包含了三个方面的内容：一是强调认定被告人有罪和对其处罚必须有证据来证明；二是证据必须达到确实充分的程度；三是确实充分的标准应当符合本条规定的三个条件。

关于证据标准的规定，与原法律规定相比，新刑诉法并没有修改证明标准，只是明确或细化了证明标准的具体含义或达到的要求，即证明标准的“证明确实充分”应当满足以下三个条件：（1）定罪量刑的事实都有证据证明。这里的“定罪量刑的事实”，包括“定罪的事实”和“量刑的事实”两方面内容，其中，“定罪的事实”是指刑法规定的某个犯罪的犯罪构成有关的事实，或者犯罪构成各个要件的事实；“量刑的事实”是指刑法规定的影响某个犯罪量刑轻重各种情节的事实，如行为人的年龄、主观罪过形态、犯罪的结果等。（2）据以定案的证据均经法定程序查证属实。这里的“定案”是指法院对案件作出裁判；“法定程序”是指法律规定的法庭审理程序；“查证属实”是指有关证据经过法庭控辩双方的质证和辩论，被认为是真实的。（3）综合全案证据，对所认定事实已排除合理怀疑。这里的“全案证据”是指经过法定程序被查证属实的所有证据，不包括被排除的非法证据；“排除合理怀疑”是指根据查证属实的所有证据，对案件事实得出唯一合理的结论，不存在其他任何合理的结论，这里的“合理”是指符合任何有理性的人的正常判断，“怀疑”是指对所认定的事实还存在其他的可能性。“排除合理怀疑”是对证明标准的高度概括，是法院对被告人作出有罪判决的根本要求。

3. 实践中应注意的问题

在司法实践中，公安司法机关在适用新刑诉法第49条的规定时，应当注意以下几方面的问题：

一是举证责任不包括收集证据的责任，但以收集证据为基础。公诉案件中收集证据的责任主要由公安机关承担，公安机关在收集证据时，应当依照《刑事诉讼法》第二编第二章侦查的规定，进行专门的调查工作和有关的强制性措施，收集能够证明犯罪嫌疑人有罪的证据，为以后的提起公诉作准备。自诉案件中收集证据的责任则由自诉人承担，自诉人可以委托律师或者其他人代其收集证据。

二是举证责任需要通过一系列的活动才能完成。在法庭审判阶段，公诉人或自诉人所承担的举证责任，要求其应当向法庭提出证据，并证明起诉书中对被告人指控的犯罪事实。根据刑事诉讼法的规定，公诉人或自诉人在法庭上的举证方式表现为，向法庭提供证人、鉴定人名单并对证人、鉴定人发问，向法庭出示物证、书证和其他证据，论证各个证据与案件事实的联系。只有通过这些举证活动，才能完成法律规定的证据责任。在承担举证责任的过程中，不仅仅是向法庭展示能够支持起诉书证明被告人有罪的证据，而是要接受法庭上的质证，回答排除被告人及其辩护人对证据提出的质疑，证明证据来源的合法性和真实性。同时，还要注意分析各个证据与案件事实的关联性和证明力，通过对证据的分析，构建无懈可击的完整的证明体系，以便使法庭能够排除对案件事实的合理怀疑。除了证明被告人有罪的举证责任外，公诉人还要承担对被告人量刑的举证责任。

三是举证责任的后果由人民检察院和自诉人承担。根据举证责任的分配，负有举证责任的人民检察院和自诉人，如果不能举证，或者达不到法律规定的证明要求，就应当承担不利的后果，即法院对被告人作出无罪的判决。

在适用新刑诉法第 53 条的规定时，公安司法机关应当注意以下两方面的问题：

一是法律规定的证明标准是有罪的证明标准。法律规定的“案件事实清楚，证据确实充分”这一证明标准，是针对法院判决被告人有罪的证明标准，而不是法院判处被告人无罪的证明标准。也就是说，只要公诉人或自诉人的举证没有达到法定的证明标准，即存在“合理怀疑”，法院就应当判决被告人无罪。

二是不同的诉讼阶段可以有不同的证明要求。在刑事诉讼中，不同诉讼阶段对证据证明的要求如何区分，目前存在不同的认识。有的认为应当降低移送审查起诉和提起公诉的证明要求。也有的认为“犯罪事实清楚，证据确实充分”是刑事诉讼立法对侦查终结移送审查起诉、提起公诉、作出有罪判决的统一要求。

我们认为，不同诉讼阶段的证明要求可以有所区分。一是刑事诉讼的不同阶段诉讼目的和任务不同，诉讼主体及其采取的诉讼行为不同，这些因素就决定了不同阶段可以适用不同的证明要求。二是证明过程与认识过程具有一致性，证明活动是一个由浅入深的递进过程，认识过程也是如此，因而不同诉讼阶段允许有不同的证明要求。但是，无论是侦查终结移送审查起诉，还是人民检察院向法院提起公诉，都是以犯罪嫌疑人、被告人有罪为前提或预设，都在追求法院对被告人作出有罪判决，因而从此意义上讲，侦查机关和人民检察院都应当以有罪判决的证明标准为"标准"，对移送审查起诉和提起公诉做到高标准和严要求。

四、非法证据排除制度

非法证据排除制度是有关非法证据排除规则和排除程序的一系列规定，它不仅反映了国家对刑事证据的要求，而且也体现了国家司法文明的程度，因而成为刑事证据制度的又一重要问题。

（一）修改背景

关于非法证据排除制度，我国 1996 年《刑事诉讼法》没有明确规定非法证据要予以排除，但规定了禁止以非法方法收集证据，即第 43 条规定："审判人员、检察人员、侦查人员必须依照法定程序，收集能够证实犯罪嫌疑人、被告人有罪或者无罪、犯罪情节轻重的各种证据。严禁刑讯逼供和以威胁、引诱、欺骗以及其他非法的方法收集证据。必须保证一切与案件有关或者了解案情的公民，有客观地充分地提供证据的条件，除特殊情况外，并且可以吸收他们协助调查。"

从立法和司法看，1996 年《刑事诉讼法》和有关司法解释在非法证据排除制度的规定方面主要存在以下问题：（1）法律没有明确规定，有关司法解释规定的效力较低。关于非法证据排除，我国只在司法解释中有所规定，如 1998 年最高人民法院《关于执行〈刑事诉讼法〉若干问题的解释》第 61 条规定："严禁以非法的方法收集证据。凡经查证确实属于采用刑讯逼供或者威胁、引诱、欺骗等非法的方法取得的证人证言、被害人陈述、被告人供述，不能作为定案的根据。”1999 年最高人民检察院《人民检察院刑事诉讼规则》第 265 条第 1 款规定：“严禁以非法的方法收集证据。以刑讯逼供或者威胁、引诱、欺骗等非法的方法收集的犯罪嫌疑人供述、被害人陈述、证人证言，不能作为指控犯罪的根据。”由于这些司法解释的效力较低，难以在实践中得到有效执行。（2）有关非法证据排除的规定不系统不全面，缺乏可操作性。虽然有关的司法解释对非法证据排除制度作了一些规定，但由于规定的不够准确、全面和系统，特别是缺乏完善的排除程序，因而在实践中缺乏可操作性，难以很多地得到贯彻执行，实践中对以非法方法收集的证据很少予以排除，不利于遏制刑讯逼供等非法取证行为。（3）实践中出现的一些错案，与非法证据排除制度不完善具有密切的关系。从司法实践看，由于我国刑事诉讼法没有规定非法证据排除规则，一些司法解释虽然规定了非法证据排除规则，但缺乏必要的排除程序，致使非法证据无法得到有效排除，成为定案的根据，从而导致一些错案的发生。例如“杜培武杀人案”、“佘祥林杀人案”、“赵作海杀人案”，都是典型的代表。这些死刑错案的出现，虽然有多种原因，但是与非法证据的采信具有很大的关系。为了解决实践中出现的问题，“两高三部”于 2010 年 6 月 13 日联合发布了《关于办理刑事案件排除非法证据若干问题的规定》，对非法证据的界定以及排除规则和程序加以具有的规定。这个规定实施以来，对遏制非法取证，提高刑事案件质量，发挥了很好的作用。

（二）修改内容

为了明确非法证据排除规则，完善有关排除程序，解决司法实践中存在的问题，新刑诉法对刑事证据的有关条款进行了修改补充。

第五十条规定　审判人员、检察人员、侦查人员必须依照法定程序，收集能够证实犯罪嫌疑人、被告人有罪或者无罪、犯罪情节轻重的各种证据。严禁刑讯逼供和以威胁、引诱、欺骗以及其他非法方法收集证据，不得强迫任何人证实自己有罪。必须保证一切与案件有关或者了解案情的公民，有客观地充分地提供证据的条件，除特殊情况外，可以吸收他们协助调查。

第五十二条第二款　行政机关在行政执法和查办案件过程中收集的物证、书证、视听资料、电子证据等证据材料，在刑事诉讼中可以作为证据使用。

第五十二条第三款　对于涉及国家秘密、商业秘密、个人隐私的证据，应当保密。

第五十四条　采用刑讯逼供等非法方法收集的犯罪嫌疑人、被告人供述和采用暴力、威胁等非法方法收集的证人证言、被害人陈述，应当予以排除。收集物证、书证不符合法定程序，可能严重影响司法公正的，应当予以补正或者作出合理解释；不能补正或者作出合理解释的，对该证据应当予以排除。

在侦查、审查起诉、审判时发现有应当排除的证据的，应当依法予以排除，不得作为起诉意见、起诉决定和判决的依据。

第五十五条　人民检察院接到报案、控告、举报或者发现侦查人员以非法方法收集证据的，应当进行调查核实。对于确有以非法方法收集证据情形的，应当提出纠正意见，必要的时候，可以建议办案机关更换办案人。对于以非法方法收集证据，构成犯罪的，依法追究刑事责任。

第五十六条　法庭审理过程中，审判人员认为可能存在本法第五十四条规定的以非法方法收集证据情形的，应当对证据收集的合法性进行法庭调查。

当事人及其辩护人、诉讼代理人有权申请人民法院对以非法方法收集的证据依法予以排除。申请排除以非法方法收集的证据的，应当提供相关线索或者材料。

第五十七条　在对证据收集的合法性进行法庭调查的过程中，人民检察院应当对证据收集的合法性加以证明。

现有证据材料不能证明证据收集的合法性的，人民检察院可以提请人民法院通知有关侦查人员或者其他人员出庭说明情况；人民法院可以通知有关侦查人员或者其他人员出庭说明情况。有关侦查人员或者其他人员也可以要求出庭说明情况。经人民法院通知，有关人员应当出庭。

第五十八条　对于经过法庭审理，确认或者不能排除存在本法第五十四条规定的以非法方法收集证据情形的，对有关证据应当予以排除。

第一百七十一条第一款　人民检察院审查案件，可以要求公安机关提供法庭审判所必需的证据材料；认为存在本法第五十四条规定的以非法方法收集证据情形的，可以要求其对证据收集的合法性作出说明。

（三）理解与适用

新刑诉法的上述规定，明确规定了收集证据的原则、非法证据排除的原则、非法证据的调查程序和排除程序，构建了完整的非法证据排除制度。新刑诉法通过上述规定建立的非法证据排除制度，主要包括以下几个方面的内容：

1. 不得强迫任何人自证其罪

新刑诉法第 50 条在强调审判人员、检察人员、侦查人员必须依照法定程序，收集能够证实犯罪嫌疑人、被告人有罪或者无罪、犯罪情节轻重的各种证据。严禁刑讯逼供和以威胁、引诱、欺骗以及其他非法方法收集证据的同时，特别增加了“不得强迫任何人证实自己有罪”。结合本条其他内容，“不得强迫任何人证实自己有罪”的规定，是指不得采用刑讯逼供、威胁等有强制力的手段收集能够证明自己有罪的言词证据。由于在司法实践中，采取刑讯逼供等暴力手段收集言词证据，特别是收集犯罪嫌疑人、被告人的口供，是非法证据的主要表现，也是侵犯人权最严重的行为，危害特别大，社会影响也非常恶劣，为此新刑诉法为了强调，特别增加了该规定。

此外，上述规定还强调，公检法三机关必须保证一切与案件有关或者了解案情的公民，有客观地充分地提供证据的条件；行政机关在行政执法和查办案件过程中收集的物证、书证、视听资料、电子证据等证据材料，在刑事诉讼中可以作为证据使用；审判人员、检察人员、侦查人员对涉及国家秘密、商业秘密、个人隐私的证据负有保密的义务。这些规定，都是在收集和使用证据时必须遵守的规则。

2. 公检法三机关应当严格履行排除非法证据的义务

新刑诉法第 54 条规定：“……在侦查、审查起诉、审判时发现有应当排除的证据的，应当依法予以排除，不得作为起诉意见、起诉决定和判决的依据。”这里“在侦查、审查起诉、审判时发现有应当排除的证据的”，是指公安机关、人民检察院、人民法院在侦查、审查起诉、审判过程中，发现有应当排除的非法言词证据和非法实物证据的情形。“不得作为起诉意见、起诉决定和判决的依据”，是指公安机关、人民检察院和人民法院不能将应当排除的非法证据作为自己的起诉意见、起诉决定和判决的依据。可见，本条规定了公安机关、人民检察院和人民法院都有排除非法证据的义务，即在刑事诉讼的各个阶段，只要发现了应当排除的非法证据，公检法三机关都有义务予以排除，不得将其作为起诉意见、起诉决定或者判决的依据。

3. 绝对排除非法言词证据

新刑诉法第 54 条规定："采用刑讯逼供等非法方法收集的犯罪嫌疑人、被告人供述和采用暴力、威胁等非法方法收集的证人证言、被害人陈述，应当予以排除。……"这里的"非法言词证据"是指通过非法手段所获得的言词证据，不包括主体不合格、形式不合法、违反程序的言词证据。关于"非法言词证据"的非法手段，本条只明确列举了"刑讯逼供"、"暴力"、"威胁"三种手段，因为在司法实践中最突出的问题是以刑讯逼供等暴力、威胁的方法获取言词证据，这是对人权的重严重侵犯。一旦确认是"非法言词证据"，应当坚决排除，没有裁量的余地。这里的"等"是指与刑讯逼供、暴力、威胁相当的手段。在实践中，对"等"的具体理解可以参照最高人民检察院《关于渎职侵权犯罪案件立案标准的规定》关于刑讯逼供、暴力、威胁立案标准的规定中对非法手段进行的列举。① 但是，应当注意的是，成为"非法言词证据"的这些手段，并不要求必须构成犯罪，不构成犯罪，也能作出排除"非法言词证据"的根据。此外，还应当注意的是，本条没有规定"引诱"、"欺骗"，并不意味着"引诱、欺骗"的取证手段就是合法的。在司法实践中，"引诱、欺骗"的含义特别是标准难以界定，与侦查讯问中的讯问技巧、策略有时很难区分，如果将这些讯问方法都认为非法，将导致大量口供被排除，给侦查工作带来较大冲击，因此，对此问题应当根据具体案件作出具体判断和处理。如果采用"引诱、欺骗"的方法严重违反了法律的规定，使得犯罪嫌疑人、被告人被迫作出供述，并且严重损害了口供的客观真实性的，也应当予以排除。

---

① 涉嫌下列情形之一的，应予立案：1. 以殴打、捆绑、违法使用械具等恶劣手段逼取口供的；2. 以较长时间冻、饿、晒、烤等手段逼取口供，严重损害犯罪嫌疑人、被告人身体健康的……

4. 裁量排除非法实物证据

新刑诉法第 54 条规定："……收集物证、书证不符合法定程序，严重影响司法公正的，应当予以补正或者作出合理解释；不能补正或者作出合理解释的，对该证据应当予以排除。……"本条确立了对非法实物证据实行裁量排除的规则。[①] 这里规定的"违反法律规定收集物证、书证"，主要是指违反刑事诉讼法关于搜查、扣押的程序规定，如未经合法批准或授权，搜查人员不符合要求等。这里的"非法实物证据"只包括物证、书证，不包括勘验、检查笔录和鉴定意见，因为物证、书证的收集通常采取搜查、扣押等手段，这些手段违法，就可能侵犯公民的人身权利、隐私权等基本人权，而勘验、检查笔录和鉴定意见的制作不存在侵犯人权的可能，因而不属于非法实物证据排除规则的适用范围。对于非法实物证据之所以实行裁量排除而不实行非法言词证据的绝对排除，主要是基于以下原因：一是证据证明力的变化不同。与言词证据相比，实物证据发生变化的可能性较小，即使采取违法的方法收集，一般也不会改变物证本来的属性和状态。二是危害大小不同。实物证据的收集较多地是针对地点、场所、物品等实施，即使违法，一般侵犯的是公民的住宅权、财产权；而言词证据的收集主要针对人实施，其违法直接侵犯公民的人身权，其危害更为严重。这里的"严重影响司法公正"，包括实体公正和程序公正，即要结合违法取证行为的违法程度、侵犯权利的性质和程度、非法取证作为的主观状态、取证手段造成的后果等因素进行权衡裁量，其违法取证行为及其后果的案件的实体公正和程序公正是否存在严重影响。这里的"补正或者作出合理解释"，是指对违法取证行为进行纠正，再通过合法的程序予以收集，或者能够证明搜查、扣押是在"紧急情况下"不得已而实施的等。

5. 检察机关应当加强对取证活动的法律监督

新刑诉法第 55 条和第 171 条第 1 款是关于检察机关发现侦查机关违法取证行为如何进行法律监督的规定。根据该规定，检察机关接到报案、控告、举报或

---

① 关于非法实物证据的排除，各国采取的方式不同，主要存在三种方式：一是自动排除，并且这种排除具有强制性，如法国、俄罗斯等；二是自动排除加例外，这种方式主要为美国所采用；三是裁量排除，这种方式为英国、德国、日本等大多数国家采用。

者发现侦查人员以非法方法收集证据的，可以采取以下监督处理方式：一是调查核实。即检察机关通过询问有关证人、被害人等人员，收集和查阅有关检查报告、录音录像等材料，以确认侦查人员是否存在以非法方法收集证据的情况。二是要求公安机关作出说明。检察机关通过调查后，如果认为存在本法第 54 条规定的以非法方法收集证据情形的，可以要求公安机关对证据收集的合法性作出说明。三是向公安机关提出纠正意见。如果检察机关确定公安机关确有以非法方法收集证据情形的，应当向其提出纠正违法行为的意见。四是建议更换办案人。如果检察机关认为原侦查人员违法较为严重，特别是故意违法，其继续负责侦查工作不利于案件的处理的，可以建议办案机关更换办案人。五是依法追究有关人员的法律责任。如果检察机关认为侦查人员违法收集证据的行为构成犯罪的，应当依法追究其刑事责任。这里的侦查人员，既包括公安机关的侦查人员，也包括检察机关的查办职务犯罪案件中的侦查人员。

6. 切实遵守非法证据的法庭调查程序

新刑诉法第 56 条、第 57 条和第 58 条对非法证据法庭调查程序做了规定，其主要包括以下内容：

一是提出非法证据排除的申请。新刑诉法第 56 条规定，在法庭审理过程中，当事人及其辩护人、诉讼代理人有权申请人民法院对以非法方法收集的证据依法予以排除。本条中的“法庭审理过程”指法庭审理的整个过程，包括开庭审理前、审理中和辩论结束后，只有法庭审理没有结束，当事人及其辩护人、诉讼代理人都可以提出该申请。

二是提供相关线索或者材料。新刑诉法第 56 条规定：“申请排除以非法方法收集的证据的，应当提供相关线索或者材料。”这里规定的“相关线索或者材料”，是指涉嫌非法取证的人员、时间、地点、方式、内容等相关线索或者材料，包括血衣、伤痕、照片、医疗证明、伤残证明、讯问笔录、同监人的证明等可以证明刑讯逼供等非法方法行为发生的时间、地点、方式、内容及涉嫌非法取证的人员等情况的线索或者材料。当然，这些线索和材料只要能对非法取证产生合理怀疑即可，并不要求完整准确。

三是审判人员决定法庭调查。新刑诉法第 56 条规定：“审判人员认为可能存在本法第五十四条规定的以非法方法收集证据情形的，应当对证据收集的合法性进行法庭调查。”本条是指通过对当事人及其辩护人、诉讼代理人提供有关线索或者证据的审查，只要审判人员认为可能存在非法取证情况的，就应当决定对有关证据取证合法性进行法庭调查。这种法庭调查应当与法庭审理区分开来，独立进行。

四是证据合法性的证明责任。新刑诉法第57条规定了人民检察院承担证据合法性的证明责任。即在法庭审理过程中，当事人及其辩护人、诉讼代理人可以对控诉证据提出非法证据排除申请，审判人员认为存在法律规定的以非法方法收集证据情形的，应当决定对证据收集的合法性进行法庭调查。在对证据收集的合法性进行法庭调查过程中，人民检察院应当对证据收集的合法性加以证明。本条规定的“现有证据材料不能证明证据收集的合法性的”，是指人民检察院已经提供给法院的有关证据材料，包括讯问笔录、录音录像等证据材料，通过宣读或者播放这些证据材料，仍不能排除存在非法取证的可能性。在此情况下，本条规定了人民检察院可以提请人民法院通知收集证据的侦查人员或者其他人员出庭说明情况，这里的“其他人员”是指除讯问的侦查人员以外的其他在场人员，包括记录人、录音录像制作人或者讯问聋哑人、少数民族人员、外国人时提供翻译的人员等，也包括了解情况的看守人员、监管人员等。“说明情况”是指作证，即将自己知道或者看到的真实情况向法庭作出陈述，以便法庭作出正确判断。

五是非法证据的排除。新刑诉法第58条规定了对非法证据予以排除。本条规定“确认或者不能排除存在本法第五十四条规定的以非法方法收集证据情形的，对有关证据应当予以排除”。这里规定的“不能排除”，是指人民检察院通过一系列的证明活动，没有达到“排除合理怀疑”的程度，即正常的人仍然认为存在非法取证可能性的情况。如果存在这种情况，法庭应当决定对有关证据予以排除，不能将其作为定案的根据。

7. 实践中应注意的问题

在司法实践中，公安机关、人民检察院和人民法院在适用新刑诉法规定的非法证据排除制度时，除了要准确理解有关修改条文的含义和所体现的人权保障精神之外，还应当注意以下几方面的问题：

一是非法证据排除贯穿于整个刑事诉讼活动。即在刑事侦查、审查起诉和审判的过程中，都可以进行非法证据的排除。也就是说，非法证据不仅在法庭审理阶段可以排除，在侦查、审查起诉阶段也可以排除。因为非法证据排除制度是保障人权和体现司法文明的重要制度，理应体现在整个刑事诉讼程序中。同时，新刑诉法明确规定非法证据“不得作为起诉意见、起诉决定和判决的依据”，这就包含了在侦查、审查起诉阶段也应当排除非法证据。

二是被告人提供有关线索或者材料只是一种义务。新刑诉法规定，当事人启动非法证据法庭调查程序时，应当提供非法取证的线索或者材料。可见，当事人“提供有关线索或者材料”是其启动非法证据法庭调查程序的一种义务，但不应当将其理解是当事人的一种举证责任。因为当事人如果不能提供有关线索或者材料时，不必然导致非法证据法庭调查程序不被启动，审判人员根据其他线索或者材料也可以自行启动该程序，也就是说，当事人并不必然地承担“不提供有关线索或者材料”的后果。新刑诉法将“提供有关线索或者材料”作为当事人启动非法证据法庭调查程序的义务，是为了防止其随意启动该程序，拖延审判期限。

三是非法证据法庭调查程序内容十分丰富。新刑诉法对非法证据法庭调查程序的内容做了规定，但在实践中适用中，还应当结合法律对庭审程序的其他规定来进行，例如人民检察院提请人民法院通知收集证据的侦查人员或者其他人员出庭说明情况时，人民法院决定通知后，审判长应当宣布休庭，择日再开庭审理，之后人民法院应当制作有关的通知书，通知收集证据的侦查人员或者其他人员。又如在非法证据法庭调查程序中，当事人及其辩护人、诉讼代理人可以对人民检察院证明证据收集合法的举证活动，有权进行质证，提出不同意见或者进行辩论，也可以向出庭的侦查人员或者其他人员提出问题，进行对质或者进行辩论等。总之，在非法证据法庭调查程序中，只要是为了查明证据的收集是否存在违法行为的有关活动，都可以进行。

五、证人制度

证人制度是有关证人资格及范围、证人作证义务及例外、证人出庭与保护、证人作证费用补助等问题的一系列规定，它不仅反映了一个国家证据制度的发展水平，而且也体现了其对人权保障的程度，因而成为刑事证据制度的又一重要问题。

（一）修改背景

关于证人制度，我国1996年刑事诉讼法第47条规定："证人证言必须在法庭上经过公诉人、被害人和被告人、辩护人双方讯问、质证，听取各方证人的证言并且经过查实以后，才能作为定案的根据。法庭查明证人有意作伪证或者隐匿罪证的时候，应当依法处理。"第48条规定："凡是知道案件情况的人，都有作证的义务。生理上、精神上有缺陷或者年幼，不能辨别是非、不能正确表达的人，不能作证人。"第49条规定："人民法院、人民检察院和公安机关应当保障证人及其近亲属的安全。对证人及其近亲属进行威胁、侮辱、殴打或者打击报复，构成犯罪的，依法追究刑事责任；尚不够刑事处罚的，依法给予治安管理处罚。"第157条规定："公诉人、辩护人应当向法庭出示物证，让当事人辨认，对未到庭的证人的证言笔录、鉴定人的鉴定结论、勘验笔录和其他作为证据的文书，应当当庭宣读。审判人员应当听取公诉人、当事人和辩护人、诉讼代理人的意见。"

从司法实践看，1996年刑事诉讼法关于证人制度的规定存在以下主要问题：（1）证人出庭难。证人出庭作证是控辩式庭审模式得以正常运转的一个基本要求，但从司法实践看，我国目前证人出庭率极低，据统计，各级人民法院证人出庭率均未超过10%，证人出庭难甚至不出庭已经成为我国刑事司法活动中的顽症之一。[①] 造成这种现象的原因是多方面的，除了我国传统"厌证"、"怕得罪人"等思想影响外，主要还是制度不完善方面的原因，如缺乏强制证人出庭作证的规定，更缺乏对不出庭证人予以处罚的规定等。（2）对证人保护措施不完善。虽然我国刑事诉讼法第49条对证人保护措施做了规定，《刑法》第308条也明确规定了"打击报复证人罪"，即"对证人进行打击报复的，处三年以下有期徒刑

① 参见胡云腾：《证人出庭作证难及其解决思路》，载《环球法律评论》2006年第5期。

或者拘役；情节严重的，处三年以上七年以下有期徒刑”。但是这些规定都侧重于事后惩罚，而且保护事项不全，难以在实践中真正起到打消证人后顾之忧、保证证人能够积极作证。（3）缺乏对证人费用补偿规定。证人作证特别是出庭作证，难免会带来一定的费用，如交通费、误工费、餐费等，为了保证证人能够作证，国外普遍都对证人作证的费用补偿做了规定。[①] 但是，我国法律却没有对证人作证费用补偿作出规定，因而影响了证人作证的积极性。

（二）修改内容

为了解决实践中证人保护、证人作证费用的补助和证人出庭作证等问题，完善我国证人制度，新刑诉法对证人制度作了以下修改规定：

第五十九条　证人证言必须在法庭上经过公诉人、被害人和被告人、辩护人双方质证并查实以后，才能作为定案的根据。法庭查明证人有意作伪证或者隐匿罪证的时候，应当依法处理。

第六十二条　对于危害国家安全犯罪、恐怖活动犯罪、黑社会性质的组织犯罪、毒品犯罪等案件，证人、鉴定人、被害人因在诉讼中作证，本人或者其近亲属的人身安全面临危险的，人民法院、人民检察院和公安机关应当采取以下一项或者多项保护措施：

（一）不公开真实姓名、住址和工作单位等个人信息；

（二）采取不暴露外貌、真实声音等出庭作证措施；

（三）禁止特定的人员接触证人、鉴定人、被害人及其近亲属；

（四）对人身和住宅采取专门性保护措施；

（五）其他必要的保护措施。

证人、鉴定人、被害人认为因在诉讼中作证，本人或者其近亲属的人身安全面临危险的，可以向人民法院、人民检察院、公安机关请求予以保护。

人民法院、人民检察院、公安机关依法采取保护措施，有关单位和个人应当

---

① 例如《日本刑事诉讼法》第164条第1款规定：“证人可以请求交通费、日津贴费及住宿费。”德国则就证人补偿进行了专门立法，其《刑事诉讼法典》第71条规定：“对证人要依照《证人、鉴定人补偿法》予以补偿。”等等。

配合。

第六十三条　证人因履行作证义务而支出的交通、住宿、就餐等费用，应当给予补助。对证人作证的补助，列入司法机关业务经费，由同级政府财政予以保障。

有工作单位的证人作证，所在单位不得克扣或者变相克扣其工资、奖金及其他福利待遇。

第一百八十七条　证人证言对案件定罪量刑有重大影响，并且公诉人、当事人或者辩护人、诉讼代理人有异议，人民法院认为证人有必要出庭作证的，证人应当出庭作证。

人民警察就其执行职务时目击的犯罪情况作为证人出庭作证，适用前款规定。

公诉人、当事人或者辩护人、诉讼代理人对鉴定意见有异议，人民法院认为鉴定人有必要出庭的，鉴定人应当出庭作证。经人民法院通知，鉴定人拒不出庭作证的，鉴定意见不得作为定案的根据。

第一百八十八条　经人民法院通知，证人没有正当理由不出庭作证的，人民法院可以强制其到庭，但是被告人的配偶、父母、子女除外。

证人没有正当理由拒绝出庭或者出庭后拒绝作证的，予以训诫，情节严重的，经院长批准，处以十日以下的拘留。被处罚人对拘留决定不服的，可以向上一级人民法院申请复议。复议期间不停止执行。

（三）理解与适用

新刑诉法的上述规定明确了证言的采信规则、证人保护、证人出庭以及证人不出庭的法律后果等证人制度。对上述规定，应当从以下几个方面来理解，并在司法实践中切实执行：

1. 遵循证人证言的审查方式

新刑诉法第 59 条保留了证人证言必须经过法庭质证并查实以后才能作为定案根据的证据采信规则，删除了“讯问方式”，保留了“质证方式”。因为证人不是犯罪嫌疑人，如果证人出庭作证，也只能进行“询问”或者“质证”，不能进行“讯问”。同时，新刑诉法还删除了“听取各方证人的证言”的规定。因为实践中基本不分控方证人和辩方证人，也很少有多个证人出庭作证，本条的规定本身也包含了“听取所有证人证言”的意思，因而没有必要再规定“听取各方证人的证言”。

2. 切实采取对证人的保护措施

新刑诉法第62条完善了1996年刑事诉讼法第49条关于证人的保护措施，具体表现在以下几方面：

一是明确了司法机关主动保护的案件范围。本条规定，“对于危害国家安全犯罪、恐怖活动犯罪、黑社会性质的组织犯罪、毒品犯罪等案件”，证人因在诉讼中作证，本人或者其近亲属的人身安全面临危险的，人民法院、人民检察院和公安机关应当采取保护措施。这里的“等案件”是指与上述所列犯罪具有相同或相似危害性的犯罪案件。对于这些犯罪案件的证人，司法机关只要发现其因在诉讼中作证，本人或者其近亲属的人身安全面临危险的，不管这些人员是否向其请求保护，司法机关都应当采取保护措施。

二是明确了证人保护的具体措施。本条规定了五项保护措施，即“（一）不公开真实姓名、住址和工作单位等个人信息；（二）采取不暴露外貌、真实声音等出庭作证措施；（三）禁止特定的人员接触证人、鉴定人、被害人及其近亲属；（四）对人身和住宅采取专门性保护措施；（五）其他必要的保护措施”。其中，第（一）项措施中的“等个人信息”包括能够使人辨认出或推断出证人的所有个人信息，包括电话号码、籍贯、年龄、外貌特征等信息。第（二）项措施中的“不暴露外貌”是指不暴露证人的面貌、身高、胖瘦等能够让人认出的外貌，包括采取戴面具、穿外罩衣等措施；“不暴露真实声音”是指通过一定的设备改变证人的声音的措施。第（三）项措施中的“特定的人员”是指可能对证人及其近亲属人身安全造成威胁的人员，主要包括证人作证可能给其带来不利影响的案件当事人及其近亲属。第（四）项措施中的“专门性保护措施”是指采取贴身保护、对住宅进行全天监控或者设专人进行站岗或巡逻等措施。第（五）项措施中的“其他必要的保护措施”是一项兜底性规定，即除了上述保护措施外，还可以采取其他的一些保护措施，如为证人提供隐蔽住房，帮证人移居国外，改变证人的身份，为证人更换工作或职业等。

三是明确了证人享有申请保护权。即本条规定“证人、鉴定人、被害人认为因在诉讼中作证，本人或者其近亲属的人身安全面临危险的，可以向人民法院、人民检察院、公安机关请求予以保护”。这里的“证人、鉴定人、被害人”应理解为广义“证人”的概念，“作证”也应当理解为广义的作证活动，包括鉴定人提供鉴定意见、被害人向司法机关作出陈述等活动。证人一旦提出请求保护的申请，人民法院、人民检察院、公安机关就应当切实履行保护职责，采取有效措施进行保护。按照法律规定，公检法采取保护措施时，有关单位和个人有义务配合，包括提供方便等。

3. 合理确定证人作证费用的补助

证人作证，是帮助司法机关查明案件事实真相。证人作证所支出的费用，理应由司法机关承担。对证人作证的费用补助，有助于鼓励证人作证。修改后的刑事诉讼法第63条对证人作证费用的补助作了明确规定。其中，“证人因履行作证义务而支出的交通、住宿、就餐等费用”，是指证人向公安机关、人民检察院或人民法院作证过程中所支出的有关费用，不包括证人向律师、当事人等作证而支出的费用，有关费用包括交通费、住宿费、就餐费、误工费等费用。“给予补助”是指对证人作证所支出的有关费用，公安司法机关应当给予补助，其补助标准应当以证人的实际支出费用为参照，同时考虑证人作证所耗费的时间长短、当地居民的平均生活标准等因素，确定合理的补助标准。

“对证人作证的补助，列入司法机关业务经费”，是指证人在哪个诉讼阶段作证所支出的费用就由哪个司法机关给予补助，给证人的补助由公安机关、人民检察院、人民法院的业务经费中列支。“有工作单位的证人作证”是指证人有临时或者固定的工作单位，包括企业、事业、机关等各种单位。“所在单位不得克扣或者变相克扣其工资、奖金及其他福利待遇”，是指证人作证后，除了可以获得有关补助外，其所在的各种单位不得因证人作证而直接或变相减少其工资、奖金、补助、津贴等一切福利待遇，更不得以证人履行作证义务而贻误工作为由，给证人以解聘或开除等处罚。

4. 切实遵守强制证人出庭作证的规定

新刑诉法第 187 条和第 188 条规定了强制证人出庭的条件和具体措施等。按照规定，证人在三种情况下应当出庭作证：

一是证人证言对案件定罪量刑有重大影响。这里“有重大影响”是指证人证言对案件定罪或者量刑或者定罪量刑两者都有重大影响。其中，对“案件定罪有重大影响”是指证人证言对认定被告人是否有罪具有决定性作用，即证人证言影响到被告人行为四个犯罪构成要件某一要件或某几个要件的成立；对“案件量刑有重大影响”是指证人证言对案件的量刑具有决定性影响，主要是指对刑法规定的量刑档次具有直接或决定性影响。

二是公诉人、当事人或者辩护人、诉讼代理人有异议。这里的“有异议”是指控辩双方对证人证言的内容及其真实性存在不同甚至相反的意见。这里的“当事人”主要是指被告人和被害人。

三是法院认为证人有必要出庭作证。这里的“有必要出庭作证”是指法庭通过控辩双方对书面的证人证言质证等方式，或者通过运用其他证据，难以核实书面证人证言的真伪，或者难以判断一个证人的多份证人证言或多个证人的多个证人证言哪一个是真实的，证人只有出庭才能查清或者核实的情况。只有同时具备上述三个条件，人民法院才能强制证人出庭作证。本条还规定了“人民警察就其执行职务时目击的犯罪情况作为证人出庭作证，适用前款规定”。这里的“执行职务”是指人民警察依法执行法定职务，包括日常巡逻、值勤、案件调查或者侦查活动等。

经人民法院通知，没有正当理由而不出庭作证的，人民法院可以强制证人出庭作证。第 188 条规定了强制证人出庭作证的条件、方式和处罚措施。关于强制证人出庭作证的条件是“经人民法院通知，证人没有正当理由不出庭作证的”，这里“经人民法院通知”是指证人接到人民法院要求其出庭作证的通知；“没有正当理由”是指证人没有因公出差、患严重疾病等令人理解的合理原因致使其无法出庭作证。关于强制证人出庭作证的方式是“强制其到庭”，这里的“强制其到庭”是指采取拘传等强制手段迫使证人出席法庭。如果证人“没有正当理由拒绝出庭或者出庭后拒绝作证的，予以训诫，情节严重的，经院长批准，处以十日以下的拘留”。这里的“予以训诫”，是指对拒不出庭或者拒不作证的证人，进行教育、批评等，以促使其能够出庭作证。“情节严重”，是指考虑到证人不出庭原因、主观故意的程度、拒绝作证的方式或态度等各种因素后作出的判断。当然，对于拘留决定不服，可以向上一级人民法院申请复议，复议期间不停止执行。但是，对于证人为被告人的配偶、父母、子女的，则不能强制其出庭作证和予以拘留。

5. 实践中应注意的问题

在司法实践中，公安机关、人民检察院和人民法院在贯彻执行新刑诉法规定的证人制度时，应当特别注意新刑诉法对证人制度中的证人保护、证人作证费用补助和强制证人出庭三方面修改的有关内容。其中，关于证人保护问题，应当注意以下几点：（1）对证人的保护是所有司法机关的职责。只要是证人在诉讼中履行作证义务，就有权获得司法机关的保护，无论是公安机关、人民检察院，还是人民法院，都有义务保护证人以及近亲属的安全。在实践中，案件在哪个诉讼阶段，哪个司法机关就应当承担证人保护的职责或者主要职责，也就是说，公安机关、人民检察院和人民法院三机关可以联合采取有关保护措施，有效保护证人及其近亲属的人身安全。（2）司法机关在证人保护方面应当发挥各自的优势。由于公安机关、人民检察院和人民法院的职责和权限不同，因而在证人保护措施的采取上，三机关应当发挥各自的优势，在联合的基础上要有所分工，比如“不公开真实姓名、住址和工作单位等个人信息”这一保护措施，三机关应当联合；“采取不暴露外貌、真实声音等出庭作证措施”这一保护措施，主要应当由人民法院负责，但在技术设备操作上，公安机关可予以配合支持；禁止特定人员接触证人及其近亲属等、对证人及其近亲属的人身和住宅采取专门性的保护措施等，主要应当由公安机关负责。（3）应当建立全面有效的证人保护体系。证人保护包括事前保护、事中保护和事后保护三种，我们应当将这三种保护结合起来，建立全面的证人保护体系。证人作证的最大担忧是对其保护缺乏有效性，因而对证人的保护必须达到切实避免来自各方的威胁，保证所采取保护措施切实有效，比如对证人个人及其近亲属的个人信息绝对保密，对受到威胁的证人采取紧急迁居、长期迁居、移居国外等保护措施。

关于证人作证费用补助的规定，在适用时应当注意以下两个问题：（1）公安机关、人民检察院和人民法院都是向证人提供补助的主体。即公安机关、人民检察院和人民法院都有义务向作证的证人提供补助。在司法实践中，证人在哪个诉讼阶段作证，其所支出的费用就应当由哪个诉讼阶段的司法机关予以补助。(2) 给证人的补助要合情合理。法律规定的是“补助”，而不是“报销”，因为在司法实践中，特别是在基层司法实践中，许多证人因作证所支出的费用往往没有票据或者发票，如坐车刷卡、在小饭馆就餐等，因而证人无法进行“报销”。但是，在实践中如何确定具体的补助标准，则是一个值得注意的问题。我们认为，补助标准以证人因作证所造成的直接耗费和经济损失为参考，同时应当结合当地平均生活标准，确定合理的补助标准。一般可以按照证人实际支出费用给予补助，也可以适当高于实际支出，但要合情合理。

关于强制证人出庭作证的规定，在适用时应当注意以下问题：(1) 强制的主体只能是人民法院。即人民法院是强制证人出庭作证的唯一主体，除此之外，其他任何机关或者个人，包括人民检察院和公安机关，均不得对证人采取直接或者变相的强制或者惩罚措施。(2) 对证人的强制或拘留应当适当。人民法院在强制证人出庭作证时，一般情况下仅允许实施以能够迫使其出庭提供证言的方式和程度为限；特殊情况下，如该证人属于关键证人而且多次传唤拒不出庭的，可以对其实施拘传并强制其到庭，但在实体法没有明确规定的前提下，不宜对证人采用刑事处罚的方法。同时，还应当注意强制手段、拘留时间的长短与证人抗拒程度、不出庭或拒证的原因及后果等相适应，避免强制或处罚措施的滥用。

六、鉴定制度

鉴定制度是有关鉴定机构、鉴定人资格、鉴定意见、鉴定人权利义务、鉴定人出庭等问题的一系列规定，它不仅反映了一个国家对鉴定的态度，而且也体现了国家证据制度的发展水平，因而成为刑事证据制度的一个重要内容。

(一) 修改背景

关于鉴定制度，我国 1996 年《刑事诉讼法》第二编第二章第七节作了专门规定，但只有4个条文。其中，第119条规定："为了查明案情，需要解决案件中某些专门性问题的时候，应当指派、聘请有专门知识的人进行鉴定。"第120条第2款规定："对人身伤害的医学鉴定有争议需要重新鉴定或者对精神病的医学鉴定，由省级人民政府指定的医院进行。鉴定人进行鉴定后，应当写出鉴定结论，并且由鉴定人签名，医院加盖公章。"

鉴定制度是我国证据制度的重要组成部分，在现代诉讼中发挥着日益重要的作用。鉴定作为为案件提供证据的一种手段，其程序的科学性和科技含量，直接影响着鉴定意见的公正性和可靠性。近年来，随着我国市场经济的发展，民主法制建设的加强和司法改革的深化，我国传统的鉴定体制所存在的弊端日益暴露出来，我国鉴定机构的设置体系是多元化的，公安机关、人民检察院、人民法院内部均设有自己的鉴定机关；鉴定机构各自为政，鉴定水平参差不齐。不仅导致鉴定权的分散，鉴定机构管理的混乱，而且浪费了司法资源和诉讼成本，影响了司法的公正性。鉴定体制改革已经成为我国司法体制改革中的令人关注的热点问题。

由于我国1996年刑事诉讼法对鉴定制度规定得十分简单，有关鉴定制度的许多内容都缺乏规定，如鉴定机构、鉴定人资格、鉴定程序等，导致司法实践中鉴定活动和鉴定意见的审查运用十分混乱。为了解决实践中的问题，2005年2月28日，全国人民代表大会常务委员会第十四次会议通过了《关于司法鉴定管理问题的决定》，同年10月1日起正式实施，随后公安部颁布了《关于贯彻落实〈全国人民代表大会常务委员会关于司法鉴定管理问题的决定〉，进一步加强公安机关刑事科学技术工作的通知》。这些规定针对鉴定制度突出存在的问题，提出了鉴定机构独立与审鉴分离、鉴定人和鉴定机构的资格准入制度、鉴定人负责制和出庭制度等，对于克服鉴定制度的一些弊端具有一定的积极作用，但是，仍存在一些问题，主要表现在以下几方面：（1）医学委托鉴定机构进行鉴定不合理。医学鉴定或法医鉴定是一种专业技术很强的活动，需要有较高专用技术职务的人才能进行，而刑事诉讼法第120条第2款却规定由省级人民政府指定的医院进行，省级人民政府指定的医院不一定进行权威性，也难以保证鉴定的质量，因而这种规定是不合理的。同时，这种规定也与全国人大常委会的决定不一致，全国人大常委会《关于司法鉴定管理问题的决定》规定，对法医类鉴定应当委托列入鉴定人名册的鉴定人进行鉴定，而政府指定的医院中不一定都是列入鉴定人名册的专业人士。（2）鉴定意见审查难。由于刑事诉讼法对鉴定人或者具有专门知识的人出庭作证问题缺乏规定，实践中鉴定人几乎不出庭作证，当事人或者律师有时申请有专门知识的人出庭作证，法院也几乎不同意，因而出现法庭上只有鉴定意见而没有鉴定人出庭的现象，由于审判人员对鉴定的问题缺乏必要的专门技术知识，难以对鉴定意见是否正确作出审查判断，特别是存在多份鉴定意见时，审判人员更难以作出判断，从而导致实践中鉴定意见审查难的问题。（3）对鉴定人缺乏有效保护。由于鉴定意见往往涉及人身伤害、死亡等案件，其鉴定的结果可能出现不利于一方当事人的情况，这样鉴定人及其近亲属就可能存在安全风险，因而对鉴定人及其近亲属的人身安全保护就显得十分必要。然而，我国1996年刑事诉讼法对鉴定人及其近亲属的保护缺乏规定，这也是导致鉴定人很少出庭作证的一个重要原因。

（二）修改内容

为了解决实践中委托鉴定机构、鉴定人出庭作证、鉴定人保护等问题，完善我国鉴定制度，新刑诉法对鉴定制度作了以下修改规定：

第一百四十五条　鉴定人进行鉴定后，应当写出鉴定意见，并且签名。

鉴定人故意作虚假鉴定的，应当承担法律责任。

第一百九十二条第二款　公诉人、当事人或者辩护人、诉讼代理人可以申请法庭通知有专门知识的人出庭，就鉴定人作出的鉴定意见提出意见。

本条第二款规定的有专门知识的人出庭，适用鉴定人的有关规定。

（三）理解与适用

新刑诉法的上述规定，结合第62条和第187条第3款对鉴定人出庭所作的规定，可以看出，关于鉴定制度的修改，主要包括以下内容：

1. 删除了1996年刑事诉讼法第120条第2款关于对人体伤害的医学鉴定由省级人民政府指定的医院进行的规定。因为医学委托鉴定机构鉴定不具有科学性，且与全国人大常委会的决定不一致，因而被新刑诉法删除。

2. 确立了鉴定人出庭原则。按照前述规定，在两种情况下，鉴定人必须出庭：一是“公诉人、当事人或者辩护人、诉讼代理人对鉴定意见有异议”，即控辩双方对鉴定意见的制作是否合法、鉴定的过程是否科学、鉴定意见是否可靠等存在较大分歧，或者存在相互矛盾的鉴定意见等。二是“人民法院认为鉴定人有必要出庭”，即指在法庭审理过程中，如果出现控辩双方对鉴定意见有异议，法庭通过双方辩论或者运用其他证据，无法审查鉴定意见是否正确的而必须鉴定人出庭的情况。“鉴定人应当出庭作证”，是指鉴定人接到人民法院的出庭通知后，除非有特殊情况或正当理由，应当按照通知的要求按时出庭。“鉴定人拒不出庭作证的”，是指鉴定人接到人民法院的通知后，没有正当理由而故意不出庭作证的情况。“鉴定意见不得作为定案的根据”，是指在鉴定人不出庭的情况下，法庭无法审查判断鉴定意见是否正确，就应当将其予以排除，不得再将鉴定意见作为认定案件事实的根据。

3. 建立了专家证人出庭制度。新刑事诉讼法第192条第2款确立了专家证人出庭制度。即公诉人、当事人或者辩护人、诉讼代理人可以申请法庭通知有专门知识的人出庭，就鉴定人作出的鉴定意见提出意见。规定在法庭审理过程中，当控辩双方对鉴定意见存在不同意见，或者多份鉴定意见的结果不一致时，为了证实对自己有利鉴定意见的内容或者反驳不利自己的鉴定意见，公诉人、当事人和辩护人、诉讼代理人都有权申请法庭通知有专门知识的人出庭，就鉴定意见提出意见。专家证人出庭作证的，享有的权利和承担的义务与鉴定人相同，主要包括有如实作证的义务，故意提供虚假证言或意见的，应当承担法律责任；有权获得经济补助，有权受到司法机关的保护，对其的保护与对鉴定人的保护措施应当相同等。

在司法实践中，公安机关、人民检察院和人民法院在贯彻执行新刑诉法规定的鉴定人制度时，应当特别注意新刑诉法对鉴定人制度中的鉴定人保护、鉴定人强制出庭作证方面修改的有关内容。同时，还应当注意以下几点：（1）对鉴定人拒不出庭的处罚问题。由于鉴定人属于特殊的证人，其出庭作证是其应尽的义务，特别是在人民法院通知其出庭作证时，有义务按时出庭作证。新刑诉法第

188 条对证人拒不出庭作证明确规定了处罚措施，但没有明确规定对鉴定人的处罚措施，这并不意味着对没有正当理由拒不出庭作证的鉴定人不予处罚，而是因为全国人大常委会《关于司法鉴定管理问题的决定》已经明确了鉴定人的义务和法律责任，司法实践中，应当按照该决定的规定，对拒不出庭作证的鉴定人进行处罚。（2）对鉴定人出庭的经济补助问题。新刑诉法第 63 条规定对证人作证的补助作了明确规定，但没有明确规定对鉴定人出庭作证的补助，这并不是说对鉴定人出庭作证不予补助，而是因为在委托鉴定人过程中，司法机关或者当事人有时已经预付了出庭作证的费用，在这种情况下，司法机关就可以不再给予补助，但如果司法机关或者当事人没有预付该费用的，鉴定人出庭作证是司法机关主动决定的，司法机关就应当给予鉴定人以补助，其补助标准与一般证人相同，如果鉴定人出庭作证是当事人申请的，则可以由当事人给鉴定人以出庭补助。（3）公诉人、当事人或者辩护人、诉讼代理人申请有专门知识的人出庭就鉴定意见提出意见时，法庭应当对“有专门知识的人”进行审查，确认其在相关鉴定领域具有专门知识，并应征得其他诉讼主体的认可。

（原载于童建明主编：《新刑事诉讼法理解与适用》，中国检察出版社 2012 年版）

如何树立正确的非法证据排除观念

邓思清*

观念是行为的先导，只有树立正确的观念才有正确的行动。在我国司法实践中，由于司法人员缺乏正确的证据观念，导致一些冤错案的发生，如佘祥林案、杜培武案、赵作海案等。虽然两高三部在2010年6月出台了两个“证据规定”，确立了非法证据排除规则，但因司法人员特别是侦查人员、检察人员的观念没有及时改变，往往以规则效力低，缺乏排除程序，不具有可操作性为由，不愿意排除非法证据，导致实践中主动排除非法证据的极少。可见，司法人员正确的证据观念，对于非法证据的排除至关重要。针对这种状况，近日通过颁布的新刑事诉讼法，进一步明确了非法证据排除规则，并完善了相关的排除程序。因此，要正确贯彻刑事诉讼法，发挥非法证据排除规则的应有作用，避免和减少冤假错案的产生，就应当树立正确的非法证据排除观念。

一、树立切实排除观念

切实排除观念，即对于认定的非法证据，司法人员必须切实予以排除，不得作为认定案件事实根据的观念。新刑事诉讼法第54条第1款明确规定：“采用刑

---

* 最高人民检察院检察理论研究所研究员。

讯逼供等非法方法收集的犯罪嫌疑人、被告人供述和采用暴力、威胁等非法方法收集的证人证言、被害人陈述，应当予以排除。收集物证、书证不符合法定程序，可能严重影响司法公正的，应当予以补正或者作出合理解释；不能补正或者作出合理解释的，对该证据应当予以排除。”该规定要求对非法证据“应当”排除，其背后所隐含的观念就是对非法证据切实予以排除的观念。树立对非法证据切实予以排除的观念，就是对非法言词证据绝对排除，对非法实物证据相对排除。就是要求司法人员在诉讼过程中，一旦发现并认定为非法言词证据，就应当坚决予以排除，发现并认定为非法实物证据的，如果不能补正或者作出合理解释的，也应当予以排除，不能再作为认定案件事实的证据。司法人员应当清楚地认识到，排除非法证据不仅是司法人员的一项权力，更是其应尽的一项义务。司法人员树立切实排除非法证据的观念，对于防止刑讯逼供等违法行为、切实保障人权，避免出现冤假错案，都具有十分重要的现实意义。

从目前司法实践看，一些冤错案的发生都与采信非法证据有关，特别是采信刑讯逼供所获得的口供，这说明司法人员尚缺乏切实排除非法证据的观念。实践中司法机关对待当事人提出的非法证据排除申请，往往认认真真走形式，踏踏实实走过场，几乎不予排除。司法人员虽然都清楚认识到非法证据具有极大的危害性，却不太愿意排除。要改变这种观念，切实有效排除非法证据，就必须树立切实排除非法证据的新观念，司法人员不仅要充分认识到使用非法证据会助长刑讯逼供等违法行为、侵犯人权、导致冤假错案发生的危害性，而且要充分认识到使用非法证据会对司法机关的形象带来巨大损害，自觉抵制和切实排除非法证据。对于检察人员来说，要树立切实排除观念，就应当做到在诉讼过程中，一旦发现应当排除的非法证据，就要坚决予以排除，不得将其作为指控犯罪的根据，保证所指控犯罪的所有证据都具有合法性、真实性和关联性，以维护程序的权威性。

二、树立全程排除观念

全程排除观念，即在整个刑事诉讼过程中，都应当排除非法证据的观念。新刑事诉讼法第 54 条第 2 款明确规定：“在侦查、审查起诉、审判时发现有应当排除的证据的，应当依法予以排除，不得作为起诉意见、起诉决定和判决的依据。”该规定确定了非法证据全程排除的观念。树立全程排除观念，要求在侦查、审查起诉、审判的整个刑事诉讼过程中，公安机关、检察机关和人民法院发现非法证据的，都应当予以排除。排除非法证据不是某一个机关的职责，而是公安机关、检察机关、法院的共同职责，排除非法证据不是哪一个诉讼阶段的活动，而是贯穿于侦查、审查起诉、审判等刑事诉讼全过程的一项活动。司法人员只有树立全程排除观念，才能保证及时有效地排除非法证据，才能维护程序的公正性。

从目前司法实践看，公安司法机关全程排除非法证据的观念还不强，主要表现为公安机关、检察机关、法院很少主动排除非法证据，往往以消极、被动的态度对待排除非法证据的职责。因此，树立全程排除观念，对于公安司法机关都非常重要。公安、司法机关树立全程排除观念，就要在实践中真正做到，不管在哪个诉讼阶段发现非法证据，都应当在该诉讼阶段予以排除，绝不将其推到下一个诉讼阶段，给下一个机关带来工作负担。树立全程排除观念，对检察机关尤为重要，因为检察机关作为法律监督机关，负有监督公安机关侦查活动的重要职责，同时，对犯罪的指控应当建立在合法证据的基础上，这是现代证据理论的要求，也是检察机关应尽的义务。检察人员要树立全程排除观念，就要在审查起诉过程中尽到自己应尽的职责，树立人权保障意识，严格审查公安机关移送的证据，判断证据收集是否存在违法行为，不能消极、被动地对待排除非法证据的职责，让侦查人员自己提供说明了事，而应当积极主动地审查，既要像法官那样严谨、严格地依照证据规则审查、核实、判断证据，又要像侦查人员那样主动收集、调取材料来查明侦查人员取证手段、程序等是否合法。检察人员只有在审查起诉阶段严把证据关，发现非法证据并及时予以排除，才能防止将非法证据作为起诉的根据。

三、树立程序排除观念

程序排除观念，即对于非法证据的排除，应当严格按照程序进行的观念。新刑事诉讼法第 56 条至第 58 条明确规定了非法证据的排除程序，这就要求广大司法人员应当树立通过程序排除非法证据的观念。树立程序排除观念，就是要求公安司法机关在排除非法证据时，应当依照程序进行，不得暗箱操作，任意决定是否排除非法证据。众所周知，程序公正是结果公正的保证，同时程序公正本身也是司法公正的重要内容。只有通过公开透明的程序来排除非法证据，才能实现程序的公正，确保结果的公正。树立程序排除观念，通过程序排除非法证据，不仅可以体现排除非法证据的严肃性，保证排除非法证据的正确性；而且可以体现程序的公开性，实现当事人的知情权和参与权，保证公安司法机关作出的决定能够被当事人接受，树立程序的权威。

从目前司法实践看，侦查人员、检察人员和审判人员尚缺乏程序排除观念，这一方面是因为对排除程序不熟悉，很少使用排除程序；另一方面是因为怕麻烦，不愿意通过公开的程序来决定是否排除非法证据。因此，树立程序排除观念对司法人员十分重要。对于检察人员来说，要树立程序排除观念，就应当做好以下三方面的工作：一是在审查批准逮捕过程中，除了审查案卷材料外，还要通过讯问犯罪嫌疑人，询问证人等诉讼参与人，听取辩护律师的意见等公开程序，审查判断公安机关侦查活动中是否存在违法收集证据的行为。二是在审查起诉阶段，应当按照程序公开的要求，听取公安机关和当事人及其律师对证据合法性的意见；可以要求公安机关对证据收集的合法性作出说明，也可以要求当事人一方提供有关线索或者材料；必要时，可以采取听证的方式，在侦查一方、当事人一方都在场的情况下，公开审查并确定是否存在非法证据。三是在法庭调查证据收集的合法性时，检察人员应当有效承担举证责任，检察人员不仅要提供证据证明涉案证据收集的合法性，必要时还可以提请人民法院通知有关侦查人员或者其他人员出庭说明情况，而且要通过质证、辩论等活动，保证所提供证据的证明力达到排除对证据收集合法性合理怀疑的程度。只有这样，排除非法证据的活动才符合程序排除观念的要求，才具有合法性和权威性。

（原载于《检察日报》2012 年 4 月 2 日）

专家证据的价值与我国司法鉴定制度的修改

季美君*

人类社会跨进20世纪以来，科学技术突飞猛进，司法证明方式逐步从人证时代步入物证时代。随着物证在司法证明活动中的作用日益显著，科学技术对证据法的影响也越来越大。在科技发达的国度，专家证据已成为现代诉讼证明活动中的主角，各个领域的专家们不时走进法庭，就案件中遇到的疑难问题和专门性问题，向法庭提供科学的、有说服力的“答案”。我国2012年修改后的刑事诉讼法（以下简称新刑诉法）完善了原有的司法鉴定制度，如将“鉴定结论”修改为“鉴定意见”；规定控辩双方对鉴定意见有异议的，鉴定人必须出庭；明确了鉴定人拒不出庭作证的法律后果等，同时还增加规定控辩双方可以聘请具有相应专业知识和实践经验的专家（被称为“专家辅助人”）出庭对鉴定意见发表意见。这无疑有利于进一步发挥专家证据在刑事诉讼中的作用。在新刑诉法刚刚实施之际，深入研究专家证据制度的特点及其改革趋势，对于准确理解和适用我国相关的立法规定，以及走出我国司法鉴定制度依然面临的混乱局面，具有重要的

* 最高人民检察院检察理论研究所副研究员。

理论价值和实践意义。[①]

一、我国有关专家证据新规定的解读与适用

我国新刑诉法第192条第2款规定："公诉人、当事人和辩护人、诉讼代理人可以申请法庭通知有专门知识的人出庭，就鉴定人作出的鉴定意见提出意见。"这一规定意味着今后在我国法庭上，除了原有的司法鉴定人之外，人们将会时不时地看到专家辅助人的身影。来自于立法机关的有关专家指出："为了使法庭对鉴定意见的庭审质证更加公开、深入，修改后的刑事诉讼法引入了类似国外专家证人参加诉讼对鉴定意见质证的做法，规定当事人有权聘请专家辅助人出席法庭，协助辩护人对鉴定意见进行质证。这样有助于搞清一些技术性很强的专业问题。"[②]但是，在司法实践中，如何判断一个人是真正的专家还是冒牌的？如何对专家辅助人的资格进行实质性的审查？在什么情况下需要专家辅助人出庭？专家辅助人所提供的意见是否成为一种新的证据——专家证言？这些都是新刑诉法实施过程中亟待解答的问题。既然设立专家辅助人制度是对国外专家证据制度的借鉴，因此，在回答这些问题之前，考察一下英美法系国家的专家证据制度及其运行是很有裨益的。

（一）何为专家证人（专家辅助人）？

在英美法系国家，所谓专家证人，就是指具有专门知识的人在法庭上提供专家意见以帮助事实裁判者解决案件中存有争议的专门性问题。当事人聘请专家证人的目的是借助专家证人的专业知识在法庭上提供有利于己方的陈述。尽管英国

① 在英美法系国家，"专家证据（expert evidence）"指由专家证人所提供的一切证据的总称，既包括专家证人提供给法庭的专家报告和科学证据，也包括专家在法庭上作证时的证言。在本文中，笔者将"专家证据"视为专家在刑事诉讼中所提供的专家意见的总称，其中包括大陆法系国家和我国的司法鉴定人所提供的鉴定意见，以及我国新刑诉法所规定的"专家辅助人"对鉴定意见所发表的意见。这样有利于将英美法系国家的专家证人制度和大陆法系国家的司法鉴定人制度以及新出现的专家顾问、专家辅助人等制度放在"专家意见"的框架下统一进行讨论，因为上述制度的功能均在于发挥专家在刑事证明中的作用。

② 黄太云：《刑事诉讼法修改释义》，载《人民检察》2012年第8期。

的法律并没有明确规定专家证人的概念，但从英国几个世纪积累的众多判例来看，只要在特定领域或特定学科中具有超越常人的知识及经验的人，都可以成为法庭上的专家，而不一定非要受过系统的、正规的教育或拥有什么头衔或是某一领域内的权威不可，英国专家学会主席 Roger 指出，“专家是在特殊领域中具有相当知识及技能的人”。[①]《美国联邦证据规则》第 702 条规定：凭其知识、技能、经验、训练或教育，在科学、技术或其他专业知识方面能帮助事实裁判者理解证据或确定争议事实的人，就有资格成为专家。澳大利亚有关专家证人的概念与英国基本相同。澳大利亚联邦《1995 年证据法》第 79 条在规定意见证据时也将专家定位于基于训练、研究或者经验而具有专门知识的人。目前，在澳洲，各方面的专家都可以出庭作证，如医学、科学、会计或工程方面的专家等，正如奥密斯顿（Ormiston JA）法官在诺尔（Noll）一案中所说：“以专家名义出现的专业人士不再是学识渊博、无所不知的人。在这个现代化的时代，他们必须依赖其他人来提供其要获得的专业知识。他们所独有的才能是知道从什么地方以可靠的方式获得所需要的知识。”[②]

由此可见，在英美法系国家，只要具有陪审团和法官所没有的某一领域内的专门知识或技能，能够为他们在解决案件中有争议的事实方面提供帮助的人，就被认为是专家，并可以以专家证人的身份在法庭上发表自己的意见或观点。因此，英美法系国家的专家证人，除了我们常说的工程师、科学家以外，具有多年从业经验的技工、机械师、泥瓦匠、木匠、电工，甚至是街上巡逻的警察或动物的训练师等都可以成为专家证人，在法庭上就某一特殊或专业问题提供专家证据。

我国新刑诉法在第 192 条中也将专家辅助人规定为“有专门知识的人”，同时还规定“有专门知识的人出庭，适用鉴定人的有关规定”。那么，专家辅助人是否需要具备“司法鉴定人”资格呢？笔者认为，借鉴英美法系国家关于专家证人制度的规定，在我国，只要具有专门知识的人就可以在法庭上充当专家辅助

---

① See Roger. T. Trett, *the Expert System in the United Kingdom*, Euro-Expert Conference, Madrid, 2000.

② See R v Noll (1999) VSCA164 at 3.

人，而不管其专门知识是通过何种途径获得的，这样做有利于维护控辩双方的权利，也有利于法庭上存有争议的专门性问题的解决。专家辅助人其范围比鉴定人广得多，而且无须事先通过考核注册登记。那么，一个人是否具备专门知识，即是否有资格以专家辅助人的身份出庭，这就涉及专家辅助人的资格及其审查问题。对此，同样需要考察英美法系国家有关专家证人资格的规定及其实践。

（二）如何审查专家证人（专家辅助人）的资格？

在法庭上，如何确认控辩双方聘请的专家辅助人是某一方面的真正的专家，即是否具备专家资格？这是适用专家辅助人规定的关键性问题之一。在英美法系国家，由于有关专家证人的概念十分宽泛，专家证人的资格问题常常成为法庭辩论的重点，控辩双方都希望通过交叉询问揭露对方专家证人在资格上存在的瑕疵，以降低对方专家证人的可信度或最终达到阻止其作证的目的。但一个人是否真的有资格以专家证人的身份作证，最终由法庭判断决定。

虽然英美法系国家的法律并没有明文规定专家证人应具备什么样的具体条件，但从其众多的判例中可以归纳出带有普遍性的有关专家证人资格的标准，如英国法庭曾允许一位毒品使用者对他所拥有的大麻进行辨别，而他既没有经过正规的科学训练，也没有什么相关的科学知识；① 1993 年英国上诉法院还让一位有人体画专长的艺术家提供脸部描述方面的证据，而这位艺术家也没受过什么特殊的训练。②在英美法系国家，对于一个人能否在法庭上以专家证人的身份为聘请他的当事人提供专家意见，审理案件的法官拥有很大的自由裁量权，而且对于法官的决定，如果没有充分的证据证明法官在作出该决定时带有偏见或滥用了自由裁量权，其决定就不容推翻。③

在澳大利亚，专家证人的资格是通过法庭上适用专家资格规则来审查的。尽管专家资格规则强调的必须是真正的专家，但所说的专家也并非必须是该领域的

① R. v. Chatwood（1980）1 WLR874，CA.

② Roberts and Zuckerman，*Criminal Evidence*（*1st edition*），Oxford University Press，2004，p. 309.

③ United States v. Stevenson，6 F. 3d1262，1267（7th Cir. 1993）.

带头人或者资深的执业者,[①]而是只须拥有成为专家所必需的足够技能即可。但一个专家是否被允许提供意见证据,关键要看其证言的有效性及该专家所擅长的技能与所要证明的案件事实之间是否具有相关性。目前,在澳洲经常出现在法庭上担任专家证人的有:心理学家、会计师、人类学家、历史学家、外科大夫、警察等,人们对前几类人担任专家证人比较容易理解,因为很显然,他们都是在某一方面具有常人所不能比及的专业知识的专家,但对通常担任控方证人的警察,有时也可以成为专家证人就心存疑问。法官认为允许警察担任专家证人的理由是:警察没日没夜地与各种各样的社会现象打交道,如酗酒、毒品等,尤其是那些成天在大街上游逛的人的性格及毒品的特性和价格等,警察都是非常了解的。因此,在这些方面他们确实可以称得上是专家,自然也可以就某一特定问题在法庭上以专家证人的身份提供意见。可见,澳洲在适用专家资格问题上也是十分灵活性的。

但是,与过去相比,澳大利亚适用专家资格规则的要求越来越严格。目前,澳洲法院有一个明显的趋势是法官会主动审查案件中有关专家证人的资格及其证言的有效性问题,如1989年在“Murphy v the Queen”一案中,一位心理学家就心理语言问题提供证据,其资格就受到了澳大利亚高等法院的查问;[②]在另一案中,一位著名科学家就统计学问题在法庭上提供证据,其资格也受到了质疑;[③]此外,一位摩托车修理工被认为没有权利就事故的原因提供证据;[④]一位没有临床经验的医生(普通的执业者和外科大夫)也曾被认为不具有专家的资格就伤害是否属于自残问题提供证据;[⑤]甚至连一位资深的警官也被认为没有资格就交通事故的原因提供意见证据。[⑥]因此,尽管澳洲的法律并没有对专家证人的资格问题作出明确的规定,但一个证人能否以专家的身份在法庭上就案件所涉的相关事实提供意见证据,这属于法官自由裁量权的范围,而且对专家资格的要求也越

---

① See R v Morgentaler (No. 2) (1973) 14 CCC (2d) 450 at 452.

② See Murphy v The Queen (1989) 167CLR 94; 63 ALJR422; 86 ALR 35; 40 A Crim R 361.

③ See R v Lucas (1992) 2 VR 109 at 114.

④ See Bugg v Day (1949) 79 CLR 442 at 462 per Dixon.

⑤ See R v Anderson (2000) 1 VR1.

⑥ See Mattioli v Parker (No. 2) (1973) Qd R 499 at 506.

来越高，其审查也越来越严。

在英美法系国家，目前对专家证人的资格审查主要是通过法庭上控辩双方的询问和交叉询问来进行的，这可以为我国法庭在审查专家辅助人的资格问题时所借鉴。这种审查，从表面上看，似乎比较宽松随意，但事实上，控辩双方为了赢得官司，会绞尽脑汁、费尽心思地找出对方聘请的专家证人在资格上存在的瑕疵以降低其证言的可信度和说服力。因此，这种方式的审查又是相当严格，甚至是十分苛刻的，尤其是在对证人进行交叉询问质证这一关，在能言善辩、语词犀利、经验丰富的律师的步步逼问下，一般的冒牌专家是很难蒙混过关的。可以说，通过询问和交叉询问这一程序对专家证人的资格及专家意见的可靠性问题进行严格审查，是对抗制诉讼模式下的一大优势，这在欣克利刺杀美国总统里根一案中得到了充分的验证。在此案中，控辩双方聘请的精神病专家提供的有关欣克利是否患有精神病的结论完全相反，在法庭上，双方的专家证人都出庭进行激烈的辩论和交叉询问，最后陪审团认为辩方专家证言的可信度高于控方的专家证言，因而法庭采纳了辩方的专家证据，认为欣克利患有精神病，不必负刑事责任而送医院治疗。[①]

由上可知，在我国新刑诉法实施过程中，要想充分发挥专家辅助人在解决案件事实所涉及的特殊的专业知识问题时的作用，其前提条件是庭审过程的真正对抗和辩论，而控辩式诉讼模式在我国1996年刑诉法修改中已作了明确规定，只是在司法实践中，这种对抗性仍有待进一步加强和推进，尤其是应当充分保障被告人获得辩护律师的帮助。唯此，控辩双方聘请并得到法庭同意而出庭的专家辅助人[②]才能真正为解决案件中有争议的专业问题提供切实的帮助，从而实现立法的意图和初衷。

---

① Kimberly Collins, Gabe Hinkebein, and Staci Schorgl (3Ls): the John Hinckley Trial & Its Effect on the Insanity, http://www.law.umkc.edu/faculty/projects/FTrials/.

② 最高人民法院《关于适用〈中华人民共和国刑事诉讼法〉的解释》第217条规定：“公诉人、当事人及其辩护人、诉讼代理人申请法庭通知有专门知识的人出庭，就鉴定意见提出意见的，应当说明理由。法庭认为有必要的，应当通知有专门知识的人出庭。”

（三）如何认识专家证据（专家辅助人意见）的价值？

事实上，在英美法系国家，作为专家证人，也不是对什么问题都可以发表意见的，这就涉及专家证人的作证范围和排除规则问题，即专家证言的可采性问题。在我国，根据新刑诉法的规定，控辩双方仅可针对“鉴定人作出的鉴定意见”提出意见。在司法实践中，法庭应当根据什么样的标准来作出是否同意专家辅助人出庭的决定，这与聘请专家辅助人的必要性问题紧密相关。

在英美法系国家，法官通常根据自己对科学与法律的理解，运用普通人的经验和逻辑，遵循已有的判例规则，对专家证人所提出的专家证言的可采性作出判断。判断专家证言是否具有可采性，主要考虑两大标准——相关性标准和有用性标准。所谓“相关的证据”，其意思是指能证明某一事实存在的证据比没有这一证据其结果更能够判断某一行为是更有可能存在或更没可能存在的证据。[①]由于专家证言是针对案件中具有法律意义的待证事实所作出的意见或推论，故其相关性在通常情况下是不成问题的。所谓“有用性”，即专家证言能否为事实裁判者解决争议问题提供实质性的帮助。对于专家证据中的科学证据而言，如测谎结论、DNA 鉴定等，则更要考虑其从有用性衍生出来的可靠性问题。科学证据的可靠性是指专家证据所依据的“理论和方法的正确性”，[②]即专家在加工证据资料时所依据的科学理论是否可靠、其推理的方法是否正确。如果所依据的理论是可靠的，其采用的推理方法亦正确，那么该科学证据就具有可靠性。

在我国，由于采取以司法鉴定为主的制度，专家辅助人的定位与英美法系国家的专家证人显然有所差异，专家辅助人发挥作用的范围限定于针对“鉴定人作出的鉴定意见”提出意见。目前对于专家辅助人所提供的意见的定性，存在两种不同的主张：一种认为，该意见应当视为专家证言，具有证据资格；另一种认为，该意见只是控辩双方的一种质证方式，旨在协助法官认识案件中的争议事实，不应将其视为一种新的证据。新刑诉法以及最高人民法院《关于适用〈中

① United States Federal Rules of Evidence, Rule 401 (1).

② Dale A. Nance, *Reliability and the Admissibility of Experts*, Seton Hall Law Review, Vol. 34: 192. (2003).

华人民共和国刑事诉讼法〉的解释》对此未作明确规定。如果仿英美法系国家，将专家辅助人意见视为专家证言，这样做有利于更为充分地发挥专家辅助人在刑事证明中的作用，同时对于专家辅助人意见的审查判断要受到严格的证据规则的制约，这就需要构建类似于英美法系国家专家证人制度的一系列配套性机制，如控辩双方对于专家证人资格的强有力质证、法官审查专家证言可采性所运用的专家资格规则、专业技术领域规则、普通知识规则、终局性问题规则和有用性规则等。在我国律师辩护率明显偏低、证据制度尚不完善的情况下，赋予专家辅助人意见以证据资格，将会使法官对于专家证言的审查判断面临较大的困难。基于此，笔者认为，在现阶段，选择第二种主张，将专家辅助人出庭作为控辩双方的一种质证方式较为合适，即专家辅助人意见的功能定位在发挥控辩双方在审查判断鉴定意见这种专家证据中的作用，强化对于鉴定意见的质证程序，从而帮助法官更好地认识鉴定意见的真伪以及证明力高低。

二、我国司法鉴定制度仍将面临的主要困境

在我国社会普遍缺乏诚信的大环境下，司法鉴定也难以幸免。刑事诉讼中，一旦涉及专门性问题，出现多头鉴定、重复鉴定已是司空见惯的现象，司法鉴定成为导致冤案、错案频繁发生的主要因素之一，[①] 而司法鉴定制度也一度成为学者们口诛笔伐与争相研究的热门话题。据知网统计，从 1998 年到 2011 年，在各类期刊上发表的有关司法鉴定制度方面的论文多达 570 篇，学者们对司法鉴定制度的现状和原因进行了深刻反思，并从不同角度探讨了司法鉴定制度的改革思路与完善之策。但是，看似热闹的背后却没有达成高度共识，这可能也是立法者感觉许多意见还不够成熟而没有将其立法化的原因之一。

综观近几年来我国学者所发表的有关司法鉴定制度的论文和专著，比较一致地认为我国的司法鉴定制度在每个环节上都存在问题。就司法鉴定的实际情况而

① 参见汪建成：《中国刑事司法鉴定制度实证调研报告》，载《中外法学》2010 年第 2 期。

言，其基本表象可以用“混乱”两字来概括，[①]包括鉴定机构的设置、鉴定人的资格认定、鉴定人的权利义务、鉴定程序的启动权、鉴定结论的可采性以及重复鉴定、多头鉴定等诸多问题，还有程序不透明、鉴定结论缺乏当事人和社会的认同等，都是司法鉴定制度改革亟须解决的问题。而2005年全国人大常委会通过的《关于司法鉴定管理问题的决定》（以下简称《决定》）也没有从根本上解决上述存在的种种问题，只是将鉴定机构分为侦查机关的鉴定机构和面向社会服务的鉴定机构，而面向社会服务的鉴定机构由于走向市场，导致虚假鉴定问题日益突出。

为了适应司法实践的需要，新刑诉法对司法鉴定制度作了一些修改，[②]吸收了司法鉴定制度研究的部分成果，但“细究其修改的实质性内容与修法的基本原则却发现，实践中争议颇多的鉴定启动权配置以及司法鉴定在侦查阶段中如何定性等问题均未有触及，而新增的具有制度创新意义的‘公诉人、当事人和辩护人、诉讼代理人’申请‘专门知识的人出庭’的内容也因相关程序阙如而导致认识上的分歧”，[③]而且也没有从根本上解决我国司法鉴定制度中长期存在的那些主要问题，在新刑诉法实施过程中，有不少问题将继续成为我国司法鉴定制度有效运行的困境。鉴于学界对司法鉴定制度中存在的具体问题和缺陷已多有论述，限于篇幅及研究旨趣，本文仅从比较的视角对我国鉴定人资格选任这一困境进行反思与评析，以期构建一个比较合理可行的司法鉴定主体格局。

在讨论我国司法鉴定制度存在的主要困境时，首先需要对我国司法鉴定的概念进行清晰的界定。我国学者对司法鉴定的概念有不同的理解，如有人认为我国的司法鉴定一般是指在诉讼过程中，由司法机关指派或当事人委托，聘请具有专门知识的人对案件中的专门性问题作出判断的一种活动；[④]也有人将司法鉴定界定为在诉讼活动中，鉴定人运用科学技术或者专门知识对诉讼所涉及的专门性问

---

① 参见何家弘：《我国司法鉴定制度改革的基本思路》，载《人民检察》2007年第5期。

② 关于新刑诉法中有关司法鉴定制度的修改，可参见卞建林、郭志媛：《解读新〈刑事诉讼法〉推进司法鉴定制度建设》，载《中国司法鉴定》2012年第3期。

③ 郭华：《切实保障刑事诉讼法中司法鉴定条款的实施》，载《法学》2012年第6期。

④ 何家弘：《完善司法鉴定制度是科学证据时代的呼唤》，载《中国司法鉴定》2001年第1期。

题进行鉴别和判断并提供鉴定意见的活动，[①]这也是《决定》第1条对司法鉴定的界定。随着司法改革的不断深入和对司法鉴定需求的不断增长，司法鉴定的启动权、鉴定的主体、范围及对象等都发生了变化，但是，无论司法鉴定的组成要素如何发展变化，司法鉴定的本质特征都不会改变，那就是由具有专业知识、技能或经验的专家，对案件中的专门性问题作出分析和判断并形成专家意见——这也是我们讨论、比较和借鉴世界各国专家证据制度和鉴定制度的基础。而将司法鉴定制度放到刑事诉讼体系中进行考察，其中最为基础的问题是谁有资格进行鉴定、谁有权选任鉴定人，即鉴定的主体问题和鉴定程序的启动权问题，这也是我国目前司法鉴定制度中最为混乱和备受质疑的问题之一。

我国法律长期以来一直没有对鉴定人的资格作出明确具体的规定，无论是1996年的刑诉法还是2005年的《决定》都只作了笼统的规定，如“具有与所申请从事的司法鉴定业务相关的高级专业技术职称”，或者“具有与所申请从事的司法鉴定业务相关的专业执业资格或者高等院校相关专业本科以上学历，从事相关工作五年以上”，或者“具有与所申请从事的司法鉴定业务相关工作十年以上经历，具有较强的专业技能”的人，都可以申请登记从事司法鉴定业务。新刑诉法也只规定了鉴定人和专家辅助人出庭问题，而没有涉及鉴定人的资格问题。尽管从表面上看，我国目前的这一规定与大陆法系国家比较相似，但实则相去甚远，因为我国一直没有建立严格的鉴定人入门考试制度，内设鉴定机构的技术人员在参与具体案件的鉴定工作前，其资格无须受到有关主管部门的审查。加上多年来在庭审时，这些鉴定人基本上不出庭，辩护方也无法对其资格进行质询。因此，即便在资格上存在问题，一时间也难以暴露。由于多方面因素的影响，不可避免地造成目前我国鉴定人整体素质不高、业务水平参差不齐的局面。

相比之下，大陆法系国家通常都对鉴定人的资格问题事先作出严格的规定，并由法官决定是否聘任鉴定人，这一规定与大陆法系国家信奉权威的传统文化与职权主义诉讼模式相适应，法官在整个诉讼过程中扮演着积极主动的角色。在大陆法系国家，是否需要鉴定及聘请鉴定人的权利由法官行使，控辩双方只享有有

① 参见徐景和编著：《司法鉴定制度改革探索》，中国检察出版社2006年版，第1页。

限的为制约法官这一权利而设的回避申请权，有人称之为限权的平等。[①]在意大利，存在颇具特色的专家辅助人（技术顾问）制度，[②]从其在诉讼中所扮演的角色及所拥有的权利看，在某种程度上与英美法系国家的专家证人颇为相似，该制度强化了诉讼过程中控辩双方的对抗色彩，可以看作意大利刑事诉讼程序的混合特征在鉴定制度上的重要体现。但无论是英美法系国家的放权平等，还是大陆法系国家的限权平等，抑或是意大利水涨船高式的平等，控辩双方在诉讼过程中所享有的权利都是对等的，这与现代刑事诉讼的内在要求和理念是相符合的。

反观我国的司法鉴定制度，可以称之为不平等的诉讼模式。新刑诉法第144条规定，（侦查机关）为了查明案情，需要解决案件中某些专门性问题时，应当指派、聘请有专门知识的人进行鉴定。最高人民检察院根据立法的这一规定，在2012年10月颁布今年年初实施的《人民检察院刑事诉讼规则》（试行）第247条也作了相应，即“人民检察院为了查明案情，解决案件中某些专门性的问题，可以进行鉴定”，而且还从第248条到第256条对如何具体实施鉴定问题作了细化解释。另外，新刑诉法第191条还规定，法官在审理案件过程中，为了调查核实证据，可以进行鉴定。但作为被控方的犯罪嫌疑人、被告人则不享有自行聘请鉴定人的权利，只能根据新刑诉法第146条和第192条的规定，提出补充鉴定或重新鉴定的申请，虽然他们也像大陆法系国家规定的那样享有申请鉴定人回避的权利。但新刑诉法在第192条第2款中规定了控辩双方均享有申请专家辅助人出庭的权利。

在鉴定人资格问题上，我国的做法与大陆法系国家的有些相似，鉴定人多为某一法定鉴定机构的成员，只要鉴定人在法定鉴定机构内任职，就当然地被认定为有鉴定资格。我国从新中国成立之初开始组建司法鉴定机构，现已形成门类齐全、功能完备的司法鉴定系统，目前共有28类涉及各专业领域的司法鉴定机构或涉及司法鉴定工作的机构。有不少学者认为，我国对鉴定人资格的规定不够完

---

① 参见汪建成、孙远：《刑事鉴定结论研究》，载《中国刑事法杂志》2001年第2期。

② 专家辅助人，在意大利1988年《刑事诉讼法》中被称为“技术顾问”，国内学者则多称之为专家辅助人，意指拥有某方面的专业知识，受控辩（原被告）双方任命或聘请，在司法鉴定的前后对诉讼中专门的技术性问题进行研究并发表意见，辅助控辩（原被告）双方进行诉讼的人，也称为司法鉴定中的“技术顾问”。本文为行文方便，将该制度称为专家辅助人制度。

善，有必要像大陆法系那样作出严格规定，但在笔者看来，即使对鉴定人资格作出严格规定，如果没有相关配套的制度予以保证和制约，最完善的规定也会流于形式。让鉴定人出庭作证，除了能较好地解决目前我国比较混乱的鉴定人资格问题外，还有助于限制为关系、为人情、为金钱而鉴定的行为，减少司法鉴定领域内的腐败现象，从而提高司法鉴定的质量。对此，新刑诉法在第 187 条第 3 款中已作出明确规定，即“公诉人、当事人或者辩护人、诉讼代理人对鉴定意见有异议，人民法院认为鉴定人有必要出庭的，鉴定人应当出庭作证。经人民法院通知，鉴定人拒不出庭作证的，鉴定意见不得作为定案的根据”。但是，如何保障纸面上的法律能够不折不扣地在实践中得到执行，可能还有很长的路要走，一如刑事诉讼中的证人出庭问题。

事实上，在法律上对鉴定人的资格作出规定只是问题的一个方面，不具备鉴定人资格的人所出具的鉴定意见当然不具有可采性，但具备资格的人在鉴定过程中如果不尽职尽责或所使用的技术设备落后的话，也会导致鉴定意见不准确甚至故意作虚假鉴定的情况。对鉴定人资格和鉴定意见的审查，最为有效而简便的方法就是通过法庭上的质证程序。尽管我国诉讼模式从传统上来说属于职权主义，但 1996 年的改革吸收了对抗式诉讼模式的合理因素，庭审中对抗色彩已大大加强，这为通过法庭质证控制鉴定人资格和对鉴定意见进行严格审查，提供了一定的条件，而新刑诉法所确立的鉴定人出庭原则无疑适应了时代发展的需要，同时也为我国司法鉴定制度的完善迈出了重要一步。司法鉴定制度与专家辅助人制度的有效实施，可谓殊途同归，它们均需法庭上的质证程序为其提供保障，这就需要进一步完善我国的司法鉴定制度及其配套制度。

三、我国司法鉴定制度改革的模式选择

我国司法鉴定制度应该改革，这在学术界和司法实务界早已达成共识，而且在刑诉法的再修改中也得到了一定的体现，但是改革的力度和广度问题则有待进一步探索，具体应如何进行改革更是一个见仁见智的问题，尤其是在英美法系专家证据制度和大陆法系鉴定制度之间，我国应该选择哪一种模式，更是一个艰难

的问题。有学者主张引进英美的专家证据制度，有学者则赞成以德法的鉴定制度为蓝本加以修补和完善，[①]也有学者认为应借鉴融合了两大法系的意大利模式。从世界范围看，英美法系国家的专家证据制度与大陆法系国家的鉴定制度是运用专家证据颇具代表性的两种模式。由于两大法系在诉讼理念和诉讼结构上存在明显的差异，两种模式各具特色并在具体的操作程序上表现出诸多的差异。在讨论改革模式的选择之前，先考察一下这两大专家证据制度各自存在的缺陷和改革措施以及两者在近些年的改革中所表现出来的共同趋向，或许可以为我们的选择带来一些启迪。

（一）英美法系专家证据制度存在的缺陷及其改革措施

英美法系专家证据制度与当事人主义诉讼模式相适应，其优点是能够充分保障双方当事人根据自己的意志来决定是否聘请专家证人，可以满足不同当事人的不同需要，同时也能使法官处于超然的地位而真正做到居中裁判。20 世纪以来，随着案件复杂程度及专业性的提高，专家们可以在法庭上作证的领域不断扩展。在当事人主义诉讼模式下，双方专家证人在诉讼中旗鼓相当地对质和交叉询问，可以在法庭的对抗竞争中，有效地将案件各方面事实真相展现在法官面前，[②]专家证据的价值及其重要性不仅体现在交叉询问阶段，而且还体现在庭审准备过程中，这些优点是大陆法系国家的鉴定制度所不能比拟的，从整体上看，其特点主要表现以下几个方面：（1）主体的广泛性。在英美法系国家，只要满足两个条件就能成为专家证人：一是证人具有足够的专业知识或经验；二是能为事实审理者解决案件中的专门性问题提供帮助。因此，不管是科学家、教授，还是汽车修理工、木匠，各行各业的人都可以因案件的需要而成为专家证人。（2）选择的自主性。在诉讼过程中是否需要聘请专家证人以及聘请谁作为己方的专家证人，完全由当事人自己决定。如加拿大《证据法》第 7 条规定："在任何刑事的和民

① 参见郭华：《鉴定人与专家证人制度的冲突及其解决——评最高院有关专家证人的相关答复》，载《法学》2010 年第 5 期。

② 参见洪秀娟：《司法鉴定改革模式评析——基于比较法视野的考察》，载《厦门大学法律评论》总第 11 期，厦门大学出版社 2006 年版，第 145 页以下。

事的审判或其他程序中，若原告、被告或其他当事人依法或根据惯例意欲让专业人员或其他专家提供意见证据，无须法庭、法官或程序主持人准许，各方最多可邀请五名这样的证人参加。”[①]（3）适用的灵活性。由于专家证人在资格规定上比较宽松，在选择上又很自由，因此，专家证人在适用上具有很大的灵活性，不管案件中出现的专门知识问题属于哪个领域，都能找到相应的专家证人提供帮助。在英美法系国家，除当事人可以聘请专家证人外，法庭也可以聘请专家证人，同时还可以根据审理案件的需要指定“法庭指定专家”（Court - appointed Expert）、“法庭技术顾问”（Assessor）或“专家裁判员（Referee）”为法庭提供专业知识方面的服务，这种做法目前在澳洲越来越普遍。

法庭聘请的三类专家的区别是：“法庭指定专家”受法庭聘任后，在审判中必须出庭接受双方当事人的询问和交叉询问，其所起作用与当事人聘请的专家证人基本相同。“法庭技术顾问”是因具有特别的技术、知识或经验而受到法庭的聘请，主要为法官解决涉及习惯法、航海技术、海损及海上救援等专业领域的问题，他们只需回答法官提出的疑问，不必接受当事人的询问和交叉询问，其提供的意见不属于专家证言。[②]“专家裁判员”是法庭在审理商业纠纷过程中遇到复杂的技术性问题时，指定为法庭提供帮助的专家，如在有关计算机是否得到恰当安装的争议中，各方的专家证人都会提出涉及组成及运作程序方面的报告，法官如何选择？方法之一就是指定一位独立的专家裁判员（expert referee），其在听取针锋相对的观点后作出判断并报告法庭。因而，该专家裁判员对事实问题的分析判断将成为法庭作出判决的部分或全部的理由。澳大利亚仲裁法规定，当事人在法庭外解决部分争议或全部争议后可以让法庭采纳其结果，但在司法实践中，当案件涉及某些问题时，往往由专家裁判员根据法庭规则中的特殊指示予以解决，这一做法已越来越普遍，尤其是在澳大利亚的新南威尔士州。[③]

每一种制度都有其长处和短处，根据英美法系国家学者的研究与总结，认为专家证据制度主要存在以下缺陷：

---

① 何家弘、张卫平主编：《外国证据法选译》（下卷），人民法院出版社2000年版，第1235页。

② Ian Freckelton，Hugh Selby，Expert Evidence，Lawbook Co. 2005，p. 8.

③ Ian Freckelton，Hugh Selby，Expert Evidence，Lawbook Co. 2005.

1. 专家证人的意见缺乏中立性。当事人聘请专家证人的目的，就是想通过专家意见这一特殊的证据，来支持和加强己方的观点或主张。这一点在民事诉讼中尤为突出，因专家证人与当事人之间的关系是雇佣与被雇佣的关系，专家证人往往只会发表对自己的当事人有利的意见；专家证人在出庭前都会与当事人的律师商讨如何在法庭上进行有效陈述，因而其向法庭提供的专家意见带有倾向性，几乎是不可避免的。正如学者所说："至于专家证人，既然是一方当事人挑选和准备的，而且又是由该方当事人支付费用的，其为该方当事人作证也就在所难免了。"[①] 就某种程度而言，专家证人在诉讼中扮演着具有专门知识的辩护人的角色，而失去了专家证言本该具有的客观性和公正性。尽管法庭上的询问和交叉询问有助于揭露出对方专家证据中存在的问题、瑕疵或偏见，但在司法实践中，这种公说公有理、婆说婆有理的唇枪舌战，有时反而会让陪审团和法官如坠云雾之中而难辨案件的事实真相。

2. 专家证人的滥用。由于当事人可以自主地聘请专家证人为自己说话，当案件起诉到法院以后，各方当事人为最大限度地赢得官司，就会想方设法聘请有名望、有权威的专家证人为自己"撑腰"。在有些案件中，富有的被告人可能同时聘请好几位专家证人为自己作证，这在一定程度上造成了专家证人的滥用。虽然聘请专家证人是当事人自己的事，并由当事人支付报酬，但其带来的负面影响，如造成诉讼的延长、费用的增长等问题，却是不容忽视的事实。

3. 诉讼的拖延和成本的提高。这一缺陷与专家证人滥用密切相关。英美法系国家的诉讼特别强调程序正义，每一位受聘的专家证人都必须出庭接受对方律师的询问和质证，尤其是双方的意见相互矛盾时，双方律师都会花大量时间询问专家证人，使庭审变成一个漫长而缺乏实效的过程——这甚至正中专家证人和律师的下怀，因为专家证人和律师的服务是按时收费的，时间的延长意味着财源滚滚而来。为满足专家证人的市场需求，英国专家协会开设了一系列培训课程，指导专家如何撰写报告、如何在法庭上准确而简洁地陈述自己的意见、如何沉着地

---

① ［美］米尔建·R. 达马斯卡：《漂移的证据法》，李学军等译，中国政法大学出版社 2003 年版，第 106 页。

回答对方律师的交叉询问等，这些课程收费昂贵，但还是深受欢迎。这些学费不少是由聘请专家的当事人支付，也有一些专家为日后能赚大钱而自掏腰包接受培训。①

针对上述存在的缺陷和问题，从20世纪90年代开始，英美法系国家采取了一些改革措施，以解决专家证据制度面临的困境。在英国，采取了四个方面的改革措施：(1) 为提高专家证据的客观性和降低诉讼成本，在1999年《民事诉讼规则》中增加规定了“单一共同专家证人”（single joint experts）和法庭技术顾问（assessor）。前者为双方当事人共同选定的专家证人，后者是由法庭直接任命的专家，其职责是为法官理解、解决专业技术性问题提供帮助。这两种专家证人与一般专家证人的最大区别是其身份的中立性，他们不是为某一方当事人提供专家意见，不与任何一方当事人的利益直接相关。(2) 为了提高诉讼效率和减少诉讼成本，英国开始将有争议的专家证据从原来的庭审中解决前移到审前解决。(3) 为限制专家证人的滥用，加强法官对使用专家证人的控制，英国1999年的《民事诉讼规则》第35.4条第1款规定：未经法院许可，当事人不得传唤专家证人，也不得在法庭上出示专家报告作为证据。(4) 在观念上，强调专家证人的社会责任感，转变专家证人的角色定位，认为专家证人的职责是为法庭服务而不是为当事人服务，要求专家证人客观真实地提供专家意见以帮助法庭发现案件的事实真相。

英国规定“单一共同专家证人”的做法，无疑有助于消除专家意见的倾向性。事实上，这一改革措施借鉴了大陆法系国家鉴定制度的做法，只是与鉴定人由法官任命的做法稍有不同而已——“单一共同专家证人”不是由法官任命，而是由双方当事人共同商量选定的，这体现了英美法系国家对当事人自由意志的尊重。这种做法在民事诉讼中实施起来比较容易，但在刑事诉讼中，被告人个人的微薄之力根本无法与以国家的追诉权力为后盾的检警力量相抗衡，强调通过正当法律程序尽可能地保障被告人的权利和利益，因此显得尤为必要。

聘请法庭技术顾问的做法与大陆法系国家的鉴定人基本相同，其职责也是帮

① 参见徐继军：《专家证人研究》，中国人民大学出版社2004年版，第7页以下。

助法官解决案件中遇到的专门性问题，为法官的判断提供专业知识上的帮助，事实上起着充当法官助手的作用。另外，针对专家证言存在倾向性的问题，近年来，英美法系国家在众多的批评声中对专家证人传统上的角色定位进行了反思，并在立法和司法中都强调要加强专家证人的社会责任感，要求专家证人端正自己的角色定位——用自己的知识、经验或技能为法庭提供中立的、无偏见的专家证言。这种要求尽管从理论上来说无可厚非，也颇为公众所接受，但在司法实践中，对专家证人来说实在有些勉为其难，“法律规定和现实需要间的巨大裂痕将专家证人推向了困窘的前台，尤其当专家证人日益发展成为一项赖以谋生的职业时，社会正义价值与个人利益价值的冲突使承载这两者于一身的专家证人更为迷惘与无奈”。①

从英国的具体改革措施来看，强调专家证人的中立性、对使用专家证人的限制以及庭前解决有争议的专家证据等做法，都在不同程度上吸收了大陆法系国家鉴定制度中的合理因素。

（二）大陆法系鉴定制度存在的缺陷及其改革措施

大陆法系国家实行的是职权主义诉讼模式，与其相适应的鉴定制度体现了职权主义的特点和对权威的信任。按照这一制度的规定，侦查阶段是否聘请鉴定人由检察官决定，审判阶段则由法官决定是否聘请鉴定人和决定聘请鉴定人的人数，鉴定过程从启动到结束都处于法官的控制之下。由法官任命的鉴定人只对法官负责，而不对案件当事人负责，客观上有利于保证鉴定结论的客观性和中立性。大陆法系国家鉴定制度所具有的优点，恰好是英美法系国家专家证据制度的缺点。但这并不意味着大陆法系国家的鉴定制度当然地优越于英美法系国家的专家证据制度。从司法实践看，大陆法系的鉴定制度也存在着一些缺陷，主要表现在：

1. 对鉴定意见缺乏制约程序。设立鉴定制度的目的是期望鉴定人凭借其专

① 洪秀娟：《司法鉴定改革模式评析——基于比较法视野的考察》，载《厦门大学法律评论》总第11期，厦门大学出版社2006年版，第147页。

业知识为法庭提供客观、真实的鉴定意见，成为法官审理案件的助手。但在不少情况下，法官对相关专业知识知之甚少，有时很难辨别判断鉴定意见的科学性，这是问题的一方面。另一方面，鉴定人由法官选定意味着，法官对选定的鉴定人有一种充分的信任感，所以其对鉴定意见往往比较容易接受，而不像英美法系国家的法官那样对专家证据持有一种怀疑态度。在职权主义诉讼模式下，法庭对抗程度远不如当事人主义诉讼模式那样激烈，鉴定人是法庭上唯一懂得专业知识的人，有时甚至只提交书面鉴定意见就能起到关键性作用。要是当事人无法（实际上也不具备这样的能力）对鉴定意见进行有效质询以发现其可能存在的问题时，鉴定人就会从法官的“助手”摇身一变而成为法官的“主人”。对鉴定意见缺乏相应的制约，是大陆法系国家鉴定制度中存在的最大缺陷。

2. 对鉴定意见缺乏有效的审查程序。这一缺陷与第一个问题是相辅相成的。由于法官对鉴定意见具有天然的信任感，加上大陆法系国家在判断证据时采用的是自由心证制度，因而对鉴定意见的判断就缺少了一套科学、独立的审查程序。由于大陆法系国家的庭审模式无法对鉴定意见进行有效的质证和交叉询问，因而很难揭示出伪科学或错误的专家意见的真面目。对法官来说，鉴定意见在诉讼中的证明力似乎天经地义，法律也没有为判断鉴定意见的客观性和正确性设定明确的且行之有效的方法。

3. 缺乏当事人的信任。由于当事人无权选择鉴定人，又缺乏了解鉴定过程的知情权，对那些于己不利的鉴定意见，当事人往往会持怀疑态度。如果鉴定意见是法院最终判决的主要依据，当事人因此就很难从心底里接受判决。法官与鉴定人之间的密切关系，也是当事人担心鉴定意见存在偏见的因素之一。

针对上述存在的缺陷，近些年来，大陆法系国家也采取了一些改革措施，在基本保持职权主义色彩的鉴定制度的同时，适当地吸收了英美专家证据制度中的某些优点：

首先，在鉴定程序启动权问题上加大了当事人对法官的影响。依据德国新修改的《刑事诉讼改革议案草案》对刑事诉讼法第161a条的修改建议，在侦查程序中，虽然由检察官选择鉴定人，但允许犯罪嫌疑人及其辩护人参与选择鉴定人。法官仍保留着选择鉴定人的权力，只是一般情况下，法官在主审程序中不会再委托其他鉴定人，虽然在理论上可以这么做。①

德国的《刑事诉讼程序与罚金刑程序准则》（Richlinien fuer das Strafverfahren und das Bussgeldverfahren）第70条第1款规定，辩护人在检察官选择鉴定人前享有发表意见的权利。由于该准则只是行政规定，不少刑法学者和司法界人士认为应将这一规定上升为法律。上述《刑事诉讼改革议案草案》建议增加的刑事诉讼法第73条第3款吸收了这一意见，明确规定辩护人在检察官选择鉴定人之前享有提出意见的权利。②有意思的是，辩护人在提出意见后就失去了拒绝鉴定人的权利。这一改革方案得到了普遍的认同，因为这一规定可以使庭审程序从鉴定意见的争论中解脱出来，也可以使庭审程序不必再考虑重新指定鉴定人问题。③在辩护人和检察官难以就鉴定人的选择问题达成一致时，《刑事诉讼法》第162条规定，检察官应向侦查法官申请指定鉴定人。在审判阶段，检察官、被告人如果认为案件中的某一事实问题需要专家鉴定，可以向法官提出请求，如果法官不同意，还可以向上级法院申请司法救济。尽管如此，但迄今为止，被告人还不能直接决定启动鉴定程序。在民事诉讼中，大陆法系国家的法典越来越频繁地开始规定，双方当事人选任鉴定人的一致意见可约束法庭的决定。

其次，庭审中控辩双方可以像英美法系国家那样平等地传唤鉴定人出庭作证，向法庭提供有利于己方的证据。④最后，为了避免单一的鉴定制度可能给诉讼带来误判的巨大风险在法国采取了“双重鉴定原则”，除了极为简单的鉴定事项外，预审法官应聘请两名以上鉴定人分别对同一事项进行鉴定。德国则允许被告人在不影响官方鉴定人工作的情况下，可以聘请自己的鉴定人参与官方的鉴定活动。德国联邦律师协会认为，在侦查阶段仅仅规定辩护人在检察官选择鉴定人

---

① Helmut Satzger, Verhandlungen des 65. Deutschen Juristentages Bonn 2004 Band I: Gutachten/Teil C – Abteilung Strafrecht: Chancen und Risiken einer Reform des strafrechtlichen Ermittlungsverfahrens（刑事侦查程序改革的机会与风险），2004，C. H. Beck，S. C71.

② Diskussionsentwurf fuer eine Reform des Strafverfahrenss，S. 22.

③ Matthias Jahn，Das partizipatorische Ermittlungsverfahren im deutschen Strafprozess. Theoretische Grundlagen und praktische Ausgestaltung（德国刑事诉讼程序中的参与式侦查程序：理论原则与实践构建）. ZStW115（2003）815 -844，S. 841.

④ 参见陈瑞华：《司法鉴定制度改革的主要课题》，载陈兴良主编：《刑事法评论》（第5卷），中国政法大学出版社2000年版，第467页以下。

时的参与权是不够的，辩护人应在鉴定的题目、内容和形式上也享有参与权，以避免检察官对鉴定的单方面的“领导”。①无疑，这些改革措施增强了当事人对鉴定程序的影响力和参与感，增强了司法鉴定制度的对抗因素，有助于提高鉴定结论的公正性和社会认同感，同时也表明了大陆法系鉴定制度与英美法系专家证据制度的相互借鉴和融合。

（三）两大专家证据制度在改革中的共同趋向

从上述分析中可以看出，英美法系国家的专家证据制度与大陆法系国家的鉴定制度，虽然当初设计的目的都是为了解决案件中的专门知识问题，但由于两大法系的文化传统、诉讼理念及诉讼模式等方面的差异，在有关鉴定人的资格、选任、启动权及鉴定意见的可采性规则等方面大不相同。从实践运作看，两者都存在着某些自身难以克服的缺陷，而且存在不少互补的地方。在近几年的改革中，两者出现了互相吸收和融合的趋势，归纳起来，主要表现在以下几个方面：

1. 启动程序的变化

为解决专家证人的过分滥用、诉讼拖延和费用飞涨等问题，英美法系国家如英国、澳大利亚等都采取了相应的改革措施：一是对专家证人使用的必要性作出规定；二是限制专家证人的报酬水平；三是在民事案件中提倡尽可能使用“单一专家证人”。这些改革表明，法官对当事人聘请专家证人权利的干预和法官启动专家证人程序权力的扩大。

原本完全由法官决定是否任命鉴定人的大陆法系国家，因鉴定人太容易从“法官的助手”转变成“法官的主人”而在改革中适当地注入了当事人对法官鉴定启动权的制约。在侦查阶段，被告人的辩护人可以在检察官选择鉴定人前发表意见；在审判过程中，当事人可以向法官提出鉴定的申请，如果双方有合意的鉴定人，法官若无正当理由不能拒绝等。

专家证据制度和鉴定制度在启动程序上的互相借鉴表明，专家证人和鉴定人

---

① 德国联邦律师协会刑法委员会：《侦查程序中辩护权之改革——观点及理由》（Strafrenchtsausschuss der Bundesrechtsanwaltskammer, Reform der Verteidigung im Ermittlungsverfahren. Thesen mit Begruendung）. Verlag C. H. Veck Muenchen 2004, S. 82.

选择上的绝对自由与绝对垄断都不是最佳选择。根据各自的诉讼模式和相关制度，在以当事人自由聘请为主或以法官任命为主的做法中作出某些让步，在权利和权力之间选择一个恰当的平衡点，这是现代专家证据制度改革中的一个共同趋势。

2. 加强专家证人的过错责任与强化庭审对抗

在最近几年的司法改革中，英美法系国家在民事诉讼中开始规定专家证人的责任和义务，强调专家证人的职责是以其拥有的专业知识、经验或技能帮助事实裁判者解决诉讼中所涉及的争议事实，应优先为法庭服务。这种做法与英美法系国家对专家证人的传统角色定位有较大的差别。为消弭专家意见的倾向性痼疾，英美法系国家明确规定专家证人首先应对法庭负责，在诉讼中必须如实发表专家意见，同时还规定了违反真实义务应承担的法律责任。加强专家证人的责任虽然没有从根本上消除专家证人为当事人利益发表虚假证言的可能性，但其确实收到了一定成效，使一度失去公信力的专家证言又重新获得了生命力。

与专家证据制度相比，司法鉴定制度在设计上就是为法庭服务的，鉴定人被定位为法官的“助手”。鉴定制度的最大缺陷是缺乏对鉴定意见的审查与制约，大陆法系国家在近几年的改革中不断加强庭审中的对抗色彩，如法国法官聘请两名以上鉴定人各自对同一事项进行鉴定的做法，就可避免单一鉴定在法庭上唱“独角戏”的现象。

两大法系在几十年来的司法改革中，根据原有制度的特点不断地汲取其他制度中的优点以弥补自身的缺陷，表现在专家证据制度和鉴定制度上，当事人主义诉讼模式和职权主义诉讼模式的界限不断模糊，模式类型不断淡化，意大利专家辅助人（技术顾问）制度就是一个典型的例子。技术顾问的任命不同于司法鉴定人，不是由法官掌握选任权，而是由公诉人和当事人根据案件的需要自行决定，具体任命的方式有两种：一是由公诉人和当事人聘任；二是由国家为当事人公费指定。另外，与鉴定人不同的是，法律并没要求技术顾问的意见必须保持中立，尽管“忠于事实”仍是其应当遵循的基本行为准则。技术顾问的地位也不同于鉴定人，但技术顾问在诉讼中享有的权利为：（1）参加聘任鉴定人的活动并向法官提出要求、评论和保留性意见；（2）参加鉴定工作，向鉴定人提议进行具体的调查工作，发表评论和保留性意见；（3）对鉴定报告加以研究，并要求法官允许他询问接受鉴定的人和考查被鉴定的物品和地点，等等。[①] 因此，从其工作性质来看，技术顾问从事的是司法鉴定的辅助工作，在诉讼中扮演监督和制约鉴定程序的角色，使整个鉴定过程透明化、科学化。他们可以就案件中的专门性问题提出意见，这些意见能够影响法官对鉴定结论的审查判断。从证据法的角度看，技术顾问是一类特殊的证人，其提供的专家意见是对鉴定结论构成证明的证言。从技术顾问的选任、资格条件、法律地位和作用来看，相当于英美法系专家证据制度中的"专家证人"，这就为鉴定制度注入了专家证据制度的合理因子，即专家辅助人制度的出现，为大陆法系其他国家鉴定制度的改革提供了一套可资借鉴的方案，同时也为我国司法鉴定制度的改革与完善提供了参照模式和有益的启示。

（四）我国司法鉴定制度的改革走向

从世界范围看，即便一个总体上有用、有益的制度，也绝不可能是万能的，不存在只有好处而没有缺点的制度。[②]比较研究的方法不但能够擦亮法律学者的眼睛，使其能发现本国法律机制的一些缺陷与弱点，而且也能提高人们对概念主义价值的鉴赏力。[③]通过前文的比较分析可以看出，无论是英美法系国家的专家证据制度还是大陆法系国家的鉴定制度，都不是十全十美的，即便是融合了两大法系特点的意大利专家辅助人制度也是如此。世界上不少制度的设计都建立在理想和理性的基础上，如专家证据制度赖以存在的母体对抗式诉讼制度，就是假定诉讼双方都完全具有提供已方案件事实的能力，但现实并非总是如此，在聘请专家证人这一点上，就很难做到事实上的真正平等，有钱的当事人就有能力聘请知名的顶尖专家证人，经济条件不允许的当事人只能依靠自己的微薄之力收集证据为自己辩护。大陆法系国家鉴定制度的设计初衷是在法官的职权运作下，鉴定人

① 有关意大利的专家辅助人制度，详细内容可参见黄敏：《我国应当建立"专家辅助人"制度——意大利"技术顾问"制度之借鉴》，载《中国司法》2003 年第 4 期。

② 苏力：《制度是如何形成的——关于马歇尔诉麦迪逊案的故事》，载《比较法研究》1998 年第 1 期。

③ ［德］伯恩哈德·格罗斯菲尔德：《比较法的力量与弱点》，孙世彦，姚建宗译，清华大学出版社 2002 年版，第 19 页。

成为法官判断案件中专门知识和解决疑难问题的助手，但司法实践中因法官缺乏相关的专业知识背景，过于依赖鉴定人，使原本只是证据之一的鉴定意见成为案件的判决结果。可见，制度本身存在的天然缺陷和现实运作中的异化，直接影响着制度的有效运行。

我们还可以从上述比较研究中看出，专家证据制度与鉴定制度存在很强的互补性，此方的缺陷恰好是彼方的优势所在。“司法鉴定制度的客观中立无疑是避免专家证人倾向性的可取之道，法官职权的适当应用也是改善诉讼低效率的良方；而在相反的方向上，充分应用当事人从自身权利追求所生发出的诉讼激情，寻找当事人技术手段的有效扩张则为司法鉴定走出权力制约真空的困境提供了一个全新的观察视角。专家辅助人制度更是融二者于一身的一项开创之举。”①而且，“我国法治正在从以偏重于学习和借鉴西方法律制度和理论为取向的追仿型法治进路，转向以适应中国具体国情、解决中国实际问题为基本目标，立足于自我发展和自主创新的自主型法治进路。”②事实上，无论是英美法系国家的专家证据制度还是大陆法系国家的鉴定制度，都是与其整个司法制度相配套的。“一种制度、做法或规则，往往是在其他因素的配合下发挥作用的，离开了与之相配套的制度、做法或规则，就很难保持它的价值。”“任何成功的经验都有其生长的特殊土壤和与之相配的条件，离开了特定的历史条件和文化背景，离开了相应的社会基础和人文环境，成功的经验也会把改革引入歧途。单纯强调接轨、照搬，最终会失去民族特色。”③在我国司法鉴定制度改革中，最佳的选择无疑是根据我国的国情及原有的司法资源，从各种制度模式中汲取合理因素，以完善问题百出的现行司法鉴定制度。

值得注意的是，任何诉讼模式的选择都是历史的产物，并不是在某一具体的时间点进行选择的结果，而是经过几十年甚至几百年的发展累积而成的，虽然其形成过程不排除诸多偶然因素的巧合。“不同诉讼模式的各组成部分之间彼此相

---

① 洪秀娟：《司法鉴定改革模式评析——基于比较法视野的考察》，载《厦门大学法律评论》2006 年第 1 期。

② 顾培东：《中国法治的自主型进路》，载《法学研究》2010 年第 1 期。

③ 刘立宪、张智辉主编：《司法改革热点问题》，中国人民公安大学出版社 2000 年版，第 12 页。

连，从而形成了一套该模式特有的制度逻辑。当一个个具体制度集合而成模式之后，任何一种新制度的加入就不仅要具有抽象的合目的性，同时还必须接受该模式所特有的制度逻辑的检验。在进行制度设计时，后一方面的因素甚至更为重要，而且可能随时充满着风险。"①在改革我国司法鉴定制度时，除了应考虑我国目前的诉讼模式下制度选择的合目的性外，还应与该模式下其他具体制度之间存在内在的逻辑关系，从而使各种制度和谐相处并最大限度地发挥效用。在司法鉴定制度内部，应该考虑各环节之间的相互协调，从鉴定人的资格、选任、鉴定权的启动到鉴定人的权利、义务及鉴定意见的采纳等，应具有其内在的合理性，以确保虚假的、有瑕疵的鉴定意见能被及时有效地发现和剔除，使鉴定意见在刑事审判中能真正起到"科学证据"的作用。这一切都涉及司法鉴定主体问题，在新刑诉法实施过程中，如何使鉴定人与专家专家辅助人之间能够协调和谐地为刑事诉讼提供优质的服务，是否还需要另一角来形成稳定而有序的平衡，无疑是我国司法鉴定制度进一步完善中需要解决的关键问题。

四、构建三位一体的司法鉴定主体格局

（一）如何构建司法鉴定主体

现代法治的一项重要原则是，法律不能规定人们做不到的事，即任何法律规定都必须不能是太脱离实际的"新颖"。②因此，在完善我国司法鉴定主体问题时，不能脱离我国国情设计一套根本无法实现的制度。由于新刑诉法已增加规定新的主体——专家辅助人，而且控辩双方享有平等的聘请权和申请权，这虽在一定程度上将改变犯罪嫌疑人、被告人因缺乏司法鉴定启动权而陷入不利的局面。但为了使法庭能够根据案件中存有争议的专门性问题而灵活机动地对控辩双方聘请的专家辅助人在法庭上发表的意见准确地作出评断与选择，笔者认为，在我国当前特定的司法语境下，可以考虑在刑事诉讼中建立三位一体的司法鉴定主体格

① 汪建成：《刑事诉讼法再修订过程中面临的几个选择》，载《中国法学》2006年第6期。

② 苏力：《制度是如何形成的》，中山大学出版社1999年版，第159页。

局。具体而言，我国的司法鉴定主体包括三种不同类型的专家，即鉴定人、专家顾问和专家辅助人，三者互相补充，构成一个有机整体，共同为解决案件中的专门知识问题服务。公安机关、人民检察院、人民法院指定鉴定人的做法基本保持现状不变，犯罪嫌疑人、被告人享有聘请专家辅助人的权利，同时法庭享有指定专家顾问帮助解决案件中有争议的专门知识问题的权力。

1. 鉴定人。鉴定人是三位一体司法鉴定主体格局中的主要成员，其资格应符合《决定》的规定，是经过事先申请登记批准可以从事司法鉴定业务的人，而且在某个鉴定机构中任职。鉴于目前我国鉴定人员的水平参差不齐，各个行业应根据自身的行业要求，通过一定的考核标准择优选用，同时为鉴定人建立档案资料，内容包括鉴定人的个人简历、鉴定科目、擅长领域以及鉴定次数及结果等，司法鉴定管理部门应将这些信息上网公布。公安机关和检察机关内部鉴定机构中的从业人员，除应比照社会鉴定人员的资格准入标准进行考核外，还应在刑事犯罪侦查方面有一技之长。

2. 专家辅助人。在刑事诉讼中，控辩双方聘请的专家，就案件中遇到的专业问题为己方提供帮助。我国新刑诉法中增加规定控辩双方享有聘请专家辅助人的目的是增强法庭对鉴定意见的庭审质证，使鉴定意见的采纳更加公开，同时也更具可靠性和可信度。专家辅助人与鉴定人的关系是平等的，但前者的范围要远大于后者。两者的最大区别为：专家辅助人无须事先取得从业资格；与专家顾问的不同是，他们受聘于公诉人、当事人和辩护人以及诉讼代理人。专家辅助人可以是各行各业中拥有专业知识、经验或技术的人，且不管其专业知识、技能或经验从何而来。专家辅助人的资格在法庭上由法官根据控辩双方的质证情况进行审查，其标准可以比照鉴定人的资格，但应根据案件的具体情况进行判断。增加专家辅助人是为了加强司法鉴定制度在现实中适用的灵活性，有助于犯罪嫌疑人或被告人根据案件中遇到的专业问题，按照自己的意愿聘请专家为自己提供专业知识方面的帮助，而不仅仅限于那些已登记注册的鉴定人。

根据我国新刑诉法第 192 条第 2 款的规定，控辩双方均享有申请专家辅助人出庭的权利，虽然最终能否有专家证人在法庭上就专业知识问题为己方提供帮助，取决于法庭的决定。这一规定吸取了英美法系国家在运用专家证人方面的有益经验，顺应了大陆法系国家鉴定制度的改革趋势，在我国目前的具体国情下具有现实可行性和合理性。

3. 专家顾问。法庭在审案过程中遇到特别的专业问题或技术问题，或遇到控辩双方聘请的专家辅助人对某一专业性问题提供的意见结论分歧很大或截然相反时，可以指定或聘请专家顾问提供帮助。这些专家具有特别的知识、技术或经验，能为法庭解决特殊的专业性疑难问题提供客观中立的专家意见。比如房屋倒塌是否因地基不够坚固所致，法庭就可以聘请建筑专家提供相应的服务。专家顾问受聘于法庭，在案件中与任何一方当事人不存在利益冲突，立场比较超脱，其提供的意见更易于保持客观、公正。专家顾问与鉴定人的不同之处在于，专家顾问事先无须登记申请资格，而是法庭根据审理不同案件的实际需要予以聘请。法庭聘请的专家在听取控辩双方针锋相对的观点后，根据自己的专业知识或经验作出判断并告知法庭。专家顾问对事实问题的分析意见，很有可能成为法官判决的部分或全部理由。（这里需要进一步说明：专家顾问的意见是否具有证据资格）

（二）构建三位一体鉴定主体格局的理由

鉴定主体问题是司法鉴定制度中的核心环节，尽管新刑诉法已规定了鉴定人和专家辅助人出庭制度，但基于实证调研的结果，笔者认为，为了使整个司法鉴定制度在适用时具有更强的灵活性和实用性，同时又能充分发挥专家证据在刑事诉讼过程中的重要价值，在今后的进一步完善中，有必要设计三位一体的鉴定主体格局，这主要基于以下几个方面的考虑：

1. 鉴定人中立是司法鉴定制度的核心

鉴定人能否保持中立，是司法鉴定制度能否真正发挥作用的关键因素。这里需要理清两个问题，一是现有鉴定人制度是否需要存续；二是在存续的前提下如何提高鉴定人的各方面水平。

（1）鉴定人存续的合理性。刑事诉讼中，在侦查、起诉和审判阶段，公安机关、检察院和法院都有权聘请鉴定人，对案件中存在争议的专门性问题进行鉴定，其鉴定结论通常比较客观公正。这些鉴定结论有助于侦查人员判断侦查方向、排除或确定犯罪嫌疑人，也有助于检察官准确判断是否应该提起公诉，有助于法官对案件的公正审理。在没有设立审前司法审查程序的情况下，出于提高侦查效率的需要，保留公安机关、检察机关内部的鉴定机构并无多大不妥，关键是要确保这些内设机构中鉴定人员的业务水平。当前存在的内设司法鉴定机构鉴定人不时出现错误鉴定的情况，既与庭审中辩护方缺乏有效质证鉴定意见的能力紧密相关，也与我国缺乏鉴定意见可采性规则密不可分。鉴定意见是鉴定人运用科学技术或专业知识解读事实材料的结果，如果没有相关的背景知识就无法理解其推理过程，自然很难对鉴定意见提出有针对性的质疑。

（2）提高鉴定人的业务水平和职业素养。提高鉴定人水平，不仅是公安机关、检察院内设司法鉴定机构的事，也是其他司法鉴定机构面临的共同任务。提高鉴定人水平最为有效的办法就是对鉴定人的资格进行严格审查和考核，同时为鉴定人举办相应的培训班，以充实、更新鉴定人的专业知识和技能，并着力提高鉴定人的职业素养。目前，我国仍像大陆法系国家那样实行名册制度，该制度不但有利于司法机关和诉讼当事人选择合适的鉴定机构和鉴定人，也有利于对鉴定机构和鉴定人的管理监督。面对司法鉴定工作中存在的混乱状况，我国的司法鉴定管理部门应切实加强对名册登记工作的管理，提高管理的透明度，同时要加强审判机关和司法鉴定管理部门的协调工作，尽快建立起科学合理、公开公平的名册使用制度。

2. 辩护方应享有聘请专家辅助人的权利

从渊源上看，我国的司法鉴定制度与大陆法系国家的鉴定制度颇为相似，该制度的优点是在诉讼活动中强调鉴定人鉴定活动的职权性，同时通过事先严格规定鉴定人的资格和身份以提高鉴定意见的权威性和公信力，但由此而带来的弊端是鉴定人出庭率偏低、对鉴定意见的质证流于形式、审判人员往往以鉴定意见代替事实认定等，恰如上述所分析的那样，大陆法系鉴定制度在运行中存在的最大缺陷是鉴定人容易从法官的助手摇身变成法官的“主人”，这在我国刑事诉讼活动中也同样难以避免。因此，规定辩护方享有聘请专家辅助人的权利，就可以从制度上预防法官的“助手”变成法官的“主人”，同时还可以充分保障当事人根据自己的意志来决定是否聘请专家辅助人，以便满足不同当事人的不同需要；另外，由于专家辅助人与鉴定人一样拥有相当的专业知识，在庭外可以为辩护方就鉴定意见提供有针对性的说服力的辩护意见，在庭上可以与鉴定人就专业问题展开旗鼓相当、针锋相对的询问和质证，这样才能揭露出控方鉴定意见中可能存在的错误或瑕疵，这无疑有助于法官充分理解相关的专业知识，从而对案件事实作出准确的判断，这也恰好体现了设立司法鉴定制度的本意与初衷。

但值得注意的是，我国新刑诉法规定控辩双方同时享有聘请专家辅助人的权利，这自然与控辩双方应享有同等的权利这一现代诉讼的基本理念相一致。但另一原因是现实中的案件是五花八门的，在案件中出现的专门性问题也层出不穷，尽管作为控方的检察机关原本享有聘请鉴定人的权利，但因鉴定人的范围相对较窄，案件中时常会出现一些经验性方面的专业问题，如家养狗的习性问题、吸毒犯的生活特征等，就非一般的鉴定人所能解决，尤其是在我国目前鉴定人的素质高低不一的现状下，同时赋予控辩双方以聘请专家辅助人的权利，以增加司法鉴定制度在司法实践中适用的灵活性，就显得尤为必要。不过，在刑事诉讼活动中，控方应处理好聘请鉴定人与专家辅助人的关系，在一个案件中，可以根据存在争议的专门性问题的实际需要来决定是聘请鉴定人还是专家辅助人，从节约司法资源角度来看，通常情况下不应同时使用这两项权利，尽管法律并没有作出禁止性规定，但在一些特别重大疑难的案件中，为了弥补鉴定人个体在专业知识上的不足，也可以聘请相应的专家辅助人以增强控方证据的说服力和可信度。

(1) 专家辅助人的类别。专家辅助人可以分为不出庭的专家辅助人和出庭的专家辅助人两种。两者的区别是：前者由犯罪嫌疑人或被告人聘请后，只是帮助他们审查控方的证据，尤其是鉴定意见，也可以进行核查或重做试验，并告知辩护律师控诉方鉴定意见证据存在的优势和弱点，还可指导辩护律师如何对鉴定意见进行有效的质证等，但最终并不出庭，而是在幕后为被告人和辩护律师的成功辩护出谋划策。出庭的专家辅助人则受辩护方的委托或聘请，经申请并经法庭同意出席法庭，为解决案件中的专业性问题通过帮助。当然，在我国目前的庭审现状下，专家辅助人出庭接受控辩双方质证的概率可能不会太高，但这无疑是今后努力发展的方向。不过，在人民法院要求鉴定人出庭作证的案件中，法庭应同意辩护方要求专家辅助人出庭的申请，这样才能实现设立专家辅助人制度的立法预期。

（2）专家辅助人的立场。出庭的专家辅助人为被告方进行辩护，其意见难免会带有倾向性，尽管理论上强调专家辅助人要为法庭服务，其提供的专家意见必须客观真实，但鉴定结论并不是非白即黑的意见，经常出现“灰色地带”，允许专家证人在灰色结论面前带有倾向性的意见，可以避免其处于尴尬的境地。专家辅助人在诉讼中的立场与辩护律师相仿，是为被告人的利益服务的，并与辩护律师密切配合，最大限度地保护被告人的利益。当然，专家辅助人在法庭上提出的意见是否可采，最终应由法官裁决。

3. 法庭应享有聘请专家顾问的权力

（1）设立专家顾问的必要性。从法庭角度来考虑，除享有聘请鉴定人的权力外，在审理过程中遇到专业知识问题时，如果控辩双方向法庭提供的专家证据意见相左，甚至完全相反，而法官又因缺乏相应的专业知识背景而无法作出准确判断时，法官享有指定专家顾问来帮助解决案件中的专业问题的权力。专家顾问在接受法庭指定后，先听取控辩双方专家辅助人的意见，然后凭借自己的专业知识或经验，客观中立地写出结论报告并提交给法庭，但专家顾问并不出庭接受控辩双方的询问或交叉询问。专家顾问报告的结论，就成为法庭对此专业问题作出判断的部分或全部的依据。由于鉴定人和专家顾问在诉讼过程中所起的作用不尽相同，法庭可以根据案件的不同需要来决定聘请鉴定人还是专家顾问。

（2）防止权利的滥用。为了避免出现鉴定人或专家辅助人被滥用的局面，无论是公安机关、检察机关聘请的鉴定人，还是犯罪嫌疑人或被告人聘请的专家辅助人，在尚未设立审前证据开示制度的情况下，是否可以在法庭上出示鉴定意见或专家意见，以及传唤鉴定人或专家辅助人出庭，决定权完全在法庭。但是，鉴定人经人民法院通知拒不出庭作证的，鉴定意见不能作为定案的根据。这一规定无疑有助于增强鉴定人的责任心和鉴定意见的客观性。[①]在民事诉讼中，可以提倡使用“单一的”或“中立的”专家证人。

4. 司法鉴定模式与诉讼模式须互相配套

（1）司法鉴定模式外部的配套问题。司法鉴定模式与诉讼模式之间存在着

① 参见陈光中等：《刑事诉讼法制建设的重大进步》，载《清华法学》2012 年第 3 期。

一种内在的联系。鉴定制度是与大陆法系国家的职权主义诉讼模式相适应，专家证据制度则与英美法系国家的当事人主义诉讼模式相适应。从20世纪中期以来，我国的诉讼制度从原来的职权主义诉讼制度，逐渐转向当事人主义诉讼制度，而新刑诉法又赋予控辩双方聘请专家辅助人的权利，这将有助于法庭上控辩双方对鉴定意见进行有效的质证。可以说，控辩式诉讼制度是构建三位一体鉴定主体格局不可缺少的外部条件。同时，有一个公开透明的、可供司法机关和当事人自由选择的名册使用制度，也是三位一体鉴定主体格局必不可少的条件。在社会上还需要有一批未经登记为鉴定人的各领域专家，以及统一的检材保管制度等。只有同时具备这些条件，三类不同的鉴定主体才能在诉讼中充分发挥其应有的作用。

（2）司法鉴定模式内部的配套问题。司法鉴定制度要真正实现高效公正的鉴定活动，为刑事诉讼提供客观真实的鉴定意见或专家意见，除必须具备的外部条件外，在司法鉴定制度内部也应具备相应的条件，如必须明确规定鉴定人或专家辅助人的权利义务与赔偿责任等，同时，还应有行业纪律和职业道德等约束其行为。作为司法鉴定机构，除人员条件、设备条件和资金条件外，还应有一整套详细的运作程序，如由鉴定机构统一接受委托业务，经审核统一登记后再安排相应的鉴定人员并告知委托方是否需要申请回避等，然后再进行具体的鉴定工作。

作为鉴定人，也可以像专家顾问和专家辅助人那样兼职，平时有一份正常的工作，同时受聘于某一司法鉴定机构，有鉴定业务时受聘请而从事鉴定活动。例如，2007年11月在北京成立的首家中国电力企业联合会司法鉴定中心，其聘用的40多位鉴定人员，平时都在各自的岗位上工作，中心有鉴定业务时才请他们就具体事项进行鉴定，并给付报酬，但不发工资。另外，大学里的教授或医院里的医生，若受聘于某一鉴定机构，其情况也相类似。

5. 刑事诉讼与民事诉讼在司法鉴定的启动权上应有所不同

（1）刑事诉讼与民事诉讼的性质不同。在刑事诉讼中，案件在侦查阶段时，有时甚至连谁是犯罪嫌疑人都有待查证，侦查机关是否需要聘请鉴定人不可能与犯罪嫌疑人商量，其指定鉴定人对专门性的疑难问题进行鉴定，其目的就是确定被害人是属于自杀还是他杀，是疾病死亡还是食物中毒，从而确定侦查的方向，如做DNA检测，通常是为了确定犯罪嫌疑人的身份，因而无法像民事诉讼那样由双方共同商量选择合意的鉴定人。所以，在这一问题上，民诉讼、刑诉讼可以分别作出适合各自程序的规定。在民事诉讼中，原被告双方可以就鉴定人或专家辅助人的选任问题进行协商，若能达成一致，就可以节约诉讼开支和辩论时间，单一、中立的鉴定人无疑是双方当事人最佳的选择。在刑事诉讼侦查起诉阶段，我国目前控方的司法鉴定机构均属内设机构的现状下，取消这些机构或将这些机构完全市场化都不太现实，比较可行的办法是，赋予犯罪嫌疑人、被告人按照自己的意愿聘请专家辅助人的权利，这是最简便易行的改革措施，也是对侦查机关提供的鉴定意见进行有效制约和审查的最好方法。

（2）当事人双方的力量对比不同。在民事诉讼中，虽然当事人双方存在着贫富强弱的差别，但双方的法定权利和地位是平等的，平等是民事诉讼的精髓。这种平等体现在聘请鉴定人或专家辅助人的权利上，就是双方享有同等的机会和权利聘请哪个机构的哪位鉴定人或专家辅助人来解决案件中遇到的专门性问题。在民事诉讼中，法官通常都会鼓励双方当事人共同商量聘请合意的鉴定人或专家辅助人。在刑事诉讼中，犯罪嫌疑人、被告人面对的是强大的国家机器——公安机关和检察机关，后者在侦查过程中或起诉过程中是否需要聘请鉴定人由办案人员根据案件的需要决定，作为受追捕或被起诉的对象——犯罪嫌疑人或被告人是根本不可能与之商讨聘请鉴定人或专家辅助人这一问题的。正由于双方力量对比的悬殊，在刑事诉讼程序的设计中，才有必要特别强调保护犯罪嫌疑人或被告人的权利。为了增强犯罪嫌疑人和被告人在诉讼过程中的抗辩能力，让他们也享有聘请鉴定人或专家辅助人的权利，无疑是十分必要的，这也是英美法系国家的专家证据制度多年来一直受人推崇的根本原因所在。

最后，必须加强对专家辅助人的职业管理和行业自律，提高专家辅助人的素质，同时在法庭上加强对专家辅助人资格的审查。专家辅助人的范围远大于鉴定人的范围，除了拥有专门知识或技能的鉴定人，还可以凭借自己的生活经验或工作经验的积累，在某一问题上具有常人所不能及的知识。对于鉴定人的管理，我国已从立法上作出了某些规定，如《决定》明确规定：根据侦查工作的需要，侦查机关设立的鉴定机构，不得面向社会接受委托从事司法鉴定业务，人民法院和司法行政部门不得设立鉴定机构，同时还规定实施鉴定人和鉴定机构的名册制度，以方便法院和当事人的选择。而对专家辅助人，笔者认为只需作出原则性的规定，要求其具有某一领域的专门知识或经验就可。

（原载于《法学研究》2013 年第 2 期）

专家证据的适用及其发展前景

季美君*

2012年3月，我国刑诉法作了大幅度的修改和完善，其中亮点之一是在完善司法鉴定制度时，增加规定了控辩双方可以聘请具有相应专业知识和实践经验的专家出庭对鉴定意见发表意见（本文称之为专家证人），即新刑诉法第192条第2款规定："公诉人、当事人和辩护人、诉讼代理人可以申请法庭通知有专门知识的人出庭，就鉴定人作出的鉴定意见提出意见。"这一规定意味着今后在我国法庭上，除了原有的司法鉴定人之外，人们将会时不时地看到专家证人的身影。这无疑有利于进一步发挥专家证据在刑事诉讼中的作用。但是，在什么情况下，法庭应该同意控辩双方的申请允许这些专家出庭作证并采纳专家证据呢？这是当前新刑诉法实施之初司法实践中面临的棘手问题。

一、有用性是适用专家证据的首要条件

在英国的专家证据制度已成功运转了好几百年，从其数个世纪以来积累的众多判例来看，英国法庭在适用专家证据时，首先要考虑的是专家证据的有用性问题，这无疑也可为我国在适用新刑诉法中有关专家证据方面的规定时有所借鉴。

---

* 最高人民检察院检察理论研究所副研究员。

所谓“有用性”，即专家证据能否为事实裁判者解决争议问题提供实质性的帮助。如果法官和陪审团在没有任何帮助的情况下就能凭借自己的知识、能力和经验对案件的事实作出判断，就没有使用专家证据的必要，所提供的专家证据也就不具有可采性。而对于专家证据中的科学证据而言，如测谎结论、DNA 鉴定等，则更要考虑其从有用性衍生出来的可靠性问题。科学证据的可靠性是指专家证据所依据的理论和方法的正确性，即专家在加工证据资料时所依据的科学理论是否可靠、其推理的方法是否正确。如果所依据的理论是可靠的，其采用的推理方法亦正确，那么该科学证据就具有可靠性。

但如何判断某一类科学证据的可靠性，在英美法系国家，最初并没有一个统一的具体标准，各法院的法官都是依据自己对“可靠性”的理解来采纳科学证据的。由于科学证据是专家运用其在特定领域内的知识、经验和技能对证据资料进行分析判断的结果，而法官通常又缺乏该特定领域内的知识，如果只把眼光盯在专家证言的结论上，往往就很难搞清楚不同的专家证言之间到底谁真谁伪。在美国，学者们认为判断科学证据的可靠性可从两个方面来考虑：一是理论本身是否正确；二是将理论应用于某项技术的方法是否正确，即分析证据资料的方法是否正确。但是，也有学者认为，可靠性不是一个非白即黑的概念，而应当是一个程度概念，正如戴尔·南斯（Dale A. Nance）教授所说的：“法院和评论人员应当抛弃一个二元的要么全有要么全无的关于可靠性的概念，也就是说，证据要么是客观可靠的，要么是不可靠的，而应赞同一个递进的概念，证据的可靠性是一个程度问题。”①但事实上，因可靠性概念的复杂性和模糊性，再加上科学证据的种类繁多，迄今为止，美国的判例和规则仍没有给出衡量可靠程度的方法，也很少规定达到何种程度的可靠性就可以满足可采性的要求，也许这就像相关性的概念一样是一个普通的概念，属于法官自由裁量的范畴。

在英美法系国家对抗制诉讼中，刑事案件中的事实问题是由陪审团来决定的。他们在审理事实问题时，通常要对证据的相关性程度及证明力大小作出判断，从而对事实问题作出认定。如果陪审团凭借自己的生活经验、认识能力就能

---

① Dale A. Nance, “Reliability and the Admissibility of Experts”, Seton Hall Law Review, Vol. 34: 192. (2003).

够对事实问题作出认定，就不需要专家证言的补充。因此，1975 年美国《联邦证据规则》第 702 条规定："是否使用专家证言，取决于专家证言对事实裁判者能否有所帮助，如果没有帮助，将是浪费时间的、多余的，因此就应当予以排除。"只有在专家所提供的有关科学、技术或其他专业知识将有助于事实裁判者理解证据或确定案件中有争议的事实的时候，专家才可以凭借其知识、技能、经验、训练或教育以意见或其他方式出庭作证。

二、普通知识规则是适用专家证据的关键因素

法庭在考虑是否适用专家证据时，除了首要考虑专家证据对案件中有争议的问题是有用外，还要进一步考虑该争议问题是否属于普通知识和经验范围内，如果是，即便所提供的专家证据对法庭在判断这一问题有帮助，也不能采纳。只有在专门知识超出陪审团的知识和经验范围时，才有必要聘请专家提供专家证据，法庭也才会同意专家证人出庭作证。也就是说，如果证据所涉及的知识和经验，在陪审团完全有能力作出判断的范围之内，就没有必要聘请专家。陪审制度的基本理念是：对于常识问题的判断，身为普通民众的陪审员是绝对可以胜任的。另一方面，专家的出现可能会对陪审团产生太大的影响，而且一旦聘请专家就会延长审判时间，影响审判效率。因此，英美法院的传统做法是：需要作出判断的事情若在陪审团的知识范围内，就拒绝接受专家证人的帮助。

但是，在适用普通知识规则时，有时并不特别严格，也不像人们所想象的非要那些深奥的专业问题不可。例如在英国的 Stockwell 一案中，专家证人提供了脸部描写方面的证据。在该案中，被告人犯了抢劫罪，在被捕前长出了短胡子，但是实施抢劫的时候，戴了一副眼镜和假发。因此，当时所拍的照片与眼前的被告人之间对比起来就不那么直接了。在这种情况下，如果专家证据能为陪审团的判断提供一些信息和帮助，而这恰好是陪审团所缺乏的，就没有理由不采纳该专家证据。不过，在具体案件中，陪审团究竟是否需要得到专家证人的帮助，还是由法官来作出判断。

事实上，普通知识规则可以看成是适用专家证据的排除规则，它与专家资格

规则（即专家是不是真正的专家）和专业领域规则（即指案件中所涉及的问题是否属于哪个领域的专业知识）是紧密相连的。如果案件中出现的证据凭着陪审团的普通知识或生活经验就能作出判断，就无须聘请专家证人出庭作证。而属于某一领域的专家，即专业领域规则与专家资格规则，更是一个问题的两个方面。这里所说的专家，肯定是关于某一事物或某一领域的专家，不管该专家所拥有的专业知识是通过学习、训练获得，还是凭自己多年的实践经验积累而成。在判断某个人是不是哪一方面的真正的专家时，英美法庭在控辩双方交叉询问后，最终由法庭判断决定。

诚然，英美法系国家的法官在适用专家证据时，需要考虑的因素还有不少，如专家证据的相关性问题和终局性问题等。因专家证据是针对案件中具有法律意义的待证事实所作出的意见或推论，故其相关性在通常情况下是不成问题的。但专家证人不能对案件中的终局性问题发表意见，如被告人是否怀有杀人的故意，在夜间入室盗窃罪中是否存在进入这一事实等，专家证人是不应涉及的。

由上可知，英美法系国家的法庭在考虑是否需要控辩双方聘请的专家证人出庭作证，首先要看他们所提供的专家证据是否具有相关性和有用性，其次要考虑专家证据所涉及的内容是否属于普通知识和经验范围内以及是否属于终局性问题等。在这些条件都一一满足的情况，该专家证据是否应该采纳，还要看作证的专家是不是真正的专家，其作证的领域是否属于专业领域。尽管，在英美法系专家证据制度中，经过好几百年判例的积累和演变，其专家证据可采性规则相当完备、具体、实用，但具体到每一个问题的判断时，主要还是依靠法官的自由裁量权来作出决定。事实上，在英美法系国家，法官们在考虑是否采纳科学证据或专家证据时，其最为关键的标准还是证据的可靠性问题。事实裁判者在判断专家证据的可靠性时，通常会考虑以下几个方面的因素：（1）该理论或技术是否可以得到检验或者已经得到检验；（2）是否得到同行的认可；（3）这种判断出现错误的概率及具体的标准；（4）是否被一般的科学团体所接受。在法庭上，法官询问的重点通常也放在得出结论的方法及所依赖的原则上，而不限于结论本身。

因此，我国的法官们在决定是否同意控辩双方的申请同意其聘请的专家证人出庭作证时，也不妨借鉴一下英美法系国家法官们的经验，准确适用新刑诉法中有关专家证人方面的具有制度创新意义的规定，充分发挥专家证据的价值，从而使个案的判决尽可能地体现公正。

三、适用专家证据的必要性及其前景

在现代刑事诉讼中，无论是专家在法庭上直接陈述自己的观点，还是通过专家报告的形式出现在法庭上，专家证据在争议案件中的作用是越来越凸显，在公众心目中的分量也越来越重。在科学技术飞速发展的现代社会，无论是知识还是经验，都越来越专业化、具体化和复杂化，新的医学技术和科学技术也在不断地发展，其研究成果越来越适应法庭的需要，如指纹技术、DNA 技术对刑事侦查工作和法庭证明的帮助就非其他方法能比，其贡献也是前所未有的。科学技术在刑事诉讼中的积极价值主要表现在科学技术的运用有助于查明案件的事实真相，即有助于诉讼主体准确地发现和认定案件事实，如科学技术可以克服诉讼主体在感性认识上的局限性，增强认识主体理性认识的能力等，同时还有助于程序公正的实现，如减少追诉机关对被追诉人口供的依赖，从源头上减少刑讯逼供的发生等，且可以从根本上提高诉讼效率，如提高侦查程序的效率及审判的效率等。

事实上，在现代刑事诉讼中，若想使刑事侦查和案件的起诉工作顺利进行，在不少领域都少不了专家们的协助，如医学、精神病学、心理学、指纹、生物学（血液、头发、身体内液体流动分析）、基因、毒品、痕迹鉴定、文件及笔迹分析等，这些领域专业性强，要想准确认定案件事实，有时就不得不聘请相关的专家对那些常人无法作出判断的材料进行分析和解读。此外，在少数特别复杂重大的案件中，可能会涉及好几个方面的专家证据，这时就有必要聘请不同领域的专家证人来提供帮助。因此，随着科学技术的飞速发展，专家证据在现代社会的刑事诉讼程序中已经发挥了极大的影响作用，而且这种影响还将越来越大，其前景是无比广阔的。

（载《中国社会科学报》2013 年 6 月 5 日）

第五部分

辩护制度与技术侦查措施

新刑事诉讼法对辩护制度的修改完善

葛　琳*

在刑事诉讼中，辩护是指犯罪嫌疑人、被告人及其辩护人针对控诉一方的指控而进行的论证犯罪嫌疑人、被告人无罪、罪轻、减轻或免除罪责的反驳和辩解，以保护其合法权益的诉讼行为。辩护制度是立法对贯彻落实辩护原则所采取的措施和方法的总称，一般包括辩护权及其行使、辩护人、辩护种类、辩护程序、时间及辩护权救济等内容。1996 年刑事诉讼法的修改在刑事辩护制度上有很大进步，但是由于时代的局限，立法上仍然存在不少问题。2008 年施行的《律师法》在律师会见权、阅卷权、调查取证权等方面有所突破，但与刑事诉讼法的规定之间亟须整合一致。此次刑事诉讼法修改吸收了《律师法》中进步、成熟的理念和经验，注意到了与律师法的衔接，并结合中国现实修改完善了辩护制度。

一、辩护原则

（一）修改背景

辩护原则是被告人有权为自己辩护或获得他人帮助替其辩护的原则。辩护是

* 最高人民检察院检察理论研究所副研究员。

指刑事犯罪嫌疑人、被告人及其辩护人为反驳控诉，根据事实和法律，提出有利于被告人的证据和理由，说明被告无罪、罪轻或应当减轻、免除处罚的诉讼活动。辩护基于法定的辩护权而产生，是针对控诉而提出并同控诉相对立的一种基本的诉讼职能。没有控诉就没有辩护，只有当被告人被控告之后，被告人及其辩护人才能进行辩护。被告人从开始参加刑事诉讼起，就有权提出有利于自己的材料和意见，反驳对他的控诉，为自己进行辩护。被告人除了可以自行进行辩护外，还可以委托律师和其他辩护人为自己辩护。我国宪法第 125 条明确规定："人民法院审理案件，除法律规定的特别情况外，一律公开进行。被告人有权获得辩护。"我国 1996 年刑事诉讼法第 11 条规定，"被告人有权获得辩护，人民法院有义务保证被告人获得辩护"，从而确立了刑事诉讼中的被告人有权获得辩护的原则，但也存在以下问题：

1. 辩护权的保障主体不完善。1996 年刑事诉讼法第 11 条只强调了人民法院保证被告人获得辩护的义务，没有涉及公安机关和检察机关，也没有规定权利告知等实现辩护权的具体保障措施，很容易使被告人的辩护权保护成为一纸空文。

2. 不承认律师在侦查阶段介入刑事诉讼的辩护人地位。1996 年刑事诉讼法修改时把律师介入刑事案件的时间提前到了侦查阶段，1996 年刑事诉讼法第 96 条规定："犯罪嫌疑人在被侦查机关第一次讯问后或者采取强制措施之日起，可以聘请律师为其提供法律咨询、代理申诉、控告。犯罪嫌疑人被逮捕的，聘请的律师可以为其申请取保候审。……受委托的律师有权向侦查机关了解犯罪嫌疑人涉嫌的罪名，可以会见在押的犯罪嫌疑人，向犯罪嫌疑人了解有关案件情况。"这一规定在当时历史条件下有很大的进步，但在之后的司法实践中也产生了一些问题。侦查阶段律师虽能介入诉讼，但不能称为辩护人，仅仅是"为犯罪嫌疑人提供法律帮助的律师"，身份的模糊性导致律师在司法实践中很难切实按照第 96 条的规定为犯罪嫌疑人提供法律帮助，突出表现为"介入难"和"会见难"，严重影响了律师在侦查阶段发挥作用的空间，进而影响了辩护人在侦查阶段具体职责的实现。

（二）修改内容

新刑事诉讼法对辩护权及其保障的内容作了以下修改规定：

第 14 条　人民法院、人民检察院和公安机关应当保障犯罪嫌疑人、被告人和其他诉讼参与人依法享有的辩护权和其他诉讼权利。

第 33 条　……侦查机关在第一次讯问犯罪嫌疑人或者对犯罪嫌疑人采取强制措施时，应当告知犯罪嫌疑人有权委托辩护人。人民检察院自收到移送审查起诉的案件材料之日起三日以内，应当告知犯罪嫌疑人有权委托辩护人。

被告人有权随时委托辩护人。人民法院自受理自诉案件之日起三日以内，应当告知被告人有权委托辩护人。

辩护人接受犯罪嫌疑人、被告人委托后，应当及时告知办理案件的司法机关。

（三）理解与适用

1. 正确把握辩护权的保障主体。新刑诉法规定了辩护原则的基本内容，主要体现在以下方面：（1）被告人从刑事诉讼活动一开始就可以提出对自己有利的材料和意见，反驳对他的控诉，为自己辩护；（2）当事人有权聘请律师或其他人为自己辩护；（3）人民法院、人民检察院和公安机关有义务保障犯罪嫌疑人、被告人的辩护权；（4）辩护人的资格、权利和义务都是法定的。

针对辩护原则的规定存在的问题，新刑诉法修改讨论时，曾有意见建议将 1996 年刑诉法第 11 条的规定修改为“犯罪嫌疑人、被告人依法享有辩护权，人民法院、人民检察院、公安机关有义务保证犯罪嫌疑人、被告人依法行使辩护权”。修改后的刑事诉讼法最终在保留 1996 年刑事诉讼法第 11 条规定的前提下，在第 14 条增加了“人民法院、人民检察院和公安机关应当保障犯罪嫌疑人、被告人和其他诉讼参与人依法享有的辩护权和其他诉讼权利”。此条规定完善了辩护权的保障主体，通过在“其他诉讼参与人”之前增加“犯罪嫌疑人、被告人”，在“其他诉讼权利”之前增加“辩护权”的方式，明确了人民法院、人民检察院和公安机关都有保障辩护权实现的义务。同时，也特别强调了犯罪嫌疑人、被告人的辩护权在诉讼参与人应受保障的权利之中的核心地位。

2. 尊重侦查阶段律师介入的辩护人地位。基于 1996 年刑事诉讼法规定中存在的问题，考虑到犯罪嫌疑人、被告人在整个诉讼过程中均应享有辩护权，新刑诉法增加了犯罪嫌疑人在侦查阶段可以委托律师作为辩护人为其提供法律帮助的规定，明确了侦查阶段律师的辩护人地位。律师在侦查阶段以辩护人身份介入刑事诉讼，对于保障犯罪嫌疑人的合法权益意义重大：几乎所有的证据都是在侦查阶段形成，在侦查阶段允许律师作为辩护人参加诉讼有助于律师在侦查阶段更加全面地行使辩护权，还可以防止侦查机关刑讯逼供和其他非法的方法收集证据。从各国立法例看，嫌疑人在侦查阶段被拘留、逮捕后就有权与律师取得联系并委托律师辩护，已成为国际惯例。有权委托律师辩护，应是嫌疑人、被告人平等享有的权利，不宜在这个权利上“区别对待”。此次刑事诉讼法修改弥补了这个缺陷。同时，考虑到律师自身的专业性及律师行业的组织性，并参考国外有关立法例，新刑诉法对辩护人的身份做了必要的限定，规定在侦查期间，只能委托律师作为辩护人。实务部门应当充分认识辩护律师在侦查阶段法律地位转变的意义，为其依法行使辩护权提供保障。

3. 正确理解嫌疑人有权委托辩护人的起始时间。修改草案向社会公布征求意见时，此条的规定为“犯罪嫌疑人在被侦查机关第一次讯问后……”但讨论中有意见认为，“第一次讯问后”对时间的界定不清晰，易为法律的具体操作留下漏洞，且《律师法》第33条规定为“犯罪嫌疑人被侦查机关第一次讯问或者采取强制措施之日起……”考虑到立法的协调一致性，最终删去了“后”字，这就意味着犯罪嫌疑人在被侦查机关第一次讯问的当日，或者被采取强制措施的当日开始，就有权委托辩护人。律师要取得好的辩护效果应当有充分的时间保障，律师在嫌疑人被侦查机关第一次讯问或者采取强制措施之日起介入刑事诉讼，是提供法律帮助的最佳时机。

4. 落实辩护权的重要保障措施——告知义务。修改后的刑事诉讼法第33条同时增加了有关委托辩护人和有关权利告知的规定。根据此条规定，在刑事侦查阶段，如犯罪嫌疑人要聘请律师，只能由本人聘请。为了确保犯罪嫌疑人对此权利有明确的了解，此条规定完善了公权力机关的告知义务：

第一，规定了侦查机关的告知义务：侦查机关在第一次讯问犯罪嫌疑人或者对犯罪嫌疑人采取强制措施时，应当告知犯罪嫌疑人有权委托辩护人。侦查机关的告知义务是新增规定。与检察机关和法院相比，侦查机关的告知义务对保障犯罪嫌疑人的权利尤为重要，侦查阶段是刑事诉讼的起始阶段，最容易发生侵害犯罪嫌疑人权益的现象，促使侦查机关及时履行告知义务对于保障犯罪嫌疑人的合法权益十分重要。告知的目的不仅是让犯罪嫌疑人了解此项权利，更为重要的是能依法充分地行使这项权利。

第二，规定了检察机关的告知义务：人民检察院自收到审查起诉的案件材料之日起三日内，应当告知犯罪嫌疑人有权委托辩护人。《人民检察院刑事诉讼规则》中对检察机关履行告知义务作了更为详细的规定，告知可以采取口头或者书面方式。口头告知的，应当记明笔录，由被告知人签名；书面告知的，应当将送达回执入卷。在押的犯罪嫌疑人要求委托辩护人的，应当由犯罪嫌疑人指定的人办理委托事宜，人民检察院应当通知犯罪嫌疑人指定的人办理。

第三，规定了法院的告知义务：人民法院自受理自诉案件之日起三日内，应当告知被告人有权委托辩护人。

第四，规定了辩护律师的告知义务。辩护律师也应当依法履行相应的告知义务，及时让公安司法机关知悉接受委托事宜。这主要是出于方便案件办理机关在案件办理过程中及时掌握犯罪嫌疑人的辩护情况，以及便于及时联系辩护人等方面考虑。

二、法律援助

（一）修改背景

刑事法律援助，是指在刑事诉讼过程中，负有法律援助责任的机构和人员对需要得到法律服务而又经济困难的刑事被告人、犯罪嫌疑人及特殊案件的当事人，为保障其合法权益而依照法律的规定提供无偿的法律帮助。刑事法律援助制度是一个国家中有关刑事法律援助活动的组织、程序、人员等方面的规则、体系的总称，也是犯罪嫌疑人、被告人辩护权的重要保障。当事人自己具有的获得辩护权是原始权利，律师及其他辩护人的辩护权是来自于犯罪嫌疑人、被告人委托的一种派生权，是基于当事人有获得辩护权利的前提下而产生的，是当事人辩护权的延伸和发展。犯罪嫌疑人、被告人在刑事诉讼中获得专业的法律帮助对于保障其合法权益意义重大。犯罪嫌疑人、被告人由于涉诉而可能在人身自由和权利行使上受到限制，进而影响其自行辩护权的实现，而由专业人员为犯罪嫌疑人提供法律帮助则可以更为专业、全面和便利地保障其合法权益。

近年来，尽管国务院、最高人民检察院、最高人民法院、司法部、公安部等分别针对法律援助制定下发各类相关刑事法律文件。但鉴于这些规范性文件的法律层级效力问题，对当事人获得法律援助权力的保障均显不足。目前我国刑事法律援助制度仍存在以下问题：

1. 刑事法律援助的受援对象范围过于狭窄。国务院颁布的《法律援助条例》规定，我国目前刑事法律援助适用于两类人群，一类是以经济困难为前提条件的，即犯罪嫌疑人因经济困难没有聘请律师的、公诉案件中的被害人、被告人、自诉案件中的自诉人因经济困难没有委托诉讼代理人的。另一类是不以经济困难为前提条件，但仅限于被告人是盲、聋、哑或未成年人而没有委托辩护人的或者被告人可能被判处死刑而没有委托辩护人的，（简称为五种人）人民法院为被告人指定辩护的，法律援助机构应当提供法律援助。1996 年刑事诉讼法第 34 条与《法律援助条例》的规定相一致，接受法律援助主体的范围过于狭窄，不利于犯罪嫌疑人、被告人权利的维护。

2. 法律援助机构与公检法在刑事法律援助案件中的衔接机制不顺畅。要完善刑事法律援助制度绝不是法律援助机构一家所能做到的，要使刑事案件中的受援人在刑事诉讼的各个阶段都能得到充分的法律援助，公安机关、检察院、法院、法律援助机构在程序上的衔接与紧密配合是非常关键的。但目前刑事法律援助法律法规中涉及此处的规定缺乏可操作性，各地在落实公检法司四家开展刑事法律援助工作的衔接机制时也少有实施细则，事实上造成了有关部门对刑事法律援助不重视，宣传不到位，工作不落实。犯罪嫌疑人与刑事被告人不知晓有申请法律援助的权利，自然也无从保障其诉讼程序的合法利益。

（二）修改内容

新刑事诉讼法对刑事法律援助制度的内容作了以下修改规定：

第 34 条　犯罪嫌疑人、被告人因经济困难等原因没有委托辩护人的，本人及其近亲属可以向法律援助机构提出申请。对于符合法律援助条件的，法律援助机构应当指派律师为其提供辩护。

犯罪嫌疑人、被告人是盲、聋、哑人，或者是尚未完全丧失辨认或者控制自己行为能力的精神病人，没有委托辩护人的，人民法院、人民检察院和公安机关应当通知法律援助机构指派律师为其提供辩护。

犯罪嫌疑人、被告人可能被判处无期徒刑、死刑，没有委托辩护人的，人民法院、人民检察院和公安机关应当通知法律援助机构指派律师为其提供辩护。

（三）理解与适用

1. 正确把握刑事法律援助的受援对象范围和起始时段。（1）指定辩护的适用对象由可能被判处死刑之人扩大到可能被判处无期徒刑之人，增加了尚未完全丧失辨认或者控制自己行为能力的精神病人作为指定辩护的适用对象。无期徒刑是仅次于死刑和死缓的严重刑罚，被告人的基本自由有可能被长期剥夺，如果没有委托辩护人，其合法权益将难以得到维护，因此新刑诉法明确将此类案件纳入指定辩护范围。1996 年刑事诉讼法和国务院颁布的《法律援助条例》缺乏对精神状态和正常人相比处于弱势地位的人的法律援助权利的规定。最高人民法院《关于执行〈中华人民共和国刑事诉讼法〉若干问题的解释》第 36 条中曾规定指定辩护的对象包括盲、聋、哑人或者限制行为能力的人，但“对限制行为能力的人”具体范围规定得并不明确，此次法律修改吸收了最高院司法解释中的合理精神，在指定辩护适用对象中增加了“尚未完全辨认或者控制自己行为能力的精神病人”，主要是考虑到此类人群的认知能力和表达能力处于弱势，其在刑事诉讼中对法律援助的需求比较迫切。（2）法律援助的起始时段由“审判阶段”提前到“侦查阶段”。修改之前的刑事诉讼法没有涉及侦查和公诉阶段的法律援助，此次修改特别在被告人之前增加了“犯罪嫌疑人”，“犯罪嫌疑人”是被追诉人在侦查阶段和提起公诉阶段的称谓，这意味着被追诉人从侦查阶段开始如果因经济困难等原因没有委托辩护人，就有权申请和享受法律援助。关于“经济困难”的标准，根据《法律援助条例》的规定，由省、自治区、直辖市人民政府根据本行政区域经济发展状况和法律援助事业的需要规定。申请人住所地的经济困难标准与受理申请的法律援助机构所在地的经济困难标准不一致的，按照受理申请的法律援助机构所在地的经济困难标准执行。

2. 注意指定辩护方式的转变。此条规定是吸收了2005年最高人民法院、最高人民检察院、公安部、司法部联合颁布的《关于刑事诉讼法律援助工作的规定》第6条、第7条的内容，将指定辩护的方式由人民法院直接"指定承担法律援助义务的律师为其提供辩护"改为由人民法院、人民检察院和公安机关"通知法律援助机构指派律师为其提供辩护"，换言之，人民法院不再直接指定辩护律师，而是通知法律援助机构，由法律援助机构指派律师提供法律援助。公安机关、人民检察院、人民法院在收到被羁押的犯罪嫌疑人、被告人提出的法律援助申请后，应当在24小时内将其申请转交所在地的法律援助机构，并通知申请人的法定代理人、近亲属或者其委托的其他人员协助提供《法律援助条例》第17条规定的有关证件、证明及案件材料，即身份证或者其他有效的身份证明，代理申请人还应当提交有代理权的证明；经济困难的证明；与所申请法律援助事项有关的案件材料。犯罪嫌疑人的法定代理人或者近亲属地址不详无法通知的，公安机关、人民检察院、人民法院应当在转交申请时一并告知法律援助机构。法律援助机构收到申请后，应当依照有关规定及时审查并作出决定。对符合法律援助条件的，决定提供法律援助，并于决定之日起3日内指派律师并函告公安机关、人民检察院、人民法院；对不符合法律援助条件的，作出不予援助的决定，并于决定之日起3日内书面告知申请人理由，并函告公安机关、人民检察院、人民法院。

3. 加强与法律援助机构的配合协调。在诉讼环节开展法律援助是规范侦查、起诉、审判工作的重要举措，办案机关应当积极协同司法行政机关的法律援助机构，共同贯彻执行修订后的刑事诉讼法的相关规定，切实保障符合法律援助条件的犯罪嫌疑人及其他诉讼参与人申请法律援助，加强与法律援助机构的配合协调。办案机关和司法行政机关的法律援助机构要按照新修改的刑事诉讼法的相关规定，严格遵守告知可以提起法律援助的申请和转送申请以及受理法律援助的程序、手续、期限等工作规范。办案机关在直接受理案件时，对于符合法律援助条件的犯罪嫌疑人，在及时告知的同时，要做好与法律援助机构的衔接工作。

三、辩护人的职责

（一）修改背景

辩护人责任既是辩护人的权利，又是辩护人的义务，是辩护人最核心的职责所在。关于辩护人责任，1996 年刑事诉讼法第 35 条规定的辩护人责任是："辩护人的责任是根据事实和法律，提出证明犯罪嫌疑人、被告人无罪、罪轻或者减轻、免除其刑事责任的材料和意见，维护犯罪嫌疑人、被告人的合法权益。"这一规定对辩护人的职责定位起了十分积极的作用，它明确了辩护人与公诉人之间的职责差异，使得律师在刑事诉讼实践中可以有根有据地为犯罪嫌疑人、被告人辩护，而不必理会那些有关律师是替"坏人"说话的指责。但这一规定存在两方面的缺陷：其一，规定了律师的证明责任，这不符合刑事诉讼的基本原理。在现代世界各国，都是公诉方证明犯罪嫌疑人、被告人有罪，而犯罪嫌疑人、被告人无须证明自己无罪。在辩护人职责中使用"证明"一词明显有悖于这一基本原理。《律师法》修订后对于辩护人责任就删去了"证明"二字。其二，将辩护人的职责主要视为从实体上进行辩护，而缺少程序辩护的内容。在刑事诉讼中，程序辩护是非常重要的内容，有时甚至超过实体辩护。在一些发达国家，经常有因程序违法而使犯罪嫌疑人、被告人无罪获释的例证，包括证据收集程序违法、强制措施不符合规定、审判程序违法等。因此，强调实体辩护是对辩护职责的片面理解。

（二）修改内容

新刑事诉讼法对辩护人责任作了以下修改规定：

第 35 条　辩护人的责任是根据事实和法律，提出犯罪嫌疑人、被告人无罪、罪轻或者减轻、免除其刑事责任的材料和意见，维护犯罪嫌疑人、被告人的诉讼权利和其他合法权益。

（三）理解与适用

1. 正确把握辩护人责任的性质。针对辩护人责任规定存在的问题，新刑诉法着重从两个方面进行了完善，首先是删去了“证明”一词，明确了辩护权的性质，辩护人不负有证明责任，这体现了无罪推定的要求，即应当由控方承担证明犯罪嫌疑人、被告人有罪的证明责任。追诉机关应当严格遵守无罪推定原则，充分履行在刑事诉讼中的证明责任，不能将证明有罪的责任转嫁给犯罪嫌疑人、被告人及其辩护律师。

2. 实务部门应当充分重视和采纳辩护人的程序性辩护意见。新刑诉法将原条文中的“犯罪嫌疑人、被告人的合法权益”一语修改为“犯罪嫌疑人、被告人的诉讼权利和其他合法权益”，突出了“诉讼权利”在合法权益中的重要地位，强调了辩护人对犯罪嫌疑人、被告人诉讼权利的维护。这意味着新刑诉法吸纳了理论界的研究成果，明确区分了辩护人的双重责任：一是实体性辩护，即辩护人应“根据事实和法律，提出犯罪嫌疑人、被告人无罪、罪轻或者减轻、免除其刑事责任的材料和意见”。辩护人的实体性辩护责任，系围绕犯罪嫌疑人、被告人定罪量刑等实体问题而展开。二是程序性辩护，包括为犯罪嫌疑人申请取保候审、申请变更解除强制措施、申请排除非法证据以及代为提起上诉等维护犯罪嫌疑人、被告人诉讼权利的辩护活动。

作为与刑事实体性辩护完全不同的另一种辩护，刑事程序性辩护对于“重实体、轻程序”现象和观念的纠正，对于实现刑事程序所应有的保障当事人的合法权益、规范职权机关的行为等价值，具有直接的、积极的意义。程序性辩护的存在，有助于规范侦查、司法部门的行为，预防、遏制、减少其违反诉讼规则的现象。司法实践表明，违反诉讼程序规则的行为主体往往是刑事诉讼中的职权机关。虽然我国的有关法律对此作了严格禁止的规定，并设置了其相互之间的监督制约机制，以防止、纠正违反诉讼规则的现象，但实际效果并不令人满意。违反诉讼程序规则的行为，尤其是在侦查阶段，并非罕见。这与违反诉讼程序规则的行为难以被揭露或被揭露后难以受到重视，有着密切关系。被告方利用程序性辩护方法，不仅可以更充分地揭露程序违法现象，而且可以更迫切要求予以纠正。

四、辩护人的权利

辩护人顺利完成职责有赖于辩护人各项权利的实现，在辩护人权利中，律师权利是最重要的内容。此次刑事诉讼法修改吸收了《律师法》的成熟经验，注意到了与律师法的衔接，并结合中国现实，完善了辩护人在刑事诉讼中的相关权利。

（一）申请权

1. 修改背景

1996 年刑事诉讼法第 96 条规定了侦查阶段律师的权利："犯罪嫌疑人在被侦查机关第一次讯问后或者采取强制措施之日起，可以聘请律师为其提供法律咨询、代理申诉、控告。犯罪嫌疑人被逮捕的，聘请的律师可以为其申请取保候审。涉及国家秘密的案件，犯罪嫌疑人聘请律师，应当经侦查机关批准。受委托的律师有权向侦查机关了解犯罪嫌疑人涉嫌的罪名，可以会见在押的犯罪嫌疑人，向犯罪嫌疑人了解有关案件情况。"由于 1996 年刑事诉讼法没有赋予律师在侦查阶段的辩护人身份，所以律师侦查阶段的全力实现存在障碍，对犯罪嫌疑人的帮助相当有限。

2. 修改内容

新刑事诉讼法对辩护律师在侦查阶段的具体权利作了以下修改规定：

第 36 条　辩护律师在侦查期间可以为犯罪嫌疑人提供法律帮助；代理申诉、控告；向侦查机关了解犯罪嫌疑人涉嫌的罪名和案件有关情况，提出意见。

第 95 条　被羁押的犯罪嫌疑人、被告人及其法定代理人、近亲属、辩护人有权申请变更强制措施。人民法院、人民检察院和公安机关收到申请后，应当在三日以内作出决定；不同意变更强制措施的，应当告知申请人，并说明不同意的理由。

3. 理解与适用

由于新刑事诉讼法在第 33 条明确规定：在侦查期间，只能委托律师作为辩护人，因此辩护人在侦查阶段的具体责任就是指辩护律师的具体责任，新刑事诉讼法第36条对此专门做了规定。

在侦查阶段允许律师作为辩护人参加诉讼并不意味着其享有的权利与后继阶段尤其是审判阶段相比就完全相同。这主要是由侦查阶段的主要任务和特点所决定的。犯罪行为发生以后，从趋利避害的本能出发，在一般情形下，犯罪嫌疑人总想通过各种手段毁灭、伪造、隐匿证据或串供、逃跑等，以达到逃避法律制裁的目的。甚至在一些案件中，与犯罪嫌疑人有利害关系的人也想帮助其达到此目的。另外，与案件相关的证据材料如果不及时收集，即使没有受到人为的损毁，也有可能因为时间的流逝而湮灭。基于侦查阶段的这种特殊性，新刑诉法增加了第36条，规定："辩护律师在侦查期间可以为犯罪嫌疑人提供法律帮助；代理申诉、控告；向侦查机关了解犯罪嫌疑人涉嫌的罪名和案件有关情况，提出意见。"从而明确了辩护律师在侦查阶段的具体职责。其中"辩护律师在侦查期间可以为犯罪嫌疑人提供法律帮助；代理申诉、控告；向侦查机关了解犯罪嫌疑人涉嫌的罪名和案件有关情况"与修改前律师介入侦查阶段的权限并无区别，但增加了"提出意见"的规定，这增强了辩护律师在侦查阶段的辩护职责，也增强了侦查阶段的辩护力度。

对于辩护律师在侦查阶段的具体责任，应当从以下几个方面来理解，并在司法实践中得到切实保障：

第一，律师会见犯罪嫌疑人时可以为其提供法律帮助，包括以下内容：有关强制措施的条件、期限、适用程序的法律规定；有关侦查人员、检察人员及审判人员回避的法律规定；犯罪嫌疑人对侦查人员的提问有及时回答的义务及对与本案无关的问题有拒绝回答的权利；犯罪嫌疑人有要求自行书写供述的权利，对侦查人员制作的讯问笔录有核对、补充、改正、附加说明的权利以及在承认笔录没有错误后应当签名或盖章的义务；犯罪嫌疑人享有侦查机关应当将用作证据的鉴定结论向他告知的权利及可以申请补充鉴定或者重新鉴定的权利；犯罪嫌疑人享有的辩护权；犯罪嫌疑人享有的申诉权和控告权；刑法关于犯罪嫌疑人所涉嫌的罪名的有关规定；刑法关于自首、立功及其他有关规定；有关刑事案件侦查管辖的法律规定。

第二，代理申诉和控告。律师根据向侦查机关了解的犯罪嫌疑人涉嫌的罪名和与案件有关情况，认为确有根据的，可接受犯罪嫌疑人的委托，代理其向有关机关提出申诉，要求予以纠正。律师根据向犯罪嫌疑人了解的有关案件情况和其他有关证据材料，认为侦查人员在办案中有违反法律规定，侵犯犯罪嫌疑人的人身权利、诉讼权利或其他合法权益，或者认为侦查机关管辖不当的，可受犯罪嫌疑人的委托，代理其向有关部门提出控告。办案机关应当在接受辩护律师的申诉和控告后，及时调查核实，如果确有侦查人员违法办案，应当及时移交纪检部门处理，构成犯罪的移交检察机关立案；如果案件侦查管辖确有不当，应当及时变更管辖，并及时告知辩护律师。

第三，辩护律师接受委托后，有权向侦查机关了解犯罪嫌疑人涉嫌的罪名。本条既然规定辩护律师"可以"向侦查机关了解犯罪嫌疑人涉嫌的罪名和案件有关情况，意味着这是辩护律师的一项权利，即信息知悉权（了解指控信息的权利），相应地，侦查机关就有应辩护律师的要求而告知案件基本信息的义务。当然，基于侦查保密原则的要求，辩护律师在侦查阶段有权知悉的指控信息，应限于案件的基本信息，包括涉嫌罪名、采取强制措施的情况（种类、时间、地点）等。

第四，为犯罪嫌疑人申请变更强制措施。新刑诉法专门在第 95 条增加了犯罪嫌疑人、被告人及其法定代理人、近亲属、辩护人有权申请变更强制措施的规定，辩护人向侦查机关了解犯罪嫌疑人涉嫌的罪名及会见犯罪嫌疑人后，如果认为犯罪嫌疑人符合其他强制措施条件，可以为其申请变更其他强制措施。这比 1996 年刑事诉讼法第 96 条关于被逮捕的犯罪嫌疑人其律师可以为其申请取保受审的规定更为全面。办案机关接受犯罪嫌疑人及其辩护律师提出的变更强制措施的申请后，如果认为犯罪嫌疑人符合其他强制措施条件，应当在 3 日内批准变更其他强制措施；如果不同意变更强制措施的，也应当在 3 日内告知辩护人，并说明不同意的理由。

第五，会见在押的犯罪嫌疑人。具体参见下文有关"辩护人会见权"的内容。

第六，向办案机关提出意见。律师根据向侦查机关了解的犯罪嫌疑人涉嫌的罪名和案件有关情况，从保护犯罪嫌疑人的合法权益出发，向办案机关及时提出相应的辩护意见。办案机关应当认真听取辩护律师在侦查阶段的辩护意见，并详细记录，意见合理的，应当及时采纳，并反馈给辩护律师；意见不能采纳的，应当告知理由。

（二）会见权

1. 修改背景

会见犯罪嫌疑人是辩护人办理刑事案件的一项非常重要的权利。通过会见在押犯罪嫌疑人，辩护人才能向其了解与案件有关的情况，提供恰当的辩护意见和其他意见。根据1996年刑事诉讼法第96条和相关司法解释的规定，辩护律师和非律师辩护人都享有会见权，但在权利范围上有所区别。在侦查阶段，不是律师身份无权介入诉讼，因此只有受委托的律师有权会见在押的犯罪嫌疑人。在审查起诉阶段，辩护律师可以同在押的犯罪嫌疑人会见和通信，其他辩护人经人民检察院许可，也可以同在押犯罪嫌疑人会见和通信。

受委托的律师虽然有权会见在押的犯罪嫌疑人，但会见权受到以下条件的制约或限制：（1）对于涉及国家秘密的案件，律师会见在押犯罪嫌疑人，应当经侦查机关批准；（2）律师提出会见在押犯罪嫌疑人的，应当在四十八小时内安排会见，但对于组织、领导、参加黑社会组织罪、恐怖活动组织罪或者走私犯罪、毒品犯罪、贪污贿赂犯罪等重大复杂的两人以上的共同犯罪案件，应当在五日内安排会见；（3）律师会见在押犯罪嫌疑人，侦查机关根据案情和需要可以派员在场。对于“案件情况和需要”具体指哪些情形未作明确规定。“可以派员”变成了当然派员。这些限制使得律师“会见难”成为我国刑事诉讼中的顽疾之一，导致目前律师的会见率过低，会见安排不及时，侦查机关拒绝律师会见，会见效果受影响的情形仍然较为普遍。

为了解决会见难的问题，1997年修订的《律师法》第33条规定，犯罪嫌疑人被侦查机关第一次讯问或者采取强制措施之日起，受委托的律师凭律师执业证书、律师事务所证明和委托书或者法律援助公函（以下简称“三证”），有权会见犯罪嫌疑人、被告人并了解有关案件情况。律师会见犯罪嫌疑人、被告人，不被监听。相对于刑事诉讼法和有关解释的规定，此条变化有三：其一，取消了涉及国家秘密案件律师会见需要批准的规定。其二，取消了会见的许可程序。《律师法》规定律师只要凭“三证”可以直接会见被追诉人，不需要安排和批准。其三，改变了会见的方式，即律师会见在押的被追诉人，不被监听。这一规定显然是对《刑事诉讼法》“批准”及“在场”制度的突破，它意味着律师在侦查阶段会见在押犯罪嫌疑人不再受侦查机关的任何限制，也不受时间、次数的限制。然而，对律师会见权是否不应进行任何限制，学术界和实务界尚有不同意见。律师界普遍支持新《律师法》第 33 条的规定，反对就律师会见在押犯罪嫌疑人进行限制；而实务部门则认为，考虑到我国社会转型时期的治安形势，在涉及国家安全和国家重大利益的案件中，律师会见在押犯罪嫌疑人还是经过侦查机关批准更为稳妥，学术界也有人倾向于侦查实务部门的意见。

2. 修改内容

新刑事诉讼法重点对辩护人会见权中的辩护律师会见权作了修改：

第 37 条　辩护律师可以同在押的犯罪嫌疑人、被告人会见和通信。其他辩护人经人民法院、人民检察院许可，也可以同在押的犯罪嫌疑人、被告人会见和通信。

辩护律师持律师执业证书、律师事务所证明和委托书或者法律援助公函要求会见在押的犯罪嫌疑人、被告人的，看守所应当及时安排会见，至迟不得超过四十八小时。

辩护律师会见在押的犯罪嫌疑人、被告人，可以了解有关案件情况，提供法律咨询等；自案件移送审查起诉之日起，可以向犯罪嫌疑人、被告人核实有关证据。辩护律师会见犯罪嫌疑人、被告人时不被监听。

危害国家安全犯罪案件、恐怖活动犯罪案件、特别重大贿赂犯罪案件，在侦查期间辩护律师会见犯罪嫌疑人，应当经侦查机关许可。对于上述案件，侦查机关应当事先通知看守所。

辩护律师同被监视居住的犯罪嫌疑人、被告人会见、通信，适用本条第一款、第三款、第四款的规定。

3. 理解与适用

（1）正确把握辩护律师会见权的具体内容。刑事诉讼修改面临与《律师法》相关规定的衔接问题。在修正案草案的讨论中，各方面一致认为，应当在刑事诉讼法中吸收律师法的相关规定，但对于少数涉及国家安全和重大公共利益的案件，律师会见犯罪嫌疑人，事先经侦查机关同意也是必要的。具体而言，关于律师会见，新刑诉法规定了六个方面的内容：

第一，明确赋予辩护人会见权。辩护律师可以同在押的犯罪嫌疑人、被告人会见和通信。其他辩护人经人民法院、人民检察院许可，也可以同在押的犯罪嫌疑人、被告人会见和通信。此规定保留了修改前的刑事诉讼法第 36 条的内容，明确赋予辩护人与犯罪嫌疑人、被告人会见和通信的权利。

第二，明确了辩护律师的会见条件。辩护律师持律师执业证书、律师事务所证明和委托书或者法律援助公函要求会见在押的犯罪嫌疑人、被告人的，看守所应当及时安排会见，至迟不得超过 48 小时。此规定前半部分吸收了《律师法》第 33 条的内容，规定在一般情况下（特殊情况后有列举），律师只要凭"三证"可以直接会见被追诉人，不需要安排和批准。后半部分吸收了中央六机关《规定》第 11 条中有关律师会见的规定，限定了看守所安排会见的时间期限，以防止拖延安排会见。

第三，明确规定了辩护律师会见嫌疑人、被告人时可以做的具体事宜。律师会见时可以了解有关案件情况，提供法律咨询等；自案件移送审查起诉之日起，可以向犯罪嫌疑人、被告人核实有关证据。立法上明确规定辩护律师有权向犯罪嫌疑人、被告人"核实证据"，这意味着律师有权向犯罪嫌疑人、被告人出示复制的案卷材料（证据）。

第四，明确规定了辩护律师会见时的要求。辩护律师会见犯罪嫌疑人、被告人时不被监听。此规定吸收了《律师法》第 33 条的内容，改变了修改之前刑事诉讼法关于律师会见在押的嫌疑人时侦查机关根据案件情况和需要可以派员在场的规定，这意味着律师享有了独立会见权，与我国参加的一系列国际人权条约的规定保持一致。但由于律师对"不被监听"的规定过于简单，如何理解"不被监听"的内涵尚需具体解释。我们认为，应当参照我国参加的国际人权条约的有关规定，如《关于律师作用的基本原则》第8条规定："遭逮捕、拘留或监禁所有的人应有充分机会、时间和便利条件，毫无迟延地、在不被窃听、不经检查和完全保密情况下接受来访和与律师联系协商。这种协商可以在执法人员能看得见但听不见的范围内进行。"

第五，明确列举了需经侦查机关许可，辩护律师在侦查期间方能会见在押嫌疑人的案件种类。在刑诉法修改讨论中多数意见认为，考虑到维护国家安全、公共安全和惩处犯罪的实际需要，规定在侦查阶段对某些特殊犯罪案件，律师会见经侦查机关许可是必要的，但案件种类范围曾有不同意见，起初确定为危害国家安全犯罪案件、恐怖活动犯罪案件、重大贿赂犯罪的共同犯罪案件三类，后经征求意见和讨论，认为其中"重大贿赂犯罪的共同犯罪案件"范围不够明确，最后修改为"特别重大贿赂犯罪案件"，缩小了先前提法的案件范围。这一规定改变了修改之前对于会见涉及国家秘密的案件须经批准的笼统规定，以列举方式明确了需经批准的案件种类，便于理解和实际操作。

危害国家安全犯罪案件、恐怖活动犯罪案件、特别重大贿赂犯罪案件三类案件都涉及重大国家利益和公共利益，对律师会见进行更严格的限制，有利于防止泄密和犯罪控制，是保护公共利益和国家利益的必要选择。其中，危害国家安全犯罪案件按照我国刑法分则第一章"危害国家安全罪"的罪名把握；恐怖活动犯罪案件在我国1979年刑法典中没有明确规定，但其个别条款中已经蕴含了相关的恐怖活动犯罪，1997年刑法典在第120条以专条规定组织、领导、参加恐怖组织罪外，还针对恐怖活动犯罪的行为特征，在刑法典中分别规定了可适用于这些罪行的相应条款。中国全国人大常委会于2001年12月29日通过的《刑法修正案（三）》集中对刑法典中的恐怖活动犯罪进行修改补充，增设了资助恐怖活动罪、投放虚假危险物质罪与编造、故意传播虚假恐怖信息罪三个新罪名。特别重大贿赂犯罪案件之所以也在批准会见之列是因为，贿赂犯罪一般都是一对一证据，一旦串供将无法继续侦查，所以在律师会见方面受到了严格限制。对于何谓"特别重大贿赂犯罪"，刑法及相关司法解释中没有具体规定，应当是指犯罪数额特别巨大，情节特别严重，社会影响特别恶劣的贿赂犯罪，需要根据具体案件判断。

第六，明确了辩护律师同被监视居住的犯罪嫌疑人、被告人会见、通信适用前款规定。

（2）在实践中充分保障辩护律师会见权的实现。新刑事诉讼法使得律师有权会见犯罪嫌疑人时间明显提前，又规定不被监听等保障，增加了律师调取证据权利，对办案带来重大影响：首先，获取犯罪嫌疑人有罪供述难度增大，已获取有罪供述的犯罪嫌疑人翻供的概率增大，增加了犯罪嫌疑人前后供述的不稳定性，给侦查机关获得证据带来困难；其次，由于律师会见和不被监听，共同犯罪案件中各犯罪嫌疑人之间存在串供的可能，加大侦破难度。另外，律师在审查起诉阶段会见被羁押的犯罪嫌疑人仅需要出具相应会见手续，无须经过办案机关批准，因此办案机关办理律师会见制度也需要进一步调整。今后实务部门在实践中应当做到：

第一，充分保障辩护律师会见权。办案机关应当充分认识到律师行使会见权对于犯罪嫌疑人、被告人权利保障的重要意义。对于在侦查阶段要求会见的，应当依法及时要求会见，会见时不应监听。对于在审查起诉阶段聘请律师的，检察机关应当通知律师办理会见在押犯罪嫌疑人手续，并且不应考虑律师是否在侦查阶段会见过犯罪嫌疑人。由各级检察机关设立专门律师接待部门办理会见手续，对外公布联系电话，张贴办理会见流程及所需律师提交手续，对于符合要求的检察机关应及时予以办理。律师会见时，检察机关不应派员在场或者采取任何阻碍律师独自会见的措施。另外，对于退回补充侦查重新移送检察机关审查起诉案件，检察机关应律师要求可按上述措施重新为律师办理会见手续，保障其会见权利。

第二，加强侦诉配合，提高侦查质量。律师会见能够对办案部门的办案活动构成明显的监督效果，犯罪嫌疑人、被告人可以将合法权益受损情况告知辩护律师，并请其代为申诉控告；辩护律师也可以指导犯罪嫌疑人、被告人如何进行辩护的应对准备，这都对办案机关办理刑事案件构成了不小挑战。办案机关应当改变工作思路，切实提高工作能力，在办案过程中获取口供的同时，更要注重对于物证、书证等其他相关证据材料的及时调取和固定，根据相关证据材料形成一个完整的证据链条证明犯罪事实、情节。加强侦诉配合，及时互通情况信息，对重大复杂案件，检察机关应当及时提示侦查机关或部门补强完善证据，以起诉证明标准要求侦查机关或部门调取证据材料，不得依赖羁押讯问犯罪嫌疑人获取口供。

（三）阅卷权

1. 修改背景

1996 年刑事诉讼法第 36 条第 1 款规定："辩护律师自人民检察院对案件审查起诉之日起，可以查阅、摘抄、复制本案的诉讼文书、技术性鉴定材料。……其他辩护人经人民检察院许可，也可以查阅、摘抄、复制上述材料"。第 36 条第 2 款规定："辩护律师自人民法院受理案件之日起，可以查阅、摘抄、复制本案所指控的犯罪事实材料。……其他辩护人经人民法院许可，也可以查阅、摘抄复制上述材料。"这一条的规定就是本次刑诉法修改之前辩护人行使阅卷权的法律根据。在司法实践中，辩护律师在审查起诉阶段仅能查阅到的是拘留证、逮捕证、起诉意见书和鉴定结论等文书，对案件情况有关键意义的其他证据如：物证、书证、证人证言等证据都查阅不到，这导致律师丧失了应有的案件信息来源，无法提出有效的辩护意见。而在审判阶段，到底所指控犯罪事实材料包括哪些材料，法律也没有明确规定。中央六机关《规定》在第 13 条规定，查阅案卷材料的地点在人民法院，这实际上把查阅范围限制为人民检察院移送的起诉材料了。而根据刑事诉讼法第 150 条的规定，公诉机关起诉时向法院移送的案卷材料只包括起诉书和证据目录、证人名单、主要证据复印件或者照片，实践中对"主要证据"的解释比较随意和混乱，给律师通过阅卷了解案情、行使辩护权造成了不应有的障碍。

为了解决律师阅卷难的问题，1997 年修订的律师法扩大了辩护律师在审查起诉阶段阅卷的范围。《律师法》第 34 条作了较为详细的规定："受委托的律师自案件审查起诉之日起，有权查阅、摘抄和复制与案件有关的诉讼文书及案卷材料。受委托的律师自案件被人民法院受理之日起，有权查阅、摘抄和复制与案件有关的所有材料。"相对于 1996 年刑事诉讼法而言，《律师法》规定律师在审查起诉阶段可查阅的内容既包括诉讼文书，也包括证据材料。

2. 修改内容

新刑事诉讼法对辩护人的阅卷权作了以下修改规定：

第38条　辩护律师自人民检察院对案件审查起诉之日起，可以查阅、摘抄、复制本案的案卷材料。其他辩护人经人民法院、人民检察院许可，也可以查阅、摘抄、复制上述材料。

3. 理解与适用

（1）正确理解“案卷材料”的内涵。新刑诉法第38条吸收了律师法关于律师阅卷权的相关内容，扩大了审查起诉阶段律师的阅卷范围，不再限于“诉讼文书、技术性鉴定材料”，而包括所有“案卷材料”，案卷材料应当是指公安、司法机关在侦查、审查起诉、审判中形成的证据材料，在审查起诉阶段主要是侦查机关侦查终结移送检察机关的证据材料，即刑事诉讼法第42条规定的七种证据材料。特别是证据材料应当包含在内。现行法律要求侦查机关必须全面收集证据，包括有利于被告人证据。如果允许审查起诉部门只向律师出示“指控的犯罪事实的材料”，不向律师出示任何有利于被告人的材料不符合法律规定，与立法原意相违背，也不利于辩护律师全面了解案情、开展辩护。辩护律师在审查起诉阶段全面接触案卷材料，将与检察官对立而又平等地对同一案卷材料进行审查。但审查起诉工作中所形成的办案内部讨论材料、检委会讨论记录、内部请示报告以及退补提纲等检察机关内部工作材料，不属于案卷材料的范围，律师无权查阅，因为以上这些材料均不属于证据，是检察官对证据的判断和检察机关对案件的处理决定。审查起诉阶段的阅卷将是辩护律师行使阅卷权的最主要方式，这是基于两方面的原因：一方面辩护律师会尽量在第一时间掌握案件情况。另一方面提起公诉后庭审之前除简易程序案件外案卷原件仍掌握在检察机关手中。在审判阶段，审判委员会和合议庭的讨论记录及有关其他案件的线索材料，辩护律师和其他辩护人不得查阅、摘抄、复制，这部分材料属于法院内部工作材料，也不应属于案卷材料的范围。

（2）充分认识保障辩护人行使阅卷权的重要性。辩护人在审查起诉阶段为犯罪嫌疑人进行辩护，提出依事实依法律的辩护意见，必须在全面掌握案件事实材料，既包括掌握有罪、罪重，也包括无罪、罪轻的证据材料的基础上才能进行。因而只有通过查阅案卷，了解侦查机关进行侦查活动所查明的案件情况和收集的证据材料后，才可形成辩护意见；辩护人在审查起诉阶段提出辩护意见，在很大程度上等于协助办案机关进行审查起诉和审判工作，使人民检察院起诉定性准确，人民法院判决依据更加充分，程序更加严格，也使司法更加公正。所以，办案机关应当充分认识到保障辩护律师依法行使阅卷权的重要性，不得阻碍律师依法行使阅卷权。还应当注意的是，非律师辩护人经人民法院、人民检察院许可，也可以查阅、摘抄、复制案卷材料，办案机关也应当注意保护非律师辩护人的阅卷权。

（3）细化阅卷的具体规则。关于有资格阅卷的主体。检察机关和人民法院应当在接到阅卷申请后，要求提出申请的辩护律师或者其他辩护人提供表明自己身份和诉讼委托关系的证明材料，在接受申请后的3日内对申请人是否具备辩护人资格进行审查并作出是否许可的决定。申请人不具备辩护人资格的，人民检察院和人民法院应当不予许可。具有下列情形之一的，人民检察院和人民法院可以不予许可：同案犯罪嫌疑人在逃的；案件事实不清，证据不足，或者遗漏罪行、遗漏同案犯罪嫌疑人需要补充侦查的；有事实表明存在串供、毁灭、伪造证据或者危害证人人身安全可能的。人民检察院和人民法院接受申请后应当安排阅卷，不能当日办理的，应当向申请人说明理由，并在3日内择定办理日期，告知申请人。

关于阅卷时间。办案机关在接到律师阅卷的申请后，应安排律师在规定期限内进行阅卷，但不得超过案件的审限。在实践中，个别律师有可能在审限即将届满时才申请阅卷，这样既无益于犯罪嫌疑人切身利益的保护，也为办案机关的工作带来了不便，因此规定期限能够从某种意义上提高了律师工作的积极性。

关于阅卷地点。律师在接到安排其阅卷的回函后，应与检察机关和人民法院联系，并由文书室根据现有接待能力安排律师在规定时间内阅卷。

关于阅卷次数。律师法及刑事诉讼法对于律师阅卷的次数没有明确的规定，那是否意味着律师阅卷就可以不受次数的限制呢？我们认为，办案机关没有必要强行规定律师阅卷的次数，因为案件的复杂难易程度，卷宗的多少差异很大，若对这些差异视而不见，盲目地搞一刀切，就会有悖于此次刑诉法修改的初衷。应逐步推行律师查阅卷宗登记制度，一方面充分保障律师的阅卷权，尤其是一些疑难复杂案件，涉及的卷宗非常多，若要强行规定律师在一两次内就将所有卷宗查阅完，有违人情。另一方面，也避免了部分律师对卷宗中相同部分反复查阅从而影响审查起诉工作效率的问题。

（四）调查取证权

1. 修改背景

1996 年刑事诉讼法第 37 条明确规定了辩护律师的调查取证权，即“辩护律师经证人或者其他有关单位和个人同意，可以向他们收集与本案有关的材料，也可以申请人民检察院、人民法院收集、调取证据，或者申请人民法院通知证人出庭作证。辩护律师经人民检察院或者人民法院许可，并且经被害人或者其近亲属、被害人提供的证人同意，可以向他们收集与本案有关的材料”。根据此条规定，非律师辩护人不享有调查取证权，只有辩护律师方可享有。辩护律师的调查权分为申请调查取证权和自行调查取证权两种。律师虽然享有自行调查权，但必须“经证人或者其他有关单位和个人同意”，才“可以向他们收集与本案有关的材料”，这意味着辩护律师的调查取证权并不充分。针对此问题，《律师法》第 35 条对律师调查权作了进一步规定，“受委托的律师根据案情的需要，可以申请人民检察院、人民法院收集、调取证据或者申请人民法院通知证人出庭作证。律师自行调查取证的，凭律师执业证书和律师事务所证明，可以向有关单位或者个人调查与承办法律事务有关的情况”。这个条文实际上赋予了律师凭有关证件直接调查取证的权利，与刑事诉讼法规定的内容有一定冲突。

2. 修改内容

新刑事诉讼法对辩护人的调查取证权和证据开示义务作了如下修改规定：

第 39 条　辩护人认为在侦查、审查起诉期间公安机关、人民检察院收集的证明犯罪嫌疑人、被告人无罪或者罪轻的证据材料未提交的，可以申请人民检察院、人民法院调取有关证据。

第 40 条　辩护人收集的有关犯罪嫌疑人不在犯罪现场、未达到刑事责任年龄、属于不负刑事责任的精神病人的证据，应当及时告知公安机关、人民检察院。

3. 理解与适用

第一，修改后的规定扩大了辩护人申请人民检察院、人民法院调取的证据范围。新刑诉法第 39 条的目的在于防范公安机关、人民检察院因疏忽而未提交或因追求胜诉而刻意隐匿了对辩方有利的证据，因而赋予辩护人申请调取上述证据的权利。但需要注意的是，根据此条规定，辩护人有权申请调取的证据仅限于“在侦查、审查起诉期间公安机关、人民检察院收集的证明犯罪嫌疑人、被告人无罪或者罪轻的证据材料未提交的”，即公安机关、人民检察院在侦查、审查起诉期间已经收集到，却并未提交的对辩方有利的证据，而且律师得有足够的根据认为公安机关、检察机关收集到了上述证据却未提交。除此之外的其他证据，辩护人只能依据原法第 37 条现第 41 条之规定，在审查起诉期间申请人民检察院收集该证言，或者在审判期间申请人民法院通知该证人出庭作证。

第二，修改后的规定赋予了非律师辩护人申请调取证据的权利。1996 年刑事诉讼法第 37 条并未赋予非律师辩护人调查取证的权利。而新刑事诉讼法第 39 条将申请调查取证权的主体规定为“辩护人”，这就意味着非律师辩护人如果认为在侦查、审查起诉期间公安机关、人民检察院收集的证明犯罪嫌疑人、被告人无罪或者罪轻的证据材料未提交的，也可以申请人民检察院、人民法院调取有关证据。

第三，办案机关应当充分保障辩护人依法行使申请调查取证权。在审查起诉阶段，辩护人申请检察机关收集、调取证据两个前提条件是：一是基于案情的需要，二是辩护人无法自行收集调取的证据。根据新刑诉法及相关司法解释的规定，具体包括以下几种情形：申请调查收集的证据属于国家有关部门保存、须由人民检察院、人民法院依职权调取的档案材料；涉及国家秘密、商业秘密、个人隐私的材料；公安机关、检察机关在侦查、审查起诉期间收集到证明犯罪嫌疑人、被告人无罪或者罪轻的证据材料未提交的；因客观原因律师不能自行收集的其他证据材料。对于辩护人提出申请调取证据符合上述条件的，人民检察院和人民法院应及时予以审查，3 日内答复律师是否接受调取证据申请，若不接受详细说明拒绝理由，接受申请的在审查起诉期限内及时调取相关证据材料，并结合实际审查起诉工作在办案中予以考虑、认定。

第四，正确理解律师直接调查取证权的范围。新刑诉法并未完全赋予律师凭有关证件直接调查取证的权力，仍然保留了1996年刑事诉讼法第37条对律师自行调查权的相应限制。对于辩护律师要求人民检察院和人民法院许可其自行调查取证的，人民检察院、人民法院应当在接到申请后及时作出是否许可的决定，通知申请人。首先，对于律师调取证据办案机关不应予以任何干涉和阻挠，应当认真听取律师调取证据情况及辩护意见，在审查起诉和审判工作中予以考虑。其次，办案机关在保障律师自由调取证据的同时应对律师调取证据的真实性、合法性予以核实、验证，以便在审查案件时予以认定。最后，由于律师调取证据并无相关规则调整，程序合法性必将受到质疑，如单个律师取证是否合法有效，因此，办案机关应积极建议律师协会及相关立法机构，制定律师调查取证的相关细则，确保律师取证的程序性、合法性。

第五，正确理解辩护人的证据开示义务。新刑事诉讼法第40条的规定旨在与第39条规定的权利相对应，增加了辩护人对公安机关、检察机关的证据开示义务，便于公安机关和检察机关在办理案件过程中全面掌握案件的有关证据，及时作出公正处理，避免犯罪嫌疑人陷入讼累，同时也可以及时分流刑事案件，避免国家司法资源的浪费。应注意的是，辩护人应当开示的证据仅限于“犯罪嫌疑人不在犯罪现场”、“未达到刑事责任年龄”、“属于不负刑事责任的精神病人”三类证据。由于该三类证据属于关系到犯罪嫌疑人有罪与否以及刑事诉讼有无必要继续进行的关键证据，且辩护方更容易知悉及获得该三类证据，因此，立法要求辩护人一旦收集到该三类证据，应当立即告知公安机关、人民检察院，以便于公安机关、人民检察院在核实证据后作出是否终止刑事诉讼的决定。

辩护人的证据开示义务既然是一项法定义务，那么，违反该义务理应遭受法律制裁，如此方能保证该条款在实践中得到有效遵循。但问题在于，此条并未明确规定违反该义务的法律后果，实践中遇到类似问题，对于非律师的辩护人，办案机关可以责令其改正、命令其立即开示；对于辩护律师，则可将其视为违背律师执业义务和职业伦理的行为，由公安机关、人民检察院建议司法行政机关视其情节责令其改正或予以警告、罚款、停止执业等处罚。

（五）意见被听取权

1. 修改背景

1996年刑事诉讼法第139条、第157条和第187条关于听取辩护人意见的规定从立法上确立了听取辩护人意见的制度。第139条规定，人民检察院审查案件，应当讯问犯罪嫌疑人，听取被害人和犯罪嫌疑人、被害人委托的人的意见。第157条规定，审判人员应当听取公诉人、当事人和辩护人、诉讼代理人的意见。第187条规定，第二审人民法院对上诉案件，应当组成合议庭，开庭审理。合议庭经过阅卷，讯问被告人、听取其他当事人、辩护人、诉讼代理人的意见。但这些规定在听取意见主体、听取意见阶段等方面都很不完善，在刑事司法实践中辩护人的正确意见有时得不到重视，无法影响最终的司法决定或判决，有关机关在作案件复查时发现，许多错案中没有辩方意见的记录，有的正确的律师意见没有获得采纳，影响了刑事司法的公正性。

2. 修改内容

新刑事诉讼法对听取辩护人意见作了如下修改规定：

第86条 人民检察院审查批准逮捕，可以询问证人等诉讼参与人，听取辩护律师的意见；辩护律师提出要求的，应当听取辩护律师的意见。

第159条 在案件侦查终结前，辩护律师提出要求的，侦查机关应当听取辩护律师的意见，并记录在案。辩护律师提出书面意见的，应当附卷。

第170条 人民检察院审查案件，应当讯问犯罪嫌疑人，听取辩护人、被害人及其诉讼代理人的意见，并记录在案。辩护人、被害人及其诉讼代理人提出书面意见的，应当附卷。

第182条 在开庭以前，审判人员可以召集公诉人、当事人和辩护人、诉讼代理人，对回避、出庭证人名单、非法证据排除等与审判相关的问题，了解情况，听取意见。……上述活动情形，应当写入笔录，由审判人员和书记员签名。

第190条 ……审判人员应当听取公诉人、当事人和辩护人、诉讼代理人的意见。

第223条 第二审人民法院决定不开庭审理的，应当讯问被告人，听取其他当事人、辩护人、诉讼代理人的意见。

第 240 条　最高人民法院复核死刑案件，可以讯问被告人，辩护律师提出要求的，应当听取辩护律师的意见。

第 269 条　人民检察院审查批准逮捕和人民法院决定逮捕，应当讯问未成年犯罪嫌疑人、被告人，听取辩护律师的意见。

3. 理解与适用

(1) 全面把握听取辩护人意见的诉讼环节。最高人民法院颁布的《关于执行〈中华人民共和国刑事诉讼法〉若干问题的解释》，以及最高人民检察院颁布的《人民检察院刑事诉讼规则》、《关于检察工作中防止和纠正超期羁押的若干规定》以及《关于人民检察院保障律师在刑事诉讼中依法执业的规定》对听取律师意见作了相应的规定，有些地方检察机关也就公诉案件审查中与辩护律师交换意见作出了更加详细的规定。此次刑诉法修改吸取了上述规定的内容，在以下诉讼环节明确规定了应当听取辩护人意见：

人民检察院审查逮捕。人民检察院审查批准逮捕，可以询问证人等诉讼参与人，听取辩护律师的意见；辩护律师提出要求的，应当听取辩护律师的意见。

侦查机关侦查终结。在案件侦查终结前，辩护律师提出要求的，侦查机关应当听取辩护律师的意见，并记录在案。辩护律师提出书面意见的，应当附卷。

人民检察院审查案件。人民检察院审查案件，应当讯问犯罪嫌疑人，听取辩护人、被害人及其诉讼代理人的意见，并记录在案。辩护人、被害人及其诉讼代理人提出书面意见的，应当附卷。

人民法院开庭前的程序审查。在开庭以前，审判人员可以召集公诉人、当事人和辩护人、诉讼代理人，对回避、出庭证人名单、非法证据排除等与审判相关的问题，了解情况，听取意见。……上述活动情形，应当写入笔录，由审判人员和书记员签名。

审判人员听取意见。审判人员应当听取公诉人、当事人和辩护人、诉讼代理人的意见。

二审法院就不开庭审理听取意见。第二审人民法院决定不开庭审理的，应当讯问被告人，听取其他当事人、辩护人、诉讼代理人的意见。

最高人民法院复核死刑案件。最高人民法院复核死刑案件，可以讯问被告人，辩护律师提出要求的，应当听取辩护律师的意见。

未成年人刑事案件批准或决定逮捕。人民检察院审查批准逮捕和人民法院决定逮捕，应当讯问未成年犯罪嫌疑人、被告人，听取辩护律师的意见。

从上述规定可以看出，不但明确规定应当听取辩护人意见的诉讼环节增多，而且还对如何听取辩护人意见作了更为细化的规定，体现为记录在案、书面意见附卷。这种更为细化的规定对于保障辩护人更好地在刑事诉讼中发挥作用起到了积极作用。

（2）听取辩护人意见应当把握的原则。办案机关在落实听取辩护人意见内容时应当把握如下环节：

第一，依法听取原则。无论侦查机关、检察机关、法院还是律师，都必须严格遵守新《刑事诉讼法》、《人民警察法》、《检察官法》、《法官法》、《律师法》的相关规定，不得泄露国家秘密和案件秘密及当事人个人隐私，不得假借听取律师意见徇私枉法进行钱权交易，不得在非工作时间和办公场所私自会见和听取律师意见，不得收取任何费用和接受律师吃请送礼，不得采用人身攻击或侮辱、歧视性语言，不得篡改、伪造、变造听取笔录等。

第二，公开听取和全面审查原则。办案机关在接到辩护人提供意见申请后，应由所在部门领导指定专人配合案件承办人公开听取，既要听取辩护人对全案事实和证据的看法和意见，也要听取辩护人对具体事实认定、法律适用、量刑建议的观点阐述，并记录在案。承办人应对辩护人意见结合全案进行全面审查，尤其对辩护人提出的证明犯罪嫌疑人无罪、罪轻或者减轻、免除刑事责任的意见和证据，应认真审查核实。

第三，提供便利原则。为切实保障辩护权的顺利实现，办案机关应为辩护人提供意见提供必要的方便。如指定专人负责受理辩护人提供意见申请并及时反馈情况；应为辩护人提供必要的听取意见场所、工作便利措施和安排足够时间进行听取；辩护律师无须持律师事务所证明，持律师工作证和授权委托书即可安排听取；涉及案情重大复杂或事态紧急的，辩护人可申请办案机关主管领导或承办人所在部门领导参与听取；辩护人可多次要求提供辩护意见；如因为外地辩护律师直接听取意见有困难的，可允许其提交书面意见等。

第四，辩护人自愿原则。由于听取辩护人意见并非刑事诉讼活动的必定程序，且诉讼环节听取辩护人意见更多体现为办案机关依法保障和尊重律师执业权利的保障性措施。因此，是否向检察机关提出意见完全取决于辩护人根据委托人要求自主决定，其可以在相应的诉讼环节向办案机关提出辩护意见，也可以不提出，办案机关不得以明示或暗示的方式强令其提供或不提供。在提供意见的内容选择上，既可以提供犯罪嫌疑人无罪、罪轻或不需要追究刑事责任的意见以及相关证据材料，也可以提供为其委托人取保候审的意见和委托人真诚悔罪或与被害人达到和解的情况及证据材料，还可以提供侦查机关违法办案侵害其委托人合法权益的线索。同样，办案机关也不得指定或限制其提供意见的内容和范围。

第五，回应说理原则。办案机关要树立客观斟酌辩护人意见的观念，把对于性质不同证据的审查放在同等重要的地位，要从辩方的角度进行换位思考和反向思维。对于正确合理的辩护人意见，应当及时采纳；对于没有采纳的辩护意见要予以回应和说理。比如，对于是否批准逮捕，犯罪嫌疑人委托的律师提出不构成犯罪、无逮捕必要、不适宜羁押、侦查活动有违法犯罪情形等书面意见以及相关证据材料的，检察人员应当认真审查。必要时，可以当面听取辩护人的意见。对辩护人提出的意见及相关证据材料，应当在审查逮捕意见书中说明是否采纳的情况和理由。对于辩护人在审判阶段提出的定罪量刑意见，法官在裁判文书中不仅应当对其认定的事实和法律意见进行全面的论证，而且还要对其拒绝采纳辩护意见从事实和法理上作出充分的分析、详尽的说明，从而使法官心证的确立和判断推理过程为当事人和辩护人所知晓，并受到来自外部的监督和制约，防止自由心证的滥用。

五、辩护人权利保障措施

（一）修改背景

关于辩护人实现辩护权的法律保障，1996 年刑事诉讼法存在如下问题：

（1）辩护律师缺乏为委托人保密的法律依据。律师保密是指律师对因执业所知晓的委托人的秘密，享有对外主张特权并未经委托人同意不得泄露的制度。作为辩护人的律师往往受到被告人的信任，在职业活动中会经常获取一些委托人的具体情况和信息。律师与委托人之间的关系包含了一种传统意义上的忠诚，律师因职业关系而泄露其所掌握的委托人的秘密信息将会破坏这种忠诚。基于对诉讼当事人、诉讼进程、律师职业信誉的特殊意义，律师保密特权受到了世界各国法律和国际公约的认可。但我国未修订的刑事诉讼法并未对此作出规定，导致律师无法定依据对要求其泄露其委托人秘密的行为作出有力的回应。同时也没有律师职业权利被侵犯之后的保障措施。为了解决上述问题，《律师法》作出了进一步规定，其在第 38 条明确规定："律师应当保守在执业活动中知悉的国家秘密、商业秘密，不得泄露当事人的隐私。律师对在执业活动中知悉的委托人和其他人不愿泄露的情况和信息，应当予以保密。但是，委托人或者其他人准备或者正在实施的危害国家安全、公共安全以及其他严重危害他人人身、财产安全的犯罪事实和信息除外。"（2）辩护人缺乏申诉途径。在刑事诉讼过程中，为了体现保障人权，维护犯罪嫌疑人、被告人的辩护权，立法上赋予了辩护人诸多的诉讼权利，以保障其履行辩护职责。然而，司法实践当中，由于立法不够明确，司法机关又因执法理念的影响，经常会存在辩护人行使权利不畅，甚至权利被侵害的事件也时有发生。但修改前的刑诉法没有对辩护人参与刑事诉讼中相关权利受到侵害设置救济途径，使辩护人在权利受到侵害后，没有有效的途径寻求救济，也没有相关的机关能够监督保障辩护人辩护权的有效行使，这不能不说是辩护权常常受到侵害的重要原因之一。

（二）修改内容

新刑事诉讼法对辩护人的权利保障作了如下修改规定：

第 46 条　辩护律师对在执业活动中知悉的委托人的有关情况和信息，有权予以保密。但是，辩护律师在执业活动中知悉委托人或者其他人，准备或者正在实施危害国家安全、公共安全以及严重危害他人人身安全的犯罪的，应当及时向司法机关通报。

第47条　辩护人、诉讼代理人认为公安机关、人民检察院、人民法院及其工作人员阻碍其依法履行职责的，有权向同级或者上一级人民检察院申诉。人民检察院对申诉应当及时进行审查，情况属实的，通知有关机关予以纠正。

（三）理解与适用

修改后的刑事诉讼法对完善律师执业权利和义务及保障措施作出了进一步的规定，办案机关应当增强保障律师执业权利的意识。律师参与刑事诉讼，有利于维护当事人的合法权益；有利于查明案件事实真相，保障法律的正确实施；有利于加强对检察机关办案工作的外部监督和制约，促进执法水平和办案质量的提高。保障律师在刑事诉讼中的执业权利，改善辩护律师的执业环境，是完善辩护制度、充分发挥律师作用的重要保证。具体而言，应当从以下几个方面来理解新刑诉法的立法精神，并在司法实践中切实执行：

1. 正确把握辩护律师为委托人保密权的内涵。新刑诉法增加了第46条，明确规定了辩护律师为委托人保守秘密的权利，这对于辩护人认真履行辩护职责，维护犯罪嫌疑人、被告人的合法权益具有重要意义。需要注意的是，保密的范围是有限度的，律师为当事人保密应该理解为对过去的已经发生的事实予以保密。但如果律师知悉的信息是危害国家安全、公共安全以及严重危害他人人身安全的犯罪的时候，而且是正在或者即将发生的，都应及时通报司法机关。国家通过这样的明文规定向全社会公示了律师保密的范围是有限制的。保密和通报之间是一个规则和例外的关系。保密是规则，通报是例外，而且通报的情况非常有限。保密和通报是立法过程中的利益价值选择，是一种立法技术。如何既做到保密，又向司法机关通报严重危害情况，就是要全面理解条款的两方面规定。如果出现了法律规定的情形，律师向司法机关通报了，也不会损害律师的信誉，还可以更好地保护律师。办案机关应当理解和尊重辩护律师行使为委托人保守秘密的权利。但如果了解到律师知晓法律规定的保密例外情况，应当说服律师及时向检察机关通报，以免使国家利益和社会公共利益遭受损失。

2. 明确人民检察院为接受律师申诉的主体。新刑诉法第47条赋予了辩护人、诉讼代理人维护辩护权顺利通畅行使的保障措施，即有权向同级或上一级人民检察院申诉。人民检察院是法律监督机关，有权对所有违法行为进行监督，公权力机关工作人员在刑事诉讼过程中阻碍律师依法履行职责的行为属于人民检察院的监督范围，人民检察机关应当及时查明，通知有关机关予以纠正。检察机关成为保障辩护人实现申诉权的最直接主体，这也是检察机关作为法律监督机关理应履行的职责。检察机关应当转变重配合轻监督的观念，在工作中既要坚持依法配合，也要担负起依法监督的职责，兼顾对嫌疑人和律师权利的维护，对于侵害辩护人合法履行辩护权的行为要认真审查和纠正，要克服怕影响关系、怕惹麻烦的思想，做到敢于监督、善于监督、勤于监督，以确保司法公正。

六、辩护人责任追究程序

（一）修改背景

1996 年修订刑事诉讼法时，立法者担心随着诉讼权利的扩展，律师有更多的机会实施伪证或者其他妨碍司法公正的行为，因此，在第 38 条“强调”了辩护人的义务，要求“辩护律师和其他辩护人不得帮助犯罪嫌疑人、被告人隐匿、毁灭、伪造证据或者串供，不得威胁、引诱证人改变证言或者作伪证以及进行其他干扰司法机关诉讼活动的行为”。继而，随后的《刑法修正案》第 306 条以律师为犯罪主体单列罪名，规定：“在刑事诉讼中，辩护人、诉讼代理人毁灭、伪造证据，帮助当事人毁灭、伪造证据，威胁、引诱证人违背事实改变证言或者作伪证的，处三年以下有期徒刑或者拘役；情节严重的，处三年以上七年以下有期徒刑。”（“辩护人、诉讼代理人毁灭证据、伪造证据、妨害作证罪”，简称“律师伪证罪”）1996 年刑事诉讼法第 38 条与刑法第 306 条成为一些办案机关对律师进行职业报复的法律依据，给刑事诉讼辩护律师执业增加了风险。实践中经常出现只要证人在开庭作证时的证言与此前给公检机关的证言不一样，不管这一证言真假如何，都可能导致律师受到作伪证的指控的情况，受到律师界的较强质疑。

（二）修改内容

新刑事诉讼法对辩护人的责任追究作了如下修改规定：

第42条 辩护人或者其他任何人，不得帮助犯罪嫌疑人、被告人隐匿、毁灭、伪造证据或者串供，不得威胁、引诱证人改变证言或者作伪证以及进行其他干扰司法机关诉讼活动的行为。

违反前款规定的，应当依法追究法律责任。辩护人涉嫌犯罪的，应当由办理辩护人所承办案件的侦查机关以外的侦查机关办理。

（三）理解与适用

1. 准确理解辩护人伪证行为主体及方式。1996年刑事诉讼法第38条规定："辩护律师和其他辩护人，不得帮助犯罪嫌疑人、被告人隐匿、毁灭、伪造证据或者串供，不得威胁、引诱证人改变证言或者作伪证以及进行其他干扰司法机关诉讼活动的行为。违反前款规定的，应当依法追究法律责任。"此条中的行为主体是"辩护律师和其他辩护人"，而事实上刑事诉讼参与人乃至案外人都有可能帮助犯罪嫌疑人、被告人隐匿、毁灭、伪造证据或者串供，威胁、引诱证人作伪证以及进行其他干扰司法机关诉讼活动的行为，将行为主体限定为辩护律师和其他辩护人范围过窄，有歧视嫌疑。因此，新刑诉法修改为"辩护人或者其他任何人"，使得该条款不再成为专门针对辩护人的"歧视性"条款。所谓"其他任何人"，当然地包括公、检、法机关工作人员在内。

关于辩护人和其他辩护律师"不得威胁、引诱证人改变证言"的规定很容易被解释为只要证人改变了证言，无论是否违背了事实，无论是否故意为之，都会被认定为妨害作证罪。而实践中证人改变证言即所谓翻证的情况比较复杂，如果证人之前作伪证，现在翻证还原事实真相，则应当是法律允许并鼓励的行为。但由于目前我国法律对辩护律师提供法律帮助、会见、调查的权限范围界定不明，导致律师的一些正常辩护行为被入罪。此条在刑诉法修改过程中多方建议删除此内容，修订后的刑事诉讼法吸收了这些建议，删除了"改变证言"的提法，从而更有利于保障律师执业环境。

2. 遵守辩护人涉嫌犯罪的追究程序。在刑事司法实践中，辩护人相对于侦查和公诉机关本来就处于弱势地位，由于职责原因，律师辩护时容易和职权机关发生认识矛盾。在无法界定律师正常职务行为和"威胁、引诱"的界限时，刑辩律师往往处于危险境地。新刑诉法在修改过程中有意见认为，应当对辩护人涉嫌伪证犯罪的追究程序作出严格规定，防止出现被滥用的情况。为保障辩护人依法履行职责，避免同一案件的侦查机关随意对辩护人立案侦查和采取强制措施，新刑诉法第 42 条增加了一款，规定："辩护人涉嫌犯罪的，应当由办理辩护人所承办案件的侦查机关以外的侦查机关办理。"这一规定旨在以程序设计保护律师不被同一案件的侦查机关随意追究。"律师伪证案"是由律师为刑事案件辩护而派生出的案件，属"案中案"。其中当事人身份有双重性，公安机关和检察机关既是原案的侦办、公诉机关，又有权办理"伪证案"，存在利益关联，这种势必影响案件办理的公正性。由异地侦办可以矫正程序公正上的不足，促进案件的公正办理。

（原载于童建明主编：《新刑事诉讼法理解与适用》，中国检察出版社 2012 年版）

对刑事辩护、代理制度修改内容的梳理

刘　方*

刑事辩护、代理制度的完善一直是我国刑事诉讼制度改革所努力的方向。中国的刑事辩护、代理制度，特别是律师辩护制度，是在极其贫瘠的土壤中发展起来的。作为现代刑事诉讼基石之一的刑事辩护，中国传统的法制对此始终采取排斥和轻视的态度，在诉讼制度的建立和诉讼方式变革方面形成了一道道难以逾越的障碍。自20世纪末开始，我国对诉讼方式进行了大刀阔斧的改革，力图从根本上摒弃传统的纠问式诉讼，引进西方的控辩式诉讼，彻底改变由法官“大包大揽”的法庭审判体制，构建“三角形”的刑事诉讼格局。应当说，1996年刑事诉讼法的修改已经在这方面迈出了关键性的一步。但之后十多年的司法实践表明，中国刑事诉讼的前行步伐并没有完全按照立法者设想的路径走下去。正如很多学者所认为的那样：“从修正后法律实施的情况看，并没有达到预先设想的加强辩护职能、使之能够有效地与控诉方对抗的效果。”[①]客观地说，近些年来，律师的辩护、代理权在司法权威不断强化的背景下大有回落与萎缩的态势，中国诉讼民主化进程在市场经济与计划经济博弈中显得迷失了方向。在这关键的时刻，法律再次彰显了对诉讼制度的拱卫作用。这次刑事诉讼法的修改，对刑事辩护、

* 最高人民检察院检察理论研究所研究员。

① 陈卫东主编：《刑事诉讼法实施问题对策研究》，中国方正出版社2002年版，第359页。

代理制度作了较为详细的规定。这将为保证我国刑事辩护和代理制度朝着健康的方向发展起到极为重要的作用。

一、加强了对辩护律师执业的法律保障

加强对辩护律师执业的法律保障，就是要通过立法规定辩护律师在行使辩护权的过程中应当享有的基本工作条件和人权保障措施。这次刑事诉讼法修改前，在围绕扩大还是限制律师辩护权的问题上，法学理论界和司法实务中就存在着“限制说”与“保障说”两种分歧观点。“限制说”主张缩小刑事辩护权的行使范围，并通过设置诉讼障碍来制约律师辩护作用的发挥；“保障说”则相反认为应当尽可能扩大律师在刑事诉讼过程中的活动空间，使律师享有的刑事辩护权得到更为充分地发挥。[①] 前者主要以维护国家利益和社会整体利益为宗旨，试图从诉讼领域防止社会力量对统治权力造成冲击与剥蚀；后者则体现了追求现代诉讼民主的价值目标，希望通过扩大公民的维权内容来限制和约束权力的滥用。如果能够从二者之间寻找一个合适的平衡点，则可以促使诉讼制度得以科学发展，否则，任何偏信偏废的做法都不利于诉讼文明朝着正确的方向前进。也有的学者认为，过去刑事诉讼中很多律师在执行职务过程中被拘留、追诉甚至被定罪判刑，归根结底是我国律师没有像西方国家律师那样享有豁免权。[②] 但问题是我们如何来理解律师的豁免权，即豁免的内容和范围到底包括哪些方面。像外交权那样一概豁免肯定是不现实的，而具有区别于被追诉人的必要豁免也是律师辩护确实应当享有的权利。如果我们把律师的刑事辩护权置于现实诉讼制度的发展过程中加以考虑，就必须根据社会发展的客观需要来恰当地赋予律师的权利，并且与刑事执法、司法的宽缓程度和民众的法治认识水平相一致。这次刑事诉讼法修改在如何保障律师依法执业方面也正是兼顾了多方面的原因，主要从以下几个方面进行了修改：

---

① 参见陈光中主编：《刑事诉讼法实施问题研究》，中国法制出版社 2000 年版，第 25 页。

② 陈卫东主编：《刑事诉讼法实施问题对策研究》，中国方正出版社 2002 年版，第 434 页。

其一，规定了辩护律师会见犯罪嫌疑人、被告人时的人身自由保障。十一届全国人大五次会议通过的《关于修改〈中华人民共和国刑事诉讼法〉的决定》（以下简称《修改决定》）第9条中规定，辩护律师在会见犯罪嫌疑人、被告人时，享有“不被监听”的权利。这一规定排除了侦查机关、公诉机关或者审判机关在律师会见犯罪嫌疑人、被告人时安置监听设备的可能，有利于辩护律师依法执行职务。在过去的刑事侦查过程中，很多侦查人员在急功近利思想的驱使下，不惜采用各种手段和措施来破获案件，其中通过窃听辩护律师与犯罪嫌疑人之间的谈话内容来获取犯罪事实或者侦查线索，也是侦查中经常采用的方式。办案人员并没有意识到这种监听的方式不仅是违法取证，而且在很大程度上侵犯了他人人权。国外一些法治国家也有类似规定，如《意大利刑事诉讼法典》第103条第5款规定：“不允许对辩护人、技术顾问以及助手的谈话和通讯进行窃听，也不得对上述人员与受其帮助的人员之间的谈话和通讯进行窃听。”① “不被监听”，表明了辩护律师会见犯罪嫌疑人、被告人的保密权利受到了法律保护。

其二，规定负责案件侦查的机关不得处理同一案件中辩护律师的违法犯罪问题。《修改决定》第11条中规定，对于辩护律师在办理案件过程中触犯刑罚涉嫌追究刑事责任的案件，“应当由办理辩护人所承办案件的侦查机关以外的侦查机关办理。”司法实践中，一些执法、司法机关往往把案件不能得到及时、有效查处的责任归咎于辩护律师，认为是律师从中作梗，指使或怂恿犯罪嫌疑人、被告人不老实交代或者翻供。辩护律师在向犯罪嫌疑人、被告人讯问、了解案情的过程中的谈话内容，有时被公安、司法机关无限夸大，把正当的讯问情节视为“引诱证人改变证言”，并以次追究律师的法律责任。为此，《修改决定》第11条删除了原《刑事诉讼法》第38条规定的辩护人“引诱证人改变证言”的规定，这不仅有利于保证犯罪嫌疑人、被告人自己依法行使辩护权，同时也有利于辩护人依法履行辩护职责。上述两个方面的修改有利于排除侦查机关违法干预执业律师的正当辩护活动，具有把保障诉讼权与保障人权结合起来的双向特征。正如有学者所指出：“诉讼权是权利享有这一事实自身的逻辑产物或延伸产物，而作为公

① 黄风译：《意大利刑事诉讼法典》，中国政法大学出版社1994年版，第39页。

民基本人权的诉讼权的享有则应当是人权观念产生和得到认同之后的事。”①

其三，赋予了辩护人、诉讼代理人对行使权利的自我救济权。《修改决定》第12条规定：“辩护人、诉讼代理人认为公安机关、人民检察院、人民法院及其工作人员阻碍其依法行使诉讼权利的，有权向同级或者上级人民检察院申诉或者控告。人民检察院对申诉或者控告应当及时进行审查，情况属实的，通知有关机关予以纠正。”辩护制度设置的初衷之一在于弥补被告人的权利与国家权力之间的不对等所产生的差距，使处于弱势地位的被告一方在面临强势行权者追诉的时候，具有保护自己合法权利的正当途径和方法。辩护律师的职责在于维护犯罪嫌疑人、被告人的合法权利，他们在依法履行职责过程中，如果一旦受到执法、司法机关的阻挠和干扰，就需要一个主持公道的裁决机构来支持他们的正当行为，否则，他们所希望取得的辩护成果，包括他们依法所作出的辩护行为都可能付之东流。辩护权的救济程序也就由此应运而生。新刑事诉讼法的该项规定不仅赋予了辩护人、诉讼代理人维护自身参与诉讼的权利，有利于更好保障犯罪嫌疑人、被害人的合法权利；而且也有利于加强检察机关的诉讼监督职能，维护执法、司法公正。

二、完善了辩护律师执业的程序性规定

现代刑事诉讼是以控、辩、审三方为基本支点而构成的三角形结构形态，在人类的普遍观念中，“三角形”样态是事物存在最稳定的形态。以实现打击犯罪和保障人权双向目标所建立的现代刑事诉讼结构，离开了控、辩、审三方中的任何一方，科学的刑事诉讼体系就面临瓦解的可能。因此，从程序设置上用法律明确将各方的权利和义务固定下来，并沿着法律确立的轨道正常运行，刑事诉讼才不会偏离法治的轨道。这就是西方学者所极力倡导的刑事诉讼程序正义原则。“……正当程序的目的观强调对犯罪嫌疑人、被告人诉讼权利的保障和充分发挥辩护律师的作用，符合刑事诉讼文明、民主的发展趋势，也利于保障无辜公

---

① 左卫民：《诉讼权研究》，法律出版社2003年版，第20页。

民，防止和减少冤错案件的发生。”① 本次刑事诉讼法的修改主要从以下几个方面进一步完善了刑事辩护和代理制度的程序性事项：

其一，提前了律师介入刑事辩护的时间。律师辩护主要在于保障犯罪嫌疑人、被告人的合法权利，是实现刑事诉讼人权保障的马前卒。原刑事诉讼法将律师介入刑事辩护排斥于侦查程序之外的不科学性在于：侦查阶段是被追诉人的合法权利最可能受到侵犯的时候，也是犯罪嫌疑人最需要律师提供法律帮助的时候，然而这个时候的律师却只能袖手旁观，无力相助，错过了加强人权保障的最佳时机。有鉴于此，《修改决定》第5条将原《刑事诉讼法》第33条“公诉案件自案件移送审查起诉之日起，犯罪嫌疑人有权委托辩护人”的规定，修改为“犯罪嫌疑人自被侦查机关第一次讯问后或者采取强制措施之日起，有权委托辩护人”。即将律师作为辩护人参与刑事诉讼的时间由过去的审查起诉阶段提前到了侦查阶段。

其二，明确规定了律师会见在押犯罪嫌疑人、被告人的时间保证。没有时间上的法律保障，不仅犯罪嫌疑人、被告人的合法权利得不到及时维护，同时也会使律师错过处理法律事务的良好时机。《修改决定》第9条规定，辩护律师会见在押的犯罪嫌疑、被告人时，“看守所应当及时安排会见，至迟不得超过四十八小时”。这样规定既可以避免过去一些地方执法、司法机关和羁押场所拖延、阻挠律师会见犯罪嫌疑人、被告人情况的发生；同时也可以使犯罪嫌疑人、被告人权利保障处于常规化状态。

其三，将辩护人依照原刑事诉讼法规定只能在审判阶段查阅犯罪案卷材料，提前到了审查起诉阶段。《修改决定》第9条中规定，“辩护律师自人民检察院对案件审查起诉之日起，可以查阅、摘抄、复制本案的案卷材料。其他辩护人经人民法院、人民检察院许可，也可以查阅、摘抄、复制上述材料。”按照修改前的刑事诉讼法规定，辩护律师只有等到公诉机关将起诉材料移交法院正式提起诉讼后，才能申请查阅案卷材料。对于相当多的案件，在法庭开庭审理和起诉的短暂时间中，律师常常难以认真查阅厚厚的案卷材料，并对案件事实和证据作出正

① 宋英辉：《刑事诉讼原理导读》，法律出版社2003年版，第70页。

确的判断。这样做不仅难以保证律师辩护工作的有效开展，也不利于维护犯罪嫌疑人、被告人的合法权利。

其四，进一步疏通了犯罪嫌疑人、被告人享有辩护权的渠道。其中主要包括以下两点：一是规定公、检、法机关应当及时转达被关押人的意愿。《修改决定》第5条规定："犯罪嫌疑人、被告人在羁押期间要求委托辩护人的，人民法院、人民检察院和公安机关应当及时转达其要求。"这样规定可以避免公安、司法机关故意或疏忽大意拖延、忽略传达被关押人的意见，从而轻视对犯罪嫌疑人、被告人的人权保障。二是根据《修改决定》第5条规定，犯罪嫌疑人、被告人在押的，也可以由其监护人、近亲属代为委托辩护人。这一修改规定具有诉讼上的实质性突破，不仅可以避免被关押的犯罪嫌疑人、被告人由于各种原因没有委托辩护人而使自己处于不利诉讼地位的情况发生，而且也体现了诉讼制度人性化的发展趋势。

其五，明确规定了辩护律师与委托人之间的正当工作关系。《修改决定》第8条中规定，辩护律师在侦查阶段，可以"向侦查机关了解犯罪嫌疑人涉嫌的罪名和案件有关情况，提出意见"。《修改决定》第9条中规定，"辩护律师会见在押的犯罪嫌疑人、被告人，可以了解案件有关情况，提供法律咨询等；自案件移送审查起诉之日起，可以向犯罪嫌疑人、被告人核实有关证据"。这样规定，有利于辩护律师更好地行使辩护职能。这些内容虽然在过去的有关司法解释中已出现过，但作为法律上的明确规定却具有立法上的现实意义。

三、加强了对辩护人、代理人责任和义务的法律约束

任何人在社会活动中的权利和义务都是相互依存、互为条件的。辩护律师除了依法享有辩护权外，对法律规定的应尽诉讼职责也应当按规定履行。随着法律对律师刑事辩护权限的逐步扩大和完善，与这些权利行使相对应的诉讼责任和义务也应当得到同步的实现。1996年刑事诉讼法实施后的十多年时间中，与辩护权和刑事代理权相适应的一些责任和义务并没有得到落实，导致司法实践中出现律师辩护只行使有关权利，而在法律上却没有相对应的义务和责任来约束，其中

比较突出的是辩护律师的告诉责任问题。新刑事诉讼法主要从以下几个方面弥补了这方面的不足：

其一，规定了辩护人的告知义务。辩护人的告知义务主要分为三个方面：一是《修改决定》第5条规定："辩护人接受犯罪嫌疑人、被告人委托后，应当及时告知办理案件的机关。"该条规定的立法目的主要在于促使刑事追诉方及时与辩护方进行沟通，也便于追诉方随时了解和掌握被追诉方及其辩护人的情况。二是《修改决定》第10条规定："辩护人收集的有关犯罪嫌疑人不在犯罪现场、未达到刑事责任年龄、属于依法不负刑事责任的精神病人的证据，应当及时告知公安机关、人民检察院。"法律作出这一规定，主要是为了及时掌握对犯罪嫌疑人罪与非罪认定可能产生影响的关键性证据，保证侦查、起诉和审判工作的正确进行。三是《修改决定》第12条规定："辩护律师在执业活动中知悉委托人或者其他人，准备或者正在实施危害国家安全、公共安全以及严重危害他人人身安全的犯罪的，应当及时告知司法机关。"法律的这一规定凸显了对律师执业区别于一般辩护人和诉讼代理人的特殊要求。因为律师是法律工作者，在维护国家利益和社会整体利益方面应当负有不可推卸的职责。

其二，强调了律师的诉讼职能。《修改决定》第7条强调，辩护人的主要职责，是维护犯罪嫌疑人、被告人的"诉讼权利"和其他合法权利。该条在原刑事诉讼法的基础上增加了"诉讼权利"的内容，这一规定凸显了辩护人在刑事诉讼中维护委托人"诉讼权利"的基本职能。从法治的整体角度看，律师的职业特性是向社会和公民个人提供法律服务，同时由其社会性将律师群体与其他国家工作人员区分开来。由于律师工作与国家法律的密切关系，所以我们对把中国的律师视为"社会自由职业者"的看法①尚存商榷之意。然而，作为刑事诉讼的参与者，律师的最主要职能在于发挥他们的诉讼功能，如果法律规定中忽视了律师对被委托人诉讼权利的维护，肯定是不科学也是不全面的。

其三，规定了律师在侦查阶段会见特殊人犯的限制性条件。《修改决定》第

---

① 参见陈卫东、刘计划：《论我国律师的性质》，载《诉讼法学新探——陈光中教授七十华诞祝贺文集》，中国法制出版社2000年版，第161页。

9条中规定："危害国家安全犯罪、恐怖活动犯罪、特别重大贿赂犯罪案件，在侦查期间辩护律师会见在押的犯罪嫌疑人，应当经侦查机关许可。"该条是新刑事诉讼法在加强人权保障的同时所作出的一种保留性规定，目的是保证对国家利益和社会整体利益具有重大影响或威胁的犯罪得到及时有效惩治。尽管它对律师的辩护权作出了一定程度的限制，但却是法律在保障与惩治之间所不得不作出的应有选择。

其四，规定了辩护律师与被监视居住的犯罪嫌疑人、被告人会见和通讯，适用刑事诉讼法的相关规定，即适用《修改决定》第9条"第一款、第三款、第四款"的规定。该条规定意欲强调辩护律师与未被关押的犯罪嫌疑人、被告人会见和通讯，同样应当遵守刑事诉讼中的有关诉讼纪律。这也是由律师执业的公益性质所决定的。台湾学者林钰雄亦认为："就整个刑事司法体系的结构设计而言，辩护人虽为被告利益，但同时带有公共利益的色彩，并且担当一定的公法机能。"①

四、改革和完善了法律援助制度

司法实践中反映出来的情况表明，我国律师制度改革后，公办律师变成了自营律师。律师事务所自负盈亏的性质，决定了律师执业首要考虑的是经济效益问题。这就使过去那种由国家提供经费的律师行业能够免费承担辩护责任的现象几乎不复存在。同时，社会贫富分化的加剧，使弱势群体更加难以得到需要付出高额律师费的刑事辩护的保护。为了维护那些难以得到刑事辩护而其合法权利又缺乏有效保障的群体在诉讼程序中获得应有的辩护权，此次刑事诉讼法修改对我国法律援助制度作了补充和完善。

其一，规定了有特定理由的犯罪嫌疑人、被告人申请法律援助的权利。《修改决定》第6条第1款规定："犯罪嫌疑人、被告人因经济困难或者其他原因没有委托辩护人的，本人及其近亲属可以向法律援助机构提出申请。对于符合法律

① 林钰雄：《刑事诉讼法》（上册·总论编），中国人民大学出版社2005年版，第161页。

援助条件的，法律援助机构应当指派律师为其提供辩护。”依照该条款规定，不仅犯罪嫌疑人、被告人本人可以提出要求法律援助，在犯罪嫌疑人、被告人本人没有提出这些要求的情况下，他们的近亲属也可以向法律援助机构提出申请。

其二，扩大了法律援助在刑事诉讼中的适用。这方面的内容主要包括以下几点：一是《修改决定》第 6 条第 2 款规定：“犯罪嫌疑人、被告人是盲、聋、哑人，或者是尚未完全丧失辨认或者控制自己行为能力的精神病人，没有委托辩护人的，人民法院、人民检察院和公安机关应当通知法律援助机构指派律师为其提供辩护。”二是《修改决定》第 6 条第 3 款规定：“犯罪嫌疑人、被告人可能被判处无期徒刑、死刑，没有委托辩护人的，人民法院、人民检察院和公安机关应当通知法律援助机构指派律师为其提供辩护。”同时，上述规定还将原《刑事诉讼法》规定的由人民法院指定，改为了由人民法院通知，负有援助责任的法律援助机构指派，使这种法律援助方式更加具有可行性和必然性。而且也可以避免司法人员滥用司法权力来为律师行业承揽诉讼业务。可以看出，《修改决定》第 6 条第 2 款、第 6 条第 3 款规定中增加了“犯罪嫌疑人、被告人……是尚未完全丧失辨认或者控制自己行为能力的精神病人”、“可能被判处无期徒刑”的犯罪嫌疑人、被告人没有委托辩护人的，作为现有法律援助的对象，表明了法律援助对象的范围正在扩大，也体现了刑事诉讼中人权保障的加强。这样的规定在世界上大多数国家的法律规定或者司法程序中都是存在的。例如在美国，尽管联邦宪法没有对政府应当为被追诉者提供法律援助作出具体规定，但根据宪法所确立的基本原则，美国联邦最高法院早在 1932 年时就指出：“死刑案件若被告无资力聘请律师，州政府应为其聘任律师，否则即与正当程序的规定相违背。”①

（原载于《中国司法》2012 年第 7 期）

① 王兆鹏：《美国刑事诉讼法》，北京大学出版社 2005 年版，第 7 页。

技术侦查措施：依法使用与保障人权相得益彰

邓思清*

为了适应时代发展的需要，在总结我国司法改革成果的基础上，借鉴国外立法经验，修改后刑诉法增加规定了技术侦查措施。这不仅可以解决目前实践中技术侦查措施使用不规范、所收集的证据材料不能直接作为证据使用等问题，而且提高了我国的法治水平，有利于打击犯罪与保障人权的平衡。

一、正确理解技术侦查措施的法律规定

新刑诉法第 148 条至第 152 条专门规定了技术侦查措施，其中在案件类型、适用程序等方面都体现了保障人权的内容，并对技术侦查措施适用的案件范围、条件和所收集证据材料的使用，作出了明确规定，对此须正确理解。

（一）技术侦查措施适用的案件范围

根据新刑诉法第 148 条的规定，技术侦查措施只能适用于以下三类犯罪案件：1. 公安机关管辖的“危害国家安全犯罪、恐怖活动犯罪、黑社会性质的组织犯罪、重大毒品犯罪或者其他严重危害社会的犯罪案件”。如何理解“其他严重

* 最高人民检察院检察理论研究所研究员。

危害社会的犯罪案件”？笔者认为，应坚持“同质性”的原则，即“其他严重犯罪案件”的判断标准应当与所列举的案件具有同等程度的社会危害性。2. 检察机关管辖的“重大的贪污、贿赂犯罪案件以及利用职权实施的严重侵犯公民人身权利的重大犯罪案件”。这里涉及以下问题：一是何为“重大”？笔者认为，“重大”可从社会影响、涉案数额、量刑三方面考虑，可以将社会影响大、涉案数额在10万元以上或者量刑在10年以上的案件认为是“重大”案件。二是如何理解“贪污、贿赂犯罪”？笔者认为，这里的“贪污、贿赂犯罪”不是指刑法分则第八章规定的所有“贪污贿赂罪”，而是指贪污罪、贿赂犯罪（包括受贿罪、单位受贿罪、利用影响力受贿罪、行贿罪、对单位行贿罪、介绍行贿罪和单位行贿罪等）两种犯罪。三是如何理解“利用职权实施的严重侵犯公民人身权利的重大犯罪案件”？笔者认为，利用职权实施的严重侵犯公民人身权利的重大案件，应当指有重大社会影响的或者造成严重后果的非法拘禁罪、刑讯逼供罪、非法搜查罪、报复陷害罪、暴力取证罪和虐待被监管人罪6种犯罪案件。3. “追捕被通缉或者批准、决定逮捕的在逃的犯罪嫌疑人、被告人”的案件。这一规定较好理解，但要坚持重罪原则，即只有严重犯罪出现犯罪嫌疑人、被告人在逃或者被通缉的，才可以考虑使用技术侦查措施。

（二）技术侦查措施的适用条件

根据新刑诉法的规定，技术侦查措施的适用条件是“侦查犯罪的需要”。这里规定的“侦查犯罪的需要”，不能理解为一般的侦查需要，而应当理解为“侦查必须”，即技术侦查措施的适用必须坚持必要性原则，只有在采用其他侦查手段无法侦破案件时，才可以采取技术侦查措施。这是因为技术侦查措施是一把“双刃剑”，使用不当会侵犯人权，因而必须坚持不得已而为之的原则，在确实存在侦查犯罪必要时，作为最后的侦查手段才可以使用，这也是法治国家的普遍做法。如在德国，只有在“采取其他方式进行侦查成果甚微或难以取得成果的情况下”，才能适用技术侦查措施；在日本，也只有在“使用其他方法特定犯人或者查明犯罪状况或内容显著困难时”，才能适用技术侦查措施等。因此，只有在采用其他侦查手段难以取得证据或者可能发生重大危险时，才可以适用技术侦查措施。

（三）技侦材料的使用问题

新刑诉法第152条规定："依照本节规定采取侦查措施收集的材料在刑事诉讼中可以作为证据使用。如果使用该证据可能危及有关人员的人身安全，或者可能产生其他严重后果的，应当采取不暴露有关人员身份、技术方法等保护措施，必要的时候，可以由审判人员在庭外对证据进行核实。"

在理解该条规定时，应当把握以下几点：1. 坚持最后使用原则。即在其他所有证据不能证明案件事实、必须使用技术证据的情况下，才使用技术证据。因为技侦材料的使用可能导致手段泄密，引发反侦查、危及侦查人员安全等后果，因而合理的证据使用策略应当是能不用时则不用。2. 严格控制公开审查的范围。鉴于技术侦查措施的高度敏感性，应当明确公开的范围限于合议庭、被告人及其聘请的律师，且在公开庭审时，不能公开技术侦查措施的使用过程和具体方法等内容。3. 采取必要的保护措施。如果使用技侦材料可能危及特定人员的人身安全，或者可能产生其他严重后果的，应当采取不暴露有关人员身份、技术侦查方法等保护措施。4. 庭外核实的例外性。由于庭外核实不符合公开审判原则和控辩对等原则，因而只能作为例外。例外主要有两种情况：一是采取不暴露有关人员身份、技术方法不足以使法官确信技术证据的真实性、可靠性，无法作出判决。二是采取不暴露有关人员身份、技术方法等保护措施无法防止严重后果的发生。

二、完善技术侦查措施保障人权的建议

为了保证技术侦查措施在实践中得到正确使用，切实有效保障人权，建议从以下三方面完善技术侦查措施的有关规定。

（一）明确技术侦查的具体措施

目前，人们对技术侦查措施的种类有不同的认识。有的认为，技术侦查措施

就是指通讯监听；也有的认为，只要是含有高科技的侦查措施，都是技术侦查措施，如录音录像、电话监听、手机定位、电子监控等；还有的认为，运用高科技收集证据的措施，也是技术侦查措施，如电子记录取证（电脑、手机等）、测谎等。从司法实践看，公安机关和检察机关使用的技术侦查措施不完全相同，检察机关主要使用手机定位和电子记录取证；而公安机关除此之外，还使用电话侦听、电子监控、测谎等。

为了规范技术侦查措施的适用，有效保障人权，建议从以下两个方面明确技术侦查的具体措施：一是运用高科技查获犯罪嫌疑人的措施，包括电信监控、网络监控、技术追踪（如 GPS 定位）等；二是运用高科技收集证据的措施，包括电子侦听、电话监听、网络侦查等。

（二）明确技术侦查措施的审批程序

关于审批程序，新刑诉法只规定“经过严格的批准手续”，至于何为“严格的批准手续”，法律没有明确规定，因而有必要给予明确解释。关于法律上的审批程序，笔者建议，做以下规定：“公安机关在立案后，根据侦查犯罪的需要，经上级公安机关批准，可以采取技术侦查措施。人民检察院在立案后，根据侦查犯罪的需要，经省级以上人民检察院批准，可以采取技术侦查措施。”

（三）明确技术侦查措施的执行主体

关于技术侦查措施的执行主体，新刑诉法分两种情况做了规定，即公安机关决定采取技术侦查措施的，由公安机关执行；检察机关决定采取技术侦查措施的，只能“按照规定交有关机关执行”。至于“有关机关”包括哪些机关，法律没有明确规定。

为了保证检察机关决定的技术侦查措施得到及时有效的执行，必须明确其执行主体。根据立法精神，可以明确以下两点：一是检察机关不应当是技术侦查措施的执行主体；二是电信、网络等管理部门也不应当是技术侦查措施的执行主体。修改后刑诉法规定的“有关机关”，必须是“国家机关”，非国家机关不能作为技术侦查措施的执行主体。同时，技术侦查措施的执行是一种刑事侦查活动，必须由享有侦查权的国家机关来承担。根据法律规定，除检察机关外，公安机关、国家安全机关、海关走私犯罪侦查部门都享有侦查权。因此，关于检察机关技术侦查措施的执行主体，建议司法解释做以下规定："人民检察院决定采取技术侦查措施的，应当交由公安机关、国家安全机关或者海关走私犯罪侦查部门执行。必要时，人民检察院可以予以协助。"

（原载于《检察日报》2012 年 11 月 21 日）

授权与控权：技术侦查措施的法治化

陈　磊*

新刑事诉讼法在“侦查”一章中增设了“技术侦查措施”一节五个条文，规定了秘密监控、乔装侦查和控制下交付三类特殊的侦查措施，意义重大且深刻：一方面，明确对技术侦查措施予以授权，结束了技术侦查措施“秘而不宣”的立法状态，破解了技术侦查措施“证据合法性”的司法困境。另一方面，面对技术侦查措施不得不使用的“现实必要性”，以及技术侦查措施对公民隐私权和自治权构成天然威胁的“现实危险性”的两难局面，通过立法严格限制技术侦查措施的适用，为控制犯罪而授权，为保障人权而控权，以授权实现真正有效的控权，实现犯罪控制和人权保障两大价值目标的平衡。

一、提升法律位阶的明确授权

技术侦查措施以往并非无法可依，只是依据不足。1993 年国家安全法第 10 条和 1995 年人民警察法第 16 条分别授权国家安全机关、公安机关：为侦查犯罪活动（危害国家安全行为）的需要，根据国家有关规定，经过严格的批准手续，可以采取技术侦察措施。这两条简单的概括性授权条款赖以实施的细则，主要是

* 最高人民检察院检察理论研究所研究人员。

公安部制定的部门规章，包括2000年公安部颁布的《关于技术侦察工作的规定》等。技术侦查措施是对公民通信自由和通信秘密权、住宅安宁权的干预和限制，对公民隐私权构成极大威胁。国家安全法和人民警察法均是全国人大常委会制定的普通法律，根据法律位阶理论——对社会重大利益的调整和保护应由全国人大制定的基本法律授权，技术侦查措施由普通法律授权的方式有违立法的基本原理。而且，具体的执行规范由公安机关内部掌握对外保密，浓厚的部门色彩使其重犯罪控制、轻人权保障。规制秘密手段的规范本身也是秘密的，这既违背了公开原则，也难以实现有效的监督。

上述规范只赋予了公安机关、国家安全机关使用技术侦查措施的权力，检察机关技术侦查措施的适用缺乏明确的法律依据。尽管1989年最高人民检察院、公安部联合颁发了《关于公安机关协助人民检察院对重大经济案件使用技侦手段有关问题的通知》（以下简称《通知》），规定检察机关在侦办自侦案件时，对贪污贿赂案件与重大经济犯罪案件经过严格的审批，可以由公安机关协助使用技术侦查手段。但是《通知》本身并不具有法律的效力，也没有真正赋予检察机关决定与实施技术侦查措施的权力。

新刑事诉讼法将技术侦查措施的授权从普通法律提升到国家基本程序法的高度，符合强制侦查法定原则，兼顾了打击犯罪和保障人权的价值需求。

新刑事诉讼法彻底解决了技术侦查措施“证据合法性”的问题，第152条明确规定，依法采取侦查措施所收集的材料在刑事诉讼中可以作为证据使用。同时，为了防止证据公开可能产生的危险，第152条还规定，如果使用该证据可能危及特定人员的人身安全，或者可能产生其他严重后果的，应当采取不暴露特定人员真实身份等保护措施，必要时可以由审判人员在庭外对证据进行核实。

二、对技术侦查措施的严格限制

为规范技术侦查措施的适用，新刑事诉讼法对其适用的时间、范围、条件、程序、期限等作出了严格的规定。

1. 技术侦查措施的适用时间限制：立案之后

新刑事诉讼法第148条规定，公安机关、检察机关只有在立案之后才可以采取技术侦查措施。这就意味着，尚不符合立案条件的案件不得申请采取技术侦查措施，防止侦查人员以办案为借口侵犯他人隐私权。

2. 技术侦查措施的适用范围限制：重罪原则

技术侦查措施在案件适用范围上有着严格的限制，只有重罪才可以适用，轻罪不得适用。新刑事诉讼法第148条规定，只有“危害国家安全犯罪、恐怖活动犯罪、黑社会性质的组织犯罪、重大毒品犯罪或者其他严重危害社会的犯罪案件”以及“重大的贪污、贿赂犯罪案件以及利用职权实施的严重侵犯公民人身权利的重大犯罪案件”才可以采取技术侦查措施。至于“其他案件”的判断标准，应坚持“同质性”的原则，即和所列举的案件具有同等程度的社会危害性。

3. 技术侦查措施的适用条件限制：必要原则

技术侦查措施的适用必须坚持必要性原则，只有对犯罪嫌疑人已经实施严重犯罪存在理由充分的怀疑，而且无法采用其他侦查手段时，才可以采取技术侦查措施。根据新刑事诉讼法第148条的规定，技术侦查措施不得任意为之，只有确实存在侦查犯罪的必要才可以。

4. 技术侦查措施的适用程序限制：严格批准和适用

新刑事诉讼法第148、第149、第150条分别规定，技术侦查措施必须经过严格的批准手续才可以适用，未经批准不得自行适用。批准决定应当根据侦查犯罪的需要，确定采取技术侦查措施的种类和适用对象。采取技术侦查措施，必须严格按照批准的措施种类、对象和期限执行。至于具体的批准程序、措施种类和对象范围，新刑事诉讼法并未明确，有待相关司法解释予以补充。

5. 技术侦查措施的适用期限限制：三月为期

新刑事诉讼法第149条规定，技术侦查措施的批准决定自签发之日起三个月内有效。对于不需要继续采取技术侦查措施的，应当及时解除；对于复杂、疑难案件，期限届满仍有必要继续采取技术侦查措施的，经过批准，有效期可以延长，每次不得超过三个月。

技术侦查措施不得无限期适用，否则会使公民的隐私处于持续的暴露和不安全的状态。技术侦查措施的有效期限为三个月。有效期内，如果不需要继续采取的，应当及时解除；有效期满，如果认为仍有必要继续采取的，必须经过批准，而且每次延长的期限也不得超过三个月。

6. 技术侦查措施的保密要求：保护隐私

技术侦查措施正是通过对隐私权的侵犯来实现侦破犯罪的目的，手段本身就有一定的危险性，所以说它是一柄“双刃剑”，在授权并限制其适用的同时，也要加强对公民隐私权的保护。

根据新刑事诉讼法第 150 条的规定，侦查人员对于采取技术侦查措施过程中知悉的国家秘密、商业秘密和个人隐私，应当保密；对于采取技术侦查措施获取的与案件无关的信息和事实材料，应当及时销毁。采取技术侦查措施获取的材料，只能用于对犯罪的侦查、起诉和审判，不得用于其他用途。有关单位和个人配合公安机关采取技术侦查措施，应当对有关情况予以保密。

三、未来需要通过司法解释细化的内容

新刑事诉讼法对如何适用技术侦查措施作了严格具体的规范，但是不可否认，其中许多内容只是弹性的规定，在具体适用时还需要有关机关制定相应的司法解释，对这些内容进一步明确和细化。

1. 技术侦查措施的案件适用范围需要进一步明确。新刑事诉讼法所采取的列举和概括相结合的方式，给适用者留下了很大的解释空间。未来应对此细化，可以考虑从犯罪类型和法定刑两个方面加以限制。

2. 需要规定具体的审批手续，并且明确检察机关技术侦查措施的执行机关。技术侦查措施“严格的批准手续”应如何规定？检察机关采取技术侦查措施由谁来执行？这些问题新刑事诉讼法都没有明确，需要由不同的机关以司法解释的形式协调解决。具体的审批程序可以借鉴中央政法委出台的相关规范性文件的规定。至于检察机关采取技术侦查措施由谁来执行的问题，刑事诉讼法修正案（草案）一稿规定由公安机关执行，二稿直至通过稿都改为“交有关机关执行”，因此检察机关自侦案件能否由自己实施技术侦查措施的争议又浮出水面。鉴于技术

侦查措施的专业化、资源和成本、自侦案件技术侦查措施的低适用率，有无必要设立独立的技侦部门，值得研究。

3. 技术侦查措施的种类、名称、适用方法、适用范围、适用对象需要具体规定。技术侦查措施包括电子监听、秘密录音录像、监视或录制电子通讯等手段，这些手段的具体名称，如何适用，对谁适用等问题，都需要在司法解释中加以明确。

4. 需要明确违法适用技术侦查措施的后果、权利救济机制和法律监督机制。为了防止技术侦查措施被滥用、侵犯公民隐私权，需要在司法解释中明确技术侦查措施的监督机关，明确违法适用技术侦查措施应受到的制裁，明确公民隐私权被侵犯后的救济途径。

（原载于《检察日报》2012 年 4 月 27 日）

第六部分

特别程序

附条件不起诉问题研究

邓思清*

为了适应国内犯罪情况的新变化和国际社会对轻微犯罪处理的非犯罪化、非刑罚化、非监禁化的发展趋势，我国确立了宽严相济的司法政策，并在该司法政策的指导下正在进行司法体制和机制改革，其目的在于建立和完善有关的诉讼制度，以解决司法实践中存在的司法不公、人权保障不充分等突出问题。在目前的司法改革中，中央司法改革意见明确提出要建立附条件不起诉制度，2009 年 2 月，最高人民检察院制定的《关于深化检察改革 2009—2012 年工作规划》，也明确提出要建立附条件不起诉制度。可见，在我国建立附条件不起诉制度已提上了立法的议事日程。关于如何建立我国的附条件不起诉制度，学术界进行了多次研讨，实务部门也广泛地进行了试点，在这些研讨和试点中，学者们提出了许多合理的意见和建议，实务界也设计了多个方案，其中涉及许多理论问题需要深入研究。笔者认为，要建立我国附条件不起诉制度，需要重点研究和解决附条件不起诉的立法定位、案件适用范围、决定程序、所附条件范围、考验期限和法律效力等理论问题。

* 最高人民检察院检察理论研究所研究员。

一、立法定位问题

所谓附条件不起诉，又称暂缓起诉，是指检察机关对某些符合起诉条件的轻罪案件，综合考虑犯罪嫌疑人的涉嫌犯罪事实和人身危险性、公共利益以及刑事政策等因素，认为在设立一定的考验期并附加一定义务的前提下，对犯罪嫌疑人不提起公诉不致再危害社会时而作出附条件不起诉决定，在考察期满后，如果被附条件不起诉人没有出现违反义务的情形，检察机关将不再对其提起公诉；如果被附条件不起诉人在规定的考验期间内出现严重违反义务的情形，检察机关就撤销附条件不起诉决定，重新对其提起公诉的一项制度。可见，要在我国建立附条件不起诉制度，首先就必须解决附条件不起诉与目前的法定不起诉、酌定不起诉、证据不足不起诉的关系问题，即如何确定附条件不起诉的立法定位问题。

关于附条件不起诉的立法定位问题，从目前各地试点情况和学术界研究来看，主要有以下三种观点：一是整合统一说。即主张对现行酌定不起诉进行改革，扩大其适用范围，将附条件不起诉纳入其中，形成酌定不起诉和附条件不起诉统一的适用范围。也就是说，在扩大后的范围内，检察机关既可以作出无条件的酌定不起诉，也可以作出附条件的酌定不起诉。例如陈卫东教授在其主持拟定的《模范刑事诉讼法典》第336条（酌定不起诉）规定："对于可能被判处三年以下有期徒刑、拘役、管制、单处罚金的犯罪行为，人民检察院认为不起诉更符合公共利益，可以作出不起诉的决定。"第324条（暂缓起诉）又规定："对于可能被判处三年以下有期徒刑、拘役、管制、单处罚金的案件，人民检察院经审查，认为虽有追诉必要，但根据犯罪嫌疑人的性格、年龄及境遇、犯罪的轻重及犯罪后的情况，利用非刑罚的方法更有利于维护社会公共利益和被追诉人的利益，经犯罪嫌疑人同意，在要求犯罪嫌疑人履行一定的义务的同时，可以作出暂缓起诉的决定。"[①] 二是独立递进说。即主张不对现行酌定不起诉进行修改，而是在其案件适用范围之外独立设定附条件不起诉的案件适用范围，使酌定不起诉

① 陈卫东主编：《模范刑事诉讼法典》，中国人民大学出版社2005年版，第430页、第439页。

和附条件不起诉的适用案件的严厉程度呈递进衔接，从而形成法定不起诉—酌定不起诉—附条件不起诉—起诉的阶梯式的起诉制度。例如陈光中教授在其主持拟定的《中华人民共和国刑事诉讼法再修改专家建议稿与论证》中，未对现行酌定不起诉的案件适用范围进行修改，而将附条件不起诉的范围独立设定为"可能判处三年以下有期徒刑、拘役、管制或者单处罚金的案件"。[①] 徐静村教授也持同样的观点。[②] 三是独立交叉说。即主张保持现行酌定不起诉的案件适用范围不变，另行独立设立附条件不起诉的案件适用范围，使二者的案件适用范围有部分交叉。其典型代表是山东省蓬莱市人民检察院试行的附条件不起诉试点，该检察院将附条件不起诉的案件适用范围设定为：未成年人或者在校学生、老年人、严重疾病患者、盲聋哑人，或者怀孕、哺乳期的妇女所涉嫌的法定刑较轻的案件；以及其他社会危害性不大的初犯、偶犯、从犯、胁从犯等，所涉嫌的犯罪法定最高刑可能为三年以下有期徒刑、管制、拘役、罚金刑的轻微刑事案件，可见，该范围包含了酌定不起诉案件适用范围"犯罪情节轻微，依照刑法规定不需要判处刑罚"的情形。[③]

上述各种观点都有其合理性，但是，从我国目前实际情况看，我们主张独立限制说，即不修改现行的酌定不起诉，而将附条件不起诉设定为一种独立的不起诉形式（即第四种不起诉），适当放宽其案件适用范围（可能判处三年或七年以下有期徒刑的案件），但只能适用于未成年人、老年人等一些特殊人员。之所以将附条件不起诉设定为一种独立的不起诉形式，并限制其适用的人员范围，其主要理由如下：

第一，这是由附条件不起诉的严厉程度所决定的。根据我国目前法律的规定，不起诉有三种形式，即法定不起诉（或绝对不起诉）、酌定不起诉（或相对不起诉）和证据不足不起诉（或存疑不起诉）。其中，法定不起诉适用于不认为是犯罪、犯罪已过追诉时效期限、经特赦令免除刑罚或者免予追究刑事责任的犯

① 陈光中主编：《中华人民共和国刑事诉讼法再修改专家建议稿与论证》，中国法制出版社 2006 年版，第 509 页。

② 参见徐静村主编：《中国刑事诉讼法（第二修正案）学者拟制稿及立法理由》，法律出版社 2005 年版，第 190 页。

③ 参见林莹、隋玉利：《蓬莱市附条件不起诉改革调查报告》，载《中国刑事法杂志》2009 年第 10 期。

罪嫌疑人；酌定不起诉适用于犯罪情节轻微，依照刑法规定不需要判处刑罚或者免除刑罚的犯罪嫌疑人；证据不足不起诉适用于犯罪证据不足的犯罪嫌疑人。这三种不起诉形式虽然适用的对象不同，但其法律效力是相同的，即检察机关一旦作出这三种不起诉决定，都具有确认被不起诉人无罪、解除被采取的强制措施和不得附加任何义务的法律效力。而附条件不起诉虽然是不起诉的一种，但它是一种特殊的不起诉形式，其严厉程度与目前这三种不起诉的严厉程度是不相同的。具体来说，附条件不起诉决定虽然也具有确认被附条件不起诉人无罪、解除被采取的强制措施的法律效力，但却要对被附条件不起诉人附加一定的义务，从目前各地检察机关的试点情况看，检察机关所附加的义务有的还相当严厉，如要求提供一定量的公益性义务劳动、按照考察机关的规定定期报告自己的活动情况、未经考察机关批准不得改变住所或者离开居住的县或市、未经批准不得与被害人或证人及其近亲属联系或接触、不得进入所指定的场所、接受戒毒和精神方面的治疗、接受考察监管人员的考察和监督等，这些义务有的与缓刑罪犯所应当履行的义务相当。附条件不起诉的这种严厉程度决定了其应当成为一种独立的不起诉形式，其适用范围也应当区别于目前的三种不起诉，独立设立其适用范围。同时，鉴于其严厉程度与缓刑相当，又应当严格限定其适用范围。正基于此，在附条件不起诉的立法定位上，独立限制说则是比较合理的。

第二，可以得到社会的支持和认可。我国法律将检察权、审判权规定为两种权力，并明确规定了二者的界限，同时要求检察机关要依法独立行使检察权，法院要依法独立行使审判权。这是我国检察机关和法院分工负责、互相配合、互相制约的基础。根据无罪推定理论，凡是需要对某人给予刑法处罚的，都要通过法院行使审判权来确定，其他机关无权处理，但是对于不需要判处刑罚或者可以免除刑罚的，则可以由检察机关通过行使不起诉来处理。依照刑法的规定，如果某人的行为构成犯罪，依法应当判处刑罚的，若交由检察机关作不起诉处理，就存在侵犯法院审判权的嫌疑，难以得到社会的支持和认可。但是，基于我国检察机关也是司法机关的特点，如果检察机关不将某些轻微犯罪的特殊犯罪嫌疑人交由法院审判，而由自己直接作不起诉处理，也能得到社会的支持和认可。因为这样不仅可以提高诉讼效率，也可以实现对特殊人员进行特殊人权保护的目的，附条件不起诉就是出于这种目的而产生的，因而在设立附条件不起诉制度、确定其立法地位时，只有将附条件不起诉的范围限定在特殊人员的轻微犯罪，才能避免对法院审判权的侵犯，从而获得社会的理解和支持。如果一味地追求效率或者将效率放在首要位置，将附条件不起诉的范围确定得过大，学术界就可能提出侵犯法院审判权或者忽视程序公正的质疑，从而难以获得社会的支持和认可。因此，为了获得社会的支持和认可，在附条件不起诉的立法定位上，我们应当坚持独立限制说，将其限定在特殊人员的轻微犯罪案件范围。

第三，可以防止检察机关滥用附条件不起诉权。任何不受监督制约的权力都会被滥用；任何范围不明确或过大的权力也都会被滥用。检察机关的附条件不起诉权也同样如此，如果将附条件不起诉权的适用范围与酌定不起诉的适用范围合而为一，或者赋予检察机关的附条件不起诉权过大，也难以避免会被滥用。过去，检察机关曾享有机动侦查权、免予起诉权，但由于这些权力的适用范围不明确或者较大，且缺乏有效的监督制约机制，导致滥用而被取消，这是值得吸取的历史教训。如果将检察机关的附条件不起诉不加限制，扩大到较大的范围，就会与过去免予起诉的适用范围相同，也可能会出现被滥用的现象，从而难免重蹈免予起诉覆辙的命运，因而主张给予附条件不起诉较大适用范围的整合统一说、独立递进说和独立交叉说三种观点，都是不合适的。因此，只有在附条件不起诉的定位上坚持独立限制说，才能将附条件不起诉权限定在较小的范围内，也才能受到社会的关注和监督，同时再对其建立必要的外部监督制约机制，例如人民监督员监督制约机制等，这样才能对附条件不起诉权进行有效的监督制约，从而可以防止其被滥用。

二、案件适用范围问题

在我国，要建立独立的附条件不起诉形式，以区别于其他三种不起诉，就必然会遇到如何确定附条件不起诉的案件适用范围问题，即对那些犯罪案件，检察机关可以适用附条件不起诉。关于附条件不起诉的案件适用范围问题，目前学术界存在两种不同的观点：一种观点认为，附条件不起诉的案件范围可以放宽。即附条件不起诉可以适用于可能判处5年以下有期徒刑的案件。[①] 其理由是：目前法律规定的酌定不起诉的案件是依法不需要判处刑罚或者免除刑罚的案件，为了贯彻宽严相济的刑事司法政策，及时有效地化解社会矛盾，在刑事诉讼活动中可以进行刑事和解，为此可以适当扩大检察机关的自由裁量权，扩大检察机关适用不起诉案件的范围。同时，附条件不起诉比一般不起诉要求较严，因而也应当放宽案件的适用范围。另一种观点认为，附条件不起诉的案件范围只能适当放宽，即附条件不起诉只能适用于可能判处3年以下有期徒刑、拘役、管制和罚金刑的轻微刑事案件。[②] 如有学者认为，“对于可能被判处三年以下有期徒刑、拘役、管制、单处罚金的案件”，人民检察院经审查，认为虽有追诉必要，但根据犯罪嫌疑人的性格、年龄及境遇、犯罪的轻重及犯罪后的情况，利用非刑罚的方法更有利于维护社会公共利益和被追诉人的利益，经犯罪嫌疑人同意，在要求犯罪嫌疑人履行一定的义务的同时，可以作出不起诉的决定。[③] 因为附条件不起诉本质上是一种不起诉，只是在检察机关作出不起诉时附加了一定的条件，所以附条件不起诉只能适用于一些轻罪案件，即对于可能判处3年以下有期徒刑、拘役、管制和罚金刑的轻微刑事案件，检察机关才能适用附条件不起诉。[④] 各地的试点也都将附条件不起诉的犯罪嫌疑人所涉嫌的犯罪法定最高刑范围设定为可能判处三年以下有期徒刑、管制、拘役、罚金刑的轻微刑事案件，而且还具体确定了适用的犯罪人群和犯罪类型，例如北京市海淀区人民检察院只对轻微犯罪（可能判处三年以下有期徒刑）的未成年人适用附条件不起诉[⑤]；山东省蓬莱市人民检察院将附条件不起诉的案件适用范围规定为：未成年人或者在校学生、老年人、严重疾病患者、盲聋哑人，或者怀孕、哺乳期的妇女所涉嫌的法定刑较轻的案件；以及其他社会危害性不大的初犯、偶犯、从犯、胁从犯等，所涉嫌的犯罪法定最高

---

① 参见樊崇义、李岚：《“刑事起诉与不起诉”制度研究观点综述》，载《法学杂志》2006年第3期。

② 参见高斌、王惠：《专家聚焦“附条件不起诉”》，载《检察日报》2007年12月7日。

③ 参见陈光中主编：《中华人民共和国刑事诉讼法再修改专家建议稿与论证》，中国法制出版社2006年版，第509页；陈卫东主编：《模范刑事诉讼法典》，中国人民大学出版社2005年版，第430页。

④ 参见北京市海淀区人民检察院公诉课题组：《附条件不起诉制度实证研究》，载《国家检察官学院学报》2009年第6期。

⑤ 参见孙力主编：《暂缓起诉制度研究》，中国检察出版社2009年版，第147页。

刑可能为三年以下有期徒刑、管制、拘役、罚金刑的轻微刑事案件。[①]

我们认为，上述两种观点主张将附条件不起诉的案件适用范围放宽或适当放宽，是合理的，但是主张从犯罪的轻重（即可能判处刑罚的轻重）一个方面来确定附条件不起诉的案件适用范围，则是值得商榷的。要合理确定检察机关附条件不起诉的案件适用范围，可以从犯罪人本身和犯罪的轻重两个方面来考虑，据此我们可以将附条件不起诉的案件适用范围确定为“可能判处七年以下有期徒刑的三类犯罪嫌疑人的案件”，即对可能判处七年以下有期徒刑的在校读书的学生、正在怀孕或哺乳自己婴儿的妇女、七十五岁以上老人的案件，如果案件事实清楚，证据确实充分，经犯罪嫌疑人本人同意，人民检察院可以对其作出附条件不起诉的决定。其主要理由如下：

第一，体现宽严相济刑事政策的精神。宽严相济是我国继“严打”之后实行的一种刑事政策，关于宽严相济刑事政策的内涵和精神实质，目前学术界主要有以下四种观点：（1）宽严相济的刑事政策就是轻轻重重的刑事政策。所谓“轻轻重重”，即“‘轻轻’就是对轻微犯罪的处理比以往更轻，即轻者更轻。‘重重’就是对严重犯罪的处理比以往更重，即重者更重”。[②] 我国提出宽严相济发刑事政策以后，有学者就直接用轻轻重重来定义我国的宽严相济刑事政策。[③]（2）宽严相济的刑事政策主要精神是从宽。有的学者认为，宽严相济的刑事政策是在对过去严打政策反思的基础上提出来的，并且是在构建和谐社会的大背景下提出的，而且也适应了轻刑化的国际潮流，是一种以宽为价值取向的刑事政策。[④]（3）宽严相济刑事政策是以严为基础的政策。有的学者认为，宽与严是对立统一、不可分割的两个方面，任何时候都不能只讲宽不讲严。宽严相济的刑事政策并不是对“严打”的取代，而是将“严打”纳入到宽严相济刑事政策的框架中。因此，只有在宽严相济的框架中坚持“严打”方针，以严为基础，为前

---

① 参见林莹、隋玉利：《蓬莱市附条件不起诉改革调查报告》，载《中国刑事法杂志》2009 年第 10 期。

② 储槐植：《刑事一体化与关系刑法论》，北京大学出版社 1997 年版，第 169 页。

③ 参见侯宏林：《刑事政策的价值分析》，中国政法大学出版社 2005 年版，第 284—287 页。

④ 参见吴宗宪：《解读宽严相济的刑事政策》，载《中国人民公安大学学报》2007 年第 1 期；王明坤：《新形势下对严打刑事政策的评论——鉴于宽严相济刑事政策的提出》，载《法制与社会》2003 年第 2 期；等等。

提，才能在严厉打击刑事犯罪的情况下，有效地保护人民，离开了严打，就谈不上宽，所以我们讲宽严相济刑事政策，要以严打为基础，以社会稳定为出发点。[①]（4）宽严相济刑事政策重在相济。有的学者认为，宽严相济不能简单地归结为从严打击重刑犯罪、从轻处理轻微刑事犯罪，关键是如何协调宽严，如何做到宽严结合，宽严平衡。既不能宽大无边或严厉过苛，也不能时宽时严，宽严失当。[②] 我们认为，宽严相济的刑事政策，从其字面意义上来说，就是“从宽”和“从严”相结合的一种刑事政策。从刑事司法意义上来说，就是对轻微犯罪要从宽处理、对严重犯罪要从严打击，宽和严要有机结合的一种刑事政策。在司法实践中，司法机关贯彻宽严相济的刑事政策，就是要根据社会治安形势和犯罪人的不同情况，在司法过程中实行区别对待，注重宽与严的有机统一，该宽则宽，当严则严，宽严互补，宽严有度，对严重犯罪依法从严打击，对轻微犯罪依法从宽处理。

为了贯彻宽严相济的刑事政策，体现从宽的精神，附条件不起诉的案件适用范围应当在现行法律规定不起诉制度的基础上有所扩大。我国《刑事诉讼法》设立了三种不起诉：法定不起诉（绝对不起诉）、酌定不起诉（相对不起诉）、证据不足不起诉（存疑不起诉），并对这三种不起诉规定了明确的适用条件。从总体上来看，我国法律对这三种不起诉的适用条件规定得较为严格，这虽然有利于规范检察机关不起诉权的行使，防止其滥用，但是却不利于发挥这三种不起诉在贯彻宽严相济刑事政策过程中更大的作用，无法实现对一些特殊的犯罪嫌疑人以从宽处理。因此，为了有效贯彻宽严相济的刑事政策，充分体现对一些特殊人员从宽处理的精神，需要扩大现行不起诉的案件适用范围，设立较宽的适用范围，建立一种新的不起诉种类，即附条件不起诉。我们认为，对在校读书的学生、正在怀孕或哺乳自己婴儿的妇女、七十五岁以上的老人这三类特殊的人进行从宽处理，符合我国“尊老爱幼”、“保护妇女和儿童”的文化传统，体现了社会对他们的关爱，因而能够得到社会的理解和支持。同时，这三类特殊人员可能

---

① 参见董治良：《宽严相济刑事政策的确切含义及其蕴涵》，载《人民法院报》2007 年 5 月 29 日。

② 参见陈兴良：《宽严相济刑事政策研究》，载《法学杂志》2006 年第 2 期。

判处七年以下有期徒刑的犯罪，一般都是社会危害性较小的犯罪，对他们适用附条件不起诉，不仅不具有危险性，而且能够起到特别的教育作用。

第二，适应对特殊人群进行特别保护的实践需要。从司法实践看，1992年我国上海长宁区检察院最早开始附条件不起诉的探索，主要是针对未成年人较轻的犯罪，进行暂缓起诉处理。之后，这个制度在许多地区得到推行，据不完全统计，全国约有三分之一的检察机关实行过或正在实行暂缓起诉制度。从实践的效果上看，附条件不起诉制度的试点在区别对待、实现个案公正方面，发挥了积极的作用。但是，由于目前缺乏法律规定，各地的试点也受到以下限制：一是适用人员的限制。目前各地对附条件不起诉的试点，一般都限制在未成年人和在校的学生，难以扩大到其他的特殊人群。二是适用案件范围的限制。目前各地试点的附条件不起诉案件，主要是轻罪案件，即“可能判处3年以下有期徒刑”的犯罪案件，案件范围较为狭窄。由于受到上述两方面的限制，各地的试点工作难以满足司法实践对特殊人群特别保护的需要。在司法实践中，对一些犯罪较轻的未成年人、老年人和正在怀孕或哺乳自己婴儿的妇女，检察机关也不得不提起公诉，无法体现对他们的从宽处理。同时，对未成年人和在校的学生进行判刑和关押，不仅会使其失去上学的机会，也不利于其身心发育和成长；对老年人、正在怀孕或哺乳自己婴儿的妇女进行判刑和关押，不符合人道主义精神，甚至会给社会带来更多的负担。因此，为了适用实践的客观需要，体现对未成年人和在校学生、正在怀孕或哺乳自己婴儿的妇女和老年人的关爱和特别保护，实现个案的公正，对这三类人员可以适用附条件不起诉。

学术界许多学者主张对可能判处3年以下有期徒刑的犯罪嫌疑人，检察机关可以附条件不起诉。这种只以犯罪轻罪来划分附条件不起诉案件范围的观点，虽然较为简便易行，但是却存在以下问题：一是可能侵犯法院的审判权。国外一年监禁即为重罪，我国三年以下有期徒刑的案件是可以判处缓刑的案件，这些案件从理论上讲都应该是法院行使审判权的范围，如果将所有三年以下有期徒刑的案件都交由检察机关处理，则会存在侵犯法院审判权的嫌疑。二是容易出现司法腐败。在我国，可能判处三年以下有期徒刑的案件所占的比例较大，如果全部交由检察机关处理，由于检察机关的审查起诉程序不像法院审判程序那样公开透明、正式，因而检察机关在处理过程中更容易出现司法腐败现象。三是难以得到社会的认可。如果将可能判处三年以下有期徒刑的案件全部交由检察机关处理，就必然会出现有的作附条件不起诉处理，有的则起诉到法院，这种处理结果是难以得到社会认可的。正是基于上述担忧，笔者认为，应当严格限定检察机关附条件不起诉的案件适用范围，建议检察机关只能对在校读书的学生、正在怀孕或哺乳自己婴儿的妇女和七十五岁以上的老年人适用附条件不起诉。因为这三类特殊的人员是受国家特殊保护的人群，而且也是不适合被关押的人员，对他们适用附条件不起诉，不会出现太严重的诉讼腐败，也能够得到社会的理解和认可。至于对这三类特殊人员多重的犯罪可以适用附条件不起诉，则是可以讨论的问题。笔者认为，为了充分体现对这三类特殊人员的特殊保护，可以适当放宽刑罚的范围，即对他们触犯可能判处 7 年以下有期徒刑的犯罪的，都可以适用附条件不起诉。

第三，借鉴国外的立法经验。从国外的立法来看，附条件不起诉的案件适用范围是不断扩大的。例如在美国，附条件不起诉（或暂缓起诉）一般称为审前分流（Pre - trial diversion），它最早适用于未成年人，以后逐渐扩大到所有人。根据 1975 年《美国问罪前程序模范法典》及《检察官指南》的规定，附条件不起诉的适用罪名主要是非暴力犯罪，具体包括欺诈罪（占 26%）、盗窃罪（占 25%）、联邦成文法犯罪（如涉及国家公园和娱乐设施的犯罪、妨碍邮政罪等，占 11%）、挪用罪（占 10%），这四种犯罪占审前分流适用案件的 72%。[①] 在德国，其《刑事诉讼法典》第 153a 条规定，经负责开始审理程序的法院和被指控人同意，检察院可以对轻罪暂时不予提起公诉。《德国刑法典》第 12 条明确规定，轻罪是指最高刑为 1 年以下自由刑或科处罚金刑的犯罪行为。可见，德国法律规定的附条件不起诉的案件适用范围为轻罪案件。但是，在德国司法实践中，附条件不起诉的适用范围远远超越法律规定的范围，尤其是在针对经济、税收犯罪和青少年犯罪的刑事诉讼中，附条件不起诉的情形已经超出了“轻罪”的条件限制，而扩大到中等严重程度的犯罪案件。在日本，其《刑事诉讼法》第 248

① See Thomas E. Ulrich, Pre - trial diversion in the Federal Court System, Federation Probation, December, 2002.

条只是对起诉犹豫笼统地规定为："根据犯人的性格、年龄、境遇、犯罪的轻重及情节和犯罪后的情况，没有必要追究犯罪时，可以不提起公诉。"日本起诉犹豫的范围就是检察官的自由裁量范围，根据现行法律其范围是一切刑事案件。由此可见，国外的立法经验表明，附条件不起诉的案件适用范围可以根据本国的国情来确定，但可以由小到大，扩大到较广的案件范围。

笔者认为，借鉴国外的立法经验，我国在开始确定附条件不起诉制度时，为了稳妥起见，应当确定较小的案件适用范围，待取得丰富经验后，再扩大到较广的范围。从目前我国各地的试点情况看，各地检察机关一般都将附条件不起诉适用于未成年人的轻微犯罪案件，经过多年的试点工作，取得了较好的社会效果，也积累了一定的实践经验。在此基础上，我国在确立附条件不起诉制度时，可以适当扩大附条件不起诉试点的案件适用范围，即从适用对象上，可以从未成年人扩大到在校读书的学生、正在怀孕或哺乳自己婴儿的妇女和七十五岁以上的老人；从适用刑罚上，可以从可能判处 3 年以下有期徒刑的犯罪案件扩大到可能判处 7 年以下有期徒刑的犯罪案件。

三、决定程序问题

由于附条件不起诉可以终结刑事诉讼程序，赋予检察机关的权力较大，因而为了保证检察机关作出附条件不起诉的正确性，除了实体方面的要求外，还应当建立严格的决定程序，对此学术界的看法是一致的，即学术界一致主张附条件不起诉应当由检察机关的最高决策机构检察委员会讨论决定。但是，在检察委员会讨论决定之前，是否应当设立听证程序，目前尚存在两种不同的观点：一种观点认为，不应当设立听证程序。其主要理由如下：（1）公众参与司法判案有悖于司法独立，司法独立要求在司法的过程中不受任何个人与单位的干预，公众参与司法判案不免产生非司法力量对刑事案件的干涉。在刑事司法程序中引入听证制度，有司法超前之嫌。（2）检察机关对不起诉案件非常谨慎，往往反复推敲、多方权衡利弊，在不起诉理由非常充分的情况下，才作出不起诉决定，同时，上级检察机关也监督得很严。在这种情况下，设立听证程序是否没有必要。

(3) 从司法实践看，各地检察机关公诉部门普遍存在案件多、办案人员少的情况，工作强度非常大，许多人员都在超负荷的工作，这是一个不可忽视的客观事实，如果再抽出时间来搞听证程序，就会进一步加大工作强度，造成案件积压、办案效率大幅下降的不利后果。(4) 从法律制度上看，对于不起诉案件的决定，目前相关的法律、法规均有明确规定，当事人对决定不服的可以采取相应的救济措施，我们只需要完善这些救济措施即可，没有必要再搞听证程序。① 另一种观点认为，应当设立听证程序。其主要理由是：(1) 有利于检察机关全面听取意见。由于附条件不起诉是由检察机关独立作出的，公安机关、犯罪嫌疑人、被害人没有陈述意见的机会，如果在作出附条件不起诉决定之前进行听证程序，就可以多方面听取不同意见，保证检察机关作出正确的决定。(2) 有利于彻底解决纠纷。由于附条件不起诉案件主要是一些轻伤害案件，如果检察机关在作出附条件不起诉决定之前不让被害人参与诉讼程序，公开听取被害人一方的意见，被害人很可能由于对犯罪嫌疑人的憎恨以及对法律程序的陌生而对案件处理结果产生不满，甚至认为检察机关偏袒犯罪嫌疑人、枉法办案而直接起诉或者到处申诉，因而不利于及时解决纠纷。(3) 可以弥补我国审查起诉制度的不足。我国目前的审查起诉不进行公开的听证程序，都是封闭性进行的，如果在附条件不起诉决定之前引入听证程序，无疑可以增强审查起诉程序的公开性，完善我国的起诉审查制度。②

我们认为，上述两种观点都有一定的道理，既不是所有的附条件不起诉决定事前都需要举行听证程序，也不是所有的附条件不起诉决定事前都不需要听证程序，据此我们可以将附条件不起诉的决定程序作如下设计：对于一般案件，人民检察院在对犯罪嫌疑人作出附条件不起诉之前不举行听证程序，直接由检察委员会会议讨论决定。对于被害人有不同意见或者社会影响较大的案件，应当举行听证程序，召集侦查人员、被害人及其法定代理人、诉讼代理人，犯罪嫌疑人及其

---

① 参见孙力主编：《暂缓起诉制度研究》，中国检察出版社 2009 年版，第 172 页。

② 参见种松志：《论起诉裁量权》，载樊崇义主编：《刑事审前程序改革与展望》，中国人民公安大学出版社 2005 年版，第 501 页；李振华：《浅谈暂缓起诉制度》，载樊崇义、陈卫东、种松志主编：《现代公诉制度》，中国人民公安大学出版社 2005 年版，第 186 页。

法定代理人、辩护人，听取各方的意见和理由后，再由检察委员会会议讨论是否作出附条件不起诉的决定。这种“一般案件不举行听证程序，特殊情况举行听证程序”的设立，其主要理由如下：

第一，可以有效满足司法实践的需要。从司法实践看，适用附条件不起诉的案件一般都是轻罪案件，同时还要求具备一定的实体和程序方面的条件，例如在实体方面，要求案件事实必须清楚，证据必须确实充分；在程序方面，要求犯罪嫌疑人必须自愿认罪并同意适用附条件不起诉等。如果是有被害人的犯罪案件，还要求得到被害人的谅解（包括经济赔偿、赔礼道歉等）。因此，对于具备这些条件的轻罪案件，诉讼双方一般没有太大的争议，检察机关在对这些案件作出附条件不起诉决定一般较为容易，事前不需要进行听证程序。但是，实践中的情况是十分复杂的，有些案件虽然不太大，但是往往社会影响较大，或者被害人的要求较高，对于这些社会影响较大的案件或者被害人有不同意见的案件，为了体现程序公开和公正，或者有效说服被害人，得到被害人的谅解，保证检察机关作出正确的决定，事前可以进行公开的听证程序，多方听取不同的意见。由此可见，基于司法实践中轻罪案件情况的多样性和复杂性，将附条件不起诉的决定程序设计为“一般情况不进行听证程序，特殊情况进行听证程序”，可以适应实践中的不同情况，有效满足司法实践的客观需要。

第二，可以有效消除误解。根据现行法律规定，检察机关在对案件进行审查起诉时，需要讯问犯罪嫌疑人，听证律师的意见和被害人及其亲属的意见，有时也要征求公安机关的意见，但是，这些听取意见的活动都是单独进行的。在这种情况下，如果检察机关决定对犯罪嫌疑人作出不起诉决定，往往得不到当事人的理解，甚至会造成误解，认为检察机关办事不公，袒护犯罪嫌疑人等，特别是有被害人的伤害案件。这是因为案件的各方当事人没有直接进行交流的机会，不了解对方的想法，再加上有些双方当事人以前互相不认识，不了解对方的情况，一旦涉及诉讼问题，往往就会出现对对方的要求较高或者较多，一旦得不到满足，就会对检察机关的决定产生误解，认为检察机关的办事不公，袒护犯罪嫌疑人等。因此，如果检察机关在审查案件时，事前举行公开的听证程序，召集公安机关、犯罪嫌疑人及其律师、被害人及其家属等人员参加，当面听证各方对案件的处理意见，这样各方不仅可以当面提出自己的意见和要求，而且可以互相交换意见，进行讨论，这种方式必然有助于诉讼双方互相谅解，消除误解，从而保证案件纠纷得到彻底的解决。

第三，实现公正与效率并重。在现代社会，公正与效率是司法追求的两大价值目标。而社会的文明则要求司法必须公开、公正、民主。司法民主则要求公众参与司法，而听证程序则是公众参与司法的有效途径。实行听证程序可以保证司法机关听取各方意见，有效防止司法裁量的不公。从司法实践看，附条件不起诉的案件各不相同，要保证检察机关在作出附条件不起诉时，能够体现公正与效率的要求，就应当根据不同的案件采取不同的方式，即对于犯罪嫌疑人与被害人双方已经达成和解协议的轻微犯罪案件，或者案件事实清楚且社会影响不大的案件，检察机关事前不需要举行听证程序，这样可以及时地作出附条件不起诉决定，及时有效地化解社会矛盾，提高诉讼效率，节约司法资源。但是，如果被害人对附条件不起诉有不同意见的，或者案件的社会影响较大的，检察机关在作出附条件不起诉之前举行公开的听证程序，听取被害人的意见和有关人员的意见，不仅可以体现程序的公开公正，而且可以保证检察机关作出正确的决定，实现司法公正。因此，将检察机关作出附条件不起诉的决定程序设计为“一般情况不进行听证程序，特殊情况进行听证程序”，既可以保证提高诉讼效率，也可以保证司法公正，实现公正与效率的并重。

四、附条件范围问题

附条件不起诉的关键内容是检察机关在作出附条件不起诉时应当附加一定的条件，只有所附加的条件是合理的，检察机关作出的附条件不起诉决定才具有正当性，也才能被社会所接受。因此，附条件的范围问题就成为附条件不起诉中的一个重要问题。关于附条件范围多大的问题，目前学术界有以下几种不同的观点：一是三条件说。即有学者认为，附条件不起诉所附加的条件可以包括以下三个方面：（1）在一定期限内，赔偿国家、集体或个人的经济损失；（2）在指定的期限内完成所规定的任务；（3）在一定的期限内参与或者从事社会公益活动。[①] 二是五条件说。即有的学者认为，附条件不起诉可以附加以下五个条件：（1）书面悔过；（2）向被害人道歉；（3）对被害人损失作出赔偿或补偿；（4）向指定的公益团体支付一定数额的财物；（5）提供一定时间的公益劳动等。[②] 也有的学者认为，对未成年人附条件不起诉可以附加以下五个条件：（1）遵守校纪校规，不得从事违法犯罪行为；（2）向被害人道歉，支付相当数额的物质或精神损害赔偿；（3）向国库或指定的人民团体、社区支付一定数额的金钱；（4）接受教育或咨询性项目；（5）提供公益劳动、接受考察小组的心理辅导、每月向考察小组书面汇报思想状况等。[③] 三是更多条件说。即根据案件的不同情况，检察机关在作出附条件不起诉时可以附加更多的条件。如有学者认为，附条件不起诉可以附加以下条件：（1）补偿由于其犯罪行为而给被害人造成的物质和精神方面的损害。至于补偿的额度，应以不超过民法上的赔偿请求（含精神损害赔偿）为限；（2）根据犯罪嫌疑人的行为和人格性，为公益设施支付钱款；（3）提供其他公益性服务，可以是一定量的义务劳动，也可以要求承担一定量的赡养义务等；（4）为国库交付一定数额钱款，例如，如果国家设立被害人国家补偿基金，可以要求被不起诉人向补偿基金缴纳一定数额钱款等；（5）立悔过书，亲自向被害人道歉；（6）遵守法律、行政法规，服从监督；（7）按照考察机关的规定，报告自己的活动情况；（8）未经考察机关批准，不得改变住所、职业，或者离开居住的县、市；（9）未经批准，不得与被害人、证人及其近亲属联系、接触，或采取其他可能危及他们安全的行为；（10）接受医疗检查、采取治疗措施戒除瘾癖或者矫正不正常心理，接受药物方面的检验；（11）不得从事在进行该职业活动中实施了犯罪的那种职业活动；（12）不得进入所指定的场所；（13）不得与有犯罪记录的人交往，尤其不得与同案犯来往；（14）接受考察监管人员走访本人、家庭及单位；（15）不得持有可能继续为其

---

① 参见陈艳恩：《附条件不起诉制度研究》，载《学术界》2008 年第 6 期。

② 参见陈光中、张建伟：《附条件不起诉：检察裁量权的新发展》，载《人民检察》2006 年第 4 期。

③ 参见孙力主编：《暂缓起诉制度研究》，中国检察出版社 2009 年版，第 185 页。

提供犯罪机会或诱惑的物品等。[①]

上述各种观点赋予了检察机关较大的选择权，即对所列举的各种附加条件，检察机关都可以根据犯罪嫌疑人的具体情况自由选择，这无疑有利于检察机关作出合适的选择，但是，这些观点却忽视了对检察机关的选择权给予一定的制约，因而不利于防止检察机关滥用选择权问题。因此，为了保证检察机关所附加的条件合理，同时对检察机关的选择权进行必要的限制，保证检察机关选择权的正确行使，我们认为，应当对检察机关所附加的条件进行以下两种分类：一是必须附加的条件，即人民检察院对犯罪嫌疑人决定适用附条件不起诉的，必须对其附加的条件，也就是犯罪嫌疑人的法定义务。根据我国法律规定和司法实践经验，这类条件应当包括以下内容：（1）接受帮教、考察，服从监督；（2）不得侵扰证人和被害人；（3）离开所居住的市、县或者迁居，应当报请批准；（4）遵守关于会客的规定；（5）定期报告自己的活动情况。二是选择附加的条件，即人民检察院对犯罪嫌疑人决定适用附条件不起诉的，可以根据其具体情况选择附加的条件，也就是犯罪嫌疑人的酌定义务。这类条件可以包括以下内容：（1）积极履行约定的给付和对被害人的其他承诺；（2）接受戒瘾、心理和精神方面的治疗；（3）向指定的公益团体、机构支付一定数额的财物；（4）为社区、公益性机构等提供公益性服务；（5）不得从事某些特定职业；（6）不得出入某种特定场所；（7）不得接触某些特定的人员；（8）其他义务。对附条件不起诉的附加条件作上述分类和规定，其主要理由如下：

第一，保证与我国刑法的规定相统一。由于附条件不起制度的适用对象主要是一些不适宜被关押的人，其适用情况与我国刑法规定的缓刑犯罪人的适用情况基本相同，因而附条件不起诉的附加义务应当与我国刑法关于缓刑犯罪人所必须遵守义务的规定保持一致。我国《刑法》第75条规定："被宣告缓刑的犯罪分子，应当遵守下列规定：（一）遵守法律、行政法规，服从监督；（二）按照考察机关的规定报告自己的活动情况；（三）遵守考察机关关于会客的规定；（四）离开所居住的市、县或者迁居，应当报经考察机关批准。"该条规定的是

① 参见兰耀军：《论附条件不起诉》，载《法律科学》2006年第5期。

被缓刑的犯罪人应当遵守的义务，即法定义务。为了与该规定保持一致，我们将其规定为附条件不起诉附加义务的第一类，即附条件不起诉必须附加的条件。同时，我国《刑法》对犯罪情节轻微不需要判处刑罚的或者可以免予刑事处罚的人的义务也有规定，即第 37 条规定："对于犯罪情节轻微不需要判处刑罚的，可以免予刑事处罚，但是可以根据案件的不同情况，予以训诫或者责令具结悔过、赔礼道歉、赔偿损失，或者由主管部门予以行政处罚或者行政处分。"该条规定的是一种不确定的义务，即酌定义务。为了与该规定保持统一，有必要将其有关内容作为附条件不起诉的选择性义务加以规定。

第二，有效规范附条件不起诉权的行使。附条件不起诉权是一种较大的裁量权，要保证该权力的正确合理行使，必须对该权力的行使进行有效的规范。对附条件不起诉权行使的规范，除了法律明确规定附条件不起诉适用的案件范围、实体和程序方面的条件外，还必须对其所附加的条件作出明确的规定，为此首先必须对所附加的条件有确定性的规定，即要有"确定性的附加条件"，这是附条件不起诉权得以正确行使的基本保证。其次，要实现个案公正，规范并保证附条件不起诉权得到合理的行使，还应当根据犯罪嫌疑人的各种不同情况，规定不同的附加条件，即必须规定一些"选择性的条件"。由于实践中案件的情况各不相同，因而要求法律在规定"选择性条件"时要尽可能列举广泛，为此我们列举了 8 种选择性条件，其中前 7 项是明确的条件，最后一项是兜底性条件。其中，将"接受戒瘾、心理和精神方面的治疗"规定为一项义务，是因为部分吸毒案件、情绪性犯罪案件，检察机关在对犯罪嫌疑人作附条件不起诉时，为了防止其再次犯罪，就有必要将"接受戒瘾、心理和精神方面的治疗"作为不起诉的一种附加条件。将"不得出入特定场所"规定为一项义务，是因为一些轻微的犯罪往往发生在特定的场所，如赌博犯罪，非法采伐、毁坏国家重点保护植物的犯罪等。为了避免犯罪嫌疑人再次犯罪，检察机关在对其作出附条件不起诉时，就应当附加"不得出入特定场所"的义务。关于是否规定兜底性条件，在研讨中曾有过争议，但我们认为，规定兜底性条件可以弥补法律列举不全的缺陷，以适应司法实践中附条件不起诉案件情况千差万别的客观需要，更有利于保证实现个案的公正。

第三，借鉴国外的立法经验。从国外的立法来看，许多国家都对附条件不起诉所附加的条件作出了明确规定，例如1974年美国《联邦未成年人犯罪法》（Federal Juvenile Delinquency Act）规定，对未成年人的附条件释放，未成年人必须遵守的条件包括：（1）不得违反任何州或者联邦法律；（2）生活方式纯净、诚实、有节制；（3）早出早归；（4）不去任何不应该去的地方；（5）工作规律，出差时应当立即通知缓刑考察官；（6）离开那些只有经缓刑监管人批准后方可居住的区域，应当及时将任何居住地址的变动立即通知缓刑考察官；（7）遵守缓刑监督官员的指令和建议；（8）在缓刑考察官员指令中的设定日期及时报到。《德国刑事诉讼法典》第153条a规定，检察院对于轻罪暂时不予起诉的，可以要求被告人履行下列义务：（1）作出一定的给付，弥补行为造成的损害；（2）向某公益设施或者国库交付一笔款额；（3）作出其他公益给付；（4）承担一定数额的赡养义务。这些要求以适合消除追究责任的公共利益，并且责任程度与此相称为限。在丹麦，近年来其暂缓起诉的做法有些改变，出现了一种被称为“青少年合同”的做法，即由未成年人在其父母和有关国家机关共同规划涉案未成年人的近期发展方案，由检察官起草协议，设定未成年人应当遵守的具体条件。由于各地设定未成年人的具体条件不同，因而在2000年6月，丹麦司法部要求丹麦犯罪预防委员会收集丹麦54个警区适用“青少年合同”项目的情况。经过调查，在“青少年合同”中设定的条件一般包括以下内容：（1）继续上学受教育或者继续工作，按时向有关部门报告并就其未来作出规划；（2）在闲暇时间参与特定的活动，如体育活动等；（3）与一名成年人确立经常性的联系以接受指导；（4）参加与少年罪犯相关的特定项目；（5）同意支付赔偿；（6）不与其他犯罪人（以前的朋友）联系；（7）不酗酒、不接触毒品等。[①] 从上述各国规定看，有的国家对附条件不起诉规定了必须设立的附加条件，有的国家则规定了可以选择所附加的条件，这些立法经验值得我们借鉴。

① 参见孙力主编：《暂缓起诉制度研究》，中国检察出版社2009年版，第116—117页。

五、考验期限问题

考验期限是附条件不起诉的另一个重要问题，考验期限的长短与所附加条件的多少和难易程度有一定的关系。关于附条件不起诉考验期限的长短问题，目前学术界有两种不同的观点：一种观点主张较短的考验期限。即认为附条件不起诉的考验期限应当规定为1—6个月为宜。[①] 例如2004年北京市海淀区人民检察院制定的《实施暂缓起诉制度细则》第10条规定："暂缓起诉的考验期为一个月以上六个月以下（包括一个月和六个月）。"因为附条件不起诉不是法院的判决，期限不应太长；考验期限过长不利于结案，也会使被考验人产生厌倦心理，打击其重新做人的积极性；考验期限太长也不利于考察组织对被不起诉人进行考察。同时，考验期限过短，起不到相应的教育改造作用，而失去附条件不起诉制度存在的意义。一个适当的考验期限，不仅对被考验人具有约束力，而且也会使其产生危机感，并看到希望所在。另一种观点主张较长的考验期限。即认为附条件不起诉的考验期限应当规定为1—3年。例如有的学者认为，结合我国缓刑考验期的规定，我国在确定附条件不起诉的考验期限时，应当区分不同情况，规定不同的考验期限，对于可能单处罚金、管制、拘役，考验期最长为1年；对于可能判处3年以下有期徒刑的，最短为1年，最长为3年。[②] 有的学者认为，附条件不起诉的考验期不应过长，应当以1年至2年为宜。[③] 其理由是：只有考验期限相对较长，才能有利于对被附条件不起诉人进行全面的考察，了解其是否真实悔改，同时，也才能给被附条件不起诉人履行义务以充分的时间，以保证其能够全面履行所附的义务。

我们认为，附条件不起诉的考验期限是一个实践性很强的问题，因而在确定我国附条件不起诉的考验期限时，应当尊重我国的实践经验和普遍做法。从我国

---

① 参见北京市海淀区人民检察院公诉课题组：《附条件不起诉制度实证研究》，载《国家检察官学院学报》2009年第6期。

② 参见兰耀军：《论附条件不起诉》，载《法律科学》2006年第5期。

③ 参见高斌、王惠：《专家聚焦"附条件不起诉"》，载《检察日报》2007年12月7日；叶肖华：《比较法视域下的附条件不起诉制度》，载《金陵法律评论》2007年秋季卷，第26页。

目前各地的试点情况看，大部分检察机关都将附条件不起诉的考验期限确定得较短，一般在3—12个月之间。因此，我们认为，将附条件不起诉的考验期限规定为3—12个月是合适的。其主要理由如下：

第一，这是我国司法实践经验的总结。从我国的实践情况看，为了贯彻宽严相济的刑事政策，我国各地人民检察院都在探索和实行附条件不起诉，例如北京市海淀区人民检察院（2004年）、上海市长宁区人民检察院（1992年）、山东省蓬莱市人民检察院（2007年）、浙江省东阳市人民检察院（2009年）、江西省吉安市人民检察院（2007年）、南京市人民检察院（2002年）、河南省登封市人民检察院（2003年），等等。这些人民检察院根据实践的需要，探索对轻微犯罪的犯罪嫌疑人或者较轻犯罪的未成年犯罪嫌疑人，在符合一定条件的情况下，对其作出附条件不起诉决定，并确定一定的考验期限。通过多年的实践，取得了非常好的社会效果。[①] 从探索的情况看，关于附条件不起诉的考验期限，各地检察机关都规定得较短，一般在3—12个月之间。因此，借鉴司法实践的经验，我们认为，将附条件不起诉的考验期限确定为3—12个月是合适的。因为这不仅是实践经验的总结，而且也符合犯罪心理学和犯罪学的有关理论。根据犯罪心理学和犯罪学实证研究的数据，天气对人的生理、情绪以及犯意的产生有着一定的影响，在不同的季节，潜在的犯罪人可能实施不同类型的犯罪。在一年时间里，经过春夏秋冬四个不同季节的考察，如果被附条件不起诉人认真履行所规定的义务，没有再实施违法犯罪行为，则基本上可以说明在其他客观条件相对稳定的情况下，被附条件不起诉人就不会再实施犯罪，说明其确已改恶从善，不会再危害社会，因而将附条件不起诉的考验期限确定为一年以内是合理的。

第二，可以有效地规范附条件不起诉权的行使。附条件不起诉权是检察机关自由裁量权的一种，是一种程序性权力，它不同于法院的审判权，因而检察机关在行使附条件不起诉权为犯罪嫌疑人附加义务时，也不同于法院行使缓刑判决权为罪犯附加的义务。根据法律规定，法院在对被告人判处缓刑时，缓刑考验期限

---

① 这种社会效果不仅表现在使犯罪嫌疑人、被害人得到了满意，而且得到了社会公众和舆论界、理论界的支持和肯定。更为重要的是，检察机关的这种探索实践还得到了中央领导的高度评价，并成为我国司法改革的一项重要内容。

一般较长（2 个月至 5 年），而检察机关在对犯罪嫌疑人适用附条件不起诉时，其考验期限就不应当较长，否则就会对附条件不起诉人附加过重的负担，因而附条件不起诉的考验期限应当相对较短，一般不应当超过一年，以 3 个月至 1 年为限。这样的考验期限既可以满足考验组织对被附条件不起诉人的考察，而且也可以保证被附条件不起诉人履行义务较充分的时间。如果赋予检察机关有权对附条件不起诉人确定较长的考验期限，显然给予检察机关的裁量权限太大，而且较长的考验期也不利于考验组织对被附条件不起诉人进行考察。因此，规定附条件不起诉的考验期限为 3 个月至 1 年，是符合检察机关附条件不起诉权的性质的，也不利于有效规范检察机关的不起诉裁量权，保证检察机关附条件不起诉权的正确行使。

第三，借鉴国外的立法经验。从国外立法看，许多国家都对附条件不起诉规定了一定的考验期限。例如在德国，根据《德国刑事诉讼法典》第 153 条 a 的规定，德国是根据附条件不起诉人所履行义务的内容不同来确定考验期长短的，最短 6 个月，最长 1 年。具体情况是：对于履行作出一定的给付，弥补行为造成的损害、向某公益设施或者国库交付一笔款额以及作出其他公益给付三项义务的，其考验期限至多为 6 个月；而对于承担一定数额的赡养义务的，其考验期限至多为 1 年。对于所附加的义务，检察院可以事后撤销或者对考验期限延长一次，为期 3 个月；经附条件不起诉人同意，检察院也可以变更所附加的义务。[①] 在日本，其《刑事诉讼法》第 248 条规定了暂缓起诉，但没有规定考验期限。日本的暂缓起诉作为不起诉的一种情形，并无考验期限，如果被不起诉人又犯新罪，只要原起诉犹豫处分正确，检察官只能就新罪进行追究，其原起诉犹豫处分在法律后果上与无罪的不起诉相同。[②] 在丹麦，其附条件不起诉的附加条件体现在被称为“青少年合同”中，根据丹麦犯罪预防委员会收集丹麦 54 个警区适用“青少年合同”项目的情况看，大部分“青少年合同”的履行期限为 1 年以内。[③] 可见，为了保护被附条件不起诉人的合法权利，国外一般都对被附条件不起诉人规定了

① 参见李昌珂译：《德国刑事诉讼法典》，中国政法大学出版社 1995 年版，第 73 页。

② 参见刘桃荣：《对暂缓起诉制度的质疑》，载《中国刑事法杂志》2001 年第 3 期。

③ Youth Contracts，Danish Crime Prevention Council，2002.

较短的考验期限，这种做法值得我国借鉴。

六、法律效力问题

附条件不起诉决定的法律效力，是指检察机关作出附条件不起诉决定后，相应地引起刑事诉讼程序的变化以及产生一定的法律后果。关于附条件不起诉决定的法律效力，目前存在两种不同的观点：一种观点认为，附条件不起诉决定具有待定的法律效力，即只有满足了所附加的条件，该决定才产生法律效力。例如有学者认为，暂缓起诉虽然是不起诉的一种特殊形式，但毕竟不同于一般的不起诉。一般不起诉决定的效力具有终局性、确定性，检察机关作出不起诉决定后，就立即终结诉讼程序，非经法定事由不得就同一案件再行起诉。暂缓起诉的决定并不具有实质确定性，检察机关作出暂缓起诉决定并不意味着案件的终结，它是附有一定条件的暂时停止起诉程序，在暂缓起诉期间，检察官将对犯罪嫌疑人继续观察，只有在暂缓起诉考察期届满，而犯罪嫌疑人没有被检察机关撤销暂缓起诉决定时，则该暂缓起诉决定才具有与一般不起诉决定一样的实质确定力，即终结诉讼程序的法律效力。否则，暂缓起诉决定就不具有终结诉讼程序的法律效力，检察机关得依法对犯罪嫌疑人提起公诉。① 也有学者认为，检察机关作出附条件不起诉决定后，只具有中止诉讼程序的效力，如果犯罪嫌疑人在押的应当立即变更为取保候审，自决定之日起，考验期的时间不计入办案期限内。在考察期内，只要没有发现犯罪嫌疑人有撤销附条件不起诉情形的，在考察期满后，应当公开宣布不起诉决定；如果发现犯罪嫌疑人在附条件不起诉考验期间内严重违反考察规定，或者发现漏罪或犯新罪的，检察机关应当撤销附条件不起诉决定，依法向法院提起诉讼。② 另一种观点认为，附条件不起诉决定具有确定的效力，只要该决定一作出，即刻产生确定的法律效力。例如2010年6月在宜昌召开的“附条件不起诉研讨会”上，有学者认为，附条件不起诉决定的效力与其他不起

---

① 参见孙力主编：《暂缓起诉制度研究》，中国检察出版社2009年版，第188—189页。

② 参见浙江省东阳市人民检察院课题组：《附条件不起诉制度研究——以刑事和解试点工作经验为借鉴》，载《法制与社会》2010年第7期。

诉决定的效力应当相同，检察机关一旦作出附条件不起诉决定，就立即产生法律效力，它不但对被附条件不起诉人具有约束力，而且对检察机关自己也具有约束力，具体表现在：被附条件不起诉人应当严格履行检察机关所附加的各种条件（义务）；检察机关应当立即结束诉讼程序，如果被附条件不起诉人在押的，检察机关应当立即解除强制措施并予以释放，没有法定理由不得撤销附条件不起诉决定等。①

我们认为，附条件不起诉决定与其他不起诉决定一样，都是检察机关行使检察权的一种形式，检察机关一旦作出附条件不起诉决定，就立即产生法律上的明确效力，即立即结束诉讼程序，解除有关的强制措施，被附条件不起诉人在法律上归为无罪。主张附条件不起诉决定具有确定的法律效力，其主要理由如下：

第一，这是检察权效力的必然要求。检察权作为国家权力体系中的一种权力，具有国家权力的一般特征，即强制性、主权性和约束力。不起诉权是检察权的一种权能，理应具有检察权的基本特性（强制性、主权性和法律约束力）。如果国家法律赋予检察机关以附条件不起诉权，检察机关在行使该项权力时，就应当具有检察权的基本特性。也就是说，检察机关在行使附条件不起诉权而对犯罪嫌疑人作出附条件不起诉决定时，该决定是代表国家作出的，具有国家性，同时，应当具有强制性和约束力，即检察机关所附加的义务对被附条件不起诉人具有强制性，被附条件不起诉人必须履行所附加的义务，否则，检察机关就可以撤销该决定，对其作出提起公诉的决定；对检察机关自己具有约束力，附条件不起诉决定的这种效力即要求检察机关必须立即结束诉讼程序，必须恢复犯罪嫌疑人无罪的身份和人身自由的状态等。这是检察权效力的必然要求，如果认为检察机关行使附条件不起诉权与其他不起诉权的效力不同，只具有不确定的效力或者“待定的效力”，显然不符合检察权效力的基本特性，也不符合检察权效力一致性的基本原理，因而是不正确的。

第二，可以避免在诉讼理论上出现错误。在诉讼理论上，根据“一事不再理”的理论，对于一个纠纷或者案件只能作出一个处理决定，也只能有一个处理

① 参见施燕燕：《专家学者齐聚宜昌研讨“附条件不起诉制度”》，载《正义网》2010年6月4日。

结果。如果对一个纠纷或者案件存在两个或者两个以上的处理结果，就违背了“一事不再理”的诉讼理论。主张附条件不起诉决定具有“待定效力”观点的学者认为，检察机关作出附条件不起诉决定时都附加了一定的条件，并确定了一定的考验期限，被附条件不起诉人只有履行了相应的义务，满足了所附加的条件，等到附条件不起诉考验期满后，检察机关再正式作出不起诉决定，这时才产生确定的法律效力；如果被附条件不起诉人没有履行所附加的义务，检察机关就撤销附条件不起诉决定，作出起诉决定。按照这种观点，在被附条件不起诉人履行了所附加义务的情况下，检察机关还要作出正式的不起诉决定，这就出现了在一个案件中检察机关作出两个决定（附条件不起诉决定、不起诉决定）的现象，显然就违背了“一事不再理”的诉讼理论，出现了诉讼理论上的错误。因此，只有承认附条件不起诉决定具有确定的法律效力，才能在被附条件不起诉人履行了所附加义务的情况下，检察机关无须再作出不起诉决定，也才能避免出现诉讼理论上的错误。同时，也只有承认附条件不起诉决定具有确定的法律效力，在被附条件不起诉人违反了所附加的义务或者存在其他不符合适用附条件不起诉的情况下，检察机关才需要对原来作出的附条件不起诉决定进行撤销，也才能再作出起诉的决定。

第三，可以保证所附加的条件得到及时全面履行。及时全面履行所附加的条件是建立附条件不起诉的价值所在，也是检验和判断检察机关作出的附条件不起诉决定是否正确的重要标准。从司法实践看，只有坚持附条件不起诉决定具有确定的法律效力，检察机关一旦作出附条件不起诉决定，立即产生法律效力的观点，才能保证检察机关在附条件不起诉决定中所附加的条件得到及时全面的履行。这是因为：只有明确了附条件不起诉决定具有确定的法律效力，被附条件不起诉人才会知道附条件不起诉决定中所附加的条件对其具有约束力，如果其不全面履行所附加的义务，就会被检察机关提起诉讼，也就会被法院判处刑罚，这样就会促使被附条件不起诉人积极主动地履行所附加的各项义务，从而保证所附加的义务得到全面履行。同时，只有明确规定附条件不起诉决定具有确定的法律效力，才能约束检察机关及时解除对被附条件不起诉人所采取的强制措施，使被附条件不起诉人及时获得人身自由，从而为被附条件不起诉人履行所附加的义务创造条件，保证检察机关所附加的各项义务得到及时全面的履行。否则，如果附条件不起诉决定没有确定的法律效力，被附条件不起诉人就会误认为所附加的条件对其没有约束力，就不会认真地履行所附加的义务，因而不利于所附加义务的及时全面履行。因此，只有明确规定附条件不起诉决定具有确定的法律效力，才可以避免被附条件不起诉人产生误解，促使其认真地履行各项义务，保证所附加的义务得到及时全面履行。

（原载于《国家检察官学院学报》2012 年第 1 期）

未成年人附条件不起诉程序的适用

刘 方*

新刑事诉讼法在第271条至第273条中首次明确规定了未成年人附条件不起诉程序，这是对我国当代刑事起诉制度的一个突破性立法，也是对近十多年来刑事公诉制度改革实践的一个归纳和总结。体现了我国刑事立法在不断改变传统的严厉性、机械性，朝着宽缓、理性的方向发展。这不仅适应了我国现阶段的社会需要，也符合当代国际社会刑事政策的发展趋势。菲利曾经说过："刑罚，并不像在古典犯罪学者和立法者的主张影响之下而产生的公众舆论所想象得那样，是简单的犯罪万灵药。它对犯罪的威慑作用是很有限的。因此，犯罪社会学自然应当在对犯罪及其自然起因的实际研究中去寻找其他社会防卫手段。"①

附条件不起诉是裁量不起诉的一种特定形式，是指检察机关对移送审查起诉的犯罪嫌疑人，根据其犯罪行为和人身危险性，认为不起诉更有利于维护社会整体利益，在作出不起诉决定的同时附加一定条件，当被不起诉人满足这些条件并履行完毕时，不起诉决定即生效，追诉活动便到此终止的一种刑事不起诉制度。根据立法规定，现行的附条件不起诉仅仅是针对未成年人适用，还不能适用于成年人。即便如此，但至少是从立法上开启了附条件不起诉，或者说暂缓不起诉制

* 最高人民检察院检察理论研究所研究员。

① ［意］菲利：《犯罪社会学》，郭建安译，陈中天校，中国人民公安大学出版社1990年版，第79页。

度的前奏。在本文中，笔者主要从未成年人附条件不起诉的适用条件、所附条件的内容、适用的基本程序以及必要的监督和救济机制等几个方面，提出一些理解性的构思和建议，希望能够为未成年人附条件不起诉的司法运作提供参考。

一、适用的前提条件和控制范围

作为一种裁量不起诉形式，附条件不起诉是检察官的自由裁量权运用于不起诉案件的具体表现，是裁量权与不起诉权的有机结合，与世界上现存的各种裁量不起诉制度之间也具有许多可比较性。但是，事物的共性并不足以取代和抹杀他们的个性，作为每一单元而独立存在的事物必然具有其他任何事物都无法替代的独自特征。附条件不起诉的基本特点就在于它的附条件性，这一特点自然将它与法定不起诉、证据不足不起诉、酌定不起诉、暂缓不起诉等区别开来。最为明显的是，附条件不起诉是国家在保留刑罚权的前提下，由检察官作出的对刑罚处罚权的有条件放弃，因此，它与法律明确规定放弃处罚权的法定不起诉是有较大区别的。它与酌定不起诉、证据不足不起诉也存在区别。酌定不起诉和证据不足不起诉并不必然要求附带条件，而在附条件不起诉中，所附条件是否具备决定着不起诉能否得到最终实现。还有，它与暂缓起诉或者说暂缓不起诉也是有区别的，后者主要表现在一个“缓”字上，而不是体现在“附条件”方面。可见，用其他任何一种裁量不起诉的适用条件来替代附条件不起诉的适用，都无法使这一制度达到圆满、准确、合理的应用，必须根据法律的明确规定以其自身的基本要求来确定应当适用的前提条件。其中，严格依照法律规定实行附条件不起诉是最关键的。陈卫东教授亦认为，附条件不起诉只不过是对某些案件附加一定条件，以此作为不起诉的前提，并没有突破现有的权力框架，只是检察权细化的表现。[①]

附条件不起诉适用的前提条件，是指在具备什么样的情况下可以依法适用附条件不起诉。根据法律的规定和通过以上的比较鉴别，笔者认为，对未成年人适用附条件不起诉处理的案件，至少应当具备以下几个方面条件：

---

① 高斌、王惠：《专家聚焦“附条件不起诉”》，载《检察日报》2007年12月7日第3版。

其一，案件达到了构成犯罪的程度，即行为人的行为符合刑法分则第四章、第五章、第六章中各条所规定犯罪的构成条件。这些条件包括：基本犯罪事实已经查清，主要证据确实充分，被不起诉人实施的行为在刑法上已经符合犯罪构成的标准。符合犯罪成立的条件，既要符合实体法规定的适用条件，又必须符合程序法上规定的条件。犯罪事实清楚，证据确实充分，表明案件达到了法律在程序方面的要求，遵循了程序正义和司法公正原则；符合犯罪构成的标准，说明犯罪对社会造成的危害已经达到了刑法分则所规定的个罪标准，在定罪方面已经不成问题。根据新刑事诉讼法第271条的规定，对于未成年人涉嫌刑法分则第四章、第五章、第六章规定的犯罪，符合起诉条件的，人民检察院可以作出附条件不起诉的决定。该条的立法旨意就在于明确要求对依照附条件不起诉处理的案件必须是构成犯罪的案件。我们认为，法律之所以作出这样的规定，其根本用意在于要求办案人员“不能用下台阶的方式把不构成犯罪的案件，或者法律明确规定不应当起诉的案件采用附条件不起诉的方式来处理”。①

其二，具有悔罪表现。悔罪表现是一个抽象性的问题，希望在立法中设定一个准确无误的标准是很困难的，而且司法实践中也没有制定一个具体的参考细则。所以，在理解方面显得比较抽象，在具体适用过程中也难以准确把握。以我们对法律规定的理解和近些年来公诉实践中所积累的经验看，对犯罪分子悔罪表现的观察，主要应当立足于考察犯罪后行为人的主观态度。行为人的主观认罪态度是在内心开始醒悟自己的错误后所作出的行为选择。行为人的主观心理态度必然要通过其客观行为方式表现出来。如果行为人虽然认识到自己行为的错误，但没有任何具体的悔罪表现，说明他还没有最后决意真正悔罪，司法实践中也无法判断他是否确实悔罪。所以，没有任何表现形式的所谓内心确信，是无法作为悔罪判断依据的。简单地说，仅仅有悔罪的目的和动机而没有付诸任何行动，都不符合法律上规定的悔罪标准。例如，犯罪行为人虽然认识到自己行为的错误，但在侦查机关对其进行讯问过程中不主动坦白交代，甚至保持沉默，不能有效地配合侦查机关查清案情，其悔罪的真实性就无法得到确认。如何观察被不起诉人具

① 陈光中：《关于附条件不起诉问题的思考》，载《人民检察》2007年第24期。

有悔罪的表现？司法实践中在认定犯罪行为是否具有悔罪表现时，主要是根据行为人犯罪后的以下一些表现来确认，即是否自动投案；是否具有自首、立功表现；能否主动坦白认罪，配合侦查、公诉机关处理案件；是否自动消除由于犯罪行为而产生的社会危害性和人身危险性等若干方面。总之，简单的心理状态不能作为认定行为是否成立的根据。陈兴良教授亦认为："心理事实的内容是主观的，属于精神的范畴，……唯一的途径就是通过心理事实的外部表现加以把握。"①

其三，没必要考虑犯罪人身危险性较深和社会危害性较重等因素。在探索之初，有的学者认为引进国外裁量不起诉制度主要在于解决未成年人的处罚问题。② 这些看法与美国裁量不起诉制度兴起的开端——"布鲁克林计划"③ 实行期间的情形具有相似之处。根据新刑事诉讼法第 271 条的规定，只要未成年犯罪人属于可能被判处一年以下有期徒刑，有悔罪表现的情况，都可以附条件不起诉。所以，对这些轻微的未成年人犯罪案件，检察机关在考虑对其适用附条件不起诉时，行为人的人身危险性和犯罪的社会危害性不需要纳入考虑范围。倘若把附条件不起诉犯罪扩大到成年人犯罪，而且适用的刑度范围进一步扩大，则有选择的附条件不起诉就成为可能，那些因正当防卫、紧急避险、被害人有重大过错引发的犯罪、过失犯罪、被胁迫犯罪、犯罪中止、偶犯、初犯等情形可能成为优先考虑的对象；而像累犯、惯犯、共同犯罪中的首犯或主犯和那些杀人、强奸、抢劫、放火、爆炸、投毒、绑架等严重危害人身财产安全犯罪以及贪污贿赂犯罪和其他严重职务犯罪，则可能被排除在附条件适用之外。但目前法律所规定的适用条件是简单明了的，没有必要去考虑更多的繁文缛节。事实上，刑事诉讼法将附条件不起诉限制在"可能判处一年有期徒刑以下刑罚"的适用范围内，就已经将具有严重社会危害性和人身危险性等犯罪排除于该法条适用之外。

其四，需要考虑来自侦查机关和被害人的要求和意见。对犯轻罪的未成年人实行附条件不起诉，其价值取向在于贯彻"宽严相济"的刑事司法政策，加强

---

① 陈兴良：《刑法哲学》（修订本），中国政法大学出版社 1997 年版，第 44 页。

② 章建新：《在未成年人刑事检察中试行暂缓起诉的思考》，载《上海政法管理干部学院学报》2000 年第 5 期。

③ 基于加强对未成年犯罪人的恢复性司法保护措施，美国纽约布鲁克林区率先施行了一项延缓起诉制度，并得到法院的支持。后被称为"布鲁克林计划"。

对未成年人的司法保护，促使司法活动朝着现代文明、轻缓的方向发展。具体的司法目的，却在于实现刑事司法的法律效果与社会效果的有机统一。所谓法律效果，是指执法、司法机关如何将国家法律准确运用于对具体案件的处理，其中包括程序的运用和实体的处罚两个方面。在程序方面要贯彻程序正义原则，贯彻打击与保护相结合的原则；在实体方面要坚持依法判决、公正合理处罚的原则。所谓社会效果，就是司法活动过程和处罚结果不仅要符合法律的实质正义要求，更重要的是要得到社会的认同，与人民群众的情感和社会的主流价值观相一致。新刑事诉讼法第271条规定："人民检察院在作出附条件不起诉的决定以前，应当听取公安机关、被害人的意见。"由于法律已经对这一问题作出明文规定，因此，在对未成年人实行附条件不起诉时考虑侦查机关和被害人的意见和要求，既体现了司法活动的法律效果，同时也体现了社会效果。从侦查机关方面看，除了在附条件不起诉作出时需要参酌侦查机关移交起诉的意见外，还应当设置专门的程序来征询侦查机关的意见，并且将其意见附录于公诉案卷之中。从被害人方面看，主要是考察被害方对附条件不起诉案件所持的态度。在一些由于加害人的犯罪行为造成被害方严重伤害的案件中，检察机关还应当从立足实现附条件不起诉的努力出发，动员或促使加害人主动向被害人赔礼道歉、赔偿损失，通过真诚的悔罪态度取得被害人的谅解。我们认为，还可以参酌刑事公诉案件和解程序中的做法，让被不起诉人与被害人之间达成和解协议，使被害人的合理要求得到实现，保证附条件不起诉程序的正常进行。

其五，适用的主体不得突破法律规定的范围。所谓适用的主体范围，是指对哪些人可以适用附条件不起诉，哪些人应当排除在附条件不起诉适用的范围之外。本文讨论的主体范围主要指"未成年人"的范畴和刑度问题。在法律未明确规定之前，理论上曾对附条件不起诉的适用对象作了较为广义上的探索。如有人认为其适用对象除了未成年犯罪嫌疑人外，聋哑盲人犯罪，老年人犯罪，初犯、偶犯等都可以适用。[①] 还有人认为，作为附条件不起诉的适用对象，可以包括未成年人或在校学生、老年人、严重疾病患者、盲聋哑人、怀孕或哺乳自己婴

① 张寒玉：《构建我国暂缓起诉制度的思考》，载《人民检察》2006年第7期。

儿的妇女等所涉嫌法定刑较轻的案件以及其他社会危害不大的初犯、偶犯、从犯、胁从犯等。[①] 甚至还有人认为："作为一项制度设计，附条件不起诉制度的适用原则上应无行为主体方面的严格限制，只要是符合条件的所有犯罪嫌疑人，均可以适用，而不仅局限于特定群体。"[②] 但新刑事诉讼法所规定附条件不起诉的主体对象仅仅限于未成年人。所以，上述观点就不能作为法律适用时参考。根据我国刑法的规定，"未成年人"是指犯罪时没有满十八周岁的人，这一点在理论和司法实践中都是比较明确的。而"刑度"问题法律虽然作了明确规定，但由于附条件不起诉是在法院审判之前进行，被不起诉人在刑罚上到底应当承担多大的法律责任，即应当被判处的刑罚轻重仍然处于相对不确定的状态。所以，司法实践中仍然需要对立法的实质精神进行理解才能作出正确合理的认定。新刑事诉讼法第 271 条把"可能判处一年有期徒刑以下刑罚"作为附条件不起诉的刑度范围。在办理类似案件时，检察机关应当根据未成年犯罪人的犯罪事实和证据，初步判断行为人的行为在刑法上是否符合附条件不起诉的刑度适用范围，并以此来决定案件是否可以作为附条件不起诉处理。这种动态的裁量过程不仅需要具备综合的业务素质，而且还要考验检察官对案件的处理应变能力。机械、死板的判断方法则往往难以对那些处于刑度临界点的案件，通过其他综合性条件作出合理、妥当的判断和认定。

二、适用的基本程序

在法院正式作出裁判之前，所有执法、司法活动都处于程序的运行环节中。所以，程序对于诉讼正义和司法公正来说具有实质性的影响作用。当今世界强调的所谓"法律正当程序"虽然是指立法和司法两个方面，但从法律对社会产生的影响和作用看，则主要体现在司法方面。有学者把刑事诉讼的价值观归结为四种，即绝对工具主义、相对工具主义、程序本位主义和经济效益主义。其中，程

① 高斌、王惠：《专家聚焦"附条件不起诉"》，载《检察日报》2007 年 12 月 7 日第 3 版。

② 叶肖华：《比较法视域下的附条件不起诉制度》，载《金陵法律评论》2007 年秋季卷，第 26 页。

序本位主义就认为评价刑事诉讼程序的唯一价值标准就是程序本身是否具备一些内在的品质。[①] 无论刑事诉讼的价值取向是注重于功利性的现实主义，还是趋向于理性化的法治原则，必要的程序和诉讼步骤都是维护公平正义所不可缺少的。未成年人附条件不起诉程序是整个刑事诉讼程序中的一个片段，它必须遵循刑事诉讼的基本原则和程序要求，在特定的范围内履行正当化的程序。所以，我们认为以下几个方面是实施未成年人附条件不起诉所应当具备的基本程序。

1. 听证程序。所谓听证程序，是指刑事诉讼中的执法部门为了查明案件事实、公正合理地适用法律，在作出处理决定前通过公开举行由有关利害关系人参加的听证会方式，达到广泛听取社会各方意见的一种特定程序。检察机关在对未成年人作出附条件不起诉决定之前，是否应当实行听证，理论和实践中还存在赞成和反对两种不同观点。反对者认为让公众参与司法处理程序违背了法制原则，有悖于司法独立；而赞成者则认为设置听证程序可以弥补我国起诉制度事前审查机制不足的缺陷。[②] 我们认为，在检察官作出是否起诉前设置一个听证程序是必要的。因为在我国公诉程序中，对检察官起诉权的司法制约相对较为薄弱，甚至没有一个十分明显的法定公开审查程序。在国外大多数国家刑事诉讼程序中，都设置有制约刑事起诉的预审程序。如在美国的“大陪审团起诉法域”中，“被告有要求在控诉后的一定期间内举行‘预审’（preliminary hearing）的权利，在预审程序中由治安法官决定案件是否应交付大陪审团审查”。[③] 如果在决定起诉前设置公开的听证程序来实行监督性的审查，具有程序上的一定合理性。当然，就像美国的刑事公诉案件并不一定都需要经过大陪审团来审查一样，检察机关可以根据案件的具体情况来决定是否适用听证程序，该程序并不是每一个案件都必须具备的。对于那些案件复杂、影响面广、有较大争议的案件，通过实施听证程序，可以广泛听取各方意见，发扬司法民主，有效防止裁量不公。听证程序的设置可以参酌现行刑事诉讼中已经存在的一些探索性做法。

2. 决定程序。决定程序是实施附条件不起诉的中心环节，诉讼参与各方围

---

① 樊崇义：《刑事诉讼法哲理思维》，中国人民公安大学出版社 2010 年版，第 131 页。

② 孙力主编：《暂缓起诉制度研究》，中国检察出版社 2009 年版，第 180—182 页。

③ 王兆鹏：《美国刑事诉讼法》，北京大学出版社 2005 年版，第 465 页。

绕不起诉问题所作出的努力，都将通过决定程序得出实质性的结论。检察机关通过对案件进行审查，包括与犯罪嫌疑人、被害人以及侦查机关、社区等进行协商，或者举行听证会等程序后，认为依照刑法有关规定原本应当追究刑事责任的未成年人，具有悔罪表现，符合附条件不起诉的适用条件时，按照现行检察机关内部的案件审批和讨论程序，对案件作出是否附条件不起诉的决定。对于案情复杂，涉及罪与非罪认定有分歧，以及是否应当附条件不起诉争议较大的案件，承办人还应当报请检察长提交审判委员会讨论决定。对于决定附条件不起诉的案件，检察机关应当制作附条件不起诉决定书，并按照法定程序送达未成年犯罪嫌疑人、被害人、侦查机关、社区，并抄送有关的机关或单位。

附条件不起诉决定作出后，侦查机关没有提出复议，被不起诉人及其法定代理人没有提出异议，被害人也没有申诉和提起自诉的，附条件不起诉决定即发生法律效力。关于强制措施问题，我们认为，对采取强制措施的犯罪嫌疑人，在决定对其实施附条件不起诉但最后决定尚未作出生效之前，可以变更强制措施，也可以直接取消强制措施。

根据新刑事诉讼法第 273 条的规定，尽管附条件不起诉决定已经作出并发生了法律效力，但并不意味着不起诉决定已经不可变更。事实上，附条件不起诉决定由于其所“附条件”在一定时间内处于不确定性，犯罪嫌疑人是否最终被起诉还要由其履行附带条件的情况来决定。如果被不起诉人在考验期内没有违反治安管理规定或者其他监督管理规定，没有故意犯罪或者发现决定附条件不起诉以前还有其他需要追究刑事责任的犯罪，考验期满，亦即终止诉讼程序；反之，经查证属实，应撤销不起诉决定继续进行追诉。

3. 考察程序。根据新刑事诉讼法第 272 条的规定，实行附条件不起诉必须设置一定的考验期，由人民检察院对被附条件不起诉的未成年犯罪嫌疑人进行监督考察。过去，考察是不是附条件不起诉的必经程序以及考察时间的长短，在理论和实践中并没有达成共识。多数人主张设置必要的考验期。[①] 有的人甚至认为考

---

① 高斌、王惠：《专家聚焦“附条件不起诉”》，载《检察日报》2007 年 12 月 7 日第 3 版。

察是设置该制度的核心环节。① 关于考察期限长短的观点也各不相同。有的人主张设置较长的考验期②；也有的人主张设置较短的考验期。③ 我们认为，附条件不起诉不是暂缓不起诉，它并不必然要求检察机关实行缓起诉。而且我们认为，过长的考验期的确不利于加强对未成年人的保护，即使是针对成年的附条件不起诉，也不应当把考验的期限推迟到让人难以忍受的程度。贝卡利亚说过："我们看到：罚的目的既不是要摧残折磨一个感知者，也不是要消除业已犯下的罪行。……刑罚的目的仅仅在于：阻止罪犯再重新侵犯公民，并规诫其他人不要重蹈覆辙。"④ 但是，鉴于新刑事诉讼法已经明确规定了对未成年人附条件不起诉应当设立考察期，那么这种类型的附条件不起诉程序实际上与暂缓不起诉制度比较接近。根据刑事诉讼法的规定，对未成年人附条件不起诉的考察期为六个月以上一年以下。在这一考验期内，被不起诉人应当遵守以下规定：（1）遵守法律法规，服从监督；（2）按照考察机关的规定报告自己的活动情况；（3）离开所居住的市、县或者迁居，应当报经考察机关批准；（4）按照考察机关的要求接受矫治和教育。

三、所附条件的主要内容

在新颁布的刑事诉讼法条文中，并没有对附条件不起诉程序中应当附带哪些条件作出明确规定，而是仅仅笼统地规定了对未成年人犯罪可以采取附加条件地不起诉。立法作出这样规定的原因，主要是"附条件"的范围非常广泛，而且司法实践中对于附加条件问题也没有作出完整的总结和概括，还需要进一步探索。至于今后出台的有关司法解释能否在这方面有所详细的规定，现在还难以肯定。从过去司法实践中业已开展的类似实验性办案模式看，附条件不起诉中的所谓"附条件"，主要是为了满足保证不起诉决定得到切实有效履行所作出的针对

① 孙力主编：《暂缓起诉制度研究》，中国检察出版社 2009 年版，第 183 页。

② 叶肖华：《比较法视域下的附条件不起诉制度》，载《金陵法律评论》2007 年秋季卷。

③ 孙力、刘中发：《暂缓起诉制度再研究》，载《法学杂志》2004 年第 25 卷。

④ ［意］切萨雷·贝卡利亚：《论犯罪与刑罚》，黄风译，北京大学出版社 2008 年版，第 29 页。

犯罪嫌疑人的约束性条件。归纳起来，我们大致把他们概括为几个方面。当然，这些条件是针对案件的不同情况来适用的，有的可能只附一条，有的则可能附加多条，但至少应当附加一条。

1. 悔罪保证事项。较早前就有学者在谈及引进国外辩诉交易制度时，认为类似制度有利于将我国长期实行的“坦白从宽”的刑事政策法定化并真正贯彻执行，从而促使犯罪人认罪和悔罪。[①] 虽然检察官在作出附条不起诉时必须首先考虑未成年犯罪嫌疑人是否具有悔罪表现，但行为人的心理状况是在不断变化的，如果犯罪人在承诺悔罪后又即行翻悔，这种悔罪后的态度在法律上是没有实质性作用的。所以，设立一定的悔罪保证事项是不可缺少的。应当把“悔罪保证”作为“附条件”的基本内容之一，这样才能促使被不起诉人从根本上愿意改过自新。特别是那些主观上具有过错的故意犯罪，更应当注重观察他们在考察期间的认识态度。悔罪保证的形式，可以采用书面的或口头的，口头保证应当由办案人员做好笔录后交被不起诉人阅读认可并签名。

2. 遵守考察纪律、履行人身危险性限定事项，这是附条件起诉时必须考虑的附带条件。如果没有必要的限制性条件对被不起诉人的行为进行约束，附条件的优势和特点就得不到很好的体现，附条件不起诉程序也失去了应有的保障。遵守考察纪律，主要是围绕新刑事诉讼法第 272 条第 3 款所规定的各项内容进行，其中包括遵守法律法规，服从监督，接受监管人的考察、走访；定期向监督机关汇报活动情况，未经考察机关批准，不得改变住所、职业或者离开居所的县市；保证检察机关随传随到；不得对被害人、证人进行打击报复，妨碍作证。所谓人身危险性限定事项，主要包括：不得去被禁止去的地方，不与其他犯罪人密切交往，不从事被禁止的职业和行业业务，接受应有的治疗和检查等。其中最主要的是被不起诉人不得实施新的犯罪，不得违反法律法规和监督管理的规定。当然，上述应当遵守的考察纪律和人身危险性限定性事项并不是针对每个被不起诉人都要逐项使用，而是检察机关在具体应用过程中来选择适用。

---

① 陈卫东、刘计划：《从建立被告人有罪答辩制度到引入辩诉交易》，载陈光中主编：《辩诉交易在中国》，中国检察出版社 2003 年版，第 43 页。

3. 取得被害人谅解，包括给予被害方必要的经济赔偿和补偿。这一内容是典型的选择性要件，因为并非所有的案件中都存在被害人，也不是所有的被害人都需要被不起诉人去通融。但对于那些因为邻里纠纷、经济纠纷、打架斗殴、侮辱、诽谤等犯罪案件，加害人的行为能否取得被害人的谅解常常成为附条件不起诉能否得以顺利进行的关键性问题。所以，针对那些加害方和被害方矛盾突出的案件着手进行调解是十分必要的。在这方面，可以参考新刑事诉讼法规定的刑事公诉案件和解程序进行。应着重要求未成年犯罪嫌疑人及其法定代理人或者近亲属等，对造成的损害进行赔偿或补偿，包括给被害人造成的物质或精神损失，从实质上消除犯罪所造成的损害后果。

4. 承担必要的社会义务。有的犯罪虽然没有特定的犯罪对象和明确的被害人，但犯罪行为涉及对国家利益、社会整体利益的侵害，如扰乱社会秩序方面犯罪、过失犯罪、较轻的过失性渎职犯罪等。由于类似犯罪的受害者是国家或全体社会成员，无法确定对个体对象的补偿责任和义务，可以采取给国家予以物质性补偿、给予公益性设施赔偿或偿付、为社会提供公益性劳务或其他义务等方式处理。在过去的探索阶段，有的地方检察机关采用发出“社会服务令”[①] 的方式进行缓起诉处理。不过理论上也有学者对此持否定的态度。[②]

在法律没有具体规定“附条件”内容的情况下，可以作为不起诉附带条件的范围应当是比较广泛的。除了本文列举的以上几个方面外，检察机关在适用未成年人犯罪附条件不起诉时，还可以附加其他恰当的条件。但这些条件必须是合理合法的，而且是人们普遍性地认为能够接受的，也不能有违社会法律秩序和公共道德准则。

四、监督和救济机制

监督制约与诉讼救济是附条件不起诉中联系较为紧密的程序。对于享有某种

① 参见黄道诚等：《对长安区检察院“社会服务令”的理论评价》，载《河北法学》2002 年第 2 期。

② 樊崇义主编：《现代公诉制度研究》，中国人民公安大学出版社 2005 年版，第 31 页。

国家权力的机关来说，是一种监督与制约机制；对于被不起诉人和被害人来说，就本人利益来说是一种救济机制，而相对公诉权来说，同时又是一种制约机制。根据新刑事诉讼法的规定，对未成年人附条件不起诉程序的监督、制约和救济机制主要体现在以下几个方面：

1. 侦查机关的监督与制约。侦查机关认为附条件不起诉决定不当的，可以要求复议，检察机关必须作出复议决定；如果侦查机关仍然认为复议决定不当的，可以向上一级检察机关提起复核，上一级检察机关应当作出复核决定。但对于重复提出没有新理由复议要求的，不应再次受理。

2. 上级检察机关的监督与制约。上级检察机关通过审查认为下级检察机关作出的附条件不起诉决定不适当的，应当撤销并指令下级检察机关作出附条件不起诉决定或提起公诉（恢复原附条件不起诉决定），下级检察机关应当执行。

3. 被害人的救济与制约。被害人对检察机关不起诉决定不服的，可以向上一级检察机关申诉，请求提起公诉；对上一级检察机关维持附条件不起诉决定不服的，可以向审判机关提出申诉请求。根据刑事诉讼法第 176 条的规定，被害人也可以对检察机关作出的附条件不起诉案件直接向法院提起诉讼。由于“公诉转自诉”的做法在实务中招来许多批评，于是有的人提出采用变通的做法，即将被害人有权直接向法院起诉改为有权向法院申诉，由法院来决定是否提起公诉。[①]但这种观点与立法要求是不相符的。

4. 被不起诉人的救济与制约。过去学术上有观点认为，附条件不起诉案件中犯罪嫌疑人对附条件不起诉决定不服的，无权申诉；但对于撤销附条件不起诉决定不服的有权申诉。[②] 也有相反观点认为，犯罪嫌疑人不仅可以进行申诉，而且对检察机关作出的复查决定不服，还可以要求提起公诉，检察机关应当提起公诉。[③] 新刑事诉讼法并没有完全采纳这些观点，而是规定“未成年犯罪嫌疑人及其法定代理人对人民检察院决定附条件不起诉有异议的，人民检察院应当作出起

① 孙力主编：《暂缓起诉制度研究》，中国检察出版社 2009 年版，第 180—182 页。

② 兰耀军：《论附条件不起诉》，载《法律科学》2006 年第 5 期。

③ 孙力、刘中发：《暂缓起诉制度再研究》，载《法学杂志》2004 年第 25 卷。

诉的决定。”我们认为，依照法律的这一规定，只要被不起诉人对检察机关不起诉决定有异议，无论是关于事实证据方面的异议，还是犯罪情节轻重方面的异议，检察机关都应当依法提起公诉。但并非是完全按照被不起诉人的愿望和要求提起诉讼。

（原载于《人民检察》2012 年第 16 期）

刑事公诉案件和解程序的理解和应用

刘　方*

新刑事诉讼法首次规定了刑事公诉案件和解程序。把刑事和解引入刑事公诉案件处理范围，既为刑事司法提供了一个新的诉讼解决模式，同时也给依法办案和司法公正带来了新的考验。

一、刑事和解程序的基本内涵

刑事公诉案件和解程序的形成，是社会发展的客观需要，是刑事诉讼的必要选择，是司法实践的应然产物，它具有自身固有的内在含义。

其一，刑事公诉案件和解程序的理性追求，在于恢复被犯罪所破坏的社会关系。但刑事和解不是“私了”，它是在公权力的监督和制约下形成的。它在内容和形式上都要受到法律规范的制约，仅仅是因为在尊重了刑事法律关系双方意见的基础上，赋予其协商和解的方式来解决诉讼纠纷罢了。

其二，刑事公诉案件和解程序的价值核心，在于实现社会矛盾中的利益平衡，弥补国家追诉的不足。刑事和解不仅使受害方所遭受的损失得到了实实在在的弥补，而且也使加害方在面临刑事制裁的情况下，可以作出有利于自己的选

* 最高人民检察院检察理论研究所研究员。

择，从而使双方的愿望和要求都得到了满足。不仅如此，它还在很大程度上填补了刑事诉讼单一对抗式的缺陷，这些都是传统司法模式所难以做到的。

其三，刑事公诉案件和解程序的实践意义，在于实现对加害方和被害方合法权利的双向保护。

其四，刑事公诉案件和解程序的诉讼效果，在于节约司法成本，有利于贯彻诉讼经济原则。

二、刑事和解程序的适用范围

刑事和解与民事和解存在较大区别，特别是在适用范围方面。刑事案件由于受到国家追诉主义的影响，犯罪所侵犯的利益不像民事损害那样仅仅被认为是对个人的侵害，而是对国家和社会整体利益的侵害。近代社会以来，由于犯罪率的不断上升，国家对刑事领域干预的日益加强，促使在刑事诉讼初期广泛采用的和解方式已日渐萎缩。由国家刑事公诉本位主义向注重刑事程序中的当事人和解方式转变，其适用范围和具体对象必然被控制在法律所规定的有限幅度之内。

我国初建刑事公诉案件和解程序，在短时间内难以摆脱罪刑法定和报应刑思想的深刻影响，把刑事和解控制在能够为公众所接受的范围之内也是可以理解的。按照新刑事诉讼法的规定，可以采用刑事和解方式解决的公诉案件，主要是指犯罪嫌疑人真诚悔罪，自愿向被害人赔礼道歉、赔偿损失并得到被害人谅解的情形。

从法律规定的条件看，公诉案件刑事和解适用范围的明显特点是，产生犯罪行为的本质原因不是来源于行为人具有严重的犯罪主观恶性，而是因为人与人之间的矛盾纠纷以及过失行为所造成。这些现象表明，加害方不具有严重的人身危险性，甚至本身不具有人身危险性或者说人身危险性非常轻微，如大多数过失犯罪就是这样。同时，这些案件还必须是对社会造成的实际危害相对较小，在犯罪情节和犯罪结果方面不突出，应受处罚的刑度在刑法规定的所有刑种和量刑幅度方面也相对处于低位。所以说，我国公诉案件和解程序的适用范围是有限的，它并没有突破我国法律所规定的罪刑法定的基本原则，而是在罪刑法定与无罪推定之间的合理阶位上选择了理想的解决方案。它既贯彻了宽严相济的刑事政策，努力选择成本较低的方式来实现恢复性司法；同时也在打击与保护的双重层面上，保证了程序正义与司法公正。应当说，这样的适用范围完全符合我国现阶段社会发展和司法实践的需要。

三、刑事和解程序的具体应用

由于公诉案件刑事和解程序只是反映了整个刑事诉讼程序中的一个片段，法律也不可能用更多的文字来对其作出具体细微的规定，理论上的探讨和实践中的继续摸索仍然有一段路程要走。已颁行的法律条文中虽然仅对公诉案件和解程序作了概括性规定，但从法条的字里行间，却闪烁出许多独到的特色。

首先，刑事公诉案件和解程序的启动权，不再像过去公诉案件中那样由有权机关单方面行使，而是在当事人和司法机关的共同作用下完成。新刑诉法第 278 条规定："双方当事人和解的，公安机关、人民检察院、人民法院应当听取当事人和其他有关人员的意见，对和解的自愿性、合法性进行审查，并主持制作和解协议书。"这些规定说明，通常的刑事公诉程序中，由公安机关、人民检察院和人民法院单方作出决定的情形已经被排除在刑事和解的适用方式之外，刑事和解程序的启动权改由诉讼当事人和有权机关来共同行使。

其次，刑事和解能否成功，主要取决于诉讼当事人的意志和要求，而不主要依靠国家强制力的作用。新刑诉法第 278 条的规定说明，刑事和解程序更多地参酌了民事诉讼的解决原则，即充分尊重诉讼当事人的意见和解决要求，当事人在不违背法律的前提下，可以自由支配自己的诉讼权利，对涉及自身利益的问题具有独立自主的处分权。这显然与民法上的"意思自治"原则是相通的。在这种前提下，办理案件的国家机关就不能完全享有实体性强制干预的权力。

最后，诉讼程序的终结只能发生在审查起诉阶段或审判阶段。按照新刑诉法第 278 条的规定，对于达成和解协议的案件，有三种处理方式：一是在侦查阶段，公安机关可以向人民检察院提出从宽处理的建议。二是在审查起诉阶段，人民检察院可以向人民法院提出从宽处罚的建议；对于犯罪情节轻微，不需要判处刑罚的，可以作出不起诉的决定。三是在审判阶段，人民法院可以依法对被告人从宽处罚。从法律的规定可以看出，侦查机关不具有对刑事和解的处置权，侦查阶段不能因为刑事和解而终结诉讼程序。只有到了审查起诉阶段或者审判阶段，因刑事和解而引起的诉讼程序终结才可能出现。

（原载于《检察日报》2012 年 5 月 4 日）

违法所得特别没收程序的处理原则

刘　方*

新刑事诉讼法在新增加的“特别程序”一编中规定了“犯罪嫌疑人、被告人逃匿、死亡案件违法所得的没收程序”，这对于严厉打击严重刑事犯罪、腐败犯罪，减少、防止和挽回由于犯罪所造成的物质损失，保护国家、集体财产、公民个人财产免遭侵害，都具有十分重要的意义。如何在刑事诉讼中正确运用这一特别程序，笔者提出如下几点见解。

一、须符合违法所得没收程序的受案范围

新刑诉法第280条规定：“对于贪污贿赂犯罪、恐怖活动犯罪等重大犯罪案件，犯罪嫌疑人、被告人逃匿，在通缉一年后不能到案，或者犯罪嫌疑人、被告人死亡，依照刑法规定应当追缴其违法所得及其他涉案财产的，人民检察院可以向人民法院提出没收违法所得的申请。”从法律的上述规定中可以看出，违法所得没收程序的案件受理范围应当符合以下几个条件：

其一，它主要针对重大的贪污贿赂犯罪、恐怖活动犯罪等重大犯罪案件。这里规定的“恐怖活动犯罪等重大犯罪案件”需要进行适度的判断。笔者认为，

* 最高人民检察院检察理论研究所研究员。

法律在这里是采取了列举方式作出的规定。这里规定的“等重大犯罪案件”，除了恐怖活动犯罪以外，还应当包括重大的毒品犯罪、黑社会性质组织犯罪、抢劫集团犯罪，以及间谍罪、资敌罪等危害国家安全和危害国防利益方面的严重犯罪。“重大犯罪案件”应当掌握为社会危害严重、社会影响恶劣、造成的损害结果重大的案件。

其二，它具有特定的适用前提。其适用前提包括两个方面：一是犯罪嫌疑人、被告人逃匿，在通缉一年后不能到案。这是指，具有一定的犯罪事实证明行为人已经构成犯罪，在公安机关、检察院或者法院采取强制措施之前或者办理案件期间逃匿，经过公安机关通缉时间达一年之后仍未到案。二是犯罪嫌疑人、被告人死亡。这是指，在刑事诉讼过程中，已经查清的犯罪事实、证据能够证明犯罪嫌疑人、被告人应当被追究刑事责任，但犯罪嫌疑人、被告人已经在诉讼过程中死亡。只有出现上述两种情况中的任何一种时，检察院才能向法院提出没收违法所得的申请，从而启动刑事案件违法所得的没收程序。

其三，属于刑法规定应当追缴的违法所得范围。仅有前述两个条件，并不构成违法所得没收程序的全部理由，还必须具备一个关键要素，即必须是与犯罪事实有关的违法所得，而且这些违法所得属于法律明确规定应当予以没收的非法财产或者其他违法所得。刑法第 59 条专门规定了“没收财产刑”，这是针对严重刑事犯罪和经济犯罪所实施的一种附加刑罚，它针对的没收对象主要是犯罪分子个人所有的合法财产，一般不是违法所得。违法所得规定在刑法第 64 条，该条规定了在对犯罪分子处以刑罚的同时，对犯罪分子违法所得的一切财产应当予以追缴或责令退赔，对违禁品和供犯罪所用的本人财物，应当予以没收。在新刑诉法规定的特别没收程序中，不是指刑法所规定的上述两种情况，而是指犯罪嫌疑人、被告人逃匿、死亡前的违法所得，即刑法第 64 条所规定的没收范围。

二、案件的审理应当贯彻程序正当原则

无论是民事诉讼还是刑事诉讼，法院都应当严格秉承中立者的身份，贯彻程序正义原则。从新刑诉法第 280 条、第 281 条的规定中可以看出以下几点内容：

其一，侦查机关不具有对刑事犯罪案件中违法所得进行处理的权力。公安机关或者检察院侦查部门在案件的侦查过程中，如果发现犯罪嫌疑人逃匿或者死亡，无论是对于已经采取侦查措施被查封、扣押、冻结的财产，还是尚未采取侦查措施的违法所得，都无权作出实质性的处理决定，只能根据案件情况，写出没收违法所得意见书，移送检察院审查起诉部门处理。但侦查机关对于已经采取查封、扣押、冻结等侦查措施的财物，应当继续维持原状，等待法院最后作出处理裁决。

其二，检察院是违法所得没收程序的唯一启动主体。违法所得没收与刑事诉讼中其他违法所得没收不同的是，它是在犯罪主体已经不存在的条件下所采用的。适用的前提是刑事犯罪案件部分已经中止或者终止，追究犯罪嫌疑人、被告人的刑事诉讼已经无法正常进行。所以，在这种情况下，应当没收的财物既不能随案件主体移送到法院审判环节，又不能放弃对违法所得的处理，必须采用特别的起诉方式。所以，它本质上是一种特别的起诉程序。既然是起诉程序，就只能由提起公诉的检察机关来提起违法所得没收程序诉讼，因而检察机关当然地成为这一特别起诉程序的合法主体。

其三，法院只能在检察院提出正式申请之后才能立案审理。法院应当实行不告不理的原则，这一原则是建立在程序正义基础之上的。新刑诉法第 281 条对违法所得没收程序规定了具体的内容。其中包括：一是规定必须由中级法院进行审理，基层法院没有受理权；二是应当组成合议庭审理，即不能采用审判员一人独任审判；三是必须遵循特定的审理期间，如必须经过六个月的公告期间；四是规定了特别的参与诉讼主体，即犯罪嫌疑人、被告人的近亲属和其他利害关系人有权申请参加诉讼，利害关系人参加诉讼的，人民法院应当开庭审理等。上述程序，都是法院在审理违法所得没收案件时必须严格遵循的规则。

三、刑事处罚和民事处理兼顾适用的原则

法院审理犯罪嫌疑人、被告人逃匿、死亡案件违法所得的没收案件，与审理刑事附带民事诉讼案件具有相似之处的是，这两类案件都兼具刑事程序和民事程

序的特点。一般来说，在一般刑事犯罪案件中，嫌疑人、被告人的近亲属和其他利害关系人与案件的处理结果没有直接关系，当犯罪主体逃亡或者死亡时，案件要么中止，要么终结，犯罪嫌疑人、被告人的近亲属和其他利害关系人不可能继续参与到刑事诉讼程序之中。而刑事违法所得没收程序却不一样，即使犯罪嫌疑人、被告人已经逃匿或者死亡，他们的近亲属，甚至包括其他利害关系人同样可以参与诉讼。而且根据新刑诉法第282条的规定，针对法院就案件作出的有关裁定，犯罪嫌疑人、被告人的近亲属和其他利害关系人还可以提出上诉。这明显地超越了刑事法律关系中的“罪责自负”原则，把罪与责、权利和义务关系由刑事法律关系扩展到了民事法律关系领域。

从对违法所得的处理程序看，法院的审判职能也是明显地超越了刑事审判职能而兼有民事审判的形式。在一般刑事犯罪案件中，法院对违法所得财产的处理是依托刑事犯罪案件而进行的，对任何被告人违法所得的没收，都是以对刑事犯罪的判决为基础，离开了对被告人的刑事处罚，或者说离开对被告人刑事责任的认可，不可能单独作出没收违法所得财产的判决，也不能撇开刑事责任问题而对犯罪嫌疑人、被告人违法所得财产进行查封、扣押或者冻结。即使犯罪人死亡或者逃亡后，因为承担的债务或者造成的损失需要返还或补偿，也只能由相关人提起民事诉讼来处理。但审理犯罪嫌疑人、被告人逃匿、死亡案件违法所得的没收程序却不一样。检察院如同刑事公诉程序一样提出申请，是刑事诉讼的一个组成部分，必须在刑事诉讼范围内作出实质性的裁决。这样，法院既要遵循刑事诉讼法所规定的程序要求，又必须依照民法和民事诉讼中的有关原则来具体处理案件。在程序问题上和实体处理原则方面，都掺杂了民事审判和刑事审判的某些规则。

四、没收程序的非确定性原则

与法院审理刑事案件的其他程序最明显的一个特点，是人民法院审理刑事案件违法所得的没收程序适用的不确定性，以及作出裁定的非终局性。新刑诉法第283条规定：“在逃的犯罪嫌疑人、被告人自动投案或者被抓获的，人民法院应当终止审理。”犯罪嫌疑人、被告人逃匿后又重新出现，可以成为法院审理这类案件的中止理由。更为明显的是法院对这类案件作出裁决的非终局性。在法院的其他一般判决或者裁定中，只要属于一审裁决后没有上诉或者抗诉的判决、裁定，或者二审作出的判决、裁定，都具有终结性。对这些判决、裁定所确定的内容，都应当毫无偏差地执行。而法院根据违法所得没收程序所作出的裁定就不一样。新刑诉法第283条明确规定：“没收犯罪嫌疑人、被告人财产确有错误的，应当予以返还、赔偿。”可以这样说，法院对类似案件作出的裁决，在相当多的情况下将处于不确定的状态。

（原载于《检察日报》2012年4月3日）

精神病人强制医疗程序：非刑事处分诉讼方式

刘 方*

对严重精神病患者实行强制医疗是维护社会公共安全的现实需要。新刑事诉讼法增加了依法不负刑事责任的精神病人的强制医疗程序。为了进一步做好执法、司法工作，有必要借此机会认真理解和掌握刑事诉讼法关于精神病人强制医疗程序的基本内容。

一、精神病人强制医疗程序的性质和适用对象

按照我国刑法第 18 条的规定，精神病人在不能辨认或者不能控制自己行为的时候造成危害结果，经法定程序鉴定确认的，不负刑事责任，但是应当责令他的家属或者监护人严加看管和医疗；在必要的时候，由政府强制医疗。

新刑事诉讼法也相应地规定了依法不负刑事责任的精神病人的强制医疗程序。从刑法和刑事诉讼法的上述规定中可以看出，我国针对精神病的强制医疗程序，是建立在精神病人不负刑事责任的基础之上的。既然属于不负刑事责任，也就不存在刑罚适用问题，更谈不上罪与非罪问题。

把虽然实施暴力行为，危害公共安全或者严重危害公民人身安全但不负刑事

* 最高人民检察院检察理论研究所研究员。

责任人的处罚纳入诉讼程序一并规定，在国外也是有先例的。例如，德国的刑法和刑事诉讼法都相应规定了与罪责无关的矫正及保安处分措施，并且明确规定保安程序参照刑事诉讼程序适用，其提起程序也类似于公诉。在英国，按照其1983年精神健康法的规定，法院也有权将被证明实施了犯罪的行为人送入精神病医院强制治疗。我国新刑事诉讼法规定的依法不负刑事责任精神病人的强制医疗程序，与国外的类似程序也基本一致。所以，很多学者认为精神病人强制医疗程序是一种保安处分制度。但在我国刑事司法的传统称呼中，仍然是被冠之以非刑事处分的诉讼方式。

既然是非刑事处分的诉讼方式，适用的主体就是无罪者，受到处罚的人并没有构成刑法上的犯罪，而是基于他对社会的危害性和本身固有的人身危险性才展开必要的诉讼。按照新刑事诉讼法第284条的规定，这一程序适用的对象，是指实施了暴力行为，危害公共安全或者严重危害公民人身安全，经法定程序鉴定依法不负刑事责任的精神病人。从客观上讲，这些人确实实施了危害社会的行为，或者具有危害社会的严重危险性，应当承担法律责任。但由于其身份排除了承担刑事责任的可能，刑法明确规定不追究他们的刑事责任。把这些案件一并纳入刑事诉讼程序统筹解决，目的在于保障正常的社会秩序，保护公民的人身、财产权利不受损害。

从新刑事诉讼法规定的精神病人强制医疗程序中可以看出，符合精神病强制医疗的对象至少应当具备以下条件：一是精神病人实施了暴力行为，危及社会公共安全或者公民人身安全，并且有可能达到了犯罪的程度。二是行为主体具有严重的人身危险性，这种人身危险性不能在非强制手段的情况下得到消除，并给社会和公民人身、财产带来严重损害后果。三是符合医学上的精神病成立标准，即通过专门的医学鉴定来确定行为人属于不具有刑事责任能力的精神病人。四是被强制医疗人的暴力行为发生在丧失刑事责任能力之后，如果行为人在精神正常情况下实施了犯罪行为，其后由于患上精神病而实施暴力行为，不属于该特别程序的适用范围。

二、精神病人强制医疗程序的启动和审理

目前在司法实践中，对实施暴力行为或者具有严重暴力危险性的精神病人实行医疗，一般都是由公安机关根据有关行政法规直接进行处置，既不需要进入必定的诉讼程序，也不需要通过法院审理和裁判来确定，所以也就谈不上提起诉讼的申请人。由于强制医疗是直接涉及公民人身自由权利的宪法事项，由公安机关单方面以行政处罚的方式来决定精神病的强制医疗问题，不仅违反了我国立法法的有关规定，同时也不符合现代法治原则。对事关公民人身自由权利事项的处置，必须依法配置决定权并保证程序正当性，这就使精神病人强制医疗问题纳入司法程序，成为我国刑事诉讼法修改的内容之一。

从一般刑事诉讼中拓展出来的精神病人强制医疗程序，表明了对实施暴力行为的精神病人进行强制医疗，是依附于刑事诉讼程序而存在，这一程序从开始到结束都离不开刑事诉讼法的约束。因此，无论是在立案侦查阶段、公诉阶段还是在审判阶段，都可能产生这一程序。但就大多数案件来说，主要是发生在立案侦查阶段。根据新刑事诉讼法第285条的规定，公安机关发现精神病人符合强制医疗条件的，应当写出强制医疗意见书，移送人民检察院；对于公安机关移送的或者在审查起诉过程中发现的精神病人符合强制医疗条件的，人民检察院应当向人民法院提出强制医疗的申请。从法律的规定中可以看出，人民检察院是立案侦查和审查起诉阶段提起精神病人强制医疗程序的唯一主体，这里已经完全排除了过去直接由公安机关对精神病人强制医疗的决定权。在刑事诉讼法规定中，我国对精神病人提起强制医疗程序申请具有如下基本特点：一是申请的诉讼性，检察机关提起精神病强制医疗申请属于法律规定的诉讼行为；二是案件处理程序上的同步性，即精神病强制医疗程序的申请与案件的审查起诉程序同步适用；三是对实施暴力行为的精神病人，在人民法院决定强制医疗前，公安机关可以采取临时的保护性约束措施；四是强制医学鉴定是提起精神病人强制医疗申请的必经前置程序。

根据新刑事诉讼法规定并结合司法实践，我们认为，法庭审理精神病强制医

疗案件的程序，相对一般刑事案件审理程序应当具有以下几个明显特点：一是可以实行缺席审判。这在通常的刑事诉讼程序中是没有的，主要是考虑到精神病人无法正常出庭的特殊情况；新刑事诉讼法第 286 条规定，人民法院审理强制医疗案件，应当通知被申请人或者被告人的法定代理人到场。被申请人或者被告人没有委托诉讼代理人的，人民法院应当通知法律援助机构指派律师为其提供法律帮助。二是实践中应掌握为一般不进行公开审理。主要目的在于保障被强制医疗人的人身权利，减少给他们造成社会上的负面影响。三是裁判结果的程序性特点。法院对精神病人强制医疗所作出决定，主要目标在于解决诉讼程序中的问题。四是刑事诉讼的恢复性特征。当被强制医疗人所具有的人身危险性已经消失，不需要继续进行强制医疗时，人民法院应当依法决定给予解除。有关强制医疗机构应当在诊断评估的基础上主动提请予以解除。

三、对精神病人强制医疗程序的救济和监督

精神病人强制医疗程序是我国刑事诉讼中的一种特殊程序，所以，它既有司法程序的特点，又明显具有行政方面的特征。其行政性特征主要表现在引入了行政复议程序。建立行政复议制度的初衷在于实现行政救济，行政救济是指当自己的合法权益受到具体行政行为侵害时，请求国家的有权机关予以纠正和追究侵害人责任的制度。

根据新刑事诉讼法的规定，可以从两个方面对法院作出的精神病强制医疗措施实行救济。一是对精神病强制医疗裁决实行复议。新刑事诉讼法第 287 条规定，被决定强制医疗的人、被害人及其法定代理人、近亲属对强制医疗决定不服的，可以向上一级人民法院申请复议。复议不是上诉，复议的程序价值主要体现于其行政性特征，如果把复议理解为案件审理中的上诉程序是不准确的。二是强制医疗决定的解除。根据新刑事诉讼法第 288 条的规定，强制医疗机构应当定期对被强制医疗的人进行诊断评估，对于已经不具有人身危险性，不需要继续强制医疗的，应当及时提出解除意见，报经决定强制医疗的人民法院批准。被强制医疗人及其近亲属也有权申请予以解除。这是在程序上具有行政权的非终结性

特征。

人民检察院既是精神病强制医疗程序的启动主体，同时也是精神病强制医疗程序实施的监督者。检察机关作为国家的法律监督机关，对刑事诉讼的全过程都负有监督职责，当然有权利也有义务对依法不负刑事责任的精神病人的强制医疗程序实行监督。新刑事诉讼法第289条规定，人民检察院对强制医疗的决定和执行实行监督。但这种监督只是限于程序意义上的一般性监督，不具有像一审、二审案件审理过程中那种抗诉性的监督方式。

（原载于《检察日报》2012年5月2日）